Aštrus Cajuns kepimas

Įvaldykite Cajuns virtuvės meną naudodami šiuos burnoje tirpstančius ir autentiškus 100 skanių receptų, kad į savo virtuvę atsineštumėte Luizianos skonį

Kęstutis Klimas

TURINYS

ĮVADAS

Cajun virtuvė žinoma dėl savo drąsių ir aštrių skonių, paveiktų įvairių kultūrų, suformavusių Luizianos kulinarines tradicijas. Nuo jūros gėrybių gumbo iki jambalaya, vėžių etouffee iki pajuodusių šamų – Cajun virtuvė turi kažką kiekvienam.

Šioje kulinarijos knygoje džiaugiamės galėdami pasidalinti 100 autentiškų ir skanių Cajun receptų, kurie tikrai paįvairins jūsų virtuvę. Nesvarbu, ar esate patyręs šios skanios virtuvės profesionalas, ar naujokas, mes jums padėsime. Mūsų receptus lengva sekti, juose pateikiamos nuoseklios instrukcijos ir naudingi patarimai, kad kiekvieną kartą jūsų patiekalai būtų tobuli. Taip pat pasidalinsime pagrindine informacija apie Cajun virtuvę ir jos istoriją, taip pat patarimais, kaip įvaldyti unikalius skonius ir būdus, kurie daro šią virtuvę tokia ypatinga.

Taigi, prisijunkite prie mūsų šioje kelionėje ir atraskite Cajun maisto gaminimo meną. Su mūsų 100 receptų galėsite pritaikyti Luizianos skonį į savo virtuvę ir nustebinti draugus bei šeimos narius savo kulinariniais įgūdžiais.

Šioje kulinarijos knygoje rasite:

I.	Autentiški Cajun ingredientai ir prieskoniai
II.	Jūros gėrybių ir mėsos patiekalai
III.	Skanūs vegetariški variantai
IV.	Lengvai įgyvendinami klasikinių patiekalų receptai
V.	Unikalūs tradicinių mėgstamiausių posūkiai
VI.	Patarimai, kaip tobulinti Cajun gaminimo technologijas
VII.	Informacija apie Cajun kultūrą ir istoriją
VIII.	Skanios kiekvieno patiekalo nuotraukos

Ir dar daug daugiau! Taigi, nesvarbu, ar norite padaryti įspūdį vakarienės svečiams, ar tiesiog pasimėgauti aštriais ir kvapniais patiekalais, ši kulinarijos knyga kaip tik jums.

GUMBO

1. Jamaikos skvošo sriuba

INGRIDIENTAI:
- 1 didelis svogūnas, nuluptas ir susmulkintas
- 1 morka, nulupta ir susmulkinta
- 1 jalapeño, pipirai, sėklos pašalintos, smulkiai supjaustytos
- 3 šaukštai sviesto
- 2 arbatiniai šaukšteliai maltų kmynų
- 2 arbatiniai šaukšteliai maltos kalendros
- ½ arbatinio šaukštelio malto cinamono
- ½ arbatinio šaukštelio kajeno pipirų
- ½ arbatinio šaukštelio čili miltelių
- 1 didelis spageti moliūgas, nuluptas ir supjaustytas kubeliais
- Vištienos sultinys, kad apsemtų daržoves, apie 3 stiklines
- 1 apelsino sultys
- 1 laimo sultys

ANCHO KREMAS
- 2–3 Ancho čili, perpjauti per pusę, su stiebais ir sėklomis
- 6 šaukštai migdolų pieno
- 4 šaukštai grietinės
- Druska
- Pipirai
- Laimo sultys pagal skonį

INSTRUKCIJOS:
a) Dideliame puode suminkštinkite svogūną, morką ir Jalapeno pipirą svieste, kol suminkštės
b) Įpilkite kmynų, kalendros, cinamono, kajeno ir čili miltelių
c) Virkite dar 2 minutes ant silpnos ugnies
d) Pridėti skvošą
e) Užpildykite mišinį sultiniu, vieno apelsino sultimis ir laimo sultimis Troškinkite, kol moliūgai suminkštės, apie pusvalandį.
f) Leiskite atvėsti
g) Sutrinkite mišinį procesoriuje arba naudokite panardinamąjį maišytuvą
h) Grąžinkite sriubą į keptuvę, pagardinkite druska ir pipirais

i) Pašildykite ir, jei reikia, pakoreguokite prieskonius
j) Sukite Ancho kremą
k) Papuoškite grietine, atskiesta riebia grietinėle
l) Įdėkite lašinuką į sriubos dubenėlio centrą ir dantų krapštuku vilkite iš centro į išorę ir suformuokite žvaigždę arba voratinklį.

2. <u>Keto kiaušinių lašų sriuba</u>

GAMINIAI: 1

INGRIDIENTAI:
a) 1 ½ puodelio vištienos sultinio
b) ½ kubo vištienos sultinio
c) 1 valgomasis šaukštas sviesto
d) 2 dideli kiaušiniai
e) 1 arbatinis šaukštelis čili česnako pasta

INSTRUKCIJOS:
a) Padėkite keptuvę ant viryklės ir įjunkite ant vidutinės-stiprios ugnies.
b) Įpilkite vištienos sultinio, sultinio kubelio ir sviesto. Užvirinkite.
c) Įmaišykite čili česnako pastą.
d) Atskirai išplakite kiaušinius ir supilkite į verdantį sultinį.
e) Kruopščiai sumaišykite ir virkite dar 3 minutes.
f) Tarnauti.

3. <u>Jamaikos krevečių sriuba</u>

GAMINIAI: 2

INGRIDIENTAI:
- 2 šaukštai žaliojo kario pastos
- 1 puodelis daržovių sultinio
- 1 puodelis kokosų pieno
- 6 uncijos. Iš anksto virtos krevetės
- 5 uncijos. Brokoliai Florets
- 3 šaukštai kalendros, susmulkintos
- 2 šaukštai kokosų aliejaus
- 1 valgomasis šaukštas sojų padažo
- ½ laimo sultys
- 1 vidutinis pavasarinis svogūnas, susmulkintas
- 1 arbatinis šaukštelis susmulkinto skrudinto česnako
- 1 arbatinis šaukštelis malto imbiero
- 1 arbatinis šaukštelis žuvies padažo
- ½ arbatinio šaukštelio ciberžolės
- ½ stiklinės grietinės

INSTRUKCIJOS:
a) Vidutinio dydžio puode ištirpinkite kokosų aliejų.

b) Įpilkite česnako, imbiero, svogūnų, žalios kario pastos ir ciberžolės. Įpilkite sojos padažo ir žuvies padažo.

c) Virkite 2 minutes.

d) Įpilkite daržovių sultinio ir kokosų pieno ir gerai išmaišykite. Virkite keletą minučių ant silpnos ugnies.

e) Sudėkite brokolių žiedynus ir kalendrą ir gerai išmaišykite, kai karis šiek tiek sutirštės.

f) Kai būsite patenkinti kario konsistencija, įpilkite krevečių ir laimo sulčių ir viską išmaišykite.

g) Virkite keletą minučių ant silpnos ugnies. Jei reikia, pagardinkite druska ir pipirais.

4. Troškintas Calaloo

INGRIDIENTAI:

- Susmulkinti Calalo lapai
- 3 šaukštai augalinio aliejaus
- 2 susmulkintos česnako skiltelės
- 2 vidutiniai svogūnai
- 1 puodelis kokosų pieno
- Druska
- Pipirai
- Aitriųjų pipirų padažas

INSTRUKCIJOS:

a) Sunkiame puode įkaitinkite aliejų. Sudėkite pjaustytus svogūnus ir česnaką. Kai suminkštės, suberkite calaloo lapus ir maišykite, kol pasidengs aliejumi ir suvys.

b) Įpilkite kokosų pieno, kol pakaks, kad apsemtų kalvyną. Troškinkite, kol calaloo suminkštės ir išgaruos didžioji dalis pieno.

c) Suberkite prieskonius ir patiekite kaip daržovę.

5. <u>Kokosų krevečių sriuba</u>

GADA: 4

INGRIDIENTAI:

- 600 g žalių krevečių
- 1 mažas svogūnas susmulkintas
- 2 vidutinio dydžio morkos susmulkintos
- 1 susmulkinta raudonoji paprika
- 2-3 puodeliai špinatų arba lapinių kopūstų, susmulkintų
- 2 laiškiniai svogūnai susmulkinti
- sauja visos okra
- 4 česnako skiltelės susmulkintos
- 1 valgomasis šaukštas malto imbiero
- 1 skardinė kokosų pieno
- 1 litras daržovių sultinio
- 1 arbatinis šaukštelis jūros gėrybių prieskonių
- 1 arbatinis šaukštelis juodųjų pipirų
- 5 šakelės šviežių čiobrelių
- 2 arbatiniai šaukšteliai petražolių
- 1 škotiškas variklio dangtis
- ¼ arbatinio šaukštelio raudonųjų čili dribsnių karščiui
- šviežių laimo sulčių išspaudimas
- ⅛ arbatinio šaukštelio rožinės Himalajų druskos
- Kokosų aliejus
- 1 valgomąjį šaukštą tapijokos sumaišyti su 2 šaukštais šilto vandens, kad sriuba būtų tirštesnė

INSTRUKCIJOS:

a) Sudėkite krevetes į vidutinį dubenį ir pamarinuokite su jūros gėrybių prieskoniais, tada atidėkite.

b) Dideliame puode ant vidutinės ugnies ištirpinkite 2 šaukštus kokosų aliejaus.

c) Toliau sudėkite svogūnus, laiškinius svogūnus ir česnakus, tada pakepinkite, kol suminkštės ir taps skaidrūs.

d) Sudėkite morkas, česnaką, paprikas ir špinatus ir toliau kepkite 5 minutes

e) Suberkite juoduosius pipirus, petražoles, čiobrelius ir čili dribsnius (jei naudojate) ir išmaišykite bei sumaišykite su daržovėmis.

f) Į puodą supilkite daržovių sultinį ir kokosų pieną, tada užvirinkite

g) Uždėkite kokybinį variklio dangtį ir sumažinkite ugnį iki minimumo uždengę dangtį.

h) Troškinkite 20 minučių

i) Po 15 minučių sudėkite okra ir krevetes ir įmaišykite tapijokos pastą, jei norite, kad sriuba būtų šiek tiek tirštesnė

j) Visą sriubą išspauskite kalkių ir palikite troškintis dar 5 minutes.

6. Gungo žirnių sriuba

GADA6-8

INGRIDIENTAI:
- 2 puodeliai (400 g) džiovintų gungo arba balandų žirnelių
- 1 rūkytas kumpis
- 2 vidutiniai svogūnai, supjaustyti dideliais gabalėliais
- 2 morkos, supjaustytos dideliais gabalėliais
- 1 saliero stiebas, su lapais
- 2 scotch bonnet arba jalapeño čili, be sėklų ir supjaustytų kubeliais
- 1 skiltelė česnako, susmulkinta
- 1 lauro lapas
- 1 arbatinis šaukštelis susmulkintų šviežių rozmarinų lapų arba ¼ arbatinio šaukštelio susmulkintų džiovintų rozmarinų
- 1 porcijos suktukai

INSTRUKCIJOS:
a) Paruoškite suktukus
b) Nuplaukite žirnius ir sudėkite į dubenį. Įpilkite tiek vandens, kad apsemtų, ir pamirkykite per naktį. Nusausinkite ir atidėkite į šalį.
c) Į puodą įpilkite 6 puodelius vandens ir suberkite kumpio kumpį, svogūnus, morkas, salierą, čili, česnaką, lauro lapą ir rozmariną. Užvirinkite, sumažinkite ugnį iki minimumo ir troškinkite 45 minutes. Nukoškite sultinį, palikite kumpio kulną ir išmeskite daržoves. Nugriebkite riebalus nuo sultinio.
d) Sudėkite sultinį ir kumpio kumpį į puodą kartu su mirkytais žirneliais. Troškinkite ant silpnos ugnies, kol žirniai suminkštės, apie 2 valandas. Iš sriubos kiaurasamčiu išimkite pusę žirnelių ir sutrinkite virtuviniu kombainu.
e) Grąžinkite tyrę į sriubą.
f) Į sriubą įpilkite paruoštų suktukų ir pakaitinkite.

7. Instant Pot Lentil Gumbo

Gamina: 6
INGRIDIENTAI:
- 1 puodelis žiedinių kopūstų, smulkiai pjaustytų
- 1 skardinė be druskos, supjaustyti kubeliais
- 1 puodelis lęšių
- 2 šaukštai obuolių sidro acto
- 1 ½ puodelio susmulkinto svogūno
- 2 puodeliai šviežios okraos, susmulkintos
- 2 šaukštai daržovių sultinio
- 1 arbatinis šaukštelis Cajun mišinio prieskonių
- 1 raudona paprika, susmulkinta
- ½ puodelio pomidorų padažo
- 1 arbatinis šaukštelis malto česnako
- 3 puodeliai daržovių sultinio
- 2 salierų šonkauliukai, susmulkinti
- ½ šaukšto šviežio raudonėlio
- 1 valgomasis šaukštas šviežių čiobrelių
- ½ arbatinio šaukštelio kajeno
- Košerinė druska pagal skonį
- Supjaustyta jalapeno ir šviežia kalendra papuošimui
- Srutos, kad sutirštėtų

INSTRUKCIJOS:

a) Puode 5 minutes patroškinkite daržovių sultinį, svogūną, česnaką, papriką ir salierą, kol suminkštės ir taps aromatingi.

b) Suberkite prieskonius ir vėl maišykite 1 minutę.

c) Sudėkite likusius ingredientus, išskyrus druską ir pipirus, tada išmaišykite.

d) Greitpuodį uždėkite dangčiu ir leiskite virti mažiausiai 12 minučių. Natūralus išsiskyrimas geriausiai veikia siekiant užtikrinti, kad lęšiai būtų visiškai iškepę. Bet jei esate įstrigęs, uždenkite ventiliacijos angą audiniu, tada greitai atleiskite.

e) Po virimo įberkite ½ arbatinio šaukštelio druskos ir pipirų. Išmaišykite ir palaikykite šiltai 10 minučių, kol gumbas pasidarys tirštos konsistencijos. (Nedėkite papildomos druskos, kol gaminate gumbo).

f) Paruoškite patiekti dubenėliuose ir papuoškite jalapeños, šviežia kalendra ir raudonųjų pipirų dribsniais.

8. Aliaskos aštuonkojis gumbo

Padaro: 4 porcijos

INGRIDIENTAI:
½ puodelio kubeliais pjaustytos šoninės
2 puodeliai Vandens
1 pintas Šviežias aštuonkojis, virtas garuose, kol suminkštės
2 puodeliai Šiek tiek nepakankamai išvirti garuose virtų ryžių
1 svaras konservuotų pomidorų
1 skardinė okra
½ puodelio kubeliais pjaustytų svogūnų
1 kubeliais supjaustyta žalioji paprika
¼ arbatinio šaukštelio Cayenne
½ puodelio kubeliais pjaustytų salierų
Druska ir pipirai pagal skonį

Virkite šoninę vandenyje 15 minučių, tada sudėkite likusius ingredientus. Kartu troškinkite dešimt minučių. Patiekite su šilta kukurūzų duona.

9. Keptos daržovės gumbo kreolis

Padaro: 10 porcijų

INGRIDIENTAI:
1 svaras Šviežia okra, diag. pjaustytas
2 pakuotės šaldytos griežinėliais okra (10oz)
Verdantis pasūdytas vanduo
1 šonkaulio salieras, supjaustytas įstrižais griežinėliais
2 paprikos, juostelėmis
2 pakeliai šaldytų lima pupelių (10oz)
8 varpos šviežių kukurūzų branduolių
2 pakeliai šaldytų kukurūzų, atšildyti (10oz)
Sviestas arba margarinas
Duonos trupiniai
1 mažas svogūnas, supjaustytas
4 Prinokę pomidorai, supjaustyti griežinėliais
2 Serrano čili, plonais griežinėliais
1 arbatinis šaukštelis susmulkinto šviežio baziliko
½ arbatinio šaukštelio džiovinto baziliko, susmulkinto
Druska pagal skonį
Juodieji pipirai pagal skonį
½ puodelio susmulkinto Monterey Jack

INSTRUKCIJOS:
a) Šviežią okra trumpai pavirkite verdančiame pasūdytame vandenyje; nusausinti.
b) Blanširuokite salierą verdančiame pasūdytame vandenyje.
c) Suberkite paprikas ir lima pupeles ir virkite, kol suminkštės; per paskutines 30 sekundžių suberkite kukurūzus (nepervirkite), tada daržoves nusausinkite.
d) Didelę kepimo formą ištepkite sviestu ir pabarstykite duonos trupiniais; įdėkite sluoksnį kukurūzų-pupelių mišinio ir okra.
e) Sumaišykite svogūną, pomidorus ir baziliką; šaukštu svogūnų ir pomidorų mišinio ant apatinio indo sluoksnio.
f) Pabarstykite čili ir pagardinkite druska bei pipirais.
g) Aptepkite sviestu ir pabarstykite duonos trupiniais.
h) Sluoksniavimą kartokite, kol troškinys bus užpildytas.
i) Ant viršaus uždėkite okra sluoksnį, kuris buvo pamirkytas trupiniuose ir lengvai pakepintas svieste; jei norite, tolygiai pabarstykite tarkuotu sūriu.
j) Kepkite neuždengtą įkaitintoje 300 laipsnių temperatūroje 1 valandą.

10. Cajun šamas gumbo

Padaro: 10 porcijų

INGRIDIENTAI:
2 stiklinės pjaustytų svogūnų
2 puodeliai žaliųjų svogūnų; pjaustytas *
1 puodelis kapotų salierų
½ puodelio paprikos; susmulkinti
6 Cl česnako; susmulkinti
6 7 uncijų šamo filė; įsipjauti
3 7 uncijų šamo filė; už šv
1 svaras krabų mėsos; (letena)
1 svaras krevečių; (nuluptas)
1½ stiklinės aliejaus
1½ stiklinės miltų
4 litrai karšto vandens
Druska; paragauti
Kajano pipirai; paragauti
* atskirti ir rezervuoti žalumynus.

INSTRUKCIJOS:
a) Atskirame puode 15 minučių virkite 3 (7 uncijos) šamo filė 1 litre lengvai pasūdyto vandens. Nukoškite per sūrio audinį ir rezervuokite skysčio. Supjaustykite šamą ir palikite mėsą. Į sunkaus dugno gumbo puodą supilkite aliejų ir miltus. Kepkite ant vidutinės ugnies nuolat maišydami iki auksinės rudos spalvos. Atsargiai, nesudeginkite! Sudėkite visus prieskonius, išskyrus žaliųjų svogūnų viršūnes. Troškinkite 5 minutes.
b) Supilkite visą žuvies sultinį ir susmulkintą šamą. Įpilkite karšto vandens po vieną kaušelį, kol pasieksite tirštos sriubos konsistenciją. Įdėkite krabų mėsą ir pusę krevečių. Sumažinti, kad užvirtų. Virkite maždaug 45 minutes, retkarčiais pamaišydami. Sudėkite šamą, likusias krevetes ir žaliųjų svogūnų viršūnes. Virkite 10-15 minučių. Pagal skonį pagardinkite druska ir kajeno pipirais. Jei reikia, įpilkite vandens, kad išlaikytumėte tūrį. Patiekite ant baltųjų ryžių.

JAMBALAYA

11. <u>Lėta viryklė Jambalaya</u>

GAMINA 6–8 PORCIJAS

INGRIDIENTAI:
● 1 ½ svaro vištienos šlaunelių be kaulų, nuplautų, pašalintų riebalų perteklių ir supjaustytų 1 colio kubeliais
● 3 saitų Cajun rūkyta dešra (iš viso apie 14 uncijų), supjaustyta 1/4 colio storio apskritimais
● 1 vidutinio dydžio svogūnas, supjaustytas
● 1 žalia paprika, susmulkinta
● 1 saliero stiebas, susmulkintas
● 3 česnako skiltelės, susmulkintos
● 2 šaukštai pomidorų pastos
● 1 arbatinis šaukštelis kreolų prieskonių
● 1 arbatinis šaukštelis druskos
● ½ arbatinio šaukštelio šviežiai maltų juodųjų pipirų
● ½ arbatinio šaukštelio Tabasco padažo
● ½ arbatinio šaukštelio Vusterio padažo
● 2 puodeliai vištienos sultinio
● 1 ½ puodelio ilgagrūdžių ryžių
● 2 svarai vidutinių krevečių, nuluptų ir nuluptų (neprivaloma)

INSTRUKCIJOS:
a) Sudėkite visus ingredientus (išskyrus krevetes, jei naudojate) į lėtą viryklę. Išmaišykite, uždenkite ir virkite ant silpnos ugnies 5 valandas.
b) Jei naudojate krevetes, po 5 virimo valandų jas atsargiai įmaišykite ir virkite aukštoje temperatūroje nuo 30 minučių iki 1 valandos arba tol, kol krevetės iškeps, bet neperkeps.

12. Raudonosios pupelės Jambalaya

Padaro 4 porcijas

INGRIDIENTAI:
- 1 valgomasis šaukštas alyvuogių aliejaus
- 1 vidutinis geltonasis svogūnas, susmulkintas
- 2 salierų šonkauliukai, susmulkinti
- 1 vidutinė žalia paprika, susmulkinta
- 3 česnako skiltelės, susmulkintos
- 1 puodelis ilgagrūdžių ryžių
- 3 puodeliai virtų arba 2 (15,5 uncijos) skardinės tamsiai raudonų pupelių
- 1 (14,5 uncijos) skardinė kubeliais pjaustytų pomidorų, nusausintų
- (14,5 uncijos) gali sutrinti pomidorai
- (4 uncijos) gali suminkštinti žalius čili, nusausinti
- 1 arbatinis šaukštelis džiovintų čiobrelių
- 1/2 arbatinio šaukštelio džiovinto mairūno
- 1 arbatinis šaukštelis druskos
- Šviežiai malti juodieji pipirai
- 21/2 stiklinės daržovių sultinio
- 1 valgomasis šaukštas kapotų šviežių petražolių, papuošimui
- Tabasco padažas (nebūtina)

INSTRUKCIJOS:
a) Dideliame puode ant vidutinės ugnies įkaitinkite aliejų. Sudėkite svogūną, salierą, papriką ir česnaką. Uždenkite ir virkite, kol suminkštės, apie 7 minutes.

b) Įmaišykite ryžius, pupeles, kubeliais pjaustytus pomidorus, susmulkintus pomidorus, čili, čiobrelius, mairūną, druską ir juoduosius pipirus pagal skonį. Supilkite sultinį, uždenkite ir troškinkite, kol daržovės suminkštės, o ryžiai suminkštės, maždaug 45 minutes.

c) Pabarstykite petražolėmis ir Tabasco, jei naudojate, ir patiekite.

13. Keptas Jambalaya troškinys

Padaro 4 porcijas

INGRIDIENTAI:
- 10 uncijų tempeh
- 2 šaukštai alyvuogių aliejaus
- 1 vidutinis geltonasis svogūnas, susmulkintas
- 1 vidutinė žalia paprika, susmulkinta
- 2 česnako skiltelės, susmulkintos
- 1 (28 uncijos) skardinė kubeliais pjaustytų pomidorų, nenusausintų
- 1/2 puodelio baltųjų ryžių
- 11/2 stiklinės daržovių sultinio
- 11/2 puodelio virtų arba 1 (15,5 uncijos) skardinė tamsiai raudonų pupelių
- 1 valgomasis šaukštas kapotų šviežių petražolių
- 11/2 arbatinio šaukštelio Cajun prieskonių
- 1 arbatinis šaukštelis džiovintų čiobrelių
- 1/2 arbatinio šaukštelio druskos
- 1/4 arbatinio šaukštelio šviežiai maltų juodųjų pipirų

INSTRUKCIJOS:

a) Vidutiniame puode su verdančiu vandeniu, virkite tempeh 30 minučių. Nusausinkite ir nusausinkite. Supjaustykite 1/2 colio kubeliais. Įkaitinkite orkaitę iki 350°F.

b) Didelėje keptuvėje ant vidutinės ugnies įkaitinkite 1 valgomąjį šaukštą aliejaus. Įpilkite tempeh ir kepkite, kol apskrus iš abiejų pusių, maždaug 8 minutes. Tempehą perkelkite į 9 x 13 colių kepimo indą ir atidėkite.

c) Toje pačioje keptuvėje ant vidutinės ugnies įkaitinkite likusį 1 šaukštą aliejaus. Sudėkite svogūną, papriką ir česnaką. Uždenkite ir virkite, kol daržovės suminkštės, apie 7 minutes.

d) Daržovių mišinį supilkite į kepimo indą su tempe. Įmaišykite pomidorus su skysčiu, ryžiais, sultiniu, pupelėmis, petražolėmis, Cajun prieskoniais, čiobreliais, druska ir juodaisiais pipirais.

e) Gerai išmaišykite, tada sandariai uždenkite ir kepkite, kol ryžiai suminkštės, apie 1 val. Patiekite iš karto.

14. Jambalaya dešra

Padaro: 6-8 porcijos

INGRIDIENTAI:
- ½ puodelio sviesto arba margarino
- 1 didelis svogūnas, susmulkintas
- 1 didelė žalia paprika, susmulkinta
- ½ puodelio kubeliais pjaustytų salierų
- 1 valgomasis šaukštas malto česnako
- 1 svaras visiškai išvirtų rūkytų dešrelių, supjaustytų griežinėliais
- 3 puodeliai vištienos sultinio
- 2 puodeliai nevirtų baltųjų ryžių
- 1 puodelis pjaustytų pomidorų
- ½ puodelio susmulkinto žalio svogūno
- 1-½ šaukšto petražolių
- 1 valgomasis šaukštas Worcestershire padažo
- 1 valgomasis šaukštas Tabasco padažo

INSTRUKCIJOS:
- Įkaitinkite orkaitę iki 375 laipsnių.
- Keptuvėje ištirpinkite sviestą. Svieste pakepinkite svogūną, papriką, salierą ir česnaką, kol suminkštės.
- Dideliame dubenyje sumaišykite dešrą, sultinį, ryžius, pomidorus, žaliuosius svogūnus, petražoles, Vusterio padažą ir Tabasco padažą. Troškintas daržoves įmaišykite į dešrų mišinį.
- Paskleiskite į riebalais išteptą 9x13 colių skardą.
- Uždenkite ir kepkite 20 minučių. Išmaišykite, uždenkite ir kepkite dar 20 minučių.
- Išmaišykite, uždenkite ir kepkite paskutines 5–10 minučių arba kol iškeps ryžiai.

15. Vištiena Jambalaya su dešra

Padaro 1 kv

- 1 valgomasis šaukštas alyvuogių aliejaus
- 3–4 svarai (1,4–1,8 kg) be kaulų, be odos vištienos šlaunelės ir krūtinėlės, supjaustytos kąsnio dydžio gabalėliais
- 2 stiklinės rūkytos dešros, supjaustytos gabalėliais
- 2 puodeliai susmulkinto svogūno
- 2 puodeliai susmulkintos paprikos
- 2 saliero šonkauliukai, susmulkinti
- 6 skiltelės česnako, susmulkintos
- 2 šaukštai rūkytos paprikos
- 2 šaukštai džiovintų čiobrelių
- Kajeno pipirai, pagal skonį
- 2 šaukštai Cajun prieskonių mišinio
- 6 puodeliai nuluptų pomidorų su sultimis, padalinti
- ¼ arbatinio šaukštelio aitriųjų paprikų padažo
- 4 puodeliai vištienos sultinio
- 4 puodeliai vandens
- Druska ir pipirai, pagal skonį

a) Dideliame puode įkaitinkite alyvuogių aliejų ir lengvai apkepkite pirmuosius 6 INGREDIENTUS:.
b) Mažame dubenyje sumaišykite papriką, druską, pipirus, čiobrelius, kajeno ir Cajun prieskonių mišinį.
c) Daržovių ir mėsos mišinį pabarstykite prieskonių mišiniu, tada sudėkite pomidorus ir karštą padažą ir gerai išmaišykite, kad susimaišytų.
d) Supilkite ingredientus į dezinfekuotus kvadratinius stiklainius, užpildydami juos ne daugiau kaip iki pusės.
e) Tuo tarpu sultinį, pomidorų sultis ir vandenį supilkite į puodą ir užvirinkite, nusausindami puodo dugną.
f) Į kiekvieną stiklainį įpilkite 2 puodelius karšto skysčio, palikdami 1 colio erdvę. Jei reikia, galite papildyti vandeniu.
g) Uždenkite stiklainius ir apdorokite slėginiame inde 90 minučių esant 10 PSI, reguliuodami aukštį.

16. Jambalaya įdaryti kopūstų suktinukai

Padaro: 6-8 PORCIJOS

INGRIDIENTAI:

- 2 šaukštai aukščiausios kokybės pirmojo spaudimo alyvuogių aliejaus
- 1 svaras andouille dešros, susmulkintos
- 1 didelė raudonoji paprika, supjaustyta kubeliais
- 1 didelė žalia paprika, supjaustyta kubeliais
- 1 didelis raudonasis svogūnas, susmulkintas
- 1 (14,5 uncijos) skardinė kubeliais pjaustytų pomidorų, nenusausintų
- 2 šaukštai pomidorų pastos
- 5 česnako skiltelės, susmulkintos
- 2½ arbatinio šaukštelio Cajun prieskonių, padalinta
- 2 arbatiniai šaukšteliai džiovintų čiobrelių
- 2 arbatiniai šaukšteliai paprikos
- 2 arbatiniai šaukšteliai Worcestershire padažo
- 1½ arbatinio šaukštelio salierų druskos
- 3 lauro lapai
- 6 puodeliai daržovių sultinio, padalinti
- 1½ puodelio nevirtų baltųjų ryžių
- 1 svaras vidutinių žalių krevečių, nuluptų ir nuluptų
- 1 didelė kopūsto galva, atskirai nuimti lapai
- Augalinis aliejus, tepimui
- 1 puodelis konservuotų pomidorų padažo
- Košerinė druska ir juodieji pipirai pagal skonį

INSTRUKCIJOS:

a) Dideliame puode ant vidutinės ugnies pašlakstykite aliejų. Aliejui įkaitus, suberkite dešrą ir kepkite, kol paruduos. Išimkite dešrą iš puodo ir padėkite į šoną.

b) Tada sudėkite papriką ir svogūnus. Virkite, kol jie gražiai suminkštės, tada sudėkite pomidorus (su sultimis), pomidorų pastą ir česnaką. Gerai išmaišykite. Įpilkite 2 arbatinius šaukštelius Cajun prieskonių, čiobrelių, paprikos, Vusterio padažo, salierų druskos, lauro lapų ir 3 puodelius daržovių sultinio. Sumaišykite ingredientus, tada sudėkite dešrą atgal į puodą kartu su nevirtais ryžiais. Dar kartą išmaišykite ir virkite 25–30 minučių arba kol skystis susigers. Tada sudėkite krevetes, išmaišykite ir nukelkite nuo ugnies. Nustatykite į šoną.

c) Į atskirą puodą ant vidutinės ugnies supilkite kopūstų lapus ir likusius 3 puodelius daržovių sultinio. Virkite, kol kopūstai suminkštės, tada nusausinkite ir atvėsinkite.

d) Kepimo indą lengvai aliejumi. Į kiekvieną kopūsto lapą įvyniokite apie ¼ puodelio jambalaya ir sudėkite suktinukus į kepimo indą. Nustatykite į šoną.

e) Mažame dubenyje sumaišykite pomidorų padažą, likusį ½ arbatinio šaukštelio Cajun prieskonių, druską ir pipirus. Maišykite, kol gerai susimaišys.

f) Pomidorų padažu užpilkite visus kopūstų suktinukus, tada uždenkite kepimo indą aliuminio folija ir kepkite orkaitėje 25–30 minučių. Išimkite iš orkaitės ir prieš patiekdami leiskite atvėsti.

17. Kvinoja jambalaya

Padaro: 6 porcijos

INGRIDIENTAI:
- 1 valgomasis šaukštas aitriųjų pipirų sezamo aliejaus
- 1 valgomasis šaukštas viso grūdo miltų
- 1 vidutinio svogūno; kubeliais
- 1 česnako skiltelė; malta
- 28 uncijos susmulkintų pomidorų
- 1 lauro lapas
- ½ šaukšto džiovintų čiobrelių
- ¾ arbatinio šaukštelio Limos jūros druskos
- 1 puodelis Eden Quinoa; nuplauti
- 1 Žalioji paprika; kubeliais
- ½ puodelio petražolių, kapotų
- 1 stiklinės salierų; susmulkinti
- 2 Žalieji svogūnai; plonais griežinėliais

INSTRUKCIJOS:

a) Sunkiame puode įkaitinkite aliejų. Suberkite miltus ir maišykite, kol išsiskirs kvapnus aromatas (3 min.). Suberkite svogūną, česnaką, pomidorus, lauro lapą, čiobrelius ir druską. Išmaišykite ir troškinkite uždengę 10 minučių.

b) Į sultinį įpilkite vandens. Užvirinkite. Įpilkite quinoa, žaliųjų pipirų, petražolių, salierų ir žaliųjų svogūnų. Uždenkite ir kepkite dar 3–5 minutes ilgiau.

c) Išjunkite šilumą ir palikite uždengtą 10 minučių. Įberkite pipirų. Gerai ismaisyti. Tarnauti.

18. <u>Aligatorius jambalaya</u>

Gamina: 256 colių nuorodos

INGRIDIENTAI:

- 1 svaras marinuota aligatoriaus filė, supjaustyta mažais gabalėliais
- 1 svaras Karšta dešra (itališka) supjaustyta gabalėliais
- 3 šaukštai Aliejus
- ⅔ puodelio susmulkintų paprikų
- 2 skiltelės Sutrintas česnakas
- ¾ puodelio petražolių
- 1 puodelis kapotų šviežių petražolių
- 1 puodelis kapotų salierų
- 2 skardinės pomidorų (po 16 uncijų)
- 2 stiklinės vištienos sultinio
- 1 stiklinė žalio svogūno
- 2 arbatiniai šaukšteliai raudonėlio
- 2 brūkšniai raudono karšto padažo (nebūtina)
- Cajun prieskoniai
- Druska pagal skonį
- 2 puodeliai žalių baltųjų ryžių

a) Pakepinkite papriką, česnaką, petražoles ir salierą. Kol jis kepa, į puodą, kurį galima kepti ant viryklės ir orkaitėje, įpilkite pomidorų ir jų skysčio, vištienos sultinio ir žaliųjų svogūnų (Corning ware)
b) Įmaišykite prieskonius, troškintas daržoves, žalius ryžius, dešrą ir aligatoriaus filė gabaliukus.
c) Virkite ant vidutinės-stiprios ugnies, kol susigers skystis, tada kepkite uždengtą orkaitėje 25 minutes.

19. <u>Bayou boeuf jambalaya</u>

Padaro: 6 porcijos

INGRIDIENTAI:
1 valgomasis šaukštas Sutrumpinimas
¼ svaro košerinio saliamio, kubeliais
1 čiobrelio šakelė
1 svogūnas, supjaustytas
Druska ir pipirai pagal skonį
2 puodeliai pomidorų
1 puodelis nevirtų ilgagrūdžių ryžių
1 valgomasis šaukštas Miltų
¼ puodelio žaliųjų pipirų, maltų
1 lauro lapas
1 petražolių šakelė, susmulkinta
1 skiltelė česnako, susmulkinta
1 svaras košerinės rūkytos dešros.
1¼ puodelio pomidorų sulčių

Ištirpinkite sutrumpinimą sunkiame puode ant vidutinės ugnies. Įmaišykite miltus, saliamį ir žaliuosius pipirus. Troškinkite 5 minutes nuolat maišydami.

Sudėkite likusius ingredientus, išskyrus ryžius. Užvirinkite. Į skystį įpilkite ryžių. Uždenkite ir troškinkite 40 min. kol visas skystis susigers.

20. Juodaakiai žirneliai ir dešra jambalaya

Padaro: 25 porcijos

INGRIDIENTAI:
2 svarai baltųjų svogūnų; susmulkinti
2 kekės žaliasis svogūnas; susmulkinti
1 didelė žalioji paprika; susmulkinti
5 skiltelės česnako; susmulkinti
1 stiklinės petražolių; susmulkinti
3 svarai druskos mėsos*
3 svarai rūkytos karštos dešros
3 svarai nevirtų ryžių
12 stiklinių vandens

*virti vieną kartą, supjaustyti mažais gabalėliais Apkepti dešrą ir supjaustyti kąsnio dydžio gabalėliais. Pakepinkite svogūną, pipirus, česnaką ir petražoles. Virkite, kol suminkštės. Įpilkite druskos mėsos, dešros, juodųjų žirnelių ir ryžių.

Pagardinkite pagal skonį. Įpilkite 12 puodelių vandens. Užvirinkite; gerai išmaišykite ir sandariai uždenkite. Virkite ant mažiausios ugnies 45 minutes. Per šį laiką nenuimkite dangtelio. Prieš patiekdami nuimkite dangtelį 5–10 minučių.

RAUDONOS PUPELĖS IR RYŽIAI

21. Ilgagrūdžiai ryžiai ir pinto pupelės

Porcijos:4

INGRIDIENTAI

- 50 ml/2fl oz augalinio aliejaus
- 1 svogūnas, smulkiai pjaustytas
- 300 ml / 10½ uncijos. ilgagrūdžiai ryžiai
- 400 ml / 14½ uncijos. vandens
- 400 ml / 14½ uncijos. kokoso pienas
- 400 g / 14 ¼ uncijos skardinių pinto pupelių, nuplautų ir nusausintų
- 3 šaukštai šviežių čiobrelių
- druskos ir šviežiai maltų juodųjų pipirų
- šviežios kalendros, papuošti

KRYPTYS

a) Keptuvėje įkaitinkite aliejų ir pakepinkite svogūną iki skaidrumo.
b) Suberkite ryžius, gerai išmaišykite ir supilkite vandenį bei kokosų pieną. Užvirinkite.
c) Suberkite pinto pupeles ir čiobrelius, troškinkite ir uždenkite maždaug 20 minučių, kol ryžiai išvirs. Pagardinkite druska ir šviežiai maltais juodaisiais pipirais.
d) Patiekite papuošę kalendra.

22. <u>Lime vištiena su kiaušinyje keptais ilgagrūdžiais ryžiais</u>

Porcijos:2

INGRIDIENTAI
Dėl Viščiuko

- 2 vištienos krūtinėlės be odos
- 2 šaukštai sezamo aliejaus
- 2 arbatinius šaukštelius augalinio aliejaus
- 2 šaukštai sojos padažo
- 2 česnako skiltelės, smulkiai pjaustytos
- ½ citrinos, nutarkuota žievelė ir sultys
- druskos ir šviežiai maltų juodųjų pipirų
- 1 valgomasis šaukštas skaidraus medaus

Dėl Ryžių

- 2 šaukštai žemės riešutų aliejaus
- 2-3 arbatiniai šaukšteliai sezamo aliejaus
- 2 laisvai laikomi kiaušiniai, lengvai sumušti
- apšlakstyti sojų padažu
- 2 svogūnai, smulkiai pjaustyti
- 50g / 2oz Pinto pupelių, virtų
- 150g/5oz ilgagrūdžiai ryžiai, virti
- druskos ir šviežiai maltų juodųjų pipirų
- 3-4 šaukštai kapotos kalendros
- laimo pleištai, patiekti

KRYPTYS

a) Norėdami susmulkinti, vištienos krūtinėlės padėkite ant lentos ir aštriu peiliu padarykite pjūvį lygiagrečiai pjaustymo lentai tris ketvirtadalius kiekvienos krūtinėlės.

b) Atidarykite kiekvieną vištienos krūtinėlę, kad gautumėte dvi dideles, plonesnes vištienos krūtinėlės.

c) Įdėkite juos į dubenį su vienu šaukštu sezamo aliejaus, augaliniu aliejumi, sojos padažu, česnaku, citrinos žievele ir sultimis.

d) Pagardinkite druska ir šviežiai maltais juodaisiais pipirais ir išmaišykite. Atskirame dubenyje sumaišykite medų su likusiu sezamų aliejumi.

e) Įkaitinkite keptuvę ant vidutinės-stiprios ugnies iki rūkymo, tada
    padėkite vištieną ant grotelių ir kepkite 2–3 minutes iš
    kiekvienos pusės, vieną ar du kartus aptepdami medaus ir
    sezamo mišiniu.

f) Kai tai bus padaryta, vištienos išorė turi būti iškepta ant grotelių
    ir visiškai iškepta. Palikite pailsėti 2-3 minutes.

g) Tuo tarpu ryžiams įkaitinkite wok keptuvę ant stiprios ugnies,
    tada įdėkite žemės riešutų ir vieną arbatinį šaukštelį sezamo
    aliejaus. Kai aliejus pradės mirksėti, įmuškite kiaušinius ir
    virkite, nuolat maišydami, 1–2 minutes arba tol, kol jie išplaks.

h) Kiaušinius įmuškite į keptuvės šoną ir įpilkite dar šiek tiek
    sezamų aliejaus, sojų padažo, svogūnų ir pinto pupelių ir
    kepkite vieną minutę, tada suberkite ryžius ir pagardinkite
    druska bei šviežiai maltais juodaisiais pipirais.

i) Virkite nuolat maišydami 3–4 minutes arba kol sušils.
    Išmaišykite per kalendrą.

j) Norėdami patiekti, šaukštu dėkite ryžius į lėkštes. Vištieną
    supjaustykite įstrižai plonomis juostelėmis ir padėkite ant ryžių.
    Ant viršaus uždėkite laimo skiltele.

23. Ilgagrūdžiai ryžiai Hoppin' John

Porcijos:4

INGRIDIENTAI

- 2 šaukštai augalinio aliejaus
- 300 g / 10½ uncijos virtos ir susmulkintos šoninės
- 1 žalia paprika, smulkiai pjaustyta
- 1 raudona paprika, smulkiai pjaustyta
- 1 raudonasis svogūnas, smulkiai pjaustytas
- 3 salierų lazdelės, smulkiai pjaustytos
- 4 česnako skiltelės, susmulkintos
- 1 arbatinis šaukštelis džiovintų čili dribsnių
- 2 lauro lapai
- 1 litras/1¾ pintos vištienos arba daržovių sultinio
- 400 g / 14 uncijų skardinių pinto pupelių, nusausintų ir nuplautų
- 225g/8oz ilgagrūdžiai ryžiai
- 2 šaukštai kreolų arba universalių prieskonių
- druskos ir šviežiai maltų juodųjų pipirų
- Tarnauti
- sauja plokščialapių petražolių lapelių, smulkiai pjaustytų
- kekės svogūnų, smulkiai pjaustytų

KRYPTYS

a) Didelėje keptuvėje ant vidutinės ugnies įkaitinkite aliejų.

b) Į keptuvę suberkite šoninę ir kepkite, kol apskrus. Išimkite kiaurasamčiu ir nusausinkite ant virtuvinio popieriaus.

c) Į keptuvę suberkite svogūną, paprikas, salierą, česnaką, čili dribsnius, lauro lapus, kreolų prieskonius, druską, pipirus ir pakepinkite ant mažos arba vidutinės ugnies, kol suminkštės.

d) Supilkite sultinį ir užvirinkite.

e) Sudėkite ryžius, pupeles ir šoninę ir gerai išmaišykite. Uždenkite ir troškinkite 20 minučių arba tol, kol ryžiai suminkštės ir susigers didžioji dalis skysčio.

f) Padalinkite į dubenėlius, pabarstykite petražolėmis ir svogūnais ir patiekite.

24. Meksikos įkvėptos Pinto pupelės ir ryžiai

Porcijos:: 8

INGRIDIENTAI

- 1 valgomasis šaukštas vištienos sultinio (sumažintas natrio kiekis)
- 3 šaukštai pomidorų pastos
- 1 arbatinis šaukštelis maltų kalendrų sėklų
- 1 arbatinis šaukštelis druskos
- ½ arbatinio šaukštelio česnako miltelių
- ¼ arbatinio šaukštelio pipirų
- 3½ stiklinės vandens
- 2 puodeliai ilgagrūdžių baltųjų ryžių, išskalauti tinkliniu sieteliu
- 1 raudonoji paprika, išskobta, išskobta ir supjaustyta kubeliais
- ¼ puodelio smulkiai supjaustyto raudonojo svogūno
- 1 jalapeño su stiebu, išskobtas ir smulkiai supjaustytas
- 2 šaukštai smulkiai pjaustytos kalendros
- 1 skardinė (15 uncijų) pinto pupelių, nusausintų ir nuplautų

KRYPTYS

a) Į puodą įpilkite vištienos pagrindo, pomidorų pastos, kalendros, druskos, česnako miltelių ir pipirų; šluotele sujungti.

b) Palaipsniui supilkite vandenį, suberkite ryžius ir maišykite, kad susimaišytų. Padėkite puodą ant vidutinės ugnies ir užvirinkite, retkarčiais pamaišydami.

c) Sumažinkite ugnį iki vidutinės-žemos, uždenkite. Virkite, kol skystis susigers, retkarčiais pamaišydami, apie 12-15 minučių. Nukelkite nuo ugnies ir palikite uždengtą kelias minutes pastovėti.

d) Įdėkite ryžius į didelį dubenį ir suberkite papriką, svogūną, jalapeño ir kalendrą; maišykite, kad sujungtumėte.

e) Švelniai įmaišykite pupeles ir patiekite.

25. Pinto pupelės ir ryžiai su kalendra

Porcijos 6
INGRIDIENTAI
Dėl ryžių:

- 1 puodelis ilgagrūdžių baltųjų ryžių
- 1 valgomasis šaukštas alyvuogių aliejaus
- 8 uncijos skardinė pomidorų padažo
- 1 raudonoji paprika be šerdies, be sėklų ir supjaustyta ketvirčiais
- 1 1/2 puodelio vištienos arba daržovių sultinio
- 3/4 arbatinio šaukštelio košerinės druskos
- 1 arbatinis šaukštelis česnako miltelių
- 1/4 arbatinio šaukštelio čili miltelių
- 1/4 arbatinio šaukštelio kmynų
- 1/2 puodelio kubeliais pjaustytų pomidorų
- 2 šaukštai kapotos kalendros papuošimui neprivaloma

Dėl pupelių:

- 15 uncijų skardinė pinto pupelių nusausinta ir nuplaunama
- 1/2 puodelio vištienos arba daržovių sultinio
- 1 valgomasis šaukštas pomidorų pastos
- 3/4 arbatinio šaukštelio druskos
- 3/4 arbatinio šaukštelio čili miltelių
- 1/2 puodelio pico de gallo papuošimui neprivaloma

KRYPTYS

Dėl ryžių:

a) Įkaitinkite alyvuogių aliejų 2 litrų puode ant vidutinės ugnies. Suberkite ryžius ir maišykite, kol ryžiai pasidengs aliejumi. Virkite apie 5 minutes arba tol, kol ryžiai apskrus ir lengvai apskrus.

b) Sudėkite visus likusius ingredientus.

c) Grąžinkite puodą į degiklį ir užvirinkite turinį.

d) Uždenkite puodą ir sumažinkite ugnį iki minimumo; virkite 17 minučių.

e) Nuimkite puodą nuo ugnies ir uždengę palikite pastovėti 5 minutes. Išimkite ir išmeskite paprikas. Gerai išmaišykite. Jei norite, papuoškite pomidorais ir žaliais svogūnais.

Dėl pupelių:

f) Visus ingredientus sudėkite į keptuvę ant vidutinės-stiprios ugnies ir užvirinkite. Virkite 7-10 minučių, kol padažas sutirštės. Paragaukite ir, jei reikia, įberkite daugiau druskos arba čili miltelių. Taip pat galite įpilti šiek tiek daugiau vištienos sultinio, jei padažas gausis per tirštas pagal jūsų skonį. Jei norite, papuoškite pico de gallo.

26. Ispaniškos Pinto pupelės ir ryžiai

Porcijos 2

INGRIDIENTAI
DĖL RYŽIŲ
- 2 stiklinės daržovių sultinio 475 ml
- 1 stiklinė ilgagrūdžių ryžių 190 gramų
- 1/4 arbatinio šaukštelio šafrano siūlų .17 gramų
- žiupsnelis jūros druskos
- žiupsnelis juodųjų pipirų

PUPELĖMS
- 2 šaukštai aukščiausios kokybės pirmojo spaudimo alyvuogių aliejaus 30 ml
- 1 mažas svogūnas
- 4 skiltelės česnako
- 1 morka
- 1 žalioji paprika
- 1 arbatinis šaukštelis saldžiai rūkytos ispaniškos paprikos 2,30 gramo
- 1/2 arbatinio šaukštelio maltų kmynų 1,25 g
- 2 1/2 puodeliai konservuotų pinto pupelių 400 gramų
- 1 puodelis daržovių sultinio 240 ml
- žiupsnelis jūros druskos
- žiupsnelis juodųjų pipirų
- sauja smulkiai pjaustytų šviežių petražolių

KRYPTYS
a) Į puodą įpilkite 2 puodelius daržovių sultinio, įberkite 1/4 arbatinio šaukštelio šafrano siūlų, pagardinkite jūros druska ir šviežiai maltais juodaisiais pipirais, pakaitinkite ant stiprios ugnies.
b) Tuo tarpu į sietelį suberkite 1 puodelį ilgagrūdžių ryžių ir nuplaukite po šaltu tekančiu vandeniu, kol vanduo po sieteliu taps skaidrus.
c) Kai sultinys užvirs, į keptuvę suberkite ryžius, išmaišykite ir uždėkite keptuvę dangčiu, sumažinkite iki silpnos ir vidutinės ugnies ir virkite, kol ryžiai išvirs.

d) Tuo tarpu įkaitinkite didelę keptuvę ant vidutinės ugnies ir įpilkite 2 šaukštus aukščiausios kokybės pirmojo spaudimo alyvuogių aliejaus, po 2 minučių įdėkite 1 nedidelį smulkiai pjaustytą svogūną, 1 smulkiai pjaustytą žaliąją papriką, 1 smulkiai pjaustytą morką (nuluptą) ir 4 skilteles česnako. susmulkintą, nuolat maišykite daržoves su alyvuogių aliejumi

e) Po 4 minučių ir daržovėms šiek tiek patroškinus, įberkite 1 arbatinį šaukštelį saldžiai rūkytos ispaniškos paprikos ir 1/2 šaukštelio maltų kmynų, greitai išmaišykite, tada suberkite 2 1/2 puodelio konservuotų pinto pupelių (nusitrauktų ir nuplautų) ir pagardinkite jūros druska. ir juodųjų pipirų, švelniai išmaišykite, kol gerai susimaišys, tada įpilkite 1 puodelį daržovių sultinio ir troškinkite ant vidutinės ugnies

f) Kai ryžiai išvirs (mano atveju – 15 minučių), nukelkite ryžius nuo ugnies, leiskite pastovėti 3–4 minutes uždengę dangtį, tada nuimkite dangtį ir supurtykite ryžius šakute, perkelkite ryžius. į patiekiamus patiekalus

g) Griebkite verdančias pupeles (dar turi likti šiek tiek sultinio) ir suberkite į serviravimo indą šalia ryžių, pabarstykite šviežiai kapotomis petražolėmis ir skanaukite!

27. <u>Vieno puodo ryžiai ir pupelės</u>

Tbendras laikas:30 minučių

INGRIDIENTAI

- 2 šaukštai alyvuogių aliejaus
- 1 geltonas svogūnas, susmulkintas (apie 1 ¼ puodelio)
- 1 ¾ stiklinės vištienos arba daržovių sultinio arba vandens
- 1 arbatinis šaukštelis druskos
- 1 puodelis ilgagrūdžių ryžių
- 1 (15,5 uncijos) skardinė juodųjų arba pinto pupelių
- Laimo skiltelės arba kalendros lapai, papuošimui (nebūtina)

KRYPTYS

h) Dideliame puode arba olandiškoje orkaitėje su sandariu dangčiu pašildykite alyvuogių aliejų ant vidutinės ugnies. Sudėkite svogūną ir pakepinkite iki skaidrumo, maždaug 3 minutes. Supilkite sultinį, uždenkite ir užvirinkite.

i) Įpilkite druskos, ryžių ir pupelių (įskaitant skystį). Išmaišykite, kad susimaišytų, tada uždenkite.

j) Sumažinkite ugnį iki minimumo, tada leiskite netrukdomai virti 18–20 minučių. Nukelkite nuo ugnies ir palikite pastovėti 4 minutes, tada suplakite šakute.

k) Pagal skonį pagardinkite druska ir pipirais, tada papuoškite citrina arba kalendra, kaip norite.

28. Pietų Pinto pupelės ir ryžiai

Porcijos: 6 puodeliai

INGRIDIENTAI

- 1 svaras džiovintų pinto pupelių
- 8 puodeliai vandens arba sultinio
- 2 šaukštai druskos, nakčiai mirkyti; Valgomoji druska
- 2 šaukštai svogūnų miltelių arba 1 puodelis šviežio, kubeliais pjaustyto svogūno
- 2 šaukštai česnako miltelių
- 2 puodeliai ryžių, rudųjų arba baltųjų ryžių, virti
- 1 rūkytas kumpis
- druskos ir pipirų pagal skonį

KRYPTYS

a) Įdėkite pupeles į didelę olandišką orkaitę su svogūnų ir česnako milteliais, skysčiu ir baltymais (nebūtina).

b) Virkite ant silpnos ugnies, neuždengę 3-4 valandas arba kol suminkštės; dažnai tikrinkite skysčio lygį; pridėkite daugiau, jei reikia; kai suminkštės, paragaukite prieskonių ir atitinkamai pakoreguokite

c) 1 svaras džiovintų pinto pupelių, 8 puodeliai vandens arba sultinio, 2 šaukštai svogūnų miltelių, 2 šaukštai česnako miltelių, 1 rūkytas kumpis

29. Pinto pupelės ir ryžiai bei dešra

Porcijos: 6 porcijos

INGRIDIENTAI

- 1 svaras džiovintų pinto pupelių
- 6 puodeliai vandens
- 1 kumpio kulnas arba mėsingas kumpio kaulo likutis
- 1 vidutinio dydžio svogūnas, supjaustytas
- 3 skiltelės česnako, susmulkintos
- 1 1/2 arbatinio šaukštelio druskos
- 1 svaras Andouille rūkytos dešros arba panašios rūkytos dešros, supjaustytos
- 1 (14 1/2 uncijos) skardinė pomidorų, supjaustytų kubeliais
- 1 (4 uncijos) skardinė švelnių žaliųjų čili pipirų arba švelnių ir jalapeño mišinio, supjaustytų kubeliais
- 1/2 arbatinio šaukštelio raudonųjų pipirų dribsnių, susmulkintų, nebūtina
- 4 puodeliai virtų baltųjų ryžių, ilgagrūdžių arba greitų kruopų, karštai virtų

KRYPTYS

a) Išvakarėse suberkite pupeles į didelį dubenį arba puodą ir uždenkite vandeniu maždaug 3 colių gyliu virš pupelių. Leiskite jiems pastovėti 8 valandas arba per naktį. Gerai nusausinkite.

b) Išmirkytas ir nusausintas pupeles sumaišykite su vandeniu, kumpiu, svogūnu ir česnaku dideliame puode arba olandiškoje orkaitėje ant stiprios ugnies; užvirinkite. Uždenkite ir sumažinkite ugnį iki vidutinės; virkite pupeles 45 minutes arba tol, kol pupelės suminkštės.*

c) Jei norite, įberkite druskos, griežinėliais pjaustytos dešros, pomidorų, švelnių čili pipirų ir susmulkintų raudonųjų pipirų dribsnių. Uždenkite, sumažinkite ugnį iki minimumo ir troškinkite 1 valandą, retkarčiais pamaišydami.

d) Nuimkite kumpio kulną ir nuimkite mėsą nuo kaulo. Kumpį susmulkinkite šakute arba susmulkinkite. Grąžinkite kumpį į pupelių mišinį.

e) Patiekite pinto pupeles ant karštų virtų ryžių.

30. Gallopinto (Nikaragvos ryžiai ir pupelės)

Porcijos:: 8 porcijos

INGRIDIENTAI
Dėl pupelių
- 1 (16 uncijų) maišelis džiovintų Pinto pupelių
- Druska
- 7 česnako skiltelės, nuluptos

Dėl ryžių
- 1/4 puodelio augalinio aliejaus, padalintas
- 1 vidutinio dydžio geltonasis svogūnas, smulkiai pjaustytas (apie 1 puodelis), padalintas
- 1 1/2 puodelio ilgagrūdžių baltųjų ryžių
- 3 puodeliai vandens arba mažai natrio turinčio vištienos sultinio
- 1/2 žaliosios paprikos su šerdimi ir sėklomis

KRYPTYS
Dėl pupelių:
a) Išskleiskite pupeles ant kepimo skardos su apvadu. Išsirinkite visas šiukšles ir sulaužytas pupeles. Perkelkite pupeles į kiaurasamtį ir nuplaukite po šaltu tekančiu vandeniu. Nuplautas pupeles suberkite į didelį puodą ir užpilkite šaltu vandeniu; leiskite mirkti 30 minučių.
b) Užvirinkite ant stiprios ugnies. Sumažinkite ugnį iki vidutinės ir troškinkite pupeles 30 minučių. Išjunkite ugnį, uždenkite pupeles ir palikite 1 valandą. Pupeles vėl užvirkite ant stiprios ugnies. Įpilkite 2 arbatinius šaukštelius druskos ir česnako, sumažinkite ugnį iki vidutinės ir troškinkite, kol pupelės suminkštės 30–60 minučių.

Dėl ryžių:
c) Dideliame storadugniame puode ant vidutinės ugnies įkaitinkite 2 šaukštus aliejaus, kol suminkštės. Įpilkite 2/3 svogūno ir kepkite maišydami, kol suminkštės ir taps skaidrūs, maždaug 5 minutes.
d) Suberkite ryžius ir virkite maišydami, kol grūdai taps blizgūs ir tolygiai pasidengs aliejumi, 2–3 minutes. Įpilkite vandens arba

sultinio ir 1 1/2 arbatinio šaukštelio druskos, padidinkite ugnį iki didelės ir užvirinkite. Ant ryžių uždėkite papriką.

e) Virkite ryžius nemaišydami, kol išgaruos didžioji dalis skysčio ir pamatysite, kad ryžių paviršiuje sprogsta nedideli burbuliukai. Nedelsdami sumažinkite ugnį iki žemiausio lygio, uždenkite ir virkite (nemaišykite, nenuimkite dangčio) 15 minučių. Išimkite ir išmeskite papriką. Suplakite ryžius lazdelėmis arba šakute, tada leiskite atvėsti ir 1 dieną laikykite šaldytuve.

Dėl šuolio:

f) Likusius 2 šaukštus aliejaus įkaitinkite dideliame puode ant vidutinės-stiprios ugnies, kol suminkštės. Sudėkite likusį svogūną ir kepkite maišydami, kol suminkštės ir taps skaidrūs, maždaug 5 minutes.

g) Į keptuvę suberkite ryžius ir 2 puodelius pupelių ir virkite maišydami, kol ryžiai pasidengs tolygiai. Maišydami kepkite toliau, kad skoniai susimaišytų ir mišinys taptų šiek tiek traškus, maždaug 10 minučių. Uždenkite ir virkite ant silpnos ugnies dar 10 minučių.

31. **Pupelių padažas ir pomidorai ant ryžių**

Porcijos:6 porcijos

INGRIDIENTAI
- 1 puodelis pinto pupelių, išmirkytų
- 2 Serrano čili, išskobti ir susmulkinti
- ½ šaukšto imbiero, tarkuoto
- 1 kiekvienas lauro lapas
- ¼ arbatinio šaukštelio ciberžolės
- 4 puodeliai Vandens
- 1⅓ puodelio atsargų
- ¼ puodelio kalendros
- Druska pipirai
- 2 šaukštai pekano riešutų, pjaustytų ir skrudintų
- 2 šaukštai alyvuogių aliejaus
- 4 pomidorai, supjaustyti kubeliais
- 1 arbatinis šaukštelis čili miltelių
- 1 valgomasis šaukštas šviežio mairūno
- 1 arbatinis šaukštelis klevų sirupo
- 5 puodeliai Vandens
- 1½ puodelio ilgagrūdžių ryžių
- 2 morkos, susmulkintos
- 1 kiekviena 3 colių cinamono lazdelė
- ½ šaukšto alyvuogių aliejaus

KRYPTYS
a) Virkite pupeles 1½–2 valandas, kol pupelės suminkštės. Išmeskite lauro lapą ir
PADAŽAS:
b) Dideliame puode sumaišykite nusausintas pupeles, čili, imbierą, lauro lapą, ciberžolę ir vandenį.
c) Užvirinkite, sumažinkite ugnį, uždenkite ir virkite.
d) Sudėkite pupeles, sultinį ir kalendrą į virtuvinį kombainą ir supilkite į stambų padažą. Pagardinkite, suberkite pekano riešutus ir šiek tiek pašildykite.
POMIDORAI:

e) Keptuvėje sumaišykite pomidorus, čili miltelius, mairūną ir sirupą. Pagardinkite druska ir pipirais ir kepkite ant vidutinės ugnies, kol pomidoras pradės karamelizuotis, maždaug 10 minučių. Šiltai laikykite ant silpnos ugnies.

RYŽIAI:

f) Užvirinkite vandenį ir įmaišykite ryžius, morkas ir cinamoną. Virkite, kol ryžiai suminkštės, 10–12 minučių, jei naudojate baltuosius ryžius. Nusausinkite ir išmeskite cinamoną ir trumpai nuplaukite po tekančiu vandeniu.

g) Grįžkite į keptuvę ir apšlakstykite aliejumi.

h) Kad patiektumėte, šaukštu dėkite ryžius į šiltas lėkštes, užpilkite pupelių padažu ir pabarstykite pomidorais.

32. <u>Cajun pinto pupelės</u>

Porcijos:8

INGRIDIENTAI

- po 1 Mažas pinto pupelių maišelis, nuplautas ir nuskintas
- ¼ puodelio Miltų
- ¼ puodelio bekono riebalų
- 1 didelis svogūnas, susmulkintas
- 6 skiltelės česnako, susmulkintos
- ½ puodelio salierų, supjaustytų
- 1 kiekvienas lauro lapas
- ¼ puodelio čili miltelių
- 2 šaukštai maltų kmynų
- 1 skardinė pomidorų su čili
- Druska pagal skonį
- 2 svarai kumpio kulno arba sūdytos kiaulienos PASIRENKAMA
- Susmulkinta kalendra
- 2 puodeliai Ilgagrūdžiai ryžiai, virti

KRYPTYS

a) Išrinkite pinto pupeles ir nuplaukite. 1 nedidelį maišelį pinto pupelių per naktį pamirkykite šaltame vandenyje ir 1 šaukšte kepimo sodos. Nuplaukite pupeles ir virkite 1 valandą. Pakeiskite vandenį ir vėl įpilkite 1 šaukštą kepimo sodos. Virkite dar valandą ar dvi ir paskutinį kartą pakeiskite vandenį, įpilkite kepimo sodos ir virkite, kol iškeps.

b) Apkepkite ¼ puodelio miltų ir ¼ puodelio šoninės riebalų į tamsią roux (kakavos spalvos). Įpilkite ir maišykite, kol suminkštės: 1 didelis susmulkintas svogūnas, 5 arba 6 skiltelės susmulkinto česnako, ½ puodelio kapotų salierų, 1 lauro lapas ir kalendra.

c) Įpilkite čili miltelių, kmynų ir pomidorų su čili ir druska pagal skonį.

d) Galima virti su kumpiu arba sūdyta kiauliena.

e) Naudojant šį roux, pintos pupelės suteikia puikų skonį.

f) Patiekite su ilgagrūdžiais ryžiais.

33. Ryžiai ir pupelės su sūriu

Porcijos:5

INGRIDIENTAI

- 1⅓ puodelio vandens
- 1 puodelis susmulkintų morkų
- 1 arbatinis šaukštelis greitai paruošiamojo vištienos sultinio
- ¼ arbatinio šaukštelio druskos
- 15 uncijų Can Pinto pupelių, nusausintų
- 8 uncijos paprasto neriebaus jogurto
- ½ puodelio susmulkinto neriebaus Čedaro sūrio
- ⅔ puodelio ilgagrūdžių ryžių
- ½ puodelio pjaustytų žaliųjų svogūnų
- ½ arbatinio šaukštelio maltos kalendros
- 1 arbatinis šaukštelis Aitriųjų pipirų padažo
- 1 puodelis neriebaus varškės
- 1 valgomasis šaukštas pjaustytų šviežių petražolių

KRYPTYS

a) Dideliame puode sumaišykite vandenį, ryžius, morkas, žaliuosius svogūnus, sultinio granules, kalendrą, druską ir buteliuose išpilstytą aitriųjų paprikų padažą.

b) Užvirinkite; sumažinti šilumą. Uždenkite ir troškinkite 15 minučių arba kol ryžiai suminkštės ir susigers vanduo.

c) Įmaišykite pinto arba juodąsias pupeles, varškę, jogurtą ir petražoles.

d) Supilkite šaukštą į 10x6x2 colių kepimo formą.

e) Kepkite uždengę 350 laipsnių F. orkaitėje 20–25 minutes arba kol įkais. Pabarstykite čederio sūriu. Kepkite neuždengę dar 3-5 minutes arba kol sūris išsilydys.

34. Pinto pupelės ir šafraniniai ryžiai

Porcijos:4

INGRIDIENTAI
Pupelės
- 3 puodeliai džiovintų pinto pupelių
- 1/2 lazdelės sviesto
- 1/3 puodelio taukų
- 1/2 puodelio sofrito
- 1 didelis svogūnas supjaustytas
- 3 litrai vandens

Ryžiai
- 1-1/2 puodelio ilgagrūdžių ryžių
- 3 puodeliai vištienos sultinio
- 1/2 arbatinio šaukštelio šafrano siūlų
- 1-1/2 arbatinio šaukštelio košerinės druskos
- 1/2 stiklinės vandens
- 1 valgomasis šaukštas sviesto
- Actas Aitriųjų pipirų padažas

KRYPTYS
a) Nuplaukite pupeles ir pašalinkite visus pašalinius daiktus, tokius kaip akmenys ir blogosios pupelės.
b) Svogūnus supjaustykite kubeliais.
c) Įpilkite svogūnų, pupelių, sofrito, vandens ir sviesto.
d) Leiskite kaitinti 4 minutes ir suberkite taukus.
e) Uždenkite ir virkite 15 minučių maišydami, vėl uždenkite ir sumažinkite ugnį per pusę. Virkite, kol pupelės suminkštės, tada įberkite druskos.
f) Ištirpinkite sviestą ir suberkite ryžius. Gerai išmaišykite ir supilkite šafraną, sultinį ir vandenį.
g) Ryžius išvirkite retkarčiais pamaišydami, tada, kai skysčiai susigers, uždenkite ir nukelkite nuo ugnies, netrukdykite 20 minučių.
h) Patiekite su pupelėmis ant ryžių. Įpilkite acto ir aitriųjų pipirų padažo.

35. Taco Prieskoniai ryžiai su pinto pupelėmis

Porcijos:6 porcijos

INGRIDIENTAI

- 2 puodeliai Vandens
- 8 uncijos pomidorų padažo
- 1 pakelis taco prieskonių mišinio
- 1 puodelis Kukurūzų
- ½ puodelio žaliųjų pipirų - kapotų
- ½ arbatinio šaukštelio raudonėlio
- ⅛ arbatinio šaukštelio česnako miltelių
- 1 puodelis ilgagrūdžių ryžių
- 16 uncijų Pinto pupelių, konservuotų

KRYPTYS

a) Vidutiniame puode sumaišykite visus ingredientus, išskyrus ryžius ir pupeles.
b) Mišinį užvirinkite ant vidutinės ugnies. Įmaišykite ryžius ir pupeles.
c) Kai mišinys vėl užvirs, išmaišykite, sumažinkite ugnį iki vidutinės-žemos, uždenkite ir troškinkite, kol didžioji dalis skysčio išvirs, nuo 45 minučių iki 1 valandos.
d) Nukelkite nuo ugnies ir uždengę atidėkite 5 minutes.
e) Gerai ismaisyti.

36. Indijos moliūgų ryžiai ir pupelės

Porcijos:8

INGRIDIENTAI

- 1 valgomasis šaukštas rapsų aliejaus
- 1 vidutinio geltonojo svogūno; susmulkinti
- 2 skiltelės česnako; malta
- 2 puodeliai moliūgų kubeliai
- 2 arbatiniai šaukšteliai kario miltelių
- ½ arbatinio šaukštelio juodųjų pipirų
- ½ arbatinio šaukštelio druskos
- ¼ arbatinio šaukštelio Maltų gvazdikėlių
- 1½ puodelio ilgagrūdžių baltųjų ryžių
- 1 stiklinė stambiai pjaustytų kopūstų arba špinatų
- 15 uncijų virtų pinto pupelių; nusausinti ir nuplauti

KRYPTYS

a) Dideliame puode ant vidutinės ugnies įkaitinkite aliejų.

b) Sudėkite svogūną ir česnaką ir maišydami kepkite 5 minutes, kol svogūnas taps skaidrus. Įmaišykite moliūgą, karį, pipirus, druską ir gvazdikėlius ir virkite dar 1 minutę.

c) Įpilkite 3 puodelius vandens ir ryžius, uždenkite ir užvirkite. Virkite ant vidutinės-mažos ugnies apie 15 minučių.

d) Įmaišykite kopūstus ir pupeles ir virkite dar apie 5 minutes.

e) Suplakite ryžius ir išjunkite ugnį. Prieš patiekdami leiskite pastovėti 10–15 minučių.

37. Meksikos kaubojų pupelės

Porcijos: 6

INGRIDIENTAI

- ½ svaro Pinto pupelių, džiovintų
- 1 svogūnas, baltas, didelis
- 3 skiltelės Česnakas, susmulkintas
- 2 kalendros šakelės
- ¼ puodelio daržovių sultinio arba vandens
- 6 uncijos. (3/4 puodelio) Veganiškas chorizo
- 2 Serrano čili, malti
- 1 Pomidoras, didelis, supjaustytas kubeliais

KRYPTYS

h) Per naktį pamirkykite pupeles vandenyje.

i) Kitą dieną nukoškite ir sudėkite į didelį puodą. Į puodą įpilkite tiek vandens, kad užpildytumėte ¾ vandens.

j) Svogūną perpjaukite per pusę. Į puodą su pupelėmis įdėkite ½ svogūno, kalendros šakelių ir 3 česnako skilteles. Kitą svogūno pusę pasiliekame.

k) Užvirinkite vandenį ir leiskite pupelėms virti, kol beveik suminkštės, maždaug pusantros valandos.

l) Kol pupelės verda, įkaitinkite didelę keptuvę iki vidutinės-stiprios ugnies. Įdėkite chorizo ir troškinkite, kol šiek tiek apskrus, maždaug 4 minutes. Kol chorizo kepa, supjaustykite kitą svogūno pusę.

m) Išimkite chorizo iš keptuvės ir atidėkite į šalį. Į keptuvę įpilkite ¼ puodelio vandens, kubeliais supjaustytą svogūną ir Serrano pipirus. Pakaitinkite svogūną ir čili, kol suminkštės ir taps skaidrūs maždaug 4–5 minutes. Įdėkite pomidorą ir leiskite virti dar 7–8 minutes arba tol, kol pomidoras suirs ir išskirs visas savo sultis.

n) Įdėkite šį mišinį ir chorizo į puodą su pupelėmis ir leiskite virti dar 20 minučių arba tol, kol pupelės visiškai suminkštės. Pagal skonį pagardinkite druska ir pipirais.

o) Prieš patiekdami, iš pupelių pašalinkite svogūno pusę, kalendros šakelę ir česnako skilteles. Pagardinkite druska ir pipirais

38. Karibų šventė

INGRIDIENTAI

JURKAS DŽEKFRUITAS

- 3 skardinės Young Jack Fruit sūryme, nusausintas ir išdžiovintas, tada susmulkintas į nedidelius gabalėlius
- 1 šaukštas Vita Coca kokosų aliejaus
- 3 pavasariniai svogūnai, smulkiai pjaustyti
- 3 skiltelės Česnakas, susmulkintas
- 1/2 Scotch Bonnet Chili (naudokite visą 1, jei norite, kad būtų ypač aštrus)
- Nykščio dydžio imbiero gabalėlis, susmulkintas
- 1 geltonoji paprika, be sėklų ir supjaustyta kubeliais
- 1 puodelis/200g juodųjų pupelių, iš skardos. Nusausintas ir nuplaunamas.
- 1 valgomasis šaukštas visų prieskonių
- 2 arbatiniai šaukšteliai malto cinamono
- 3 šaukštai sojos padažo
- 5 šaukštai pomidorų tyrės
- 4 šaukštai kokosų cukraus
- 1 puodelis / 240 ml ananasų sulčių
- 1 laimo sultys
- 1 valgomasis šaukštas šviežių čiobrelių lapų
- 2 arbatiniai šaukšteliai jūros druskos
- 1 arbatinis šaukštelis maltų juodųjų pipirų

RYŽIAI IR ŽIRNIAI

- 1 skardinės pupelės, skystas rezervuotas
- 1 skardinė kokosų pienas
- 3 šaukštai šviežių čiobrelių
- Žiupsnelis jūros druskos ir juodųjų pipirų
- 1 ir 1/2 puodelio/340 g ilgagrūdžių ryžių, išskalauti
- Daržovių sultinys, jei reikia.

KEPTI GYSOLONAI

- 2 Gysločiai, nulupti ir supjaustyti cm diskeliais
- 2 šaukštai Vita Coca kokosų aliejaus
- 2 šaukštai kokosų cukraus
- Žiupsnelis druskos ir pipirų

MANGO SALOTOS

- 1/2 šviežio mango, nulupti ir supjaustyti kubeliais
- 1 arbatinis šaukštelis šviežių čili, smulkiai pjaustytų
- Sauja šviežios kalendros
- Pusės žaliosios citrinos sultys
- Šviežios mišrios salotos

KRYPTYS

a) Pirmiausia ant vidutinės ugnies padėkite didelį troškintuvą arba keptuvę. Įpilkite kokosų aliejaus, tada svogūną, česnaką, imbierą, čili ir geltonuosius pipirus. Leiskite mišiniui suminkštėti 3 minutes, prieš suberdami prieskonius ir virkite dar 2 minutes. Įberkite žiupsnelį prieskonių.

b) Į keptuvę sudėkite jackfrutą ir gerai išmaišykite, virkite 3–4 minutes.

c) Tada suberkite kokosų cukrų ir juodąsias pupeles. Toliau maišykite, tada supilkite sojos padažą, pomidorų tyrę ir ananasų sultis. Sumažinkite ugnį ir įpilkite žaliosios citrinos sulčių ir šiek tiek pjaustytų šviežių čiobrelių lapelių.

d) Uždenkite dangtį ir leiskite jackfruitei virti apie 12–15 minučių.

e) Ryžiams sudėkite ingredientus į puodą ir uždenkite dangčiu. padėkite keptuvę ant nedidelės ugnies ir leiskite ryžiams sugerti visą skystį, kol jie taps šviesūs ir purūs. tai turėtų trukti 10–12 minučių. jei jūsų ryžiai per daug išdžiūvo prieš išvirus, įpilkite vandens arba daržovių sultinio.

f) toliau – gyslotis. Iš anksto įkaitinkite nepridegančią keptuvę ant vidutinės ugnies ir įpilkite kokosų aliejaus, kai karšta sudėkite gysločio skilteles ir kepkite iš abiejų pusių 3–4 minutes, kol karamelizuosis ir taps auksinės spalvos. pagardinkite kokosų cukrumi, druska ir pipirais.

g) salotoms paprasta sumaišykite visus ingredientus mažame maišymo dubenyje.

h) patiekite viską kartu, mėgaukitės.

39. Jamaikietiškas džekfrutas ir pupelės su ryžiais

Porcijos:2

INGRIDIENTAI

- 1 svogūnas
- 2 česnako skiltelės
- 1 čili
- 2 vynmedžių pomidorai
- 2 arbatiniai šaukšteliai Jamaikos džemo prieskonių
- 400 g skardinės pupelių
- 400 g skardinės jackfruito
- 200 ml kokoso pieno
- 150 g baltų ilgagrūdžių ryžių
- 50 g kūdikių lapelių špinatų
- Jūros druska
- Šviežiai malti pipirai
- 1 valgomasis šaukštas alyvuogių aliejaus
- 300 ml verdančio vandens

KRYPTYS

a) Nulupkite ir smulkiai supjaustykite svogūną. Nulupkite ir sutarkuokite česnako skilteles. Aitriąją papriką perpjaukite per pusę, išbraukite sėklas ir plėvelę, kad mažiau įkaistų, ir smulkiai supjaustykite. Smulkiai supjaustykite pomidorus.

b) Į didelę keptuvę supilkite 1 šaukštą aliejaus ir pakaitinkite ant vidutinės ugnies. Įdėkite svogūnus ir gerą žiupsnelį druskos bei pipirų. Kepkite 4-5 minutes, retkarčiais pamaišydami, kol suminkštės ir šiek tiek įgaus spalvą. Įmaišykite česnaką, čili ir 2 arbatinius šaukštelius jamaikietiškų prieskonių ir toliau kepkite dar 2 minutes.

c) Į keptuvę sudėkite pjaustytus pomidorus. Nusausinkite pupeles ir jackfrutą ir sudėkite į keptuvę. Supilkite kokosų pieną. Gerai išmaišykite ir užvirkite, tada iš dalies uždenkite dangčiu ir švelniai troškinkite 20 minučių. Kepimo metu retkarčiais naudokite medinį šaukštą, kad šiek tiek susmulkintumėte jackfruto gabalėlius.

d) Įmeskite ryžius į sietelį ir gerai nuplaukite po šaltu vandeniu. Įdėkite į nedidelę keptuvę ir įpilkite 300 ml verdančio vandens ir žiupsnelį druskos. Uždenkite dangtį ir užvirinkite, tada pasukite žemyn ir labai švelniai troškinkite 8 minutes, kol visas vanduo susigers. Ryžius nukelkite nuo ugnies ir palikite 10 minučių garuose uždengti keptuvėje

e) Įmaišykite špinatus į jackfrutą ir pupeles, kol suminkštės. Paragaukite padažo ir, jei reikia, įberkite daugiau druskos.

f) Supilkite ryžius į kelis gilius dubenėlius, užpilkite gausiais samčiais jackfruit kario ir patiekite.

40. Ryžių plovas su pupelėmis, vaisiais ir riešutais

INGRIDIENTAI

- 1 1/2 puodelio ilgagrūdžių ryžių
- 1 valgomasis šaukštas neutralaus augalinio aliejaus
- 1 vidutinio dydžio svogūnas, smulkiai pjaustytas
- 1–2 mažos šviežios aitriosios paprikos, supjaustytos griežinėliais, nebūtina
- 2/3 puodelio razinų arba džiovintų spanguolių, arba jų derinys
- 1/3 puodelio virtų pinto pupelių
- 1/3 puodelio smulkiai pjaustytų džiovintų abrikosų
- 1/4 arbatinio šaukštelio ciberžolės
- 1/2 arbatinio šaukštelio cinamono
- 1/4 arbatinio šaukštelio malto arba šviežio muskato riešuto
- 1/2 arbatinio šaukštelio džiovinto baziliko
- 1/4 puodelio apelsinų sulčių, geriausia šviežių
- 2 arbatiniai šaukšteliai agavos nektaro
- 1-2 šaukštai citrinos arba laimo sulčių, pagal skonį
- 1/2 puodelio skrudintų anakardžių (smulkių arba kapotų) arba pjaustytų migdolų
- Druska ir šviežiai malti pipirai pagal skonį

KRYPTYS

a) Puode sumaišykite ryžius su 4 puodeliais vandens. Lengvai užvirkite, sumažinkite ugnį, uždenkite ir švelniai troškinkite 30 minučių arba tol, kol vanduo susigers.

b) Kai ryžiai iškeps, didelėje keptuvėje įkaitinkite aliejų. Sudėkite svogūną ir pasirinktinai čili pipirus, pakepinkite ant vidutinės ugnies iki auksinės spalvos.

c) Įmaišykite ryžius ir visus likusius ingredientus, išskyrus riešutus, druską ir pipirus. virkite ant silpnos ugnies, dažnai maišydami, apie 8–10 minučių, kad skoniai susimaišytų.

d) Suberkite riešutus, pagardinkite druska, pipirais ir patiekite.

41. Pupelių ir ryžių cha cha cha dubuo

Porcijos:6

INGRIDIENTAI

- 2 šaukštai alyvuogių aliejaus
- 2 skiltelės česnako, susmulkintos
- 1 stiklinė pjaustyto svogūno
- 1 puodelis nulupto, supjaustyto saliero
- 1 stiklinė pjaustytų morkų
- 1 arbatinis šaukštelis čili miltelių
- ¼ puodelio konservuotų žalių čili
- 1 svaras pinto pupelių
- ¼ Svogūno, grubiai supjaustyto
- 1 riebalai 263 kalorijos
- 2 puodeliai pjaustytų grybų
- 2 puodeliai virtų pagrindinių juodųjų pupelių
- ½ puodelio Rezervinis pupelių sultinys
- 2 šaukštai kapotos kalendros
- Druska ir pipirai pagal skonį
- 3 stiklinės virti ilgagrūdžiai ryžiai
- 1 valgomasis šaukštas citrinos sulčių
- 2 arbatiniai šaukšteliai druskos arba pagal skonį

INGRIDIENTAI

a) Dideliame giliame puode įkaitinkite alyvuogių aliejų ir
   pakepinkite česnaką, svogūną, salierą, morkas ir čili miltelius,
   kol svogūnas taps skaidrus.

b) Sudėkite čili ir grybus ir patroškinkite dar 5 minutes.

c) Įmaišykite pupeles, pupelių sultinį ir kalendrą. Pagardinkite
   pagal skonį.

d) Uždenkite ir troškinkite ant mažos ugnies apie 10 minučių,
   retkarčiais pamaišydami.

e) Patiekite ant ryžių.

42. Ropės, maišytos, kepti su pupelėmis

Porcijos: 2 žmonės

INGRIDIENTAI

- 1 valgomasis šaukštas alyvuogių aliejaus
- 2 violetinės viršutinės ropės - nušveisti, nupjauti ir supjaustyti kubeliais
- 3 puodeliai špinatų
- 1 15,5 uncijos skardinė pinto pupelių – nusausinkite ir nuplaukite
- 1 valgomasis šaukštas šviežio imbiero – smulkiai supjaustyto
- 2 skiltelės česnako - spaustos arba maltos
- 1 valgomasis šaukštas medaus
- 1 valgomasis šaukštas ryžių acto
- 2 šaukštai sumažinto natrio sojos padažo
- 1 stiklinė ilgagrūdžių ryžių – virti, patiekimui

KRYPTYS

a) Jei valgiui reikia paruošti ryžius arba nesmulkintus grūdus, pradėkite tai prieš kepdami.

b) Didelėje keptuvėje ant vidutinės ugnies įkaitinkite alyvuogių aliejų. Sudėkite ropes ir kepkite, retkarčiais pamaišydami/vartydami 8–12 minučių arba kol švelniai apskrus ir suminkštės.

c) Kol ropės kepa, nedideliame dubenyje suplakite imbierą, česnaką, medų, ryžių actą ir sojos padažą. Į keptuvę sudėkite špinatus, pupeles ir padažą. Virkite 4–6 minutes arba tol, kol špinatai suvys ir maišoma keptuvė įkais.

d) Patiekite šiltą ant ryžių.

43. Ryžiai su ėriena, krapais ir pupelėmis

Porcijos:8 porcijos

INGRIDIENTAI

- 2 šaukštai Sviesto
- 1 vidutinio svogūno; nulupti ir supjaustyti 1/4 colio storio griežinėliais
- 3 svarai ėriuko mentė be kaulų, supjaustyta kubeliais
- 3 puodeliai Vandens
- 1 valgomasis šaukštas druskos
- 2 puodeliai nevirtų ilgagrūdžių baltųjų ryžių, išmirkytų ir nusausintų
- 4 stiklinės krapų, šviežių; smulkiai supjaustyti
- 2 dešimties uncijų. Pinto pupelės
- 8 šaukštų sviesto; ištirpo
- ¼ arbatinio šaukštelio šafrano siūlų; sumalti ir ištirpinti 1 valgomajame šaukšte. šiltas vanduo

KRYPTYS

a) Sunkiame 3–4 litrų puode su sandariai uždarytu dangčiu ant vidutinės ugnies ištirpinkite 2 šaukštus sviesto.

b) Kai putos pradės slūgti, suberkite svogūnus ir, dažnai maišydami, kepkite apie 10 minučių arba kol griežinėliai gausiai apskrus. Su kiaurasamčiu perkelkite juos į lėkštę.

c) Puššimtis gabalėlių vienu metu apkepkite ėrienos kubelius keptuvėje likusiuose riebaluose, vartydami juos žnyplėmis ar šaukštu ir reguliuodami šilumą, kad jie nusidažytų giliai ir tolygiai, nesudegdami. Kai jie paruduos, avienos kubelius perkelkite į lėkštę su svogūnais.

d) Supilkite 3 puodelius vandens į troškintuvą ir užvirinkite ant stiprios ugnies, tuo tarpu subraižykite rudas daleles, prilipusias prie keptuvės dugno ir šonų. Grąžinkite avieną ir svogūną į troškintuvą, įberkite druskos ir sumažinkite ugnį iki minimumo.

e) Sandariai uždenkite ir troškinkite apie 1 valandą ir 15 minučių arba tol, kol ėriena suminkštės ir pradurti mažo aštraus peilio smaigaliu nepasireikš. Avieną, svogūnus ir visą virimo skystį perkelkite į didelį dubenį ir atidėkite troškintuvą.

f) Įkaitinkite orkaitę iki 350 laipsnių. 5–6 litrų puode užvirinkite 6 puodelius vandens. Lėta plona srovele supilkite ryžius, kad vanduo nenustotų virti. Vieną ar du kartus pamaišykite, greitai virkite 5 minutes, tada nukelkite keptuvę nuo ugnies, suberkite krapus ir pupeles ir nukoškite smulkiame sietelyje.

g) Į troškintuvą supilkite maždaug pusę ryžių mišinio ir suvilgykite jį « puodeliu érienos kepimo skysčio. Tada mentele ar šaukštu paskirstykite ryžių mišinį ant keptuvės kraštų.

h) Su kiaurasamčiu grąžinkite avieną ir svogūnus į troškintuvą ir išlyginkite ant ryžių.

i) Tada ant viršaus paskleiskite likusį ryžių mišinį. 2 šaukštus lydyto sviesto sumaišykite su 6 šaukštais érienos sultinio ir užpilkite ant ryžių. Puodą užvirinkite ant stiprios ugnies.

j) Sandariai uždenkite ir kepkite orkaitės viduryje 30–40 minučių arba tol, kol pupelės suminkštės ir ryžiai sugers visą troškinyje esantį skystį.

k) Norėdami patiekti, į nedidelį dubenį supilkite apie puodelį ryžių mišinio, suberkite ištirpintą šafraną ir maišykite, kol ryžiai taps ryškiai geltoni.

l) Ant įkaitintos lėkštės paskleiskite maždaug pusę likusių ryžių ir ant jos išdėliokite avieną. Uždenkite érieną likusiu paprastų ryžių mišiniu ir papuoškite šafrano ryžiais. Ant viršaus užpilkite likusius 6 šaukštus lydyto sviesto.

44. <u>Sūrios Pinto pupelės</u>

Porcijos: 4

INGRIDIENTAI

- 2 skiltelės česnako
- 1 jalapeño
- 1 valgomasis šaukštas kepimo aliejaus
- 2 15 oz. skardinės pinto pupelių
- 1/4 arbatinio šaukštelio rūkytos paprikos
- 1/4 arbatinio šaukštelio maltų kmynų
- 1/8 arbatinio šaukštelio šviežiai maltų juodųjų pipirų
- 2 lašeliai karšto padažo
- 1/2 puodelio susmulkinto čederio sūrio
- 2 porcijos ilgagrūdžių ryžių, virti

KRYPTYS

a) Susmulkinkite česnaką ir smulkiai supjaustykite jalapeño.

b) Į puodą įpilkite česnako, jalapeño ir kepimo aliejaus. Troškinkite česnaką ir jalapeño ant vidutinės ugnies maždaug vieną minutę arba tiesiog tol, kol česnakas bus labai kvapnus.

c) Į trintuvą supilkite vieną skardinę pinto pupelių su skysčiu ir sutrinkite iki vientisos masės.

d) Į padažo puodą su česnaku ir jalapeño sudėkite ištrintas pupeles ir antrąją pupelių skardinę (nusausintą). Maišykite, kad susijungtumėte.

e) Pagardinkite pupeles rūkyta paprika, kmynais, pipirais ir aštriu padažu. Išmaišykite, kad susimaišytų, tada kaitinkite ant vidutinės, retkarčiais pamaišydami.

f) Galiausiai suberkite susmulkintą čederį ir maišykite, kol jis tolygiai ištirps į pupeles. Paragaukite pupelių ir pagardinkite pagal savo skonį. Patiekite ant ryžių arba su mėgstamu patiekalu.

45. Ryžiai ir pupelės su baziliko pesto

Porcijos:4 porcijos

INGRIDIENTAI

- Daržovių kepimo purškalas
- 1 stiklinė susmulkinto svogūno
- 1 puodelis nevirtų ilgagrūdžių ryžių
- 13¾ uncijos vištienos sultinio be druskos, (1 skardinė)
- 1 stiklinė pjaustytų neluptų pomidorų
- ¼ puodelio Komercinio pesto bazilikų padažo
- 16 uncijų pinto pupelių

KRYPTYS

a) Didelę keptuvę padenkite kepimo purkštuvu ir padėkite ant vidutinės-stiprios ugnies, kol įkais.

b) Pridėti svogūną; patroškinti 2 minutes. Įpilkite ryžių ir sultinio; užvirinkite.

c) Sumažinkite ugnį ir troškinkite neuždengę 15 minučių arba tol, kol ryžiai suminkštės ir susigers skystis.

d) Įmaišykite pomidorą, pesto padažą ir pupeles; virkite 2 minutes arba kol gerai įkais.

46. <u>Šoninis kepsnys su juodosiomis pupelėmis ir ryžiais</u>

Porcijos:6 porcijos

INGRIDIENTAI

- 1½ svaro šoninis kepsnys
- 3 šaukštai Augalinis aliejus
- 2 lauro lapai
- 5 stiklinės jautienos sultinio
- 4 šaukštai alyvuogių aliejaus
- 2 svogūnai; susmulkinti
- 6 česnako skiltelės; malta
- 1 valgomasis šaukštas džiovintų raudonėlių
- 1 valgomasis šaukštas maltų kmynų
- 2 pomidorai; pasėti, susmulkinti
- Druska; paragauti
- Šviežiai maltų juodųjų pipirų; paragauti
- Pinto pupelės
- Virti balti ryžiai
- 2 šaukštai Augalinis aliejus
- 6 Kiaušiniai

KRYPTYS

a) Kepsnį pagardinkite druska ir pipirais. Sunkioje didelėje keptuvėje ant stiprios ugnies įkaitinkite augalinį aliejų. Sudėkite kepsnį ir kepkite, kol apskrus iš visų pusių. Sudėkite lauro lapus ir sultinį.

b) Sumažinkite ugnį ir lėtai troškinkite, kol kepsnys labai suminkštės, retkarčiais apversdami, maždaug 2 valandas.

c) Nukelkite nuo ugnies ir leiskite mėsai atvėsti. Išimkite mėsą iš sultinio ir susmulkinkite. Rezervuokite 1 puodelį virimo skysčio; likusį kepimo skystį pasilikite kitam naudojimui. Sunkioje didelėje keptuvėje įkaitinkite alyvuogių aliejų ant vidutinės-stiprios ugnies. Sudėkite svogūną ir pakepinkite iki auksinės spalvos.

d) Suberkite česnaką, raudonėlį ir kmynus ir patroškinkite iki kvapo. Sudėkite pomidorus ir toliau kepkite, kol išgaruos didžioji dalis skysčio.

e) Įpilkite susmulkintos mėsos ir 1 puodelį rezervuoto virimo skysčio. Pagal skonį pagardinkite druska ir pipirais. Jautieną, ryžius ir pupeles išdėliokite ant stačiakampio lėkštės trimis eilėmis su ryžiais centre (turėtų atrodyti kaip Venesuelos vėliava).

f) Didelėje keptuvėje ant vidutinės ugnies įkaitinkite augalinį aliejų. Į keptuvę sumuškite kiaušinius. Kepkite, kol sustings. Patiekite ant pupelių, mėsos ir ryžių.

47. <u>Afrikietiški ryžiai ir pupelės</u>

Porcijos:6

INGRIDIENTAI

- ½ puodelio raudonojo / palmių / arba rapsų aliejaus aš naudojau ½ ir ½
- 2-3 česnako skiltelės susmulkintos
- 1 vidutinis svogūnas kubeliais
- 1 valgomasis šaukštas rūkytos paprikos
- 1 arbatinis šaukštelis džiovintų čiobrelių
- ½ škotiško bonnet pipiro arba ½ arbatinio šaukštelio kajeno pipirų
- 4 kubeliais supjaustyti pomidorai
- 2 puodeliai plautų ilgagrūdžių ryžių
- 2 puodeliai virtų pupelių juodųjų, raudonųjų, juodųjų žirnelių
- 4 1/2 - 5 puodeliai vištienos sultinio arba vandens
- 1 šaukštas druskos ar daugiau pagal skonį
- 1/4 puodelio vėžių pasirinktinai
- 1 arbatinis šaukštelis vištienos sultinio neprivaloma

KRYPTYS

a) Įkaitinkite puodą su aliejumi. Tada suberkite svogūnus, česnaką, čiobrelius, rūkytą papriką ir aitriąją papriką, patroškinkite apie minutę, suberkite pomidorus. Kepkite apie 5-7 minutes.

b) Į keptuvę įmaišykite ryžius; toliau maišykite apie 2 minutes.

c) Tada suberkite pupeles, 4 1/2 puodelio vištienos sultinio/vandens, užvirinkite, sumažinkite ugnį ir troškinkite, kol ryžiai išvirs, maždaug 18 minučių ar ilgiau. Pakoreguokite druską ir pipirus. Retkarčiais turite pamaišyti, kad išvengtumėte nudegimų.

d) Patiekite šiltą su vištiena, troškiniu ar daržovėmis

48. **Tumbleweed, pinto pupelių ir ryžių salotos**

Porcijos:6 porcijos

INGRIDIENTAI

- ¾ puodelio džiovintų pinto pupelių
- 1½ puodelio krumplių žalumynų arba garbanotų endivijų arba pankolio viršūnėlių, kruopščiai nuplautų ir nusausintų
- 1½ puodelio virti balti ilgagrūdžiai ryžiai
- ¾ puodelio saulėgrąžų aliejaus
- 3 šaukštai žolelių skonio raudonojo vyno acto
- 2 šaukštai kapotų šviežių česnakų
- 2 mažos česnako skiltelės, nuluptos
- ¼ arbatinio šaukštelio juodųjų pipirų
- ⅛ arbatinio šaukštelio druskos
- Laiškinio česnako žiedai papuošimui

KRYPTYS

a) Pamirkykite pupeles per naktį vandenyje, kad apsemtų. Ryte pupeles nusausinkite, nuplaukite po šaltu tekančiu vandeniu ir sudėkite į puodą su šviežiu vandeniu, kad apsemtų.

b) Užvirinkite ant stiprios ugnies, tada sumažinkite ugnį ir troškinkite kelias valandas, kol pupelės suminkštės, o odelės pradės skilinėti.

c) Jei reikia, įpilkite vandens, kad pupelės neišdžiūtų, ir retkarčiais pamaišykite, kad nesudegtų ir nepriliptų. Nukelkite nuo ugnies, nukoškite ir leiskite atvėsti.

d) Dubenyje sumaišykite žalumynus, pupeles ir ryžius. Uždenkite ir šaldykite šaldytuve mažiausiai 30 minučių.

e) Blenderyje sumaišykite aliejų, actą, česnaką, česnaką, pipirus ir druską. Plakite dideliu greičiu, kol česnakai ir česnakai bus smulkiai sutrinti.

f) Padažą užpilkite ant salotų, išmaišykite ir papuoškite laiškinio česnako žiedais.

49. Pinto pupelių, ryžių ir daržovių salotos

Porcijos: 4

INGRIDIENTAI
- 2 puodeliai vandens
- 1 puodelis nevirtų ilgagrūdžių ryžių
- 15 uncijų skardinė pinto pupelių, nuplaunama ir nusausinta
- 1 raudona paprika
- 1 geltona paprika
- 5 žali svogūnai
- ¼ puodelio alyvuogių aliejaus
- ¼ puodelio obuolių sidro acto
- 1 valgomasis šaukštas Dižono garstyčių
- 1 arbatinis šaukštelis maltų kmynų
- 1 didelė česnako skiltelė
- ¾ arbatinio šaukštelio košerinės druskos
- ¼ arbatinio šaukštelio šviežiai maltų juodųjų pipirų

KRYPTYS

a) Į vidutinį puodą supilkite 2 puodelius vandens. Užvirinkite, tada suberkite nevirtus ryžius, išmaišykite, kad susimaišytų, ir vėl užvirkite. Uždenkite keptuvę ir sumažinkite ugnį kuo mažiau.

b) Troškinkite neatidarę dangčio 15 minučių, kol ryžiai suminkštės ir susigers vanduo.

c) Smulkiai supjaustykite paprikas. Smulkiai supjaustykite žaliuosius svogūnus. Susmulkinkite česnaką.

d) Dideliame dubenyje sumaišykite virtus ryžius, pupeles, smulkintus raudonuosius ir geltonuosius pipirus bei laiškinius svogūnus ir išmaišykite, kad sumaišytumėte.

e) Mažame dubenyje arba matavimo puodelyje sumaišykite alyvuogių aliejų, obuolių sidro actą, garstyčias, kmynus, česnaką, druską ir juoduosius pipirus, gerai išplakite, kad susimaišytų, tada supilkite ant ryžių mišinio.

f) Švelniai išmeskite, kad pasidengtų, tada nedelsdami patiekite arba laikykite šaldytuve iki 3 dienų.

50. <u>Edamame ir Pinto pupelių salotos</u>

PORCIJOS: 6

INGRIDIENTAI
DĖL APRENGIMO
- 1/2 puodelio sidro acto
- 1/4 puodelio alyvuogių aliejaus
- 1 1/2 arbatinio šaukštelio kmynų
- 1 arbatinis šaukštelis šviežiai malto česnako
- Druska ir pipirai pagal skonį

DĖL SALOTŲ
- 3 stiklinės virtų ilgagrūdžių ryžių, atvėsusių
- 2 puodeliai edamame pupelių
- 1 uncijos skardinės Pinto pupelės išskalautos
- 3/4 puodelio smulkiai pjaustytų raudonųjų pipirų
- 3/4 puodelio šviežios kalendros grubiai pjaustytos
- Druska ir pipirai pagal skonį

KRYPTYS

a) Dubenyje su šluotele sumaišykite alyvuogių aliejų, actą, česnaką ir kmynus. Plakite iki vientisos masės, paragaukite ir pagardinkite druska bei pipirais. Atidėti.

b) Į atskirą didelį dubenį suberkite atvėsintus ryžius, edamame pupeles, smulkintus pipirus ir pinto pupeles.

c) Išmaišykite ir pagardinkite druska ir pipirais. Sudėkite susmulkintą kalendrą.

d) Nepilkite padažo prieš pat patiekiant. Iš pradžių įpilkite maždaug pusę ir paragaukite. Jei norite, pridėkite daugiau.

e) Gerai išmaišykite ir patiekite dideliame dubenyje, papuoštą kalendros lapeliais.

51. Ryžių ir pupelių salotos su malta žaliava

Porcijos:4

INGRIDIENTAI

- 1¼ puodelio virtų ilgagrūdžių ryžių
- 1 puodelis virtų pinto pupelių – nuplautų ir nusausintų
- 2 šaukštai kapotų pekano riešutų – skrudinti
- 2 šaukštai maltos raudonosios paprikos
- 2 šaukštai malto raudonojo svogūno
- 3 šaukštai maltos šviežios kalendros
- 3 šaukštai žaliosios čili pipirai, supjaustyti kubeliais
- ⅓ puodelio Morkos – maltos
- ⅓ puodelio brokolių žiedynų – maltų
- ⅓ puodelio žiedinių kopūstų žiedynai, malti
- Druska ir pipirai – šviežiai malti
- 2 puodeliai Iceberg salotos – susmulkintos
- 3 šaukštai Itališkų salotų be riebalų

KRYPTYS

a) Virkite pinto pupeles su saliero stiebeliu, morkos gabalėliu ir pankolio stiebeliu. Nuplaukite, nusausinkite, atvėsinkite.

b) Maždaug dvi ar tris valandas prieš patiekiant sumaišykite atšaldytus ryžius ir pupeles dideliame maišymo dubenyje. Morkas nulupkite ir supjaustykite 1 colio gabalėliais.

c) Smulkiai supjaustykite virtuviniu kombainu, kartu su 5–6 brokolių ir žiedinių kopūstų žiedynais. Įdėkite į dubenį ir išmaišykite.

d) Sausoje keptuvėje ant vidutinės ugnies paskrudinkite pekano riešutų gabalėlius apie 4 minutes. Nuimkite nuo ugnies. Leiskite atvėsti ir tada sudėkite į salotas.

e) Svogūną, raudonąją papriką ir šviežius kalendros lapus susmulkinkite rankomis. Susmulkinkite konservuotus čili pipirus.

f) Sudėkite į salotas ir gerai išmaišykite. Paragaukite ir pagardinkite druska ir pipirais. Gerai išmeskite.

g) Įpilkite 3 šaukštus salotų padažo. Mesti. Atvėsinkite. Patiekite ant plonai pjaustytų salotų lovos.

52. Pupelių ir ryžių sriuba

Porcijos: 4

INGRIDIENTAI

- 2 puodeliai vištienos, virtos ir supjaustytos kubeliais
- 1 puodelis ilgagrūdžių ryžių, virti
- 2 15 uncijų skardinės pinto pupelių, nusausintos
- 4 puodeliai vištienos sultinio
- 2 šaukštai Taco prieskonių mišinio
- 1 puodelis pomidorų padažo

Priedai:

- Tarkuotas sūris
- Salsa
- Susmulkinta kalendra
- Susmulkintas svogūnas

KRYPTYS

a) Sudėkite visus ingredientus į vidutinį puodą. Švelniai išmaišykite.

b) Virkite ant vidutinės ugnies, troškinkite apie 20 minučių, retkarčiais pamaišydami.

c) Patiekite su priedais.

53. Čili con Carne

INGRIDIENTAI

- Malta/malta jautiena 500g
- 1 Didelis svogūnas susmulkintas
- 3 skiltelės česnako
- 2Skardinės pjaustytų pomidorų 400g
- Išspauskite pomidorų tyrę
- 1 arbatinis šaukštelis čili miltelių (arba pagal skonį)
- 1 arbatinis šaukštelis maltų kmynų
- šlakelis Worcester padažo
- Pabarstykite druska ir pipirais
- 1 Susmulkinta raudonoji paprika
- 1 skardinė nusausintų pupelių 400g

KRYPTYS

a) Įkaitintoje keptuvėje su aliejumi pakepinkite svogūną iki beveik rudos spalvos, tada suberkite smulkintą česnaką

b) Sudėkite faršą ir maišykite iki rudos spalvos;jei norite, nusausinkite riebalų perteklių

c) Suberkite visus džiovintus prieskonius ir prieskonius, tada sumažinkite ugnį ir sudėkite pjaustytus pomidorus

d) Gerai išmaišykite ir supilkite pomidorų tyrę bei Vusterio padažą, tada palikite troškintis apie valandą (jei skubate, trumpiau)

e) Suberkite susmulkintus raudonuosius pipirus ir toliau troškinkite 5 minutes, tada įdėkite nusausintų pupelių skardą ir virkite dar 5 minutes. Jei čili bet kuriuo metu išdžiūsta, tiesiog įpilkite šiek tiek vandens.

f) Patiekite su ryžiais, bulvėmis ar makaronais!

54. Veganiška ryžių sriuba

Porcijos: 4

INGRIDIENTAI

- 4 dideli saliero stiebai
- 3 didelės morkos
- 1 vidutinio balto svogūno
- 1 arbatinis šaukštelis džiovintų čiobrelių
- 1 arbatinis šaukštelis džiovintų petražolių
- 1 arbatinis šaukštelis česnako miltelių
- 1 arbatinis šaukštelis druskos
- 1/2 arbatinio šaukštelio malto šalavijo
- 1 valgomasis šaukštas kokosų aminorūgščių
- 4 puodeliai daržovių sultinio
- 2 puodeliai vandens
- 2/3 puodelio ilgagrūdžių baltųjų ryžių
- 1 skardinėpintopupelės (15 uncijų skardinės)

KRYPTYS

a) Daržoves supjaustykite kubeliais arba supjaustykite kąsnio dydžio gabalėliais.

b) Įdėkite didelį puodą ant viryklės ir įjunkite vidutinę ugnį. Puodo dugną apipurkškite avokadų aliejumi arba alyvuogių aliejaus purškalu. Pridėti daržovių.

c) Virkite daržoves 3-4 minutes.

d) Po 3-4 minučių suberkite prieskonius, lauro lapą ir kokoso aminorūgštis. Išmaišykite ir virkite dar 1-2 minutes.

e) Kol daržovės kepa, ryžius gerai nuplaukite.

f) Įpilkite 1/2 puodelio daržovių sultinio ir nubraukite puodo dugną / šoną, pašalindami nuo dugno rudus gabalėlius.

g) Į puodą supilkite likusį sultinį, vandenį ir ryžius. Išmaišykite ir uždenkite. Pakelkite ugnį iki didelės.

h) Kai sriuba užvirs, sumažinkite ugnį iki minimumo ir virkite 15 minučių.

i) Kol sriuba verda, pupeles nuplaukite ir nusausinkite. Ir sudėkite juos į sriubą.

j) Prieš patiekdami išimkite lauro lapus. Patiekite karštą.

55. Pupelių ir ryžių buritos

Porcijos:10 porcijų

INGRIDIENTAI

- 1 skardinėapiePinto pupelės
- 1 stiklinės ilgagrūdžių ryžių; virti
- ½ stiklinės svogūnų; šaldytas, susmulkintas
- ½ puodelio paprikos; šaldytas, susmulkintas
- ½ puodelio kukurūzų; sustingęs
- Čili milteliai; brūkšnys
- Salotos, susmulkintos
- 1 krūvaapieSvogūnėliai; susmulkinti
- kmynų; brūkšnys
- Česnako milteliai; brūkšnys
- ¾ puodelio vandens
- Salsa, be aliejaus, mažai natrio
- 10 tortilijų, nesmulkintų kviečių
- 1 pomidoras; susmulkinti

KRYPTYS

a) Sušaldytus svogūnus ir žaliąsias paprikas pakepinkite keliuose šaukštuose vandens keptuvėje.

b) Nusausinkite ir nuplaukite pupeles, sudėkite į keptuvę ir sutrinkite bulvių trintuvu. Įpilkite virtus ryžius, kukurūzus, prieskonius ir vandenį. Kaitinkite 5–10 minučių, kol didžioji dalis vandens susigers, retkarčiais pamaišydami.

c) Tortilijas greitai pašildykite (kad suminkštėtų) įkaitintoje keptuvėje, skrudintuvo orkaitėje arba mikrobangų krosnelėje.

d) Įdėkite pupelių mišinio liniją kiekvienos tortilijos viduryje ir įpilkite arbatinį šaukštelį salsos ir bet kokių kitų priedų, jei norite.

e) Sulenkite ½ colio iš abiejų pusių, įkiškite viršutinį kraštą ir susukite į burito. Patiekite iš karto, jei norite, užpilkite papildoma salsa.

56. Ryžių ir pupelių suvyniojimas

Porcijos: 6

INGRIDIENTAI

- 1 1/2 puodelio salsos
- 1 puodelis virtų ilgagrūdžių ryžių
- 2 vidutiniai romų (slyviniai) pomidorai, susmulkinti
- 1 maža paprika, supjaustyta 1/2 colio gabalėliais
- 1 skardinė (15 uncijų) juodųjų pupelių su kmynais, nenusausintos
- 1 skardinė (7 uncijos) nesmulkintų kukurūzų branduolių, nusausinta
- 6 sodo daržovių skonio miltų tortilijos (8 colių skersmens)
- 1 puodelis susmulkinto meksikietiško sūrio mišinio (4 uncijos)

KRYPTYS

a) Įkaitinkite orkaitę iki 350 ° F. 1/2 puodelio salsos paskleiskite į neteptą stačiakampę 13x9x2 colių kepimo formą.

b) Sumaišykite ryžius, pomidorus, papriką, juodąsias pupeles ir kukurūzus. Ant kiekvienos tortilijos užtepkite apie 1 puodelį ryžių mišinio; susukti tortiliją. Į kepimo indą įdėkite salsą siūlėmis žemyn. Likusią 1 puodelį salsos uždėkite ant tortilijų. Pabarstykite sūriu.

c) Uždenkite ir kepkite 30–35 minutes arba tol, kol įkais ir sūris išsilydys.

d) Jei norite daugiau prieskonių, naudokite naujas jalapeño arba kalendros skonio tortilijas, kurias galite įsigyti prekybos centre.

57. Kepta Pinto Bean Flautas su ryžių miltais Tortilla

Porcijos: 25 flautas

INGRIDIENTAI

- 1/2 puodelio raudonojo svogūno
- 1/2 puodelio baltojo svogūno
- 2 šaukštai avokadų aliejaus
- 1 didelė kubeliais supjaustyta paprika
- 2 puodeliai juodųjų pupelių
- 1,5 stiklinės avinžirnių
- 1 skardinė pinto pupelių, nusausintų ir nuplautų
- 1/4-1/2 puodelio salsa verde
- 1 šaukštas čili miltelių
- 1 valgomasis šaukštas česnako miltelių
- 1 valgomasis šaukštas kmynų
- 1/8 arbatinio šaukštelio kajeno pipirų arba paprikos
- 1/8 arbatinio šaukštelio raudonėlio
- druskos, pagal skonį
- 2-3 šaukštai šviežios kapotos kalendros
- 2-4 puodeliai mėgstamų meksikietiškų sūrių, susmulkintų
- 25-30 mažų ryžių miltų tortilijų

KRYPTYS

a) Iš anksto įkaitinkite orkaitę iki 385 laipsnių F.

b) Pakepinkite svogūną trupučiu aliejaus [maždaug 2 šaukštuose], kad suminkštėtų.

c) Tada dideliame dubenyje sumaišykite papriką, pupeles ir salsą.

d) Į mišinį suberkite svogūnus ir pagardinkite čili milteliais, česnako milteliais, kmynais, kalendra, druska, kajenu, raudonėliu.

e) Tada suvyniokite nedidelę krūvelę kukurūzų tortilijų [4–5] į drėgną popierinį rankšluostį ir įkaitinkite mikrobangų krosnelėje 30 sekundžių. Sekite tai dar 30 sekundžių.

f) Kai išvirs, apipurkškite arba patrinkite vieną tortilijos pusę aliejumi ir vertikaliai išilgai priešingos [neteptos] tortilijos centro įdėkite ploną sluoksnį daržovių įdaro. Uždenkite sūrio sluoksnį [tiek ar mažai, kiek norite!] ir švelniai apvoliokite tortiliją.

g) patarimas: jūsų garuose virtos tortilijos natūraliai pradės riestis viena aplink kitą. Tai visiškas pranašumas, nes jie natūraliai nori riedėti! Išvyniodami tortilijas iš popierinio rankšluosčio, aliejumi patepkite pusę, kuri yra nukreipta į viršų, o tada įdarą dėkite į tą pusę, kuri susisuka į vidų. Viola!

h) Užsandarinkite kiekvieną flauta dviem dantų krapštukais ir padėkite ant vielinės kepimo / vėsinimo grotelės. Kartokite šiuos veiksmus, kol turėsite pilną lentyną flautų.

i) Padėkite juos ant grotelių ant kepimo skardos, išklotos folija. Grotelės pakelia plokštes ir leidžia joms gražiai ir traškiomis iš abiejų pusių.

j) Pabarstykite gatavą produktą česnako milteliais ir kajeno pipirais.

k) Kepkite ant vidurinės grotelės, 385 F temperatūroje, maždaug 15-18 minučių. Pačioje pabaigoje nustatykite orkaitę kepti AUKŠTOJE temperatūroje vos mažiau nei minutę, kad tortilijos taptų tobulai auksinės spalvos, traškios spalvos.

58. Pupelių ir ryžių mėsainiai

Porcijos:4 porcijos

INGRIDIENTAI

- 1 puodelis virtų ilgagrūdžių ryžių
- 1½ puodelio virtų pinto pupelių, sutrintų
- ½ puodelio kvietinių miltų (arba baltų)
- 1 šaukštas margarino arba sviesto
- 1 vidutinis svogūnas - kubeliais
- 1 skiltelė česnako – sutrinta
- 1 valgomasis šaukštas spygliuočių arba prieskoninės druskos
- 1 puodelis virtų bulvių košės
- ½ puodelio kukurūzų miltų
- ½ puodelio sėlenų
- ½ puodelio susmulkintų kviečių
- 1 mažas pipiras – kubeliais
- 1 tarkuota morka

KRYPTYS

a) Įkaitinkite riebalais išteptą grilį arba elektrinę keptuvę ant vidutinės ugnies.

b) Sudėkite visus ingredientus ir gerai išmaišykite. Ieškokite „mėsainio" konsistencijos.

c) Kiekvienam mėsainiui ant grotelių arba keptuvės supilkite apie 2 kupinus šaukštus mišinio ir išlyginkite riebalais išteptu blynų suktuvu.

d) Apverskite kelis kartus, o ne vieną kartą iš abiejų pusių, kaip įprastus mėsainius, nes tokiu būdu jie turi geresnę tekstūrą.

59. Ryžių ir pupelių enchilados su raudonu padažu

Porcijos:12 porcijų

INGRIDIENTAI
- 12 9 colių miltų tortilijų; be riebalų
Užpildymas
- 1 valgomasis šaukštas rapsų aliejaus
- 2 svogūnai; susmulkinti
- 6 skiltelės česnako; malta
- 16 uncijų pomidorų padažas
- 1 valgomasis šaukštas čili miltelių
- ½ arbatinio šaukštelio raudonųjų pipirų dribsnių; sutraiškytas
- 2 arbatiniai šaukšteliai maltų kmynų
- 2 arbatiniai šaukšteliai druskos
- 5 puodeliai virtų ryžių
- 3 svarai virtų pupelių
- Vanduo; kaip reikia
- ⅔ puodelio juodųjų alyvuogių be kauliukų; susmulkinti
- 8 uncijos Sharp čederio sūrio; tarkuotų
- ½ krūvos kapotų kalendros lapelių

KRYPTYS
a) Didelėje nepridegančioje keptuvėje arba keptuvėje įkaitinkite
   aliejų. Sudėkite svogūną ir česnaką ir pakepinkite, kol
   suminkštės. Įpilkite pomidorų padažo, čili miltelių, pipirų
   dribsnių, kmynų ir druskos. Virkite lėtai, neuždengę 15 minučių,
   kad susimaišytų skoniai.
b) Pusę pomidorų mišinio supilkite į išvirtas pupeles dubenyje.
   Išmaišykite, kad susimaišytų. Į likusią pomidorų mišinio pusę
   suberkite virtus ryžius.
c) Įkaitinkite orkaitę iki 350 F. Lengvai patepkite aliejumi labai
   didelį) arba 2 mažesnius kepimo indus. Ant kepimo indo dugno
   uždėkite ploną raudonojo padažo sluoksnį (apie 1–1 ½
   puodelio).

d) Padalydami įdarą 12 būdų, ant kiekvienos tortilijos sudėkite prieskonines pupeles (apie ½ puodelio), pagardintus ryžius (apie ½ puodelio), pjaustytas alyvuoges, sūrį ir kalendrą.

e) Tvirtai susukite ir įdėkite, siūle žemyn, vienu sluoksniu į kepimo indą.

f) Ant viršaus užtepkite likusio raudonojo padažo. Uždenkite pergamentu arba vaško popieriumi ir sandariai uždenkite folija. Kepame įkaitintoje orkaitėje 60 min. Nuimkite foliją ir popierių, pabarstykite 2 uncijos. rezervuoto sūrio ir kepkite dar 15 minučių.

g) Patiekite su šviežia žalia salsa.

60. Ryžių ir pupelių kesadilijos

Porcijos:4-6

INGRIDIENTAI

- 1 arbatinis šaukštelis alyvuogių aliejaus -
- 1 puodelis virtų ilgagrūdžių ryžių
- 1 (15 uncijų) skardinė pinto pupelių, nusausinta ir nuplaunama
- 1 arbatinis šaukštelis kmynų
- 1 arbatinis šaukštelis paprikos
- 3/4 arbatinio šaukštelio česnako miltelių
- 1/2 arbatinio šaukštelio svogūnų miltelių
- 4-6 tortilijos
- Aštrus Čederio susmulkintas sūris

KRYPTYS

a) Įkaitinkite didelę keptuvę ant vidutinės ugnies ir suberkite alyvuogių aliejų, ryžius, pupeles ir prieskonius. Virkite, kol įkais, apie 3 minutes.

b) Padėkite tortiliją ant pjaustymo lentos ir vieną pusę pabarstykite nedidele sauja sūrio 1/4–1/3 puodelio, o po to ant viršaus uždėkite tiek pat ryžių ir pupelių mišinio.

c) Sulenkite tortiliją ir sudėkite į lengvai riebalais pateptą skardą. Kepkite kesadiliją, kol sūris išsilydys ir kiekviena tortilijos pusė taps auksinės rudos spalvos, vieną kartą apverskite.

d) Prieš pjaustydami, leiskite kesadiljoms kelias minutes atvėsti.

61. Peru pyragas Tacu Tacu

PORCIJOS: 2-4 porcijos

INGRIDIENTAI
SALSA CRIOLLA

- 1/2 mažo raudonojo svogūno, plonais griežinėliais
- 2 šaukštai kapotų šviežių kalendros lapų
- 2 šaukštai šviežių laimo sulčių
- 1/4 arbatinio šaukštelio aji Amarillo pastos
- 1/4 arbatinio šaukštelio košerinės druskos

DĖL TACU TACU

- 3 šaukštai vynuogių kauliukų arba dygminų aliejaus
- 1/2 mažo raudonojo svogūno, supjaustyto
- 2 česnako skiltelės, susmulkintos
- 1/2 arbatinio šaukštelio košerinės druskos ir daugiau pagal skonį
- 1 arbatinis šaukštelis aji Amarillo pastos
- 2 puodeliai virtų arba konservuotų pinto pupelių, nusausintų ir nuplautų
- 1 puodelis šaltai virtų ilgagrūdžių baltųjų ryžių
- 1 valgomasis šaukštas susmulkintų šviežių plokščialapių petražolių lapelių
- 1 valgomasis šaukštas susmulkinto šviežio raudonėlio
- 1 laimas, supjaustytas griežinėliais

KRYPTYS

a) Paruoškite salsą: vidutinio dydžio dubenyje sumaišykite svogūną su pakankamai šaltu vandeniu, kad apsemtų, ir palikite bent 10 minučių, tada nusausinkite. Sumaišykite su kalendra, laimo sultimis, aji Amarillo ir sal

b) Padarykite tacu tacu: 10 colių nepridegančioje keptuvėje ant vidutinės ir stiprios ugnies įkaitinkite 1 valgomąjį šaukštą aliejaus, kol suminkštės. Įmaišykite svogūną ir česnaką ir maišydami kepkite, kol lengvai paruduos, 5–6 minutes. Įmaišykite druską ir aji Amarillo ir supilkite mišinį į virtuvinio kombaino dubenį. Išvalykite keptuvę.

c) Į virtuvinį kombainą įdėkite 1 puodelį pupelių ir trumpai sutrinkite iki vientisos, bet stambesnės masės. Supilkite mišinį į didelį dubenį.

d) Į dubenį įpilkite likusią 1 puodelį pupelių (liko sveikų), ryžius, petražoles ir raudonėlį ir išmaišykite, kad gerai susimaišytų. Paragaukite, jei reikia, įberkite dar druskos.

e) Grąžinkite keptuvę ant vidutinės ugnies ir supilkite dar 1 šaukštą aliejaus. Įpilkite ryžių ir pupelių mišinio ir mentele tolygiai paskirstykite ir lengvai supakuokite.

f) Kepkite, kol dugnas giliai apskrus, apie 7 minutes. Nukelkite nuo ugnies, apverskite lėkštę (geriausia be krašto) ant keptuvės viršaus ir atsargiai apverskite, kad pupelių ir ryžių pyragas apačia į viršų atsidurtų lėkštėje.

g) Grąžinkite keptuvę ant vidutinės ugnies, supilkite likusį 1 šaukštą aliejaus ir įdėkite pyragą atgal į keptuvę.

h) Kepkite dar 7 minutes arba tol, kol kita pusė labai apskrus, tada apverskite lėkštę ir dar kartą apverskite keptuvę, kad pyragas atsidurtų ant lėkštės.

i) Ant viršaus uždėkite salsos ir patiekite karštą su laimo griežinėliais.

62. Šarminiai troškinti žirniai su koldūnais

Porcijos: 4

INGRIDIENTAI

- 1 puodelis džiovintų pinto pupelių, mirkyti per naktį
- 1 svogūnas, didelis
- 1 morka, didelė
- 3 česnako skiltelės
- 1 laiškinio svogūno stiebas
- 1 arbatinis šaukštelis čiobrelių
- ½ arbatinio šaukštelio maltų kvapiųjų pipirų
- 1 valgomasis šaukštas universalių prieskonių
- druskos ir pipirų, pagal skonį
- 1 škotiškas bonnet pipiras, sveikas
- 1 puodelis kokoso pieno
- 1 šaukštas aliejaus, neprivaloma

KOLDŪNAI BE GLITIMO

- 1½ šaukšto. baltųjų ryžių miltų
- 1½ šaukšto. grikių miltų
- 1 valgomasis šaukštas bulvių krakmolo
- ½ šaukšto tapijokos miltų
- 1 valgomasis šaukštas migdolų miltų
- ¼ arbatinio šaukštelio druskos
- 2 šaukštai. vandens

KRYPTYS

f) Išmirkytas pupeles nusausinkite ir sudėkite į greitpuodį. Uždenkite gėlu vandeniu, maždaug coliu virš pupelių. Uždenkite ir kepkite apie 20–25 minutes.

g) Tuo tarpu susmulkinkite svogūną, česnaką, morką ir svogūną, tada sudėkite į dubenį.

h) Kitame dubenyje sumaišykite visus sausus ingredientus, kad susidarytumėte kukulius. Palaipsniui pilkite vandenį, maišydami kiekvieną kartą, kol pradės formuotis kieta tešla.

i) Padalinkite tešlą į maždaug 8–10 mažesnių gabalėlių. Kiekvieną gabalėlį susukite tarp delnų 3 colių ilgio virvėmis arba maždaug tokio dydžio kaip jūsų rožinis pirštas. Padėkite kukulius ant lėkštės.

j) Kai pupelės išvirs, prieš atidarydami leiskite greitpuodiui sumažinti slėgį. Norėdami padėti, galite paleisti puodą po vėsiu vandentiekio vandeniu.

k) Nuimkite dangtį ir suberkite smulkintus prieskonius bei likusius prieskonius.

l) Supilkite kokosų pieną, kukulius ir troškinkite ant silpnos ugnies 10 minučių.

m) Sudėkite koldūnus ir virkite dar 5 minutes, kol koldūnai visiškai iškeps. Jei troškinys per tirštas, pagal poreikį įpilkite vandens.

n) Nuimkite nuo ugnies. Patiekite su ryžiais ir garuose virtomis daržovėmis arba avokadu.

63. Pupelių ir ryžių pudingas su razinomis ir riešutais

Porcijos:18 porcijų

INGRIDIENTAI

- 1½ puodelio ryžių; Ilgagrūdis
- 3/4 puodelio Mung pupelių; Padalinti
- 1/4 puodelio pinto pupelių
- 1 puodelis Ghee
- 2 puodeliai Pieno
- 2½ stiklinės verdančio vandens
- 1½ puodelio rudojo cukraus; Supakuota
- ¼ puodelio razinų be sėklų; Tamsus
- ½ puodelio anakardžių; Sausai skrudinti, nesūdyti, smulkinti

KRYPTYS

a) Ryžius nuplaukite ir nusausinkite.

b) Dideliame puode įkaitinkite 2 šaukštus ghi. Suberkite pupeles ir kepkite ant vidutinės ugnies, maišydami, 3 minutes arba kol taps labai šviesios spalvos.

c) Įpilkite 2 puodelius verdančio vandens, išmaišykite, sumažinkite ugnį ir virkite ant silpnos ugnies, iš dalies uždengę 15 minučių.

d) Įpilkite ryžių ir ½ puodelio vandens ir išmaišykite. Virkite uždengę ant silpnos ugnies, kol skystis susigers ir ryžiai beveik suminkštės (15-20 minučių).

e) Įpilkite pieno, užvirinkite mišinį ir virkite dažnai maišydami, kad nesuliptų, bet atsargiai, kad grūdai liktų sveiki, kol sutirštės ir ryžiai išvirs (apie 15 minučių).

f) Suberkite cukrų, kardamoną ir razinas ir toliau virkite dar 3 minutes. Įmaišykite likusį ghi po 2 šaukštus ir didžiąją dalį anakardžių riešutų (dalį palikite papuošimui).

g) Prieš patiekdami leiskite pudingui pailsėti uždengtą 15 minučių

h) Patiekite šiltą, kambario temperatūros arba atšaldytą kaip desertą arba kaip vieną užkandį.

VĖŽIŲ ETOUFFÉE

64. Etouffée krevetés

Padaro: 4 PORCIJOS

INGRIDIENTAI:
- ½ puodelio sūdyto sviesto
- ½ puodelio universalių miltų
- 1 valgomasis šaukštas augalinio aliejaus
- 1 didelė žalia paprika, supjaustyta kubeliais
- ½ vidutinio svogūno, supjaustyto kubeliais
- 2 saliero stiebai, supjaustyti kubeliais
- 3 česnako skiltelės, susmulkintos
- 1 (14 uncijų) skardinė pjaustytų pomidorų
- 1 valgomasis šaukštas pomidorų pastos
- 2 puodeliai vištienos sultinio arba jūros gėrybių sultinio
- 2 šakelės šviežių čiobrelių ir dar daugiau papuošimui
- 1½ arbatinio šaukštelio kreolų prieskonių
- 1 arbatinis šaukštelis Worcestershire padažo
- ½ arbatinio šaukštelio maltų juodųjų pipirų
- ½ arbatinio šaukštelio raudonųjų pipirų dribsnių
- 2 svarai žalių krevečių, nuluptų ir nuskustų
- 2 puodeliai virtų baltųjų ryžių

INSTRUKCIJOS:
a) Dideliame puode ant vidutinės ugnies ištirpinkite sviestą. Kai sviestas ištirps, suberkite miltus ir plakite, kol viskas gerai susimaišys. Kepkite roux, kol jis įgis gražią, sodrią rudą spalvą, 10–15 minučių, tačiau būtinai jo nesudeginkite!

b) Įdėkite paprikas, svogūnus, salierus ir česnakus. Virkite, kol daržovės suminkštės, 3–5 minutes. Tada sudėkite kubeliais pjaustytus pomidorus ir pomidorų pastą. Lėtai supilkite sultinį ir įmeskite šviežių čiobrelių. Maišykite, kol viskas gerai susimaišys, tada pabarstykite kreolų prieskoniais, Vusterio padažu, juodaisiais pipirais ir raudonųjų pipirų dribsniais. Sumaišykite ingredientus ir leiskite virti 5 minutes ant vidutinės ugnies.

c) Lėtai pradėkite dėti krevetes ir išmaišykite. Sumažinkite ugnį iki minimumo ir virkite dar 5 minutes. Išimkite čiobrelių šakeles. Papuoškite čiobreliais ir patiekite su karštais ryžiais.

65. Crawfish Étouffée

GAMINA 8–10 PORCIJŲ

INGRIDIENTAI:

- 3/4 puodelio sviesto arba augalinio aliejaus
- 3/4 puodelio universalių miltų
- 1 didelis svogūnas, susmulkintas
- 1 ryšelis žalių svogūnų, susmulkintų, atskirtos baltos ir žalios dalys
- 1 žalia paprika, susmulkinta
- 3 salierų stiebeliai, susmulkinti.
- 4 didelės česnako skiltelės, susmulkintos
- 3 šaukštai pomidorų pastos
- 6 puodeliai jūros gėrybių sultinio arba vandens
- ½ arbatinio šaukštelio džiovintų čiobrelių
- 3 lauro lapai
- 1 arbatinis šaukštelis kreolų prieskonių
- 1 arbatinis šaukštelis druskos
- 1 valgomasis šaukštas šviežių citrinų sulčių
- Kajeno pipirai ir šviežiai malti juodieji pipirai pagal skonį
- 2–3 svarai vėžių uodegos su riebalais
- 3 šaukštai susmulkintų plokščialapių petražolių
- Virti ilgagrūdžiai balti ryžiai, patiekimui

INSTRUKCIJOS:

a) Dideliame, sunkiame puode ištirpinkite sviestą arba įkaitinkite aliejų ant vidutinės ugnies. Suberkite miltus ir nuolat maišykite. Jei naudojate sviestą, virkite roux, kol jis taps šviesiai arba auksinės spalvos. Jei naudojate aliejų, toliau kepkite maišydami, kol roux bus vidutiniškai rudas. Sudėkite svogūnus, baltąsias žaliųjų svogūnų dalis, paprikas, salierą ir česnaką ir pakepinkite maišydami, kol taps skaidrūs.

b) Įpilkite pomidorų pastos, sultinio arba vandens, čiobrelių, lauro lapų, kreolų prieskonių, druskos ir citrinos sulčių, pagardinkite kajenu ir pipirais ir užvirinkite. Sumažinkite ugnį, uždenkite ir troškinkite 20 minučių, retkarčiais pamaišydami ir nugriebdami riebalus nuo viršaus. Suberkite vėžius, petražoles ir žaliųjų svogūnų viršūnes, užvirinkite, sumažinkite ugnį ir troškinkite 10 minučių. Išimkite lauro lapus.

c) Paruošę patiekti, švelniai pašildykite ir patiekite ant ryžių.

GRITS

66. Kruopos ir grotelės

GAMINA 6 PORCIJAS

1 (3 svarai) jautienos arba veršienos apvalus kepsnys, susmulkintas iki maždaug 1/4 colio storio

Druska ir šviežiai malti juodieji pipirai pagal skonį

1 puodelis universalių miltų

¾ puodelio augalinio aliejaus, padalintas

1 didelis svogūnas, susmulkintas

1 žalia paprika, susmulkinta

1 ryšelis žalių svogūnų, susmulkintų, atskirtos žalios ir baltos dalys

3 česnako skiltelės, susmulkintos

1 didelis pomidoras, supjaustytas

1 valgomasis šaukštas pomidorų pastos

½ puodelio raudonojo vyno

3 puodeliai vandens

1 arbatinis šaukštelis raudonojo vyno acto

½ arbatinio šaukštelio džiovintų čiobrelių

1 valgomasis šaukštas Worcestershire padažo

Druska, šviežiai malti juodieji pipirai ir kreolų prieskoniai pagal skonį

3 šaukštai susmulkintų plokščialapių petražolių

Kruopos 6 porcijoms, virtos pagal pakuotės instrukcijas:

Jautieną supjaustykite maždaug 2 × 3 colių gabalėliais. Iš abiejų pusių gausiai pagardinkite druska ir pipirais.

Įkaitinkite 1/4 puodelio aliejaus didelėje, sunkioje keptuvėje ir suberkite miltus į negilų dubenį ar lėkštę. Kiekvieną kepsnio gabalėlį apibarstykite miltais, nukratykite perteklių ir apkepkite iš abiejų pusių. Mėsą perkelkite ant popierinių rankšluosčių.

Į keptuvę įpilkite likusį aliejų ir pakepinkite svogūnus, baltas žaliųjų svogūnų dalis, papriką ir česnaką, kol taps skaidrūs. Įpilkite pomidorų, pomidorų pastos, vyno, vandens, acto, čiobrelių, Vusterio padažo ir mėsos bei pagardinkite druska, pipirais ir kreolų prieskoniais. Užvirinkite. Sumažinkite ugnį, uždenkite ir troškinkite, kol mėsa suminkštės, maždaug 1,5 valandos. Įdėkite petražolių ir žaliųjų svogūnų viršūnes ir patiekite ant kruopų.

67. Krevetės ir kruopos

GAMINA 6 PORCIJAS

INGRIDIENTAI:
- 3 svarai didelių krevečių (apie 15–20 svarų), nuluptos ir nuluptos
- 5 šaukštai sviesto, padalinti
- 8 žali svogūnai, supjaustyti
- 5 didelės česnako skiltelės, susmulkintos
- 1 citrinos žievelė ir sultys
- 1/3 puodelio sauso baltojo vyno
- 1 valgomasis šaukštas Worcestershire padažo
- 1 arbatinis šaukštelis itališkų prieskonių
- Šviežiai malti juodieji pipirai, pagal skonį
- ½ arbatinio šaukštelio plius 1/4 arbatinio šaukštelio druskos, padalinta
- 1 arbatinis šaukštelis kreolų prieskonių
- 2 šaukštai kapotų plokščialapių petražolių
- 1 puodelis greitų kruopų
- 4 1/4 stiklinės vandens
- 1/4 puodelio šviežiai tarkuoto parmezano

INSTRUKCIJOS:
a) Ištirpinkite 4 šaukštus sviesto didelėje, sunkioje keptuvėje ant vidutinės ugnies. Sudėkite svogūnus ir česnakus ir pakepinkite, kol suminkštės. Sudėkite krevetes ir maišydami patroškinkite kelias minutes, kol pasidarys rausvos spalvos. Įpilkite citrinos žievelės ir sulčių, vyno, Vusterio padažo, itališkų prieskonių, pipirų, kreolų prieskonių ir ½ arbatinio šaukštelio druskos ir troškinkite apie 3 minutes. Neperkepkite krevečių. Nukelkite nuo ugnies ir pabarstykite petražolėmis.

b) Norėdami išvirti kruopas, dideliame puode užvirinkite vandenį ir nuolat maišydami suberkite kruopas. Įpilkite likusios druskos. Uždenkite, sumažinkite ugnį iki minimumo ir troškinkite apie 10 minučių. Nukelkite nuo ugnies ir įmaišykite parmezaną bei likusį sviestą. Patiekite krevetes ant kruopų lėkštėse arba dubenėliuose.

68. <u>Krevetės, Andouille dešra ir kruopos</u>

Padaro: 4 porcijos

INGRIDIENTAI

3 puodeliai vandens

2 arbatiniai šaukšteliai košerinės druskos

¾ puodelio greitų kruopų

2 šaukštai aukščiausios kokybės pirmojo spaudimo alyvuogių aliejaus

½ svaro andouille dešros, supjaustytos

½ colio storio griežinėliai

½ svaro didelių žalių krevečių, nuluptų ir nuskustų

1 arbatinis šaukštelis malto česnako

¼ puodelio pjaustytų žaliųjų svogūnų ir dar daugiau papuošimui

2 arbatiniai šaukšteliai Cajun prieskonių

½ arbatinio šaukštelio maltų juodųjų pipirų

3 šaukštai sūdyto sviesto

INSTRUKCIJOS

Vidutiniame puode ant stiprios ugnies supilkite vandenį ir druską. Kai skystis pradės virti, nedelsdami sumažinkite ugnį iki vidutinės. Išmaišykite skystį ir palaipsniui suberkite kruopas. Leiskite kruopoms virti, kol jos sutirštės ir taps gražios ir kreminės spalvos (paprastai 30–35 minutes), ir būtinai dažnai maišykite.

Kol kruopos kepa, paimkite keptuvę ir apšlakstykite alyvuogių aliejumi. Įkaitinkite aliejų ant vidutinės ir stiprios ugnies, tada įmeskite į andouille dešrą. Kepkite 5–7 minutes arba kol paruduos, tada įmeskite krevetes, česnaką ir žaliuosius svogūnus. Pabarstykite Cajun prieskoniais ir juodaisiais pipirais.

Virkite dar 5 minutes, tada išjunkite ugnį. Kai kruopos sutirštės, įpilkite sviesto ir išmaišykite.

Suberkite kruopas, tada ant viršaus sudėkite dešrą, krevetes ir svogūnus. Papuoškite papildomai žaliais svogūnais.

69. Kreminės sūrio kruopos

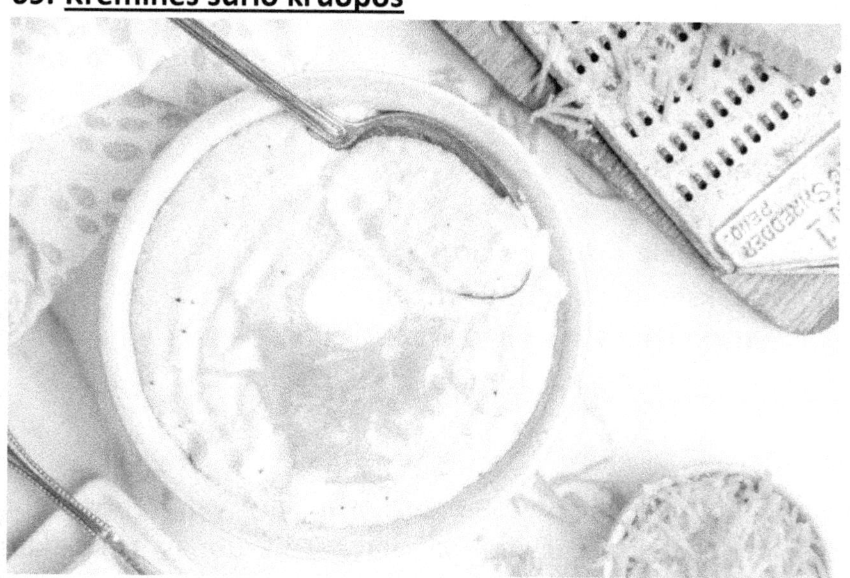

Padaro: nuo 4 iki 6 porcijų

INGRIDIENTAI

3 puodeliai vandens

½ puodelio riebios grietinėlės

1 puodelis greitų kruopų

4 šaukštai sūdyto sviesto

1 arbatinis šaukštelis košerinės druskos

½ arbatinio šaukštelio maltų juodųjų pipirų

½ puodelio susmulkinto kreminio Havarti sūrio

½ puodelio susmulkinto aštraus čederio sūrio

INSTRUKCIJOS

Vidutiniame puode ant stiprios ugnies supilkite vandenį ir riebią grietinėlę. Kai jis visiškai užvirs, pabarstykite kruopas ir išplakite. Sumažinkite ugnį iki vidutinės ir virkite 30–35 minutes, retkarčiais pamaišydami, kad nesusidarytų gumuliukų.

Įpilkite sviesto, pabarstykite druska, pipirais ir sūriu. Maišykite, kol viskas bus gražiai kreminė ir gerai susimaišys. Išjunkite šilumą, tada patiekite su mėgstamais pusryčių patiekalais.

70. Homininis suflė

Padaro: 8 porcijos

INGRIDIENTAI:
1 puodelis Pieno
1 puodelis Vandens
½ puodelio Hominy kruopų
2 šaukštai sviesto, lydytas
¾ arbatinio šaukštelio druskos
3 Kiaušiniai, atskirti, gerai išmušti
1. Užplikykite pieną ir vandenį dvigubo katilo viršuje.

2. Suberkite hominy kruopas, maišykite, kol sutirštės; virkite 1 valandą.

3. Kietas; sudėkite sviestą, druską ir kiaušinių trynius, gerai išmaišykite.

4. Švelniai įmaišykite standžiai išplaktus baltymus.

Supilkite mišinį į gerai sviestu išteptą troškintuvą; kepkite įkaitintoje 325'F temperatūroje. orkaitėje 45 minutes.

71. <u>Ožkos sūrio polenta su saulėje džiovintais pomidorais</u>

Padaro: 4 porcijos

INGRIDIENTAI:

- 1 puodelis plius 2 šaukštai geltonųjų kukurūzų kruopų
- 2 (14 1/2 uncijos) skardinės be riebalų Vištienos sultinys
- 2 česnako skiltelės, presuotos arba maltos
- 6 uncijos ožkos sūrio, susmulkinto
- ½ puodelio saulėje džiovintų pomidorų, supjaustytų degtukų dydžio juostelėmis

INSTRUKCIJOS:

a) Dideliame puode su sandariu dangčiu sumaišykite kruopas, vištienos sultinį ir česnaką.

b) Užvirinkite ant vidutinės ugnies, dažnai maišydami.

c) Sumažinkite ugnį iki minimumo ir virkite, retkarčiais pamaišydami, 20 minučių. Nukelkite nuo ugnies ir įmaišykite ožkos sūrį bei saulėje džiovintus pomidorus.

d) Apipurkškite kepimo indą nepridegančiu kepimo purškalu.

e) Sudėkite kruopų mišinį į indą ir drėgnomis rankomis paspauskite, kad tolygiai pasiskirstytų.

f) Atvėsinkite iki kambario temperatūros ir atvėsinkite.

g) Kai gerai atvės, išverskite ant pjaustymo lentos ir supjaustykite į 64 kvadratus, kad būtų galima naudoti kaip užkandžius.

KEPTAS ŠAMAS

72. Klasikinis pietų keptas šamas

Ingridientai:

4-6 šamo filė
1 puodelis universalių miltų
1 šaukštelis druskos
1/2 šaukštelio juodųjų pipirų
1/4 šaukštelio kajeno pipirų
1/4 šaukštelio česnako miltelių
1/4 šaukštelio svogūnų miltelių
1/4 šaukštelio paprikos
1 puodelis pasukų
Augalinis aliejus, skirtas kepti
Instrukcijos:

Sekliame dubenyje sumaišykite miltus, druską, juoduosius
pipirus, kajeno pipirus, česnako miltelius, svogūnų miltelius
ir papriką.

Į kitą negilų dubenį supilkite pasukas.

Kiekvieną šamo filė pamerkite į pasukas, tada apibarstykite
miltų mišiniu, nukratydami perteklių.

Didelėje keptuvėje ant vidutinės-stiprios ugnies įkaitinkite
apie 1 colį augalinio aliejaus.

Pakepinkite šamo filė partijomis iki auksinės rudos spalvos ir
iškeps, maždaug 3–4 minutes iš kiekvienos pusės.
Nusausinkite juos ant popierinių rankšluosčių.

73. Cajun juodasis šamas

Ingridientai:

4-6 šamo filė
1/4 puodelio lydyto sviesto
1 valgomasis šaukštas paprikos
1 šaukštelis česnako miltelių
1 šaukštelis svogūnų miltelių
1 šaukštelis druskos
1/2 šaukštelio juodųjų pipirų
1/2 šaukštelio kajeno pipirų
Augalinis aliejus, skirtas kepti
Instrukcijos:

Mažame dubenyje sumaišykite papriką, česnako miltelius, svogūnų miltelius, druską, juoduosius pipirus ir kajeno pipirus.

Kiekvieną šamo filė sutepkite tirpintu sviestu, tada iš abiejų pusių aptepkite prieskonių mišiniu.

Didelėje keptuvėje ant stiprios ugnies įkaitinkite apie 1/4 colio augalinio aliejaus.

Sudėkite šamo filė ir kepkite apie 3–4 minutes iš kiekvienos pusės, kol pajuoduos ir iškeps.

74. Kukurūzų miltais apkeptas keptas šamas

Ingridientai:

4-6 šamo filė
1/2 puodelio universalių miltų
1/2 puodelio geltonųjų kukurūzų miltų
1 šaukštelis druskos
1/2 šaukštelio juodųjų pipirų
1/2 šaukštelio kajeno pipirų
1/4 šaukštelio česnako miltelių
1/4 šaukštelio svogūnų miltelių
1/4 šaukštelio paprikos
1 puodelis pasukų
Augalinis aliejus, skirtas kepti
Instrukcijos:

Sekliame dubenyje sumaišykite miltus, kukurūzų miltus,
druską, juoduosius pipirus, kajeno pipirus, česnako miltelius,
svogūnų miltelius ir papriką.

Į kitą negilų dubenį supilkite pasukas.

Kiekvieną šamo filė pamerkite į pasukas, tada apibarstykite
miltų mišiniu, nukratydami perteklių.

Didelėje keptuvėje ant vidutinės-stiprios ugnies įkaitinkite
apie 1 colį augalinio aliejaus.

Pakepinkite šamo filė partijomis iki auksinės rudos spalvos ir
iškeps, maždaug 3–4 minutes iš kiekvienos pusės.
Nusausinkite juos ant popierinių rankšluosčių.

75. Panko-Crusted keptas šamas

Ingridientai:

4-6 šamo filė
1 puodelis universalių miltų
1 šaukštelis druskos
1/2 šaukštelio juodųjų pipirų
1/4 šaukštelio kajeno pipirų
1 puodelis pasukų
1 puodelis panko džiūvėsėlių
Augalinis aliejus, skirtas kepti
Instrukcijos:

Sekliame dubenyje sumaišykite miltus, druską, juoduosius
pipirus ir kajeno pipirus.
Į kitą negilų dubenį supilkite pasukas.
3. Kiekvieną šamo filė pamerkite į pasukas, tada apibarstykite
miltų mišiniu, nukratydami perteklių.

Miltais pabarstytą filė panardinkite į panko džiūvėsėlius,
švelniai paspausdami, kad priliptų.

Didelėje keptuvėje ant vidutinės-stiprios ugnies įkaitinkite
apie 1 colį augalinio aliejaus.

Pakepinkite šamo filė partijomis iki auksinės rudos spalvos ir
iškeps, maždaug 3–4 minutes iš kiekvienos pusės.
Nusausinkite juos ant popierinių rankšluosčių.

76. <u>Citrinoje-pipiruose keptas šamas</u>

Ingridientai:

4-6 šamo filė
1 puodelis universalių miltų
1 šaukštelis druskos
1 šaukštelis citrininių pipirų prieskonių
1/2 šaukštelio česnako miltelių
1/2 šaukštelio svogūnų miltelių
1/2 šaukštelio paprikos
1 puodelis pasukų
Augalinis aliejus, skirtas kepti
Instrukcijos:

Negiliame dubenyje sumaišykite miltus, druską, citrinpipirių prieskonius, česnako miltelius, svogūnų miltelius ir papriką.

Į kitą negilų dubenį supilkite pasukas.

Kiekvieną šamo filė pamerkite į pasukas, tada apibarstykite miltų mišiniu, nukratydami perteklių.

Didelėje keptuvėje ant vidutinės-stiprios ugnies įkaitinkite apie 1 colį augalinio aliejaus.

Pakepinkite šamo filė partijomis iki auksinės rudos spalvos ir iškeps, maždaug 3–4 minutes iš kiekvienos pusės. Nusausinkite juos ant popierinių rankšluosčių.

77. Pasukos ir karštas padažas Keptas šamas

Ingridientai:

4-6 šamo filė
1 puodelis universalių miltų
1 šaukštelis druskos
1/2 šaukštelio juodųjų pipirų
1/4 šaukštelio kajeno pipirų
1/4 šaukštelio česnako miltelių
1/4 šaukštelio svogūnų miltelių
1/4 šaukštelio paprikos
1 puodelis pasukų
2 šaukštai karšto padažo
Augalinis aliejus, skirtas kepti
Instrukcijos:

Sekliame dubenyje sumaišykite miltus, druską, juoduosius
pipirus, kajeno pipirus, česnako miltelius, svogūnų miltelius
ir papriką.
Kitame negiliame dubenyje supilkite pasukas ir karštą
padažą.
Kiekvieną šamo filė pamerkite į pasukų mišinį, tada
apibarstykite miltų mišiniu, nukratydami perteklių.
Didelėje keptuvėje ant vidutinės-stiprios ugnies įkaitinkite
apie 1 colį augalinio aliejaus.
Pakepinkite šamo filė partijomis iki auksinės rudos spalvos ir
iškeps, maždaug 3–4 minutes iš kiekvienos pusės.
Nusausinkite juos ant popierinių rankšluosčių.

BOUDIN KAMULIAI

78. Klasikiniai Boudin kamuoliai

Ingridientai:

1 svaras kiaulienos arba vištienos
1/2 puodelio universalių miltų
2 kiaušiniai, sumušti
1 puodelis džiūvėsėlių
Druska ir juodieji pipirai, pagal skonį
Augalinis aliejus, skirtas kepti
Instrukcijos:

Įkaitinkite orkaitę iki 350°F.

Boudiną susukite į mažus, maždaug 1–2 colių skersmens rutuliukus.

Rutuliukus apvoliokite miltuose, pamerkite į išplaktus kiaušinius ir apvoliokite džiūvėsėliuose, kad pasidengtų.

Didelėje keptuvėje ant vidutinės-stiprios ugnies įkaitinkite apie 1 colį augalinio aliejaus.

Kepkite boudino rutuliukus partijomis iki auksinės rudos spalvos ir traškumo, maždaug 2–3 minutes. Nusausinkite juos ant popierinių rankšluosčių.

Iškeptus boudino rutuliukus perkelkite į kepimo skardą ir kepkite įkaitintoje orkaitėje 5-10 minučių, kad įsitikintumėte, jog jie visiškai iškepa.

79. Aštrūs Boudin kamuoliukai

Ingridientai:

1 svaras kiaulienos arba vištienos
1 jalapeño pipiras, išskobtas ir smulkiai pjaustytas
1/4 puodelio pjaustytų žaliųjų svogūnų
1/4 puodelio kapotų šviežių petražolių
1/2 puodelio universalių miltų
2 kiaušiniai, sumušti
1 puodelis pagardintų džiūvėsėlių
Druska ir juodieji pipirai, pagal skonį
Augalinis aliejus, skirtas kepti
Instrukcijos:

Dideliame dubenyje sumaišykite boudiną, jalapeño pipirus, žaliuosius svogūnus ir petražoles.

Iš mišinio iškočiokite mažus, maždaug 1–2 colių skersmens rutuliukus.

Rutuliukus apvoliokite miltuose, pamerkite į išplaktus kiaušinius ir apvoliokite pagardintuose džiūvėsėliuose, kad pasidengtų.

Didelėje keptuvėje ant vidutinės-stiprios ugnies įkaitinkite apie 1 colį augalinio aliejaus.

Kepkite boudino rutuliukus partijomis iki auksinės rudos spalvos ir traškumo, maždaug 2–3 minutes. Nusausinkite juos ant popierinių rankšluosčių.

80. Sūriu įdaryti Boudin rutuliukai

Ingridientai:

1 svaras kiaulienos arba vištienos
4 uncijos. grietinėlės sūris, suminkštintas
1/4 puodelio tarkuoto parmezano sūrio
1/4 puodelio pjaustytų žaliųjų svogūnų
1/2 puodelio universalių miltų
2 kiaušiniai, sumušti
1 puodelis pagardintų džiūvėsėlių
Druska ir juodieji pipirai, pagal skonį
Augalinis aliejus, skirtas kepti
Instrukcijos:

Dideliame dubenyje sumaišykite boudiną, grietinėlės sūrį, parmezano sūrį ir žaliuosius svogūnus.

Iš mišinio iškočiokite mažus, maždaug 1–2 colių skersmens rutuliukus.

Miltuose apvoliokite rutuliukus, šiek tiek išlyginkite ir į centrą įdėkite nedidelį sūrio kubelį. Apvyniokite rutuliukus aplink sūrį, kad jis visiškai pasidengtų.

Pamirkykite rutuliukus išplaktuose kiaušiniuose ir apvoliokite pagardintuose džiūvėsėliuose, kad apsemtų.

Didelėje keptuvėje ant vidutinės-stiprios ugnies įkaitinkite apie 1 colį augalinio aliejaus.

Kepkite boudino rutuliukus partijomis iki auksinės rudos spalvos ir traškumo, maždaug 2–3 minutes. Nusausinkite juos ant popierinių rankšluosčių.

81. Vėžių Boudin kamuoliukai

Ingridientai:

1 svaras vėžių boudin
1/4 puodelio pjaustytų žaliųjų svogūnų
1/4 puodelio kapotų šviežių petražolių
1/2 puodelio universalių miltų
2 kiaušiniai, sumušti
1 puodelis pagardintų džiūvėsėlių
Druska ir juodieji pipirai, pagal skonį
Daržovių aliejus

Instrukcijos:

Dideliame dubenyje sumaišykite vėžių boudiną, žaliuosius svogūnus ir petražoles.

Iš mišinio iškočiokite mažus, maždaug 1–2 colių skersmens rutuliukus.

Rutuliukus apvoliokite miltuose, pamerkite į išplaktus kiaušinius ir apvoliokite pagardintuose džiūvėsėliuose, kad pasidengtų.

Didelėje keptuvėje ant vidutinės-stiprios ugnies įkaitinkite apie 1 colį augalinio aliejaus.

Kepkite vėžių rutuliukus partijomis iki auksinės rudos spalvos ir traškumo, maždaug 2–3 minutes. Nusausinkite juos ant popierinių rankšluosčių.

82. <u>Rūkyti Boudin kamuoliukai</u>

Ingridientai:

1 svaras rūkyto boudino
1/4 puodelio pjaustytų žaliųjų svogūnų
1/4 puodelio kapotų šviežių petražolių
1/2 puodelio universalių miltų
2 kiaušiniai, sumušti
1 puodelis pagardintų džiūvėsėlių
Druska ir juodieji pipirai, pagal skonį
Augalinis aliejus, skirtas kepti
Instrukcijos:

Dideliame dubenyje sumaišykite rūkytą boudiną, žaliuosius svogūnus ir petražoles.
Iš mišinio iškočiokite mažus, maždaug 1–2 colių skersmens rutuliukus.
Rutuliukus apvoliokite miltuose, pamerkite į išplaktus kiaušinius ir apvoliokite pagardintuose džiūvėsėliuose, kad pasidengtų.
Didelėje keptuvėje ant vidutinės-stiprios ugnies įkaitinkite apie 1 colį augalinio aliejaus.
Kepkite rūkytus boudino rutuliukus partijomis iki auksinės rudos spalvos ir traškumo, maždaug 2–3 minutes.
Nusausinkite juos ant popierinių rankšluosčių.

PO' BOYS

83. <u>Krevetės Po Boy</u>

Ingridientai:

1 svaras vidutinių krevečių, nuluptų ir nuluptų
1 puodelis pasukų
1 puodelis universalių miltų
1 šaukštelis. česnako milteliai
1 šaukštelis. paprika
1/2 šaukštelio. Kajano pipirai
Druska ir juodieji pipirai, pagal skonį
Augalinis aliejus, skirtas kepti
Prancūziškos duonos bandelės
Salotos, supjaustyti pomidorai ir majonezas patiekimui
Instrukcijos:

Dideliame dubenyje sumaišykite krevetes ir pasukas ir
išmaišykite, kad krevetės pasidengtų. Uždenkite dubenį ir
šaldykite 1 valandą.

Sekliame inde sumaišykite miltus, česnako miltelius, papriką,
kajeno pipirus, druską ir juoduosius pipirus ir išmaišykite, kad
susimaišytų.

Didelėje keptuvėje ant vidutinės-stiprios ugnies įkaitinkite apie
1 colį augalinio aliejaus. Supilkite krevetes į miltų mišinį,
nukratydami perteklių, ir pakepinkite dalimis iki auksinės rudos
ir traškios, maždaug 2–3 minutes kiekvieną partiją. Nusausinkite
krevetes ant popierinių rankšluosčių.

Prancūziškus bandeles perpjaukite per pusę išilgai ir iš abiejų
pusių aptepkite majonezu. Sudėkite salotas ir griežinėliais
pjaustytus pomidorus, tada uždėkite keptas krevetes. Patiekite
karštą.

84. Austrės Po berniukas

Ingridientai:

1 litras šviežių austrių, susmulkintų
1 puodelis universalių miltų
1 šaukštelis. česnako milteliai
1 šaukštelis. paprika
1/2 šaukštelio. Kajano pipirai
Druska ir juodieji pipirai, pagal skonį
Augalinis aliejus, skirtas kepti
Prancūziškos duonos bandelės
Salotos, supjaustyti pomidorai ir majonezas patiekimui
Instrukcijos:

Sekliame inde sumaišykite miltus, česnako miltelius, papriką,
kajeno pipirus, druską ir juoduosius pipirus ir išmaišykite, kad
susimaišytų.

Didelėje keptuvėje ant vidutinės-stiprios ugnies įkaitinkite apie
1 colį augalinio aliejaus. Supilkite austres į miltų mišinį,
nukratydami perteklių, ir pakepinkite porcijomis iki auksinės
rudos ir traškios, maždaug 2–3 minutes. Austres nusausinkite
ant popierinių rankšluosčių.

Prancūziškus bandeles perpjaukite per pusę išilgai ir iš abiejų
pusių aptepkite majonezu. Sudėkite salotas ir griežinėliais
pjaustytus pomidorus, tada ant viršaus uždėkite keptas austres.
Patiekite karštą.

85. <u>Kepta vištiena Po Boy</u>

Ingridientai:

2 vištienos krūtinėlės be kaulų, be odos, supjaustytos plonomis
juostelėmis
1 puodelis universalių miltų
1 šaukštelis. paprika
1 šaukštelis. česnako milteliai
1/2 šaukštelio. Kajano pipirai
Druska ir juodieji pipirai, pagal skonį
1/2 puodelio pasukų
Augalinis aliejus, skirtas kepti
Prancūziškos duonos bandelės
Salotos, supjaustyti pomidorai ir majonezas patiekimui
Instrukcijos:

Sekliame inde sumaišykite miltus, papriką, česnako miltelius,
kajeno pipirus, druską ir juoduosius pipirus ir išmaišykite, kad
susimaišytų.
Į atskirą indą supilkite pasukas.
Didelėje keptuvėje ant vidutinės-stiprios ugnies įkaitinkite apie
1 colį augalinio aliejaus.
Vištienos juosteles įmerkite į miltų mišinį, nukratydami
perteklių, o tada pamerkite į pasukas. Dar kartą suberkite juos į
miltų mišinį, kad pasidengtų.
Kepkite vištienos juosteles dalimis karštame aliejuje iki auksinės
rudos ir traškios, maždaug 3–4 minutes. Vištieną nusausinkite
ant popierinių rankšluosčių.
Prancūziškus bandeles perpjaukite per pusę išilgai ir iš abiejų
pusių aptepkite majonezu. Sudėkite salotas ir griežinėliais
pjaustytus pomidorus, tada ant viršaus uždėkite keptą vištieną.
Patiekite karštą.

86. Šamas Po Boy

Ingridientai:

1 svaro šamo filė, supjaustyta juostelėmis
1 puodelis pasukų
1 puodelis kukurūzų miltų
1 šaukštelis. česnako milteliai
1 šaukštelis. paprika
1/2 šaukštelio. Kajano pipirai
Druska ir juodieji pipirai, pagal skonį
Augalinis aliejus, skirtas kepti
Prancūziškos duonos bandelės
Salotos, supjaustyti pomidorai ir majonezas patiekimui
Instrukcijos:

Dideliame dubenyje sumaišykite šamą ir pasukas ir
išmaišykite, kad žuvis pasidengtų. Uždenkite dubenį ir
šaldykite 1 valandą.

Sekliame inde sumaišykite kukurūzų miltus, česnako
miltelius, papriką, kajeno pipirus, druską ir juoduosius
pipirus ir išmaišykite.

Didelėje keptuvėje ant vidutinės-stiprios ugnies įkaitinkite
apie 1 colį augalinio aliejaus. Supilkite šamą į kukurūzų miltų
mišinį, nukratydami perteklių ir kepkite dalimis, kol taps
auksinės rudos ir traškios, maždaug 2–3 minutes.
Nusausinkite šamą ant popierinių rankšluosčių.

Prancūziškus bandeles perpjaukite per pusę išilgai ir iš abiejų
pusių aptepkite majonezu. Sudėkite salotas ir griežinėliais
pjaustytus pomidorus, tada ant viršaus uždėkite keptą šamą.
Patiekite karštą.

87. Jautienos kepsnys Po Boy

Ingridientai:

1 svaras jautienos kepsnys, plonais griežinėliais
1/2 stiklinės majonezo
2 valg. krienų
2 valg. kečupas
1 valgomasis šaukštas. Worcestershire padažas
Druska ir juodieji pipirai, pagal skonį
Prancūziškos duonos bandelės
Salotos, supjaustyti pomidorai ir marinuoti agurkai
patiekimui
Instrukcijos:

Mažame dubenyje sumaišykite majonezą, krienus, kečupą,
Vusterio padažą, druską ir juoduosius pipirus.
Prancūziškus bandeles perpjaukite per pusę išilgai ir iš abiejų
pusių aptepkite majonezo mišiniu.
Į suktinukus sudėkite jautienos kepsnį, salotas, griežinėliais
pjaustytus pomidorus, marinuotus agurkus ir nedelsdami
patiekite.

EŠLIEŠYS KURTBULIONAS

88. Luizianos jūrų ešeriai Courtbouillon

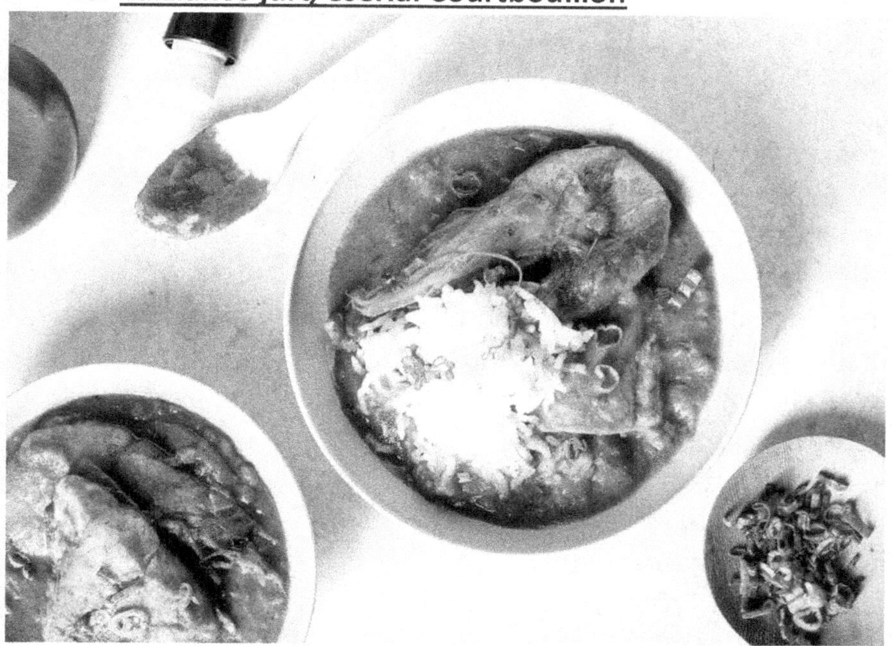

Ingridientai:

2 svarų ešerių filė, supjaustyta kąsnio dydžio gabalėliais
2 valg. alyvuogių aliejus
1 didelis svogūnas, susmulkintas
1 didelė paprika, susmulkinta
2 salierų stiebeliai, susmulkinti
2 skiltelės česnako, susmulkintos
1 (28 uncijos) skardinė sveikų pomidorų, susmulkintų rankomis
1 (8 uncijos) skardinė pomidorų padažo
2 lauro lapai
1 šaukštelis. džiovintų čiobrelių
1 šaukštelis. džiovintas raudonėlis
1 šaukštelis. paprika
1/2 šaukštelio. Kajano pipirai
Druska ir juodieji pipirai, pagal skonį
Karštai virti ryžiai, patiekimui
Instrukcijos:

Didelėje olandiškoje orkaitėje arba sunkiame puode įkaitinkite
alyvuogių aliejų ant vidutinės ugnies. Sudėkite svogūną, papriką,
salierą ir česnaką ir kepkite, kol daržovės suminkštės, maždaug
5 minutes.

Į puodą suberkite susmulkintus pomidorus, pomidorų padažą,
lauro lapus, čiobrelius, raudonėlį, papriką, kajeno pipirus, druską
ir juoduosius pipirus. Mišinį užvirinkite, tada sumažinkite ugnį
iki minimumo ir virkite 30 minučių.

Į puodą suberkite ešerius ir kepkite dar 10–15 minučių, kol žuvis
iškeps ir lengvai suskils šakute.

Patiekite buljoną karštą ant karštų virtų ryžių.

Ingridientai:

4 valg. daržovių aliejus
2 svarų ešerių filė, supjaustyta kąsnio dydžio gabalėliais
1 didelis svogūnas, susmulkintas
1 didelė paprika, susmulkinta
3 salierų stiebeliai, susmulkinti
4 skiltelės česnako, susmulkintos
1 (28 uncijos) skardinė sveikų pomidorų, susmulkintų rankomis
2 lauro lapai
1 šaukštelis. džiovintų čiobrelių
1 šaukštelis. džiovintas raudonėlis
1 šaukštelis. paprika
1/4 šaukštelio. Kajano pipirai
Druska ir juodieji pipirai, pagal skonį
4 puodeliai virtų baltųjų ryžių, patiekimui
Instrukcijos:

Didelėje olandiškoje orkaitėje arba sunkiame puode įkaitinkite
augalinį aliejų ant vidutinės-stiprios ugnies. Sudėkite ešerius ir
kepkite po 2–3 minutes iš kiekvienos pusės, kol švelniai apskrus.
Išimkite žuvį iš puodo ir atidėkite į šalį.

Į puodą suberkite svogūną, papriką, salierą, česnaką ir virkite 5–
7 minutes, kol daržovės suminkštės.

Į puodą suberkite susmulkintus pomidorus, lauro lapus,
čiobrelius, raudonėlį, papriką, kajeno pipirus, druską ir
juoduosius pipirus. Mišinį užvirinkite, tada sumažinkite ugnį iki
minimumo ir virkite 15-20 minučių.

Į puodą suberkite ešerius ir kepkite dar 10–15 minučių, kol žuvis
iškeps ir lengvai suskils šakute.

Patiekite karštą sultinį ant virtų baltųjų ryžių.

90. <u>Saveur Redfish Courtbouillon</u>

Ingridientai:

1/4 puodelio augalinio aliejaus
2 svarų ešerių filė, supjaustyta kąsnio dydžio gabalėliais
1 didelis svogūnas, susmulkintas
1 didelė paprika, susmulkinta
2 salierų stiebeliai, susmulkinti
2 skiltelės česnako, susmulkintos
1 (14 uncijų) skardinė kubeliais pjaustytų pomidorų,
nusausintų
1 (8 uncijos) skardinė pomidorų padažo
1 šaukštelis. paprika
1/2 šaukštelio. Kajano pipirai
1 šaukštelis. džiovintų čiobrelių
1 šaukštelis. džiovintas raudonėlis
Druska ir juodieji pipirai, pagal skonį
4 puodeliai virtų baltųjų ryžių, patiekimui
Instrukcijos:

Didelėje olandiškoje orkaitėje arba sunkiame puode
įkaitinkite augalinį aliejų ant vidutinės-stiprios ugnies.
Sudėkite ešerius ir kepkite po 2–3 minutes iš kiekvienos
pusės, kol švelniai apskrus. Išimkite žuvį iš puodo ir atidėkite
į šalį.
Į puodą suberkite svogūną, papriką, salierą, česnaką ir virkite
5–7 minutes, kol daržovės suminkštės.
Į puodą suberkite kubeliais pjaustytus pomidorus, pomidorų
padažą, papriką, kajeno pipirus, čiobrelius, raudonėlį, druską
ir juoduosius pipirus ir išmaišykite. Mišinį užvirinkite, tada
sumažinkite ugnį iki minimumo ir virkite 15-20 minučių.
Į puodą suberkite ešerius ir kepkite dar 10–15 minučių, kol
žuvis iškeps ir lengvai suskils šakute.
Patiekite karštą sultinį ant virtų baltųjų ryžių.

BEIGNETS

91. Grand Marnier beignets

Ingridientai

- 1 pakuotė sausų mielių
- 4 šaukštai šilto vandens
- 3 ½ stiklinės miltų
- 1 arbatinis šaukštelis druskos
- ¼ puodelio cukraus
- 1 arbatinis šaukštelis apelsinų granulių
- 1 ⅛ stiklinės pieno
- 3 kiaušiniai, sumušti
- ¼ puodelio lydyto sviesto
- ⅛ puodelio Grand Marnier
- 1 puodelis cukraus pudros
- ¼ puodelio citrinos sulčių (nebūtina)
- aliejus giliai kepti

Kryptys

1. Mažame dubenyje šiltame vandenyje ištirpinkite mieles. Padėkite dubenį šiltoje vietoje 15-20 minučių.
2. Įkaitinkite aliejų gilioje keptuvėje iki 375 ° F. Dideliame dubenyje sumaišykite miltus, druską, cukrų ir apelsinų granules ir gerai išmaišykite, kad gerai susimaišytų. Supilkite ištirpintas mieles, pieną, kiaušinius, sviestą ir likerį. Tęskite maišymą, kol susidarys lygi beignet tešla. Tešlą sudėkite į vidutinį metalinį dubenį, uždenkite drėgnu rankšluosčiu ir leiskite tešlai kilti vieną valandą.
3. Nuimkite tešlą ant gerai miltais pabarstyto paviršiaus ir iškočiokite iki maždaug 1/4 colio storio. Supjaustykite jį į stačiakampius, 2 x 3, ir grąžinkite juos į lengvai miltais pabarstytą keptuvę. Uždenkite keptuvę rankšluosčiu ir leiskite tešlai pakilti 35–45 minutes.

4. Kepkite kvadratėlius įkaitintame aliejuje vieną kartą apversdami iki auksinės rudos spalvos, maždaug 3–4 minutes. Iš aliejaus išimkite kiaurasamčiu arba krepšinio sieteliu. Beignets nusausinkite ant popierinio rankšluosčio ir gausiai pabarstykite cukraus pudra. Taip pat galite apšlakstyti šviežiomis citrinos sultimis.
5. Patiekite šiltą su cikorijų kava ar kitu stipriu mišiniu.
6. Patiekiama 8-10

92. <u>Beignets su cinamoniniu cukrumi</u>

GADA APIE 28 BEIGNETUS

350 ml šilto vandens

170 ml išgarinto pieno
2 kiaušiniai
50 g sviesto, suminkštinto
900 g paprastų miltų
100 g cukraus pudros

1 arbatinis šaukštelis greito veikimo mielių žiupsnelis druskos
augalinio aliejaus, 100 g cukraus pudros aptepimui

1 arbatinis šaukštelis malto cinamono arba pagal skonį

Vandenį, išgarintą pieną, kiaušinius ir sviestą supilkite į maisto
maišytuvo dubenį ir švelniai plakite su mentelės priedu, kol
susimaišys. Suberkite miltus, cukrų, mieles ir druską ir toliau
švelniai plakite, kol gerai susimaišys. Padidinkite greitį ir plakite
dar 3–4 minutes, kol gausite vientisą, lipnią tešlą. Šios tešlos
nepatarčiau gaminti rankomis, nes tai šlapia ir lipni tešla, kurią
daug lengviau pagaminti naudojant maisto plaktuvą.

Lengvai patepkite aliejumi didelį dubenį ir į jį supilkite tešlą,
vieną ar du kartus apversdami, kad ant jos būtų plona aliejaus
danga. Uždenkite dubenį maistine plėvele (aliejumi pateptas
paviršius neleis jam prilipti, jei jis taip aukštai pakils) ir atidėkite
3–4 valandoms stovėti ant stalviršio; jis turėtų padvigubėti. Taip
pat galite tešlą palaikyti šaldytuve per naktį.

Į dubenį persijokite cukraus pudrą ir sumaišykite su cinamonu.
Atidėti.

Tešlos rutulį išverskite ant lengvai aliejumi patepto stalviršio ir
supjaustykite ketvirčiais. Kiekvieną gabalėlį iškočiokite į
maždaug 3 cm skersmens dešrelės formą ir įstrižai supjaustykite
2–3 cm griežinėliais – iš kiekvieno ketvirčio turėtumėte gauti

apie 7 bejetus. Jei norite užšaldyti partiją, išdėkite jas ant kepimo skardos, kad iš pradžių sušaltų, tada supakuokite į maišelį arba vonią ir palikite šaldiklyje, kol norėsite valgyti (jie gaminami iš užšaldytų, todėl nereikia atitirpinti).

Įkaitinkite aliejų keptuvėje iki 180°C/350°F. Vienu metu dėkite maždaug 4 ar 5 bejetus ir kepkite 4 minutes iki giliai auksinės rudos spalvos, atsargiai šakute apversdami iki pusės, kad iškeptumėte kitą pusę. Jei gaminate iš užšaldyto, pridėkite papildomą minutę ar dvi prie gaminimo laiko. Kelias minutes nusausinkite ant virtuvinio popieriaus, prieš suberdami cinamonu pagardintą cukraus pudrą ir padėdami į lėkštę. Pakartokite su likusiais beignetais. Patiekite iš karto, kol dar karšta.

LAGNIAPPE

93. <u>Lagniappe</u>

GAMINA 6–8 PORCIJAS

INGRIDIENTAI:
● 2 svarai be kaulų, apipjaustytas aligatorius, supjaustytas 1 colio gabalėliais
● Druska ir šviežiai malti juodieji pipirai pagal skonį
● 2 šaukštai plius ½ puodelio augalinio aliejaus, padalintas
● 3/4 puodelio universalių miltų
● 1 didelis svogūnas, susmulkintas
● 1 ryšelis žalių svogūnų, susmulkintų, atskirtos baltos ir žalios dalys
● 1 žalia paprika, susmulkinta
● 2 salierų stiebeliai, susmulkinti
● 4 česnako skiltelės, susmulkintos
● 2 dideli švieži pomidorai, nulupti ir supjaustyti, arba 1 (14 uncijų) skardinė susmulkintų slyvinių pomidorų
● 1 (10 uncijų) skardinė originalių Ro-tel pomidorų
● 1 citrinos sultys
● 2 šaukštai Worcestershire padažo
● 1 arbatinis šaukštelis druskos
● ½ arbatinio šaukštelio šviežiai maltų juodųjų pipirų
● 1/4 arbatinio šaukštelio kajeno pipirų
● 2 lauro lapai
● 2 puodeliai jautienos sultinio
● 1/3 puodelio kapotų plokščialapių petražolių
● Virti ilgagrūdžiai balti ryžiai, patiekimui

INSTRUKCIJOS:
a) Aligatorių pagardinkite druska ir pipirais. Didelėje keptuvėje įkaitinkite 2 šaukštus aliejaus, sudėkite aligatoriaus gabalėlius ir apkepkite iš visų pusių. Mėsa neparudos. Nuimkite aligatorių ir atidėkite į šalį. Išsaugokite keptuvę vėlesniam glazūravimui.
b) Įkaitinkite likusį aliejų dideliame, sunkiame puode ant vidutinės-stiprios ugnies; suberkite miltus ir nuolat maišykite, kol roux pradės ruduoti. Sumažinkite ugnį iki vidutinės ir virkite nuolat maišydami,

kol roux taps rausvai rudos spalvos. Nedelsdami sudėkite svogūną, baltąsias žaliųjų svogūnų dalis, paprikas ir salierą ir pakepinkite ant vidutinės-mažos ugnies, kol taps skaidrūs. Sudėkite česnaką ir dar minutę pakepinkite. Grąžinkite aligatorių į puodą.

c) Tuo tarpu šiek tiek sultinio pakaitinkite keptuvėje ant stiprios ugnies, kad apskrus. Išmaišykite skystį, iš keptuvės dugno būtinai nubraukite rudas gabalėlius ir supilkite į puodą.

d) Į puodą sudėkite likusius ingredientus, išskyrus petražoles. Uždenkite ir troškinkite ant silpnos ugnies, retkarčiais pamaišydami, kol mėsa suminkštės, apie 30 minučių. Sureguliuokite prieskonius, suberkite žaliųjų svogūnų viršūnes ir petražoles, išimkite lauro lapus. Patiekite ant karštų ryžių.

94. Calas

PADARA 30 KALŲ

INGRIDIENTAI:
- ½ puodelio universalių miltų
- 2½ arbatinio šaukštelio kepimo miltelių
- 1/3 stiklinės cukraus
- ½ arbatinio šaukštelio druskos
- ½ arbatinio šaukštelio šviežiai tarkuoto muskato riešuto
- 3 kiaušiniai
- 1 arbatinis šaukštelis vanilės
- 2 puodeliai virtų ilgagrūdžių baltųjų ryžių
- Augalinis aliejus giliam kepimui
- Konditerijos cukrus pabarstyti

INSTRUKCIJOS:
a) Dideliame dubenyje sumaišykite miltus, kepimo miltelius, cukrų, druską ir muskato riešutą. Įmuškite kiaušinius ir vanilę ir gerai išmaišykite. Įmaišykite ryžius.

b) Didelėje keptuvėje arba gruzdintuvėje įkaitinkite aliejų iki 360°. Atsargiai po šaukštelius supilkite mišinį į karštą aliejų dalimis. Kepkite tešlą dažnai vartydami iki auksinės rudos spalvos ir nuimkite ant popierinių rankšluosčių.

c) Pabarstykite konditerių cukrumi ir patiekite karštą.

95. <u>Kukurūzai Maque Choux</u>

GAMINA 8 PORCIJAS

INGRIDIENTAI:

- 6-8 varpos geltonos spalvos kukurūzų
- 2 šaukštai sviesto
- 1 žalia paprika, susmulkinta
- 1 vidutinio dydžio svogūnas, supjaustytas
- 1 didelis pomidoras, supjaustytas
- 2 česnako skiltelės, susmulkintos
- 3/4 puodelio vandens
- Žiupsnelis kajeno pipirų
- 1 arbatinis šaukštelis cukraus
- Druska ir šviežiai malti juodieji pipirai pagal skonį

INSTRUKCIJOS:

a) Nuplaukite ir nuvalykite kukurūzus nuo šilko. Labai aštriu peiliu per platų dubenį perpjaukite branduolius pusiaukelėje iki burbuolės. Stalo peiliu išbraukite sultis iš likusios branduolių dalies. Atidėti.

b) Didelėje, sunkioje keptuvėje arba vidutiniame puode įkaitinkite sviestą ir pakepinkite papriką bei svogūną iki skaidrumo. Sudėkite pomidorą ir česnaką ir kepkite ant vidutinės ugnies 5 minutes. Įpilkite vandens, kukurūzų, kajeno pipirų ir cukraus bei pagardinkite druska ir pipirais. Užvirinkite, sumažinkite ugnį iki minimumo, uždenkite ir troškinkite, kol kukurūzai iškeps, maždaug 30 minučių. Paragaukite ir sureguliuokite prieskonius.

96. Crawfish Bisque

PAGAMINA 4 PORCIJAS

INGRIDIENTAI:

- 3 šaukštai plius ½ puodelio augalinio aliejaus, padalintas
- 2 svarai šviežių vėžių uodegų, atšildytų, padalintų
- 1 svogūnas, susmulkintas ir padalintas
- 1 krūva žaliųjų svogūnų, susmulkintų ir padalintų
- 1 žalia paprika, susmulkinta ir padalinta
- 3 česnako skiltelės, susmulkintos ir padalintos
- 3/4 arbatinio šaukštelio druskos, padalinta
- 3/4 arbatinio šaukštelio šviežiai maltų juodųjų pipirų, padalintų
- 3/4 arbatinio šaukštelio kreolų prieskonių, padalinta
- 2 stiklinės duonos trupinių 1 kiaušinis, sumuštas
- 2/3 puodelio plius ½ puodelio universalių miltų, padalinta
- 5 puodeliai jūros gėrybių sultinio arba vandens
- 2 šaukštai pomidorų pastos
- Įberkite kajeno pipirų arba pagal skonį
- 2 puodeliai virtų ilgagrūdžių baltųjų ryžių
- 2 šaukštai kapotų plokščialapių petražolių

INSTRUKCIJOS:

a) Įkaitinkite orkaitę iki 350°. Apipurkškite didelę kepimo skardą neprideginančiu kepimo purškalu ir atidėkite į šalį.

b) Didelėje keptuvėje įkaitinkite 3 šaukštus aliejaus ir pakepinkite pusę svogūnų, žaliųjų svogūnų, paprikos ir česnako. Įdėkite 1 svarą vėžių ir patroškinkite 5 minutes. Išimkite mišinį į virtuvinį kombainą ir sumalkite iki maltos mėsos konsistencijos. Supilkite mišinį į dubenį, įpilkite 1/4 arbatinio šaukštelio druskos, 1/4 arbatinio šaukštelio pipirų, 1/4 arbatinio šaukštelio kreolų prieskonių, duonos trupinius, kiaušinį ir gerai išmaišykite.

c) 2/3 puodelio miltų suberkite į negilią kepimo indą. Susukite mišinį į 1 colio rutuliukus. Rutuliukus apvoliokite miltuose ir dėkite ant kepimo skardos. Kepkite, keletą kartų apversdami rutuliukus, kol viskas lengvai paruduos, apie 35 minutes. Atidėti.

d) Likusį aliejų įkaitinkite vidutinio sunkumo puode ant vidutinės-stiprios ugnies. Nuolat maišydami suberkite likusius miltus, kol pasidarys žemės riešutų sviesto spalvos. Sudėkite likusius svogūnus, papriką ir česnaką ir pakepinkite, kol taps skaidrūs. Įpilkite sultinio arba vandens, pomidorų pastos, likusios druskos, pipirų ir kreolų prieskonių bei kajeno pipirų ir troškinkite uždengę 15 minučių.

e) Likusias vėžių uodegas susmulkinkite ir supilkite į biskvitą ir toliau virkite 15 minučių. Norėdami gauti vientisą biskį, sutrinkite rankiniu trintuvu. Sudėkite vėžių rutuliukus ir troškinkite dar 5 minutes.

f) Patiekite dubenėliuose ant ryžių. Pabarstykite petražolėmis.

97. Crawfish Étouffée

GAMINA 8–10 PORCIJŲ

INGRIDIENTAI:

- 3/4 puodelio sviesto arba augalinio aliejaus
- 3/4 puodelio universalių miltų
- 1 didelis svogūnas, susmulkintas
- 1 ryšelis žalių svogūnų, susmulkintų, atskirtos baltos ir žalios dalys
- 1 žalia paprika, susmulkinta
- 3 salierų stiebeliai, susmulkinti.
- 4 didelės česnako skiltelės, susmulkintos
- 3 šaukštai pomidorų pastos
- 6 puodeliai jūros gėrybių sultinio arba vandens
- ½ arbatinio šaukštelio džiovintų čiobrelių
- 3 lauro lapai
- 1 arbatinis šaukštelis kreolų prieskonių
- 1 arbatinis šaukštelis druskos
- 1 valgomasis šaukštas šviežių citrinų sulčių
- Kajeno pipirai ir šviežiai malti juodieji pipirai pagal skonį
- 2–3 svarai vėžių uodegos su riebalais
- 3 šaukštai susmulkintų plokščialapių petražolių
- Virti ilgagrūdžiai balti ryžiai, patiekimui

INSTRUKCIJOS:

d) Dideliame, sunkiame puode ištirpinkite sviestą arba įkaitinkite aliejų ant vidutinės ugnies. Suberkite miltus ir nuolat maišykite. Jei naudojate sviestą, virkite roux, kol jis taps šviesiai arba auksinės spalvos. Jei naudojate aliejų, toliau kepkite maišydami, kol roux bus vidutiniškai rudas. Sudėkite svogūnus, baltąsias žaliųjų svogūnų dalis, paprikas, salierą ir česnaką ir pakepinkite maišydami, kol taps skaidrūs.

e) Įpilkite pomidorų pastos, sultinio arba vandens, čiobrelių, lauro lapų, kreolų prieskonių, druskos ir citrinos sulčių, pagardinkite kajenu ir pipirais ir užvirinkite. Sumažinkite ugnį, uždenkite ir troškinkite 20 minučių, retkarčiais pamaišydami ir nugriebdami riebalus nuo viršaus. Suberkite vėžius, petražoles ir žaliųjų svogūnų viršūnes, užvirinkite, sumažinkite ugnį ir troškinkite 10 minučių. Išimkite lauro lapus.

f) Paruošę patiekti, švelniai pašildykite ir patiekite ant ryžių.

98. Vėžių pyragai

GAMINA 5 (5 colių) INDIVIDUALIUS PYRAGAUS

INGRIDIENTAI:

- Tešlos užtenka keturiems 9 colių pyragams (parduotuvėje pirkta gerai)
- 2 svarai vėžių uodegos su riebalais, padalinta
- 6 šaukštai sviesto
- 6 šaukštai universalių miltų
- 2 vidutiniai svogūnai, supjaustyti
- 1 žalia paprika, susmulkinta
- 4 česnako skiltelės, susmulkintos
- 2 puodeliai pusantro
- 4 šaukštai šerio
- 2 šaukštai šviežių citrinų sulčių
- 1 arbatinis šaukštelis druskos
- 15 pasukimų įjungia juodųjų pipirų malūnėlį
- 1 arbatinis šaukštelis kajeno pipirų
- 4 šaukštai kapotų plokščialapių petražolių
- 1 kiaušinio baltymas, išplaktas

INSTRUKCIJOS:

a) Įkaitinkite orkaitę iki 350°.

b) Pyrago tešlą iškočiokite iki 1/8 colio storio. Tu turėtum turėti

c) tešlos užtenka penkiems 5 colių dvisluoksniams pyragams. Kad gautumėte tinkamo dydžio dugno plutai, vieną iš formų apverstą padėkite ant tešlos ir nupjaukite tešlą 1 colio atstumu nuo keptuvės krašto. Viršutinė pluta turi būti nupjauta 5 colių atstumu, kad geriausiai tilptų. Apatines pluteles sudėkite į pyrago formeles, o viršutines pluteles laikykite šaltai šaldytuve.

d) Virtuvės kombainu susmulkinkite pusę vėžių uodegų, kol beveik susmulkins. Kitus palikite sveikus.

e) Ištirpinkite sviestą vidutinio sunkumo puode arba didelėje keptuvėje ant vidutinės ugnies. Suberkite miltus ir nuolat maišykite, kol roux taps šviesiai rudas. Sudėkite svogūną ir papriką ir pakepinkite apie 5 minutes. Sudėkite česnaką ir pakepinkite dar 1 minutę. Įpilkite pusantro, šerio, citrinos sulčių, druskos, pipirų, kajeno ir petražolių ir virkite 5 minutes. Sudėkite susmulkintus ir sveikus vėžius ir kepkite dar 5 minutes.

f) Užpildykite kiekvieną paruoštą pyrago kevalą maždaug 1 puodeliu vėžių įdaro. Uždenkite viršutine plutele ir užspauskite kraštus. Viršutinėje plutoje įpjaukite keletą plyšių ir aptepkite kiaušinio plakiniu. Padėkite pyragus ant sausainių lakštų ir kepkite, kol įdaras pasidarys burbuliukas, o plutelė taps auksinės rudos spalvos, maždaug 1 valandą.

99. Nešvarūs ryžiai

GAMINA 8–10 PORCIJŲ

INGRIDIENTAI:

- 3 puodeliai vandens
- 1 ½ puodelio ilgagrūdžių baltųjų ryžių
- 1/4 plius 1 arbatinis šaukštelis druskos, padalintas
- 2 šaukštai augalinio aliejaus
- 1 svogūnas, susmulkintas
- 6 žali svogūnai, susmulkinti, atskirtos baltos ir žalios dalys
- 1 žalia paprika, susmulkinta
- 2 salierų stiebeliai, susmulkinti
- 3 česnako skiltelės, susmulkintos
- 1 svaras maltos jautienos
- 1 svaras susmulkintų vištienos kepenėlių
- ½ arbatinio šaukštelio šviežiai maltų juodųjų pipirų
- ½ arbatinio šaukštelio kajeno pipirų
- 1/3 puodelio kapotų plokščialapių petražolių

INSTRUKCIJOS:

a) Vidutiniame puode užvirinkite vandenį. Įpilkite ryžių ir 1/4 arbatinio šaukštelio druskos. Sumažinkite ugnį iki minimumo, uždenkite ir virkite, kol visas vanduo susigers, maždaug 20 minučių.

b) Vidutiniame, sunkiame puode įkaitinkite aliejų ir pakepinkite svogūną, baltąsias žaliųjų svogūnų dalis, papriką ir salierą iki skaidrumo. Sudėkite česnaką ir dar minutę pakepinkite. Sudėkite maltą jautieną ir pakepinkite maišydami. Sudėkite vištienos kepenėles ir toliau kepkite ir maišykite, kol jautiena ir kepenėlės iškeps, maždaug 10 minučių. Suberkite pipirus ir kajeną, uždenkite ir troškinkite 5 minutes.

c) Įmaišykite petražoles ir žaliųjų svogūnų viršūnes. Švelniai įmaišykite ryžius. Patiekite su Luizianos karštu padažu ant šono.

100. Sardou kiaušiniai

PAGAMINA 4 PORCIJAS

INGRIDIENTAI:
OLLANDAISE PADAŽUI
- 2 dideli kiaušinių tryniai
- 1 ½ šaukšto šviežių citrinų sulčių
- 2 lazdelės nesūdyto sviesto
- Druska ir šviežiai malti juodieji pipirai pagal skonį
DĖL KIAUŠINIŲ
- 2 (9 uncijos) maišeliai šviežių špinatų
- 1 valgomasis šaukštas alyvuogių aliejaus
- 1 arbatinis šaukštelis malto česnako
- 1/3 puodelio riebios grietinėlės
- Druska ir šviežiai malti juodieji pipirai pagal skonį
- 8 šviežiai virti arba konservuoti artišokų dugnai
- 2 šaukštai baltojo acto
- 8 kiaušiniai

INSTRUKCIJOS:

a) Norėdami pagaminti padažą, kiaušinių trynius ir citrinos sultis sudėkite į maišytuvą. Pulsuokite kelis kartus, kad sumaišytumėte.

b) Sviestą ištirpinkite stikliniame indelyje mikrobangų krosnelėje, atsargiai, kad neužvirtų. Į kiaušinių masę pamažu supilkite sviestą ir plakite, kol susidarys tirštesnis kreminis padažas. Pagardinkite druska ir pipirais.

c) Norėdami pagaminti kiaušinius, paruoškite špinatus kepdami juos alyvuogių aliejuje puode, maišydami, kol suvys ir vis dar ryškiai žali. Įmaišykite grietinėlę, pagardinkite druska, pipirais ir laikykite šiltai.

d) Įkaitinkite artišokų dugną ir laikykite šiltai.

e) Į keptuvę arba negilų puodą įpilkite 2 ½ colio vandens. Įpilkite acto ir pakaitinkite iki vidutinio karštumo.

f) Po vieną įmuškite 4 kiaušinius į mažą puodelį ir švelniai supilkite juos į vandenį. Virkite kiaušinius, kol jie pakils į skysčio viršų, o tada apverskite juos šaukštu. Virkite, kol baltymai sustings, bet tryniai vis dar bus skysti. Išimkite kiaurasamčiu ir nusausinkite popieriniais rankšluosčiais. Pakartokite su likusiais kiaušiniais.

g) Į kiekvieną iš 4 lėkščių šaukštu dėkite po porciją špinatų. Ant kiekvienos lėkštės ant špinatų uždėkite po 2 artišokų dugnus ir ant kiekvieno artišoko uždėkite po kiaušinį. Viską užpilkite olandišku padažu ir nedelsdami patiekite.

IŠVADA

Apibendrinant galima pasakyti, kad Cajun virtuvė yra turtingas ir įvairus gaminimo stilius, tapęs neatsiejama Luizianos kultūros paveldo dalimi. Tai virtuvė, kurioje atsispindi įvairių regiono gyventojų istorija ir įtaka, o patiekalai pasižymi drąsiais skoniais, sočiais ingredientais ir unikaliu prieskonių bei prieskonių mišiniu.

Cajun virtuvę mėgsta žmonės visame pasaulyje dėl turtingų ir sočiųjų patiekalų, tokių kaip gumbo, jambalaya, raudonosios pupelės ir ryžiai. Nesvarbu, ar mėgaujatės tradiciniame Cajun restorane, maisto šventėje ar ruošiate namuose, Cajun virtuvė tikrai patenkins bet kokį drąsaus ir skanaus patogaus maisto troškimą.

Dėl savo unikalaus prieskonių mišinio, sočių ingredientų ir turtingo kultūros paveldo Cajun virtuvė tapo svarbia Amerikos kulinarinės kultūros dalimi, kurią mėgsta visų sluoksnių žmonės. Nesvarbu, ar pirmą kartą tyrinėjate įlankos skonį, ar mėgaujatės mėgstamu Cajun patiekalu, šios virtuvės valgytojai tikrai paliks šilumos ir pasitenkinimo jausmą.

has generously shared his expertise and profound knowledge of the French and Silesian camp systems. I must also thank Hermann Weiss for granting me access to his wonderfully informative papers on specific Silesian camps. Many of these are cited in Chapter 4. Also with respect to this Chapter, warm thanks to Herman and Annelies van Rens for access to their draft work and then their authoritative monograph on Dutch internees of the Silesian camps. Finally, it has been good to have been in touch with Anna Grużlewska, author of the pioneering monograph on the Annaberg camp.

On specific points of detail I am indebted to Torsten Jugl of the Gedenkstätte Buchenwald; Sylvie Van der Elst and especially Gert de Prins of the *SPF Sécurité Sociale – DG Victimes de Guerre, Service et Documentation*, Brussels; Filip Strubbe of the *Archives générales du Royaume-Section 5 'Archives contemporaines'*, Brussels, who has been tireless in responding to my many detailed queries; Cécile Lauvergeon of the *Mémorial de la Shoah*, Paris; Jérome Darmon of the *Archives départementales des Pyrénées-Orientales*; archivists at the International Tracing Service at Bad Arolsen; and finally, Leokadia Lewandowska of the Muzeum Gross-Rosen Archiwum i Pracownie Naukowo-Badawcze, Roseźnicy, Poland. It was most kind of Paul Weindling to read through my draft of chapter four and to make a variety of specific comments, all of which have been taken into account. Paul has also supplied invaluable additional archival information from records in the Upper Austrian and Wiener Stadt- and Landesarchiv relating to various members of my family. With respect to Chapter 3 and especially the illustrations, I am appreciative of the input from Karsten Müller and Kerstin Raue of the Ernst Barlach Haus, Hamburg, and Franziska Hell of the Ernst Barlach Museum Güstrow.

Although this study was researched and written without regard to contemporary affairs, the reader will be unable to disregard parallels with ongoing tragedies that are uppermost in all of our minds.

Oxford, 10 April 2023   Charles Webster

Illustration 1:
Ludwig Richter, *Einwandrung protestantischer Böhmen in Sachsen*, 1834.

CHAPTER ONE
Israel's Call to Jerusalem
Dury, Hartlib, Comenius

The mainstays of this first essay are John Dury (1600–1680), Samuel Hartlib (1600–1662) and Jan Amos Comenius (Komenský) (1592–1670). The families of all three of them were victims of the traumatic circumstances of their times. Comenius and his family were caught up in the large-scale exodus of Protestants from Bohemia and Moravia during the 1620s. In their different ways the families of both Hartlib and Dury were also victims of war, civil strife and associated social and economic instability. All three of our subjects adopted vocations that threw them into dependency on a fickle band of patrons and benefactors. For most of their careers they were distressed by poverty, the exhaustion of swimming against the tide, and the diverse currents of instability in their respective environments. Illustration 1, showing the migration of Protestants to Saxony is the Romantic imagining of the hardship these exiled Bohemians faced.

In overcoming these hurdles, these three 'strangers' were indissolubly linked together and buoyed up by a strong sense of mutual purpose, enjoying the satisfaction that they were all working to alleviate the groaning conditions of their age. They were also inspired by the expectation that they were destined to witness great mutations of civilisation that would equal or perhaps surpass the finest hours of Israelite history. In all three cases their formative years laid the foundations for the programmes that became associated with their names.

Early Years

The first part of this essay focuses on the early years of Dury and Hartlib. The following section considers this pair during their thirties when Comenius came to occupy the centre of their stage.

John Dury

John Dury belonged to the Durie family, the representatives of which had comprised a major force in Scottish Presbyterianism almost since its inception.[1] Dury's birthdate is most commonly given as 1596, but a date around 1600 (as for Samuel Hartlib) seems more likely.[2] John's father, Robert Durie (1555–1616), followed his own father into the Presbyterian ministry; also two of Robert's brothers adopted the same course. These were just three of the eight children of Robert Durie the Elder and Elizabeth Ramsay.

With the accession of James I to the English throne, the Scottish Presbyterians were soon driven into an entrenched position. In a particularly audacious act of defiance, Robert took part in the banned Presbyterian General Assembly in Aberdeen, held in 1605. This initiative had devastating consequences for those identified as ringleaders. Robert Dury was imprisoned and soon banished for life.[3] Among

---

1   The major modern studies on Dury are K. Brauer, *Die Unionstätigkeit John Duries unter dem Protektorat Cromwells* (Marburg: 1907); Gunnar Westin (ed.), *Negotiations about church unity 1628–1634; John Durie, Gustavus Adolphus, Axel Oxenstierna* (Uppsala: 1932); idem. (ed.), *John Durie in Sweden 1636–1638; Documents and Letters* (Uppsala: A. B. Lundequistska Bokhandeln, 1936); J. M. Batten, *John Dury, advocate of Christian Reunion* (Chicago: Chicago University Press, 1944); G. H. Turnbull, *Hartlib, Dury and Comenius. Gleanings from Hartlib's Papers* (Liverpool: Liverpool University Press, 1947); M. Greengrass, M. Leslie and T. Raylor (eds), *Samuel Hartlib and the Universal Reformation; Studies in Intellectual Communication* (Cambridge: Cambridge University Press: 1994); Pierre-Olivier Léchot, *Un christianisme "sans partialitié". Irénicisme et méthod chez John Dury (v.1600–1680)* (Paris: Honoré Champion, 2011); Howard Hotson, *The Reformation of Common Learning. Post-Ramist Method and the Reception of the New Philosophy 1618–c. 1670* (Oxford: Oxford University Press, 2020). With respect to the family name, both Dury and Durie have always been in circulation without any settled pattern emerging. Each is supported by sound evidence. Here I will follow the example of J. Minton Batten's Dury biography (1944), G. H. Turnbull's *Hartlib, Dury and Comenius* (1947), and Léchot's study of Dury from 2011 and also my own past practice.

2   Léchot *Dury*, p. 43, fn. 2.

3   Alan Cromartie, 'King James and the Hampton Court Conference', in Ralph Houlbrooke (ed.), *James VI and I: Ideas, Authority and Government* (Aldershot:

his fellow victims were at least two who are relevant to Robert and John Dury in later years. The first was Andrew Melville (1545–1622), who was perhaps a relative and Scotland's finest humanist scholar, poet, satirist, and also ardent Presbyterian. Melville repeatedly flouted royal authority, as a result of which he was dispatched to the Tower of London and then expelled from the country in 1611. He was soon appointed as a Professor of Theology at the prestigious Huguenot Academy in Sedan. Among the professors there were at least three other Scottish exiles.[4] Secondly, John Forbes of Alford (c. 1565–1634), who was moderator of the notorious Assembly, followed the same course as Robert Durie and was also exiled to the Netherlands. He took up a clerical post in Middelburg that he occupied until expulsion, shortly before his death. He had many associations with Robert until the latter's premature death in September 1616.[5]

Exile was an untimely disruption for Robert Durie and his young family. John was only six when the family settled in Leiden in 1606. At that date the British community comprised about 200 families. After a short period of petitioning, in 1609 this group was allocated funding to establish their own English Reformed Church at the *St. Catherine Gasthuis.* In 1610 they were permitted to appoint Robert Durie as their preacher, a post in which he remained until his death. The evidence suggests that Robert's relationship with his congregation was untroubled and that in addition he was invited to assume many other pastoral commitments.[6]

Ashgate, 2006), pp. 61–80; Jenny Wormald, 'The Headaches of Monarchy: Kingship and the Kirk in the Early Seventeenth Century', in Julian Goodare and Alasdair A. MacDonald (eds), *Sixteenth-Century Scotland: Essays in Honour of Michael Lynch* (Leiden: Brill, 2008), pp. 365–93; and A. R. MacDonald, 'James VI and I, the Church of Scotland, and British ecclesiastical convergence', *Historical Journal*, 48 (2005) 885–903.

4   Ernest R. Holloway III, *Andrew Melville and Humanism in Renaissance Scotland* (Leiden: Brill, 2011), pp. 277–89.

5   Chris de Jong, 'John Forbes (c. 1568–1634), Scottish Minister and Exile in the Netherlands', *Nederlands Archief voor Kerkgeschiedenis*, 69 (1989) 17–53.

6   Keith L. Sprunger, 'Other Pilgrims in Leiden: Hugh Godyear and the English Reformed Church', *Church History*, 41.1 (1972) 47–60; idem. *Dutch Puritanism:*

There is little information about John Dury's early years. At the age of fifteen he enrolled at Leiden University, but it is doubtful whether this was anything more than a formality. At the age of about twenty he paid a visit to Andrew Melville in Sedan. The memory of this event was cherished by John, but the direct evidence about his Sedan phase amounts to a passing remark in a letter from Melville to Robert Dury. The idea that John Dury's visit to Sedan coincided with Melville's hosting of John Forbes of Corse, a rising star in the academic and religious life of Aberdeen, is currently much emphasised, but this also rests on slender evidence.

The first reliable information concerning Dury's entry into higher education relates to his attendance at the Walloon College in Leiden, which extended from September 1616, therefore very shortly after his father's death, until 1621. The choice of an academy rather than the university was also made by Samuel Hartlib and was not at all unusual at this date.[7] Dury formed two particularly important friendships during his time at the Walloon College. These were Petrus Serrarius (Serrurier) (1600–1669) and Henri Reneri (1593–1639).[8] Serrarius became one of the main associates of Hartlib and Dury over their many years of partnership. He provided a vital source of information regarding the mystic, hermetic and prophetic spheres in which he was immersed. He was something of a complement to Reneri, who was in step with the engineers of the philosophical and scientific revolution. Now a largely forgotten name, for Hartlib and Dury he was in the same league as Descartes, Gassendi and Bacon.

A History of English and Scottish Churches of the Netherlands in the Sixteenth and Seventeenth Centuries (Leiden: Brill, 1982), pp. 125–6, 134, 199–200, 207.

7   G. H. M. Posthumus Meyjes, *Geschiedenis van het Waalse College te Leiden 1606–1699* (Leiden: Universitaire Pers Leiden, 1975); Léchot *Dury*, pp. 42–9, gives a full account of Dury's association with the Walloon College and also the general academic ambience in Leiden at this date.

8   Léchot *Dury*, pp. 42–9, and relevant extended annotations. Main sources on Serrarius and Reneri: Ernestine G. E. van der Wall, *De mystieke chiliast Petrus Serrarius (1600–1669) en zijn wereld*, dissertation (Leiden University, 1987); R. O. Buning, *Henricus Reneri (1593-1639). Descartes' Quartermaster in Aristotelian Territory*, dissertation (Utrecht: Utrecht University, Department of Philosophy and Religious Studies, 2013).

They also believed that his experimental work was changing the face of the applied sciences. The two partners were surprised that Reneri was not better appreciated in the academic sphere. As a consequence, throughout the 1630s they diligently reported on his work, and were, indeed, eager for him to settle in England.

Having completed his studies satisfactorily, in October 1624 Dury was assigned to probationary pastoral duties. At this point he enjoyed the advantages of association with the Walloon College in its role as a main hub of recruitment of pastors for the international Calvinist system. One of the possibilities for Dury was a move to Elbing (*Elbląg*). The town was, at this date, an attractive commercial option, largely owing to its recently introduced trading arrangements with the British Eastland Company. In the literature it is often assumed that this promotion took place. However, this was not the case. Instead he was dispatched to Cologne, in all likelihood unaware that the two situations were entirely different. The Cologne episode is often ignored or granted only passing attention. In fact for Dury Cologne was of pivotal importance.

At Elbing appointment of a Presbyterian minister to the British commercial community was entirely uncontroversial, but in Catholic Cologne all Calvinist immigrants were feared as a sinister threat. Accordingly the various Protestant groups operated in a semi-clandestine manner. Dury therefore served his apprenticeship under fraught conditions, which was a complete contrast with his father's experience in Leiden. The young John Dury was disquieted by the situation in Cologne. He also developed anxieties about the status of his ordination and found irksome the narrowness of the constraints imposed by his congregation.[9] As a consequence, in mid-1626 he resigned after less than two years in this post, departed from Cologne and never returned there again. Although Cologne seems to have been the first serious disaster in his career, there was a strong positive side to his time there. By a fortunate coincidence, this episode brought him in contact with three other young intellectuals who were destined to play a major role in the lives of both Dury and

---

9   For Dury's scruples about the status of his ordination, see note 14 below.

Hartlib. The first was Johann Moriaen (c. 1591–c. 1668) who served as pastor to the German Reformed Church in Cologne from 1619 to 1627.[10] The second was Petrus Serrarius who, as mentioned above, had been a fellow student at the Walloon College. In 1626 he succeeded Dury in Cologne. The two remained in contact thereafter. Indeed, Serrarius was the source of the fourth recorded letter in the Dury correspondence, dated 26 February 1629, which referred to events in Cologne, and also included greetings from Justinus Van der Assche (c. 1600–1650), the third of Dury's major contacts in Cologne. Van der Assche was minister to the Dutch Church in Cologne from 1622 to 1627. Like Dury and his two other friends, he found his situation highly stressful.

After a moderate period of service, in 1627 Moriaen was released from his post because of severe stress. Serrarius lasted for only two years in his post, after which he was dismissed in consequence of suspect opinions. In 1627 Van der Assche transferred to a post in Veere, from which he was soon dismissed because of the latitude of his outlook. Dury's affinity with these three disgraced colleagues suggests that he also at this stage displayed a liberality of outlook that tends to be downplayed, but notably not by Léchot in his major recent study of Dury (fn. 1).

Dury records that he met up again with Van der Assche, Reneri and Serrarius shortly after his return to the continent in 1632 to resume his peace mission in Germany. This group spent a few days together in Amsterdam discussing issues of common interest and finalising arrangements for the delayed transfer of Dury's books from Cologne to London, via Amsterdam.[11] As will be indicated in Chapter 2, all three of these friends found their way into the academy schemes evolved by Hartlib during the mid-forties.

---

10 J. T. Young, *Faith, Medical Alchemy and Natural Philosophy: Johann Moriaen, Reformed Intelligencer, and the Hartlib Circle* (Aldershot: Ashgate, 1998), for Moriaen in Cologne, pp. 6–8.

11 Dury to Hartlib [1632], HP60/5/1B. There is as yet no specific commentary on Justinus Van der Assche, but much about him in van der Wall (note 8 above) and sources relating to Adam Boreel.

There is, once again, uncertainty about Dury's movements after his departure from Cologne. Speculations about his visits to Edinburgh or Oxford are lacking in evidential support. He himself testifies that he consulted Joseph Hall, the future bishop of Exeter, about the validity of his Leiden ordination, about which he received a placatory reply. The date of this meeting is somewhat obscure, but must have been late 1626 or in the early part of 1627, which, if his recollection is correct, would have been soon after his exit from Cologne.[12]

According to Dury himself, he arrived in Elbing not as a clergyman but as attendant to a diplomat, probably in mid-1627. As he recalled in November 1628 in only the second of his preserved letters, and the first to Hartlib: 'Lord of Wormiston the Ambassador with whom I came first hither hathe beene a greate let[hindrance] unto mee all the while hee was here, Now hee is gon'.[13] The main point of this letter was to excuse his failure to complete some draft educational writings, presumably because of his secretarial duties to Spens, something he expected to redress in his next appointment, which was as chaplain to the immigrant community associated with the English Company of Merchant Adventurers. Dury's adoption of restricted duties in this new post, dictated on conscientious grounds, fortuitously granted him an opportunity to revive interest in his educational writings.[14] Once again this task was shelved on the grounds of

---

12 Dury, *The Unchanged, Constant, and single-hearted Peacemaker* (London: J. Clowes for Richard Wodenothe, 1650), pp. 8, 11. For further detail, see Léchot *Dury*, pp. 72–3.

13 Dury to Hartlib, from Elbing, 13 November 1628, HP1/12/A-B. It seems that Sir James Spens, arrived in Elbing in the summer of 1627 as an Ambassador serving King Gustavus Adophus. It is likely that Spens departed in March 1629, just a few months before this letter to Hartlib. Westin notes that three letters from Spens to Oxenstierna, dated August and September 1627, were written by Dury, Westin, *Negotiations*, p. 65.

14 The grounds for this limitation of duties was later explained: 'It is false that I ever renounced my Ordination received from a forraign Church; but having lost … the comfort and the assurance of the lawfulness of it, from the year 1625 till about the middle of 1632 I abstained onely from all relation to a pastoral charge, though not from all Ministerial employments', Dury to Hartlib, 30 May, 1650, p. 11, cited in Dury's *The Unchanged Peacemaker*, p. 11. Dury frequently cited his

a fresh inspiration: that he might spearhead a new drive to attain ecclesiastical peace among Protestants. In a mood of obvious excitement Dury promised to submit to Hartlib his 'first thoughts on this business', an undertaking that, he conceded, was such an awesome test that few labourers were willing to contemplate. For orientation Dury immediately prepared to take advice from William Ames (1576–1633), the veteran Puritan leader operating in exile in the Netherlands, a figure who was held in universal respect in nonconformist circles.[15]

Dury soon confided in Hartlib about the reasons for contemplating this transformation in his career. His grounds were specific, but they pointed in more than one direction. One account confines itself to purely personal reflections. At Elbing, in spare moments, the irenic issue occupied his 'ordinary meditations & laboured to ripen the matters belonging to this purpose for mine owne information in that which was to bee done'. Only when he was discharged from his post owing to the collapse of his congregation, 'because I had none other imployment, I knew noe better worke to bee taken in hand, & more essentiall to the Gospell then this of publicke pacification'. Such factors resulted in the decision to commit himself to healing the rift between Lutherans and Calvinists.[16]

In a more dramatic alternative account, Dury writes that he was summoned by a high-ranking Swedish official who had solicited his

---

qualms about the scope of his pastoral duties, as for instance, his letter of 1 January 1629 (see note 18 below), where he observed that his new preoccupation about church pacification eliminated his obsessions about pastoral duties.

15   Dury to Hartlib, 18 July 1629, from Elbing, BL Sloane MS 654, 243r–244r. Aaron Clay Denlinger, 'Swimming with the Reformed Tide: John Forbes of Corse (1593–1648) on Double Predestination and Limited Atonement', *Journal of Ecclesiastical History*, 66.1 (2015) 67–89; idem, 'The Aberdeen Doctors and Henry Scougal', in *The History of Scottish Theology*, Volume I: *Celtic Origins to Reformed Orthodoxy* (Oxford: Oxford University Press, 2019), pp. 279–295. There is still uneasiness about use of the term 'Puritan', but it persists in use, including in the titles of some well-regarded recent books. For Hartlib and his associates I can think of no better descriptive term.

16   Dury to Hartlib, n.d., but Turnbull *HDC*, p. 228 suggests 1642, HP 6/10/2A.

views on the 'pacification of the Churches' without which the diplomat believed that the Protestant war effort would be fatally undermined. Hartlib may well have guessed that this invitation emanated from Dr Jacob Godemann, who was at that time based in Elbing in his capacity as a Swedish diplomat charged, among other duties, with negotiations with the Elector of Brandenburg over various problems of mutual interest, especially those relating to the ongoing international conflict.[17] Dury must have appreciated that an unimpeachable execution of this remit would launch him into international celebrity. He believed that by joining the ranks of the 'new Reformatours' he would participate in the transformation of 'the Churches of God which in these latter ages have beene called out of Babilon'.[18]

Once introduced to Dury's changed context, Samuel Hartlib integrated this new dimension into his own agenda.[19] Dury often

17 For an insight into the importance of Godemann, see Daniel Riches, *Protestant Cosmopolitanism and Diplomatic Culture: Brandenburg-Swedish Relations in the Seventeenth Century* (Leiden: Brill, 2012), pp. 106, 116, 131–2, 222. It seems that Jan Mylius, Rector of the Elbing Gymnasium, was closely involved with Godemann. The death of both of them in 1630 was lamented by Dury, which has been taken by some recent observers as evidence that Dury was in some way a student of Mylius, which was of course not the case, Westin, *Negotiations*, p. 193, which cites a letter from Dury dated 1629, but this must have been 1630.

18 Dury to Hartlib, 1 January 1629, BL Sloane MS 654, fol. 241r–242r; for an abbreviated version dated 8 December [1628], HP 1/12/1B–4B. For an excellent assessment of these variants, see Léchot *Dury*, pp. 87–8.

19 For modern full length studies relating to Hartlib, apart from those indicated in footnote 1: J. Crossley (ed.), *The diary and correspondence of Dr John Worthington*, Chetham Society, Manchester, Nos 13, 36, 114 (1847–1886); Friedrich Althaus, *Samuel Hartlib: ein deutsch-englisches Charakterbild* (Leipzig: Räumers Historisches Taschenbuch, VI (3), 1884); G. H. Turnbull, *Samuel Hartlib: a sketch of his life and his relations to J. A. Comenius* (London: Oxford University Press, 1920); idem, *Hartlib, Dury and Comenius: gleanings from Hartlib's papers* (Liverpool, Liverpool University Press, 1947); C. Webster, *Samuel Hartlib and the Advancement of Learning* (Cambridge: Cambridge University Press, 1970); idem, *The Great Instauration: Science, Medicine and Reform, 1626–1660* (London: Duckworth, 1975); Micha Rozbicki, *Samuel Hartlib, z dziejów polsko-angielskich związków kulturalnych w XVII wieku* (Wrocław: Zakład Narodowy im. Ossolińskich, 1980); *Samuel Hartlib and Universal Reformation* (fn. 1); M. J. Braddick and M. Greengrass (eds), *The letters of Sir Cheney Culpeper, 1641–1657, Camden*

acknowledged this debt, never more graciously than in an important defence against his critics, where he conceded that 'there is no man in this Nation, to whom all my wayes and counsels have been so fully known as to your self ever since the year 1627'.[20]

Samuel Hartlib

Returning to the early life of Samuel Hartlib, his father Georg Hartlib (Hartlieb) (c. 1552–1627) represented the branch of his family that sought betterment by moving East. They settled in Poland at the start of the sixteenth century. Their first stop was Szprotawa (*Sprottau*), not too far from the Brandenburg border. There they succeeded in both trade and the professions. As a young man, Georg Hartlieb, Samuel's father, who followed his own father into manufacture and trade, moved some 200km north east to Poznań (*Posen*), at that date a thriving trading centre with a population of 30,000.[21] Protestants were at the heart of this economic boom. However, their economic and civic supremacy was rapidly reversed in final decades of the sixteenth century. Establishment of the Jesuit College in 1571 was a key turning point. With encouragement from their superiors, the Jesuit students mounted increasingly violent attacks on Protestant property, including places of worship. One small indicator of this changing mood may well be Georg Hartlieb's difficulty in securing rights of citizenship. Nevertheless, by the late 1570s he was a churchwarden and was ranked among the most prosperous and generous members of the Lutheran community. Then, in 1579 he vacated Posen, which was a wise decision in light of the mounting distresses of all

---

Miscellany, XXXIII, 5th ser., 7 (1996) 105–402; J. T. Young, *Faith, Medical Alchemy* (fn. 10). See also: Michal Rozbicki, 'Between East-Central Europe and Britain: Reformation and Science as Vehicles of Intellectual Communication in the Mid-Seventeenth Century', *East European Quarterly*, 30.4 (1996) 401–19.

20 Dury, *The Unchanged, Constant, and single-hearted Peacemaker*, p. 1. Hartlib's preface confirms this date, p. iii.

21 Szprotawa and Poznań were equidistant from Leszno (*Lissa*), which became the stronghold of the exiled Bohemian Brethren and therefore played a fundamental role in the career of Comenius.

Protestants. Their last hopes were extinguished by the death in August 1592 of Stanisław Górka, the Lutheran voivode [chief administrator] of Poznań.[22]

Georg Hartlieb moved north to the Baltic coast, first to Danzig (*Gdańsk)* and soon afterwards to nearby Elbing which at that point, as mentioned, was for a short period due to the British Eastland Company something of a boom town. Georg Hartlieb successfully exploited this opportunity. He became one of the most successful businessmen in Elbing and was known as both merchant and banker. Sometime after the death of Regina, his second wife, Georg married his third wife, Elizabeth Langton (c. 1570–c. 1650), who was the second child of John Langton, a founder and the Deputy of the Eastland Company. Of their children, the ones relevant to this study are Georg, born c. 1590 and Samuel, c. 1600.

The elder Georg's expectations of stability were eventually disappointed. Tension between Danzig and Elbing worsened. In 1620, Elbing took the risk of withdrawing from the Hanseatic League. This decision was calculated to strengthen trading relations with Britain. However, the Polish authorities instituted punitive measures against Elbing, culminating in 1625, so effectively terminating the Eastland Company's viability in this sphere of its operations. At this very moment the town was also hit by a violent outbreak of the plague which claimed more than 3,000 lives out of a population of about 10,000. Just a year later Elbing was swallowed up and plundered by the Swedish army. Direct Swedish rule extended until 1635 and again from 1655 to 1660. For some time Axel Oxenstierna, Governor-General for the new Swedish possessions, adopted Elbing as his headquarters for Sweden's operations in that region in the course

---

22   Tomasz Kempa, 'Religious Relations and the Issue of Religious Tolerance in Poland and Lithuania in the 16th and 17th Centuries', *Sarmatia Europaea. Polish Review of Early Modern History*, 1 (2010) 31–66; For a near contemporary accounts see Theodor Wotschke, 'Der Posener Kirchenpfleger Georg Hartlieb', *Historische Monatsblätter für die Provinz Posen*, 11.1 (1910) 1–5; idem, *Die Reformation im Lande Posen* (Leszno: Oskar Eulitz, 1913), pp. 81–99. At Posen the Bohemian Brethren congregation was attacked earlier and more vigorously than were the Lutheran churches.

of the Thirty Years' War.[23] The later education of Georg and Samuel therefore took place against the backdrop of instability, war and economic turmoil. However, their early education occurred in a more clement atmosphere. Both could look forward to a leisurely pace of schooling without any pressure to earn their living.

In 1598 Georg entered one of the lower grades of the Elbing Gymnasium. In 1608 he transferred to the Danzig Gymnasium. Both of these institutions were at that date prospering.[24] In 1612 he matriculated at Heidelberg University as a student of theology. In view of comments made by Comenius, cited below, it is quite possible that the acquaintance of the two began at this date. Georg remained there until at least 1620, at which point he had reached the age of 30.[25]

---

23 M. North, 'Elbings Außen- und Binnenhandel im 16. und 17. Jahrhundert', in B. Jähnig, and H.-J. Schuch (eds), *Elbing 1237–1987: Beiträge zum Elbing-Kolloquium im November 1987 in Berlin* (Münster, Westf. Nicolaus-Copernicus Verlag, 1991), pp. 129–44.

24 Marian Powak, *Jan Mylius (1557–1630), rektor Gimnazjum Elbląskiego w. Zasłużeni ludzie dawnego Elbląga* (Wrocław: Narodowy im. Ossolińskich 1987); idem, 'Die Geschichte des Elbinger Gymnasiums in den Jahren 1535–1772', in Sabine Beckmann and Klaus Garber (eds), *Kulturgeschichte Preußens königlich polnischen Anteils in der Frühen Neuzeit* (Tübingen: Niemeyer, 2005) pp. 371–94; Sven Tode, 'Bildung und Wissenskultur der Geistlichkeit im Danzig der Frühen Neuzeit', in H. J. Selderhuis and Markus Wriedt (eds), *Bildung und Konfession: Theologenausbildung im Zeitalter der Konfessionalisierung* (Tübingen: Mohr Siebeck, 2006), pp. 61–101. Georg Hartlib entered the Elbing gymnasium at the point where Jan Mylius, the new Rector, was undertaking major improvements. Samuel Hartlib would then have benefitted from these changes.

25 Among Georg's fellow students was Comenius, who matriculated at Heidelberg in 1613 and left the following year. Hermann Röhrs, 'Die Studienzeit des Comenius in Heidelberg', in Wilhelm Doerr (ed.), *Semper Apertus … vol. 2* (Berlin: Springer Verlag, 2013) pp. 399–413. For the importance of Heidelberg as an irenicist centre, see Howard Hotson, 'A Previously Unknown Early Work by Comenius: Disputatio de S. Domini Coena, sive Eucharistia under David Pareus, Heidelberg, 19 March 1614', *Studia Comeniana et Historica*, 24 (1994) 129–44 and idem, 'Irenicism and Dogmatics in the Confessional Age: Pareus and Comenius in Heidelberg, 1614', *The Journal of Ecclesiastical History*, 46.3 (1995) 432–53.

The details of the education of Samuel are more difficult to establish. It is likely that he followed Georg into the Elbing Gymnasium and at a similar age, which would suggest a date about 1608. It is usually assumed, based on the detective work of George Turnbull in 1920, that Samuel then went on to the University of Königsberg. This would have been an understandable course of action, but this idea, although much repeated, is not supported by convincing evidence. However, there is both direct and circumstantial evidence that Samuel attended the Academy / Gymnasium illustre at Brieg (Brzeg) in Silesia, likely from about 1615, which would have allowed him to reach the highest class in 1618, a date for which there is incontrovertible evidence.[26] While it is certain that he remained in Brieg until 1618, it is also reasonable to conclude that he remained there at least until 1620, and perhaps until 1621.[27] Contrary to the speculation circulating in the current literature, there is no evidence that brother Georg ever attended the Brieg academy.

At this date, in the field of higher education in northern Europe, it was by no means uncommon to select academies rather than universities for higher education. As already indicated by the case of John Dury at Leiden, an academy could be the ideal choice. Apart from Königsberg there was no university within easy reach of Elbing or Danzig. For complex political reasons Silesia was also entirely without a university. This vacuum was filled by a number of academies, many of which were well-endowed and in a flourishing state until

---

26 Henryk Michał Barycz, 'Polacy w dawnym gimnazjum w Brzegu (w. XVI–XVIII)', *Śląski Kwart. Hist. Sobótka* 26.2 (1974) 177–91, citing a now-destroyed inventory of students, pp. 183–7, in which appears the entry 'Samuel Hartlib Elbingensis Borussus', which relates to Class 1, the most advanced level.

27 It was customary to spend more than one year in Class 1. Friedrich von Logau for instance at precisely this date spent eight years in the first class at Brieg. Generally at Brieg final graduation took place when students were, on average, about twenty years of age. A leaving date for Hartlib of 1621 coincides with the conclusion of G. H. Turnbull, made on the basis of his evaluation of correspondence from this date, Turnbull *HDC*, pp. 12–15.

the outbreak of the Thirty Years War.[28] One of these was the Gymnasium illustre at Brieg, which was a cosmopolitan institution attracting students from a wide region, including Poland. Indeed, trade with Poland was a major source of prosperity for Silesian cities. At the same time, a lively cultural exchange took place where ideas from West and East, South and North crossed in Silesia.[29]

The Brieg academy was founded in 1569 by Duke George II, consciously as an outpost of German Protestantism against the predominant Catholicism of the Habsburg territories. Under Jakob Schickfus (1574–1637), who was the rector at Brieg from 1603 until 1613, student numbers increased at times to 500. The academy was particularly praised for its high standards in Latin and Greek rhetoric, drama and poetry.[30] It is interesting that Schickfus resigned from the Gymnasium illustre at exactly the point at which the ducal estates were being divided between Johann Christian of Brieg (1591–1634) and Georg Rudolf (1589–1653) of Liegnitz and Wohlau, the sons of Duke Joachim Friedrich (1546–1602). In 1613 Schickfus resigned in order to enter the service of the elder of the Piast dukes. The light duties of this new post enabled him more easily to further his scholarly interests. Another sign of the instability of this age, in 1619 Schickfus converted to Catholicism. He was succeeded as Rector at

---

28   Hans-Jürgen Bömelburg, 'Die Kontakte der schlesischen Reformierten zum polnischen und litauischen Adel in der ersten Hälfte des 17. Jahrhundert', in J. Bahlcke and I. Dingel (eds), *Die Reformierten in Schlesien. Vom 16. Jahrhundert bis zur Altpreußischen Union von 1817* (Göttingen: Vandenhoeck & Rupecht, 2016), pp. 65–81; Gabriela Wąs, 'Calvinismus und Modernisierung. Ein Fallstudie zur politisch-konfessionellen Entwicklung der schlesischen Fürstentümer Liegnitz und Brieg im 16. und 17. Jahrhundert', in idem, pp. 189–204; Martin Holý, *Silesia fere academica. Vergebliche Bemühungen um die Gründung einer Universität in Schlesien im 16. und 17. Jahrhundert und ihre Folgen* (Prague: Acta Universitatis Carolinae 49.2, 2009) 243–256.

29   Marian Szyrocki, *Andreas Gryphius. Sein Leben und Werk* (Tübingen: Niemeyer, 1964), p. 9.

30   One indicator of initiative on the part of Brieg is its productions of the important drama *Susanna*, probably in the form developed by Nicodemus Frischlin in 1577. These are recorded at Brieg for 1610, 1616 and 1624, Paul F. Casey, *The Susanna Theme in German Literature* (Bonn: Bouvier Verlag, 1976), p. 245.

the academy by the equally competent and more tenaciously Protestant Melchior Lauban (1567–1633).[31]

Reflecting the uncertainties of the times, in 1620 student numbers at Brieg suddenly collapsed. It seems that the immediate cause was spiralling inflation, the effect of which was the impoverishment of groups reliant on fixed stipends, including of course the teachers at the Brieg academy, who therefore neglected their duties and poached enrolled students for private gain. This crisis provoked a formal inspection of the academy. Nothing positive was achieved by this interference, but it generated hard feeling between Lauban and Caspar Dornau who was in charge of the inspection.[32]

At this date Brieg suffered its first taste of war in the form of mayhem induced by invasion of a Cossack horde. Over the next decades, indeed even after the end of the Thirty Years War, Brieg, like most of Silesia, was afflicted by the imposition of forced quartering of Imperial soldiers, a variety of levies and taxes, the ravages of fire, epidemics of plague, mass influx of exiles, military occupation, and by general gratuitous violence and destruction. The energetic Cyprian Kinner lamented the fate of the orphaned children of Brieg, who were left penniless and forced into exile, often becoming servants to Silesian

---

31 Ewa Pietrzak, 'Das Brieger Gymnasium und seine Rektoren in den Jahren 1604–1633', *Germanica Wratislaviensia*, 87 (1989) 29–46; Robert Siedel, *Späthumanismus in Schlesien: Caspar Dornau (1577–1631). Leben und Werk* (Tübingen: Max Niemeyer Verlag, 1994), pp. 379–82. The Hartlib family may have recollected Lauban because of his service as a classicist at the Danzig gymnasium between 1605 and 1613. The pendulum swung yet further to towards liberality with the appointment of the Socinian, Georg Vechner, as rector and superintendent of Brieg in 1646. However, he died within the year, something reported by Kinner to Hartlib, on 29 May 1648, HP 1/33/33B.

32 T. B. Karnitscher, *Der vergessene Spiritualist Johann Theodor von Tschesch (1595–1649). Untersuchungen und Spurensicherung zu Leben und Werk eines religiösen Nonkonformisten* (Göttingen: Vandenhoeck & Ruprecht, 2015), pp. 91–2. This 1625 inspection underlined the bad feeling that had existed between the academies at Brieg and nearby Beuthen. Before emigrating to Brieg, Dornau was rector in Beuthen, which, for a short time, was immensely successful and celebrated as a home to religious toleration.

noble families who had themselves been exiled at an earlier date to the Baltic area.[33]

If my conjectures about the dates of Samuel's tenure in Brieg are correct, contrary to some current supposition, he would not have overlapped with his later friend Abraham von Franckenberg (1593–1652?), who studied there between 1608 and 1612, whereas 1615 is the earliest likely date for Hartlib's arrival. However, Hartlib would have been broadly contemporary with the poet Friedrich von Logau, the theologian Johannes Martini, and also Cyprian Kinner, who later remembered that he and Hartlib had witnessed the official shift in Brieg from Lutheranism to Calvinism.[34] Kinner was in fact close to these events. He was a native of that region, while Johannes Neomenius (Neumond), his near relative and newly convinced Calvinist, was the most prominent churchman in the Brieg estates. Indicative of the incipient shift in religious alignment, in 1612 Neomenius was promoted by Duke Johann Christian to be his court preacher and then in 1614 Superintendent of the whole area. Reflecting the policy adopted by the Piast rulers since 1601, Neomenius conspicuously promoted liberty of conscience while also encouraging Lutherans and Calvinists to engage in constructive dialogue.[35] Also, as the opportunity arose, Johann Christian packed the Brieg academy with Calvinist teachers. Kinner was keen to remind Samuel Hartlib of events that related to the Calvinist views that, by this date, the two

---

33   Kinner to Hartlib, 5 August 1648, HP 1/33/45A.

34   Kinner's letters testify that both Franckenberg and Martini were his near contemporaries at Brieg.

35   Tomasz Jaworski, 'Kontakty Braci czeskich i kalwinów na Dolnym Śląsku w XVI i XVII wieku ', *Rocznik Lubuski*, 23.1 (1997) 69–81; Jörg Deventer, 'Nicht in die Ferne – nicht in die Fremde? Konfessionsmigration im schlesisch-polnischen Grenzraum im 17. Jahrhundert ', in Joachim Bahlcke (ed.), *Glaubensflüchtlinge. Ursachen, Formen und Auswirkungen frühneuzeitlicher Konfessionsmigration in Europa* (Berlin: LIT Verlag, 2008), pp. 95–118; Bahlcke and Dingel (eds), *Die Reformierten in Schlesien*, p. 102; Karnitscher, *Der vergessene Spiritualist Johann Theodor*, pp. 87–8, 114–117. For Kinner on the deaths of Neomenius and Vechner, letter to Hartlib, 28 October 1649, HP 1/83/33A-B.

of them shared.[36] Kinner also reminded Hartlib that the learned Georg Rudolf, whom Kinner served in an advisory capacity, was a prince that 'at that time you saw and knew yourself'.[37]

It would be misleading to think that Hartlib was witness only to narrow confessional influence during his time in Brieg. Between them, the seventeen constituent parts of Silesia were a veritable museum of cultural stereotypes:

> In social, confessional, ideological, national, even cultural terms, Silesia constituted a variegated jumble. This generated tension between the individual camps, an atmosphere of debate and criticism, which was directed against a rigidity of tradition and every dogma, all of which smoothed the path for innovation. The Piast princes of Liegnitz, Brieg and Wohlau were Reformed, while their subjects were mostly Lutherans, while their Catholic subjects prayed for rescue by the Habsburgs. This situation explains both the political weakness of the Piast princes and their aversion to the Habsburgs, who had possession of numerous hereditary lands in Silesia. In addition, Silesia was a refuge for numerous sects, for Anabaptists, Bohemian Brethren, Socinians, Schwenckfeldians, Paracelsians, as well as newcomers such as the Boehmists and related spiritualistic cells. In heated discussions, they fought each other, and no dogma, no sanctuary was spared, all of which constituted a spur to critical thinking among the people.[38]

Hartlib's long-term friendship with Abraham von Franckenberg, from Ludwigsdorf near Oels in Lower Silesia, reminds us of his relaxed interaction with the remote fringes of spiritualism. Franckenberg and his friend Johann Theodor von Tschesch were pioneers of

36 Wąs, 'Calvinismus und Modernisierung' (fn. 28), pp. 201–4. See also for Neomenius, pp. 96–9.

37 Kinner to Hartlib, 27 June 1647, HP 1/33/9A, *Inprimis verò Duci Lignicensi Georgio Rudolofo, qvem olim vidisti et nosti ipsemet: qvi impensè favet literatis; et literarum bonarum amore.*

38 Szyrocki, *Andreas Gryphius*, pp. 13–14 (slightly expanded). For a comprehensive account of religious activity in Silesia, see Siegfried Wollgast, 'Morphologie schlesischer Religiosität in der Frühen Neuzeit', in Klaus Garber (ed.), *Kulturgeschichte Schlesiens in der Frühen Neuzeit*, vol. 1 (Tübingen: Niemeyer, 2005), pp. 113–90.

dialogue with Jacob Boehme of Görlitz, events that took place shortly after Hartlib's departure from Brieg. Both Franckenberg and Tschesch, as well as others in their network, were also conversant with the writings attributed to Paracelsus and so contributed to making Silesia a major centre for collecting and editing the writings of Paracelsus.[39]

Also relevant to the intellectual environment of Hartlib at Brieg were the advantages that he derived from the location of so many renowned musicians and literary figures at the Piast courts, variously serving in Liegnitz and Brieg as counsellors and court officials. Among this remarkable constellation were the literary figures Daniel Czepko (1569–1623), Caspar Dornau (1577–1632), Christian Hofmann von Hofmannswaldau (1616/7–1679), Daniel Caspar von Lohenstein (1635–1683), Friedrich von Logau (1604–1655), Bernhard Wilhelm Nüssler (1598–1643), Martin Opitz (1597–1639) and Johann Theodor von Tschesch (1595–1649), as well as musicians such as Wencel Scherffer von Scherffenstein (1603–1674) and Samuel Kinner (1638–1668).[40] Although most of these associations with the

---

39 Karnitscher, *Der vergessene Spiritualist Johann Theodor von Tschesch*, pp. 212–47. A similar perspective was shown by other Brieg associates, as for instance Daniel Czepko, whose outlook is outlined in *Religion in Geschichte und Gegenwart* by Hans-Gert Roloff 'as an independent eclecticism, drawing on J. Böhme, J. Tauler, Paracelsus, V. Weigel, K. v. Schwenckfeld, and A. v. Franckenberg, which comes down to ardent worship of God'. A further Silesian adherent of both Paracelsus and Boehme (and probably also Schwenckfeld) was the Liegnitz physician and poet Balthasar Walther (c. 1558–c. 1630). Walther introduced Joachim Morsius to Boehme; Morsius soon was in touch with Moriaen, and the latter provided a link with the Hartlib network. Leigh T. I. Penman, '"Ein Liebhaber des Mysterii, und ein großer Verwandter desselben." Toward the Life of Balthasar Walther: Kabbalist, Alchemist and Wandering Paracelsian Physician', *Sudhoffs Archiv*, 94.1 (2010) 73–99. See also, Young, *Faith, Medical Alchemy* (fn. 10), pp. 17–20.

40 Ewa Pietrzak, *Literatur für den Hof: Die Piastenhöfe als kulturelle Zentren Schlesiens im 17. Jahrhundert* (Heidelberg: Universitätsverlag Winter, 2021). It is likely that Cyprian Kinner was related to one and perhaps both of these musicians; idem, 'Das kulturelle und literarische Leben im Bereich der schlesischen Piastenhöfe im 17. Jahrhundert. Bericht über ein Forschungsprojekt', *Germanica Wratislaviensia* 85 (1989) 105–116. Kinner was also a close associate of Nüssler,

Piasts occurred after Hartlib's departure from Brieg, he must have realised that the intellectual atmosphere was conducive to this remarkable cultural flowering. He must also have known about the tendency of innovative intellectuals to agglomerate into informal and formal societies, the best known of which was the elitist *Fruchtbringende Gesellschaft* founded in 1617, of which Duke Georg Rudolph was an early member and no doubt through him Martin Opitz was in 1629 also elected.

It was common for graduates of Brieg to undertake peregrinations, many of which involved registering at one or more universities as well as making sojourns to other university centres. The precise choice depended to a large extent on their means, and sometimes they would subsist by becoming companions to richer students. It was also affected by confessional preference. Hence, after the Danzig academy, Georg Hartlib went on to Calvinist Heidelberg where he stayed from 1612 until at least 1620. Samuel Hartlib opted for England, and specifically Cambridge, perhaps in consequence of its widely known Puritan element. His correspondence confirms his presence there in 1625 and 1626, but it is also reasonable to speculate that he travelled there directly from Brieg in 1621.[41]

The preserved letters from his friends in Eastern Europe give few clues about Hartlib's activities in Cambridge, but one vital piece of information is contained in a letter from Thomas Ball to Hartlib, dated November 1638:

> Good Mr Hartlib. I went last night according to my promise to speake with Mr Jurdan who married Mrs Preston, wife and executrix to James Preston the Doctor's brother, and made that motion, that for as much as he was able to spare it, and Bourne to pay it, he would be pleased to part with it for a good worke and publick service to the

a lesser figure in this list, who served for a long period as secretary to the two Piast dukes. Kinner described him as an outstanding poet, philologist and Latinist, Kinner to Hartlib, 5 August 1648, HP 1/33/45A.

41   Turnbull *HDC*, pp. 12–16. Preston is mentioned once again on p. 18, note 2.

church, and so acquainted him with your condition & relation to Doctor Preston in his life time.[42]

This letter reminds us of Hartlib's perpetual financial difficulties. It also indicates that Ball was representing a wider group of Puritans who were supportive of both Hartlib and Dury. The said Jordan must have known that Thomas Ball and his associates were indebted to John Preston and were guardians of his memory. It would also have been no surprise to Jordan that the generous and well-connected Preston was likely to have been hospitable to the likes of Samuel Hartlib. As indicated below Hartlib may have enjoyed this patronage from 1622 onwards, when Preston was Master of Emmanuel College and thereby able to further expand his already diverse range of devotees. Among these were certain foreigners. Hartlib himself testifies that Preston also 'took special care' of Jan Rülz (*Rulicius, Rulice*), who was soon to become a prominent member of the Dury–Hartlib network.[43] Other foreigners who perhaps trod this same path and then became associates of Hartlib were Theodore Haak and Caspar Streso. In all of these cases, Cambridge was the springboard to integration into the wider Puritan community.

The examples of Hartlib and his friends remind us that Cambridge habitually offered hospitality to foreign students, who were then able to avail themselves of the resources for study in accordance with their particular needs. The evidence from Hartlib's early papers suggests that he may well have benefitted from Preston himself, but also such prominent Cambridge figures as Joseph Mede, Richard Sibbes and Samuel Ward. From the generation nearer his own, the evidence suggests that Hartlib was in close contact with the afore-mentioned Thomas Ball (1590–1659), who was one of the closest disciples of Preston and one of the main editors of his works. Also well-known

---

42   Ball to Hartlib, 28 November 1638, HP 48/3/1A-2B. Reference to this letter can be located in Turnbull *HDC*, p. 14, note 3, lines 10–14.

43   Hartlib to Worthington, October 1661, Worthington *Diary*, vol. 2, pp. 58–61. It seems that Rülz was recommended to Preston by the exiled Prince Friedrich of Bohemia. His arrival in Cambridge must have occurred in 1622 or later. Following a common pattern among Preston's pupils, Rülz then went on to Boston Lincs. to serve a further apprenticeship under John Cotton.

to Hartlib from an early date were Thomas Goodwin (1600–1680) of St Catharine's College, who was another editor of Preston, and John Stoughton (1593–1639) of Emmanuel College until his departure in 1624, after which he remained in close touch with Hartlib and their contacts were strengthened through Stoughton's service to the Puritan parish of St Mary Aldermanbury. The immense respect that Hartlib had for these scholars is confirmed by the frequent references to their work in the earliest pages of his immense working diary, the Ephemerides, which survives from 1634 onwards. Hartlib's experience at Cambridge probably compared favourably with that of his contemporaries who migrated to continental universities, particularly at a time when popular choices like Heidelberg were ruled out by wartime dislocation.

Hartlib returned to Elbing, perhaps in the spring of 1626. He remained there until the late summer of 1628. There he would have witnessed the onset of Swedish occupation and the folding up of the Eastland Company's presence. These events contributed to changing the religious complexion of Elbing. Previously a stable balance had been achieved between the Lutheran and Calvinist factions. The new situation eroded Calvinist influence and cemented Lutheran dominance, a trend not disfavoured by the new Swedish administration. For the rest of Hartlib's life complaints about increasing intolerance of Calvinism regularly featured in his correspondence.

It is difficult to ascertain the degree to which Hartlib retained contact with England after his return to Elbing. Obviously he witnessed the dwindling of the Eastland Company community. He might well have met Nathaniel Ward, who was Dury's chaplain predecessor in Elbing and younger brother of Samuel Ward mentioned above with respect to Cambridge. Naturally, the most important event in this Elbing visit was Hartlib's first acquaintance with John Dury himself. I agree completely with George Turnbull that the first hint of this event is contained in two letters addressed to Hartlib in Elbing by Johann Fridwald, then residing in Königsberg, but from a family having close links with both Danzig and Elbing.[44] Fridwald reacted

---

44 Fridwald to Hartlib, 10 February and 8 March 1628, HP 27/32/1–2.

with excitement to Hartlib's reports about an *Englischer Prediger*, who seems to have been first mentioned in a lost letter of Hartlib dated 28 December 1627. Fridwald initially understood that Dury was in possession of knowledge about the sciences that would assist the work of their community. The second letter reported that this preacher was also evolving a new way of interpreting the scriptures. He hoped that this scholar would enlighten the fraternity about the *Kabbalah*. This ends Fridwald's remarks about the 'English Preacher', but one further reference to Dury occurs, this time under his actual name.

The ten letters of Fridwald to Hartlib composed between 1628 and 1633 are mainly valued for the light they shed on the this fraternity, the Antilians, in which Hartlib was a key player. This aspect of Hartlib's career is the object of much curiosity and some idle speculation. Fortunately, the most intensive study of this episode is contained in a monograph by Ronald Dickson, which is an impeccable work of scholarship.[45] As Professor Dickson observed, the Antilian network was just one of many fraternities that were inspired by Johann Valentin Andreae's idea of Christian Societies, which he conceived as activist cells that would make a utilitarian contribution and also strengthen Protestant morale. Andreae's schemes were themselves closely related to the burgeoning Rosicrucian phenomenon, in the launch of which he himself had participated.[46] Both the Rosicrucian episode and the Andreae-inspired Christian Societies were also

---

45 Donald R. Dickson, *The Tessera of Antilia: Utopian Brotherhood and Secret Societies in the Early Seventeenth Century* (Leiden: Brill, 1998). My own comments serve as modest additions and clarifications, together with some differences in emphasis. See also Dickson's 'Utopian Brotherhood and Secret Societies in the Early Seventeenth Century', *Renaissance Quarterly*, 49.4 (1996) 760–802.

46 For the various ramifications of Andreae's work and early Rosicrucianism, see Martin Brecht, 'Johann Valentin Andreaes Versuch einer Erneuerung der Württembergischen Kirche im 17. Jahrhundert' in idem, *Kirchenordnung und Kirchenzucht in Württemberg vom 16. bis zum 18. Jahrhundert* (Stuttgart: Calwer Verlag, 1967), and idem, 'Johann Valentin Andreae. Weg und Programm eines Reformers zwischen Reformation und Moderne', in Brecht (ed.), *Theologen und Theologie an der Universität Tübingen* (Stuttgart: Franz Steiner Verlag, 1977), pp. 270–343; Richard van Dülmen, *Die Utopie einer christlichen Gesellschaft. Johann Valentin Andreae (1586–1654)*, vol. 1 (Stuttgart: Frommann-Holzboog, 1978); Roland Edighoffer,

important in the resurgence of political and social Paracelsianism, for which the Antilian group provides yet further evidence.[47]

The direct source of the Antilian model seems to have been the flurry of little special interest groups that sprang up at the University of Rostock in the early 1620s. Central to these developments was Heinrich Hein (c. 1590–1655).[48] Of the younger generation of Hein's followers, the main link with Antilia was the youthful and well-born Johann Abraham Poehmer (1604–1687) who, with respect to the Antilian project, displayed the strongest proprietorial tendency and over the longest period. Because of his direct connection with Andreae, Poehmer was held in high respect, His own base was Nuremberg, from where he set out on a variety of diplomatic missions, although throughout he preserved his links with the Baltic area and briefly resided in Danzig. Most of the associates of Antilia also emanated from the broad Baltic region.

As Dickson has pointed out, the Antilians were a rare example of a utopian group aspiring to establish an actual physical settlement, in all likelihood distant from the places of residence of their inchoate network. It was contemplated that whole families would relocate, with the result that it was necessary to take account of such practical problems as the education of children of the settlers, a sphere in which Andreae was also relevant.[49]

'Johann Valentin Andreae. Vom Rosenkreuz zur Pantopie', *Daphnis*, 10.2–3 (1981), 211–39; idem, *Die Rosenkreuzer* (Munich: C. H. Beck, 1995).

47 Edighoffer, 'Johann Valentin Andreae. Vom Rosenkreuz zur Pantopie'; Marek Woszczek. 'Chemia, mistyka, rewolucja. Paracelsjańska religia przyrody jako destabilizująca trajektoria wczesnej nowożytności'. *Klio. Czasopismo poświęcone dziejom Polski i powszechnym*, 44.3 (2018) 37–52.

48 For Hein, see Dickson *Tessera*, pp. 114–8 et passim.

49 In listing his pedagogical precursors, Comenius pointedly mentioned Andreae, whom he praised as the one 'who brilliantly discovered the diseases of the Churches and Politicians, as well as of the Schools, here and there in his golden writings'. For a full exposition of links in educational thinking between Andreae and Comenius, see Max Möhrke, *Komenius und Andreä, ihre Pädagogik und ihr Verhältnis zu einander* (Leipzig: Emil Glausch, 1904). Listed among the also-ran

Hartlib agreed with this settler bias, among other things owing to his acquaintance with the ongoing flight of English Puritan congregations to the Netherlands or New England. In the event the Antilians completely failed to evolve a workable scheme. Each alternative was ruled out for convincing reasons. One of the most favoured ideas was migration to Virginia or New England, but this was unacceptable by reason of the strain of translocation to such distant places and the failure to locate a wealthy sponsor.[50] Despite this dismal result, the Antilian myth resonated with Hartlib for the rest of his life. Dury also showed signs of some further interest. For instance, during his stay in Sweden in the 1630s, he collected information, including from Heinrich Hein, about the group's settlement plans in Russia and the Baltic. Interestingly, at this point Antilia was not specifically mentioned; rather the settlers were identified as the followers of Andreae's *Dextera porrecta*.[51]

Their failure to find a new homeland was symptomatic of a distinct infirmity of purpose among the Antilians on all fronts of their agenda. Although the membership included many worthy names, even their leaders tended to be overcommitted and inclined to lead a peripatetic existence. In the summer of 1628 Hartlib himself added to this problem by relocating to London. As the letters of Fridwald also confirm, the membership was constantly dwindling owing to deaths, perhaps reflecting the unfortunate coincidence that the fraternity was founded in the middle of a major plague epidemic. This wave of mortality eliminated Michael Zeller, who was another of the few Antilians directly linked to Andreae and his *Societas Christiana*.[52]

---

    educators by Comenius is Philipp Glaum (1580–1650), who seems to have been the pedagogue most valued by the Antilian fraternity.

50 In the absence of personal sponsorship, Fridwald's later letters indicate that the Antilians fell into hands of a philosopher's stone fraudster.

51 Westin, *Durie in Sweden* (fn. 1), pp. 4–5, 15.

52 The major loss on this front was Michael Zell, who seems to have been a patron and director of the whole scheme. Turnbull *HDC*, p. 70, fn. 9 makes this identification, but he renders the name as Zeller not Zell. Dickson is also close, but needs to conflate his Zell and Zeller. Michael Zeller von Rastenburg is a link with Andreae's original *Societas Christiana*, perhaps from before 1620, and there is firm evidence from 1622 that he was trying to find a location upon which to

Therefore, like the initial *Societas Christiana* of Andreae, the Antilians fell back on maintaining their fraternity through correspondence. However, as Fridwald's letters demonstrate, key members such as Johann Abraham Poehmer and Hartlib himself were unreliable correspondents. In his third letter to Hartlib, who was now in London, Fridwald promised to obtain copies of what he called the '*Confessio*' and '*Legibus*', and to pass these on to Hartlib without delay. This message reveals that the Elbing fraternity had so far been operating in ignorance of these basic documents.[53] In letter four, Fridwald reports that Johannes Koy (1583–1647), an important figure in the Antilian fraternity and later Burgomaster of Elbing, was entrusted with the *Leges societatis nostrae*.[54]

The only other mention of the foundational documents occurs in letter six, which reveals that Fridwald is still not in possession of them, but he passed on the surprising news that they or their summaries were in the possession of John Dury.[55] This remark raises the possibility that the three important manuscript writings of Andreae located in the Hartlib Papers, the *Leges societatis christianae*, the *Chris-*

---

establish a residential base for this new society. He was a Viennese nobleman and attacked as a Weigelian or Schwenckfeldian. For full account of his career, see Ulrich Bubenheimer, 'Wilhelm Schickard im Kontext einer religiösen Subkultur', in Friedrich Seck (ed.), *Zum 400. Geburtstag von Wilhelm Schickard. 2. Tübinger Schickard-Symposion 25–27.6.1992* (Sigmaringen: Jan Thorbeck Verlag, 1995), pp. 67–9.

53 Fridwald to Hartlib, 18 July 1629, HP 27/34/3. The *Confessio* (1615) was the second of three initial Rosicrucian manifestoes. The *Legibus* might also be a Rosicrucian tract, but more likely it is the *Leges societatis christianae* which survives in the Hartlib Papers, being first described by Turnbull *HDC*, pp. 74–5. It was first published in 2007 as an appendix to volume 6 of the collected works of Andreae. The *Leges* is generally known as the work of an associate of Andreae, but possibly it is by Andreae himself. The long list of rules in the Andreaen *Leges* was subjected to detailed scrutiny by Dury. Turnbull dates his *Exercitatio* from between 1627–1630. The specific *Leges Antiliae*, also in circulation at this date seems not to have survived. I suspect that these later rules were the work of Poehmer.

54 Fridwald to Hartlib, 28 July 1629, HP 27/34/5.

55 Fridwald to Hartlib, 22 November 1630, HP 27/34/7.

tiani amoris dextera porrecta, and the *Christiani societas imago,* were disseminated by Dury rather than Hartlib. In due course Dury cited the latter two tracts, and implied knowledge of the *Leges* when, in one of his little-mentioned writings, he called for the better organisation of intellectual fraternities to work for the public good.[56] Although the Antilian group was destined for rapid extinction, the utopian initiatives of that period left a permanent impression on both Poehmer and Hartlib, as well as to a lesser extent on other of their associates such as Dury.

Into the Thirties

In 1630 both Dury and Hartlib were thirty-years of age, while Jan Amos Comenius was already thirty-eight. The first two were ambitious and aspired to make their mark as agents for the public good, but were entirely uncertain about where their paths would lead. Comenius was already a rising star among the exiled Bohemian Brethren. He was well-educated and *au fait* with the latest intellectual developments, especially in Germany.[57] Even before 1630 he had proved himself to be an innovative and versatile author. He had also formulated a programme of work that would last for his whole lifetime and absorb the energies of as many collaborators as he could

---

56   [Dury] *Meditatio de dissidio ecclesiastia,* HP 20/11/33A. Francis Bacon's *De augmentis scientiarum* was also cited in this context. Turnbull and Léchot are uncertain about Dury's authorship of this tract.

57   For a full review of this background, see Howard Hotson, 'Philosophical Pedagogy in Reformed Central Europe between Ramus and Comenius: A Survey of the Continental Background of the "Three Foreigners"' in *Samuel Hartlib and Universal Reformation* (fn. 1), pp. 29–50 and definitively in his *Commonplace Learning. Ramism and its German Ramifications, 1534–1630* (Oxford: Oxford University Press, 2007) as well as his *The Reformation of Common Learning.* Also, in view of Alsted's importance as a major influence, see Hotson, *Johann Henrich Alsted (1588–1638)* (Oxford: Clarendon Press, 2000).

muster. As proof of these abilities, in 1630 he was on the verge of issuing titles that would make his name known throughout Europe.[58]

John Dury

At the outset of his mission to achieve ecclesiastical peace among the Protestants, Dury displayed amazing self-confidence. While his later travels focused on Calvinist-Lutheran relations, at the beginning he recognized no such limits to his aspirations. With respect to the existing sectarian groups, he was confident that, if they displayed sufficient self-criticism, they would readily find common ground. The convention of synods sponsored by high-ranking princes was seen as the way forward. He foresaw no reason why these meetings should exclude such controversial groups as Socinians and Anabaptists. The other key to success would be the establishment of sponsored academies, where specialists of proven worth would dispense wise advice to the negotiators.

Dury recommended that Francis Bacon's *De augmentis scientiarum* and Johann Valentin Andreae's *Christiani amoris dextera porrecta* and *Christiani societas imago* as the sources of guidance for this academy scheme. These were of course exactly the models valued by the Antilians, who themselves were a denominational mixed bag, and whose viability as a group depended the principle of mutual toleration.[59] Throughout his career Dury maintained harmonious relations with Jews, eccentrics and nonconformists to a much greater degree than would be expected from his preoccupation with Calvinist-Lutheran negotiations. Indeed, as noted above, this propensity was already evident during his college days and first congregational appointments. His appointment at Elbing and involvement with the Antilians were therefore entirely consistent with his private religious liberalism.

---

58 For a useful summary of this phase of the career of Comenius with reference to writings, see Dagmar Čapková, 'Comenius and his ideals: escape from the labyrinth' in *Samuel Hartlib and Universal Reformation* (fn. 1), pp. 75–92.

59 [Dury] *Meditatio de dissidio ecclesiastia*, HP 20/11/33A.

Elbing was important in a further respect. As a northern outpost of Polish administration, in a region of Protestant predominance, as an outsider, Dury must have been familiar with the regime of relative toleration for which Catholic Poland was famous. The prevailing compromises were rooted in the Sandomierz Consensus of 1570.[60] Among outsiders the success of Sandomierz was almost an unquestionable article of faith. Authors of irenicist works in particular pleaded for the universal application of Sandomierz principles. Inspired by his reading of such works and by the relatively optimistic situation as it was viewed from the Baltic ports, Dury fell into the trap of believing that radical improvements could be effected if only Sandomierz-style synods were universally adopted as their model.

In truth, Sandomierz was never more than an ineffective sticking-plaster. Royal sanction for the agreement was at first lukewarm, but soon it was reticent and from then on there was infinite regress. The Catholic Church never acceded to tolerating Protestantism as an established equal. Then, with the Catholic resurgence of the Counter-Reformation, resignation metamorphosed into active confrontation. The Sandomierz synod was largely inspired by the Calvinists. The Bohemian Brethren (Unity of Bohemian, or Moravian Brethren/Unitas Fratrum) were firm partners, but the Lutherans were marginal in their involvement. Groups like the Socinians (Polish Brethren),[61] who were a force more powerful than their numbers suggested, were completely excluded, as were Anabaptists, Mennonites and other nonconformists. Each of the three signatory bodies may eventually have agreed to recognize the doctrines of the two

---

60 For the most recent survey of the vast modern literature on the influence of the Sandomierz Consensus see Maciej Ptaszyński, 'Was a Confessional Agreement in Early Modern Europe Possible? On the Role of the Sandomir Consensus in the European Debates', *Religions* 13 (10), 994 (2022) https://doi.org/10.3390/rel13100994.

61 The Polish Brethren at first operated within the Calvinist evangelical church, but a decade before Sandomierz the two factions split apart.

others as scriptural, but the expected formation of a common body of doctrine was never accomplished.[62]

Persecution by the Catholics at first focused on the weaker groups, but soon escalated to reach the Brethren. As noted above with reference to Hartlib's father, Poznań, the main city in Greater Poland, had become inhospitable to all Protestants by the 1590s. In 1637 Johannes Arnold warned Hartlib that the Bohemian Brethren throughout Greater Poland were in a perilous state. At that very moment, after a long period of threat, the Socinians faced the sudden end to their stronghold of Raków, so witnessing liquidation of their famous academy and printing house. Representing the increasing vulnerability of the Calvinists, in 1613 Bartholomaeus Bythner, author *Fraterna exhortatio* (1607 and 1618), a major exposition of irenicism, suffered a violent attack by rioting Catholic students, in which he was left for dead and his manse near Krakow was incinerated.[63] This date also coincided with the first major attack on Calvinists in Vilnius, after which such violence became a commonplace, reaching a climax in 1640 when Georg Hartlib was nearly killed. The vulnerability of the Calvinists in Vilnius underlined the growing powerlessness of their Protestant patrons, and indeed it betokened the steady melting away of patronage, as the nobility of the Polish-Lithuanian Common-wealth drifted back to Catholicism.[64]

---

62 This conclusion is not quite correct. After lengthy negotiations, in 1634 the Calvinists and Bohemian Brethren reached agreement upon a common statement of their beliefs. Comenius was involved in the final stage of these negotiations.

63 Bythner's book deserves to be better known. For extensive notes on this work by Dury, see HP 20/11/1A-14B. Bythner's eldest son, Victorinus, a known grammarian and Hebraist, was in Oxford 1635–1642, where he played a part in securing the publication of Comenius's *Praeludia*. The younger son, Jan, had a successful Bohemian Brethren clerical career in Greater Poland, but twice he faced false accusations from the Catholic priesthood and was even sentenced to death. See *ODNB* for Victorinus, and Blekastad, p. 380 et passim for Jan.

64 Jolanta Dworzaczkowa, 'Konwersje na katolicyzm szlachty ewangelickiej wyznania czeskiego w Wielkopolsce w XVI i XVII wieku', *Odrodzenie i Reformacja w Polsce* 50 (2006) 89–100.

The above incidents are illustrative of the harsh realities of Protestant experience under the Sandomierz regime, the dark aspect of which John Dury and many of his fellow irenicists chose to downplay or indeed ignore. It is tempting to conclude that almost anywhere the irenicists chose to examine, Protestantism was sliding in the opposite direction to the irenicist goal. Dury had first hand experience of Danzig and Elbing, both of which were far away from interdenominational harmony. Also, Danzig, which had long demonstrated religious pluralism, took to persecuting its radical religious minorities, in the course of which the prominent Martin Ruar (1588/9–1657, a figure well-known to Hartlib, Dury and Comenius) was expelled. At the launch of his mission for ecclesiastical peace in Europe, Dury cannot have avoided noticing that both England and Scotland were experiencing deepening religious disharmony, intolerance, persecution, as also a mounting degree of civil unrest, carrying all the dangers of more serious breakdown of order. Although he delicately picked his way through the minefield in search of locations that seemed relatively friendly towards irenicism, and was armed with stubborn persistence, his lack of progress during the 1630s caused Dury to become downcast and pessimistic. He also experienced physical and mental exhaustion as he contemplated the awful prospect of mission impossible.[65]

---

65 Because of intense coverage by Léchot, Turnbull, Westin and others, it is unrealistic in this essay to comment specifically on the peace missions of Dury. For a concise reassessment, see Anthony Milton. '"The unchanged peacemaker" John Dury and the politics of irenicism in England, 1628–1643', in *Samuel Hartlib and Universal Reformation* (fn. 1), pp. 95–117. See also Steve Murdoch, 'Subverting-Confessionalism: The Network of John Durie in the North, 1628–1654', in his *Scottish Kin, Commercial and Covert Associations in Northern Europe, 1603–1746* (Brill: Leiden, 2005), pp. 280–312 and Tom Webster, 'John Dury and the godly ministers', in his *Godly Clergy in Early Stuart England. The Caroline Puritan Movement*, c. 1620–1643 (Cambridge: Cambridge University Press, 1997), pp. 255–67.

Samuel Hartlib

In 1630 Dury possessed the advantage of having committed himself to a defined objective. That was not the case with Samuel Hartlib, who recognized the attractions of a move to England, but was entirely unsure about what vocation to follow. His first mistake was to leave London and shift to Chichester, about which he must have known nothing. By this date he had developed a special interest in education and must have been familiar with the rash of new didactics that sprang up throughout Germany and were earning celebrity for their originators. No doubt with the educational plans of the aspiring Antilian settlers in mind, he offered the services of his incipient academy to the sons of both the local gentry and others located in his social network. Very quickly his Chichester project collapsed, as did his plan to relocate his initiative to London. At this point Hartlib was at risk of running out of funds and drifting into the role of minor functionary within the powerful Puritan fraternity, building of course on relationships formed during his Cambridge years. Confirmation of this bias is conveyed in his exchanges with William Speed and Walter Welles in 1630 and 1631,[66] and also by evidence from 1634 and 1635, the opening years of his Ephemerides. These two years were in fact by far the most detailed section of the whole record that, with intermissions, extended until 1660.

A document particularly relevant to Hartlib's Puritan associations is a list of twenty-five donors dating from 1632 or 1633, which relates to a scheme for generating and distributing their approved brand of religious literature.[67] Peacey points out that this list closely relates to the membership of the Massachusetts Bay Company. This conclusion also applies to the membership list of the Providence Island Company. The various sources together demonstrate the impressive

66 Neither of these names are much mentioned in the literature on Puritanism, but both are known activists, while Welles was also one of the few religious figures known to have influenced the young Oliver Cromwell. For Speed and Welles see Webster, *Godly Clergy*, pp. 258, 256–7, 261.

67 J. T. Peacey, 'Seasonable Treatises: A Godly Project of the 1630s', *English Historical Review*, 113.452 (1998) 667–99.

scale of the patronage network that Hartlib assembled during the 1630s.[68] Many of these donors, but not all, were prosperous and well-born. Although Hartlib attracted them on the basis of his sound reputation among the Puritan activists, he was also perceived as an unusual asset because of his links with inventors and improvers throughout northern Europe.

Although the passionate educationist was left without a constituency upon which to practise his pedagogy, his notebooks, preserved in the Hartlib Papers and Sloane Manuscripts, prove that his curiosity about educational improvement acquired during his Antilian days remained undiminished.[69] Hence, his annotations to a letter from Walter Welles listed four tracts by William Brookes (d. 1640), the best-known educational theorist in England at that date, one of which was titled *De didactica linguarum*.[70] Indeed, when Comenius became dominant in Hartlib's thought, he continued to cite Brookes, including with respect to the English expert's views on the Czech innovator, which were generally favourable. In the main, Brookes believed that their two systems were complementary. Alas, Brookes died in 1640 without any of his numerous tracts reaching publication.

Jan Amos Comenius (Komenský)

The Ephemerides for 1634 and 1635 and related evidence strikingly demonstrate that Hartlib gained new impetus owing to his discovery of the work of Jan Amos Comenius (Komenský, 1592–1670), whose burgeoning educational programme showed every sign of metamor-

---

68 A dozen of these names also crop up in a single short letter from Hartlib to Dury dating from 3 September 1630, HP 7/12/1A-4B.

69 Stephen Clucas, 'In search of "The True Logick": methodological eclecticism among the "Baconian Reformers"', in *Samuel Hartlib and Universal Reformation* (fn. 1), pp. 51–74.

70 Welles to Hartlib, 13 September 1630, HP 33/3/1A-2B. There is a rich literature on Brookes as a linguistic controversialist, but nothing on his broader ideas.

phosing into a philosophical system of major importance. The sparkle of Comenius successfully reawakened the heady ambitions of Hartlib's Antilian days.

The exact chronology of Hartlib's acquaintance with the work of Comenius is difficult to establish. For instance, there is no evidence that either Dury or Hartlib was caught up in the flurry of excitement occasioned by the publication in 1631 of the first edition of the famous *Janua linguarum reserata*. From a couple of pieces of indirect evidence it is assumed that Hartlib was in touch with Comenius continuously from 1632, which indeed may be the case.[71] However, the first direct evidence of this association is a letter from the Scoto-Pole Jan Jonston to Hartlib, probably from Leiden, dated 1 March 1633, from which it is clear that Hartlib was already familiar with the work of Comenius by this date. Jonston briefly (and erroneously) reported that the *Didactica magna* was already completed, so allowing Comenius to press on with the pansophic philosophical project to which he attached great importance.[72]

Jonston conveyed further intelligence about Comenius in his letter to Hartlib dated August 1633, again from Leiden. Here he complained that Hartlib has failed to respond to two of his recent letters, which might also have related to Comenius. Jonston assured Hartlib that his promise of Verulamian manuscripts was much appreciated by Comenius who entreated that this kindness should be undertaken without delay. Jonston added that a new edition of the '*seminarium*' by Comenius had been published in Danzig, suspecting that Hartlib, who had strong links with Danzig, had already received this, which was probably not the case. The Danzig edition was in fact important

---

71   As for instance Turnbull *HDC*, p. 342.

72   Jonston to Hartlib, 1 March 1633, a reply to Hartlib's letter of 13 January that has not been traced. Since he was linked personally with Comenius and with Leszno, the headquarters of Comenius and the Bohemian Brethren, Jonston (1603–1675) was a sound witness. Most of the letters of Jonston to Hartlib were preoccupied with reporting on his own multifarious activities as an author. Also disadvantageous, for most of the decade 1626–1636 Jonston was away from Leszno, touring widely in Europe, with Leiden as his main base.

since it was the first Latin-German bilingual edition of the *Janua*.[73] Finally Jonston mentioned the rumour that Jean Anchoran was producing an edition of Bacon's *Sylva sylvarum* (1628), a plan that never materialized. Jonston does not mention that Anchoran had already in London in 1631 issued both a separate English language and a combined Latin, English and French language edition of the *Janua*. At this point, as far as the Hartlib-Comenius link was concerned: *exeunt* Jonston.

Another of Hartlib's early Comenius informants was Caspar Streso (1603–1664), who is not much mentioned in the secondary literature, but was nevertheless one of Hartlib's closest associates.[74] In the Hartlib Papers at least 150 hits relate to Streso.[75] He rendered the invaluable service of providing virtually weekly reports on the military side of the Thirty Years War, which were then circulated in the newsletters that Hartlib supplied to his benefactors. Streso was a Reformed minister in The Hague, an active publisher of theological tracts and sermons, also a serious contributor to the literature of epistemology and metaphysics. Like his friend Dury, he suffered harsh treatment from jealous colleagues.

---

73 *Janua linguarum reserata sive seminarium linguarum et scientiarum omnium. Hoc est, compendiosa Latinam (& quamlibet aliam) linguam, una cum scientiarum Artiumque fundamentis, perdiscendi Methodus, sub titulis centum periodis mille, comprehensa. Die Newe Sprachenthür. Mit einer Vorrede, darinnen berichtet wird, worzu diese Dolmetschung dienstlich ist, und wie sie mag gebrauchet werden* (Danzig: Georg Rhete, 1633). A Latin-German-Polish edition followed in 1634. The editor and translator was Johannes Mochinger, one of the most trusted associates of Comenius. On the other hand, the Hartlib papers contain repeated condemnations of Anchoran, who published the *Janua* without crediting the author and thereafter failed to honour his promises to make due payment to Comenius. By the date of the author's death, over one hundred editions of his *Janua* had been published.

74 An exception to this neglect is the admirable account of Streso and his technologia by Vera Keller, *Knowledge and the Public Interest, 1575–1725* (New York: Cambridge University Press, 2015), pp. 169–98. See also Hotson, *Reformation of Common Learning*, p. 123 et passim.

75 Many other items in the Hartlib Papers are labelled 'S.' The context suggests that this is the mark used by Streso. Also relevant, the title page of his *Technologia theologica* (1633) is signed 'Auctore S.'

Streso was in touch with Dury and Hartlib from at least December 1630. The publication in 1633 of Streso's well-regarded *Meditatio theologica de usu et abusu rationalis* and his *Technologia theologica* perhaps accounts for the stepping up of the Streso-Hartlib partnership. Hartlib's first recorded comments about the *Technologia* were highly favourable, something that was so appreciated by the author that he dedicated the 1641 second edition to Hartlib himself. A letter from Joseph Mede to Hartlib suggests that Streso was already known to him, perhaps reflecting on the presence of Streso in Cambridge at his student stage.

With respect to letters sent by Streso to Hartlib, these are much more substantial than the parallel communications of Jonston. In May 1635 Streso conveyed a reminder of a package of material that had been dispatched to Hartlib by Comenius on 17 October 1634. This contained what was called the *pansophiæ suæ specimen*.[76] In addition, it is implied that the Danzig agents would be sending Hartlib further manuscripts and publications that he had requested. Comenius himself could not supply the further material relating to the pansophic project on grounds of the complex nature of such an operation for Comenius himself. Finally, Comenius promises to report from time to time on progress with the pansophic work, but he required the winter to undertake more reading preparation and this would take up the summer as well.[77]

In early December 1634, in an appendix to one of Streso's newsletters on continental political affairs, he inserted a brief note on Dury and another on Comenius. He regretted delaying attention to recent work by Comenius and expressed 'the wish I could see the sum of what Comenius sent you', confirming the above reports that, in the

---

76 Perhaps *IN IANUAM RERUM sive TOTIUS PANSOPHIÆ SEMINARIUM*, an introduction to the pansophic project, composed at this date and surviving as a fragment in the Hartlib Papers, HP 35/1/1A-27B. A complete version of this and two related texts dating from about 1643 are recorded in St John's College Cambridge Library, I.34. It is quite likely that these documents were in some way derived from Samuel Hartlib.

77 Streso on Comenius, 24 May 35, HP 11/1/75A.

autumn of 1634, Hartlib had received a substantial amount of material from Danzig and Leszno.[78]

A further letter from Streso to Hartlib, also written in December 1634, indicated Streso's growing interest in Comenius, and especially the recent acceleration of his pansophic programme. Streso was enthusiastic to learn more about this project, but he was sceptical about the Czech's grasp of logic. He seems to have received an assurance from Comenius that revision of his pansophic drafts would take account of Streso's *technologia* and other reservations, expecting completion during the following three months. Already, at this early stage, Streso realised that completion of the work on pansophia would require many hands. He pleaded with Hartlib to raise funds to support this project for execution either in England, or in Europe. With respect to the *Janua* of Comenius, Streso demanded revisions that would do greater justice to the 'elegances, patterns, idiosyncrasies, and flourishes' of Latin.[79]

In his next letter Streso dealt with Dury's queries concerning the *Didactica magna* of Comenius, where he believed that outstanding weaknesses would fade away if the advice of his *Technologia* was followed.[80] Shortly afterwards Streso was embarrassed to admit that he had not yet obtained Bacon's *Novum Organum* (1620) but, following news from England, he was keen to read the newly published work of Edward, Lord Herbert of Cherbury, *De Veritate* (likely the 1633 edition). Finally he wondered whether Comenius had yet honoured his promise to convert his *Janua linguarum* into a more elegant form. Regardless of this disadvantage Streso admitted that teaching his students from the *Janua* had given him inordinate pleasure.[81]

Much of the Ephemerides commentary on the Czech reformer seems to emanate from the unlikely direction of Conrad Bergius (1592–

---

78   Streso, a note to Hartlib dated 4 December 1634, HP 11/1/20B.
79   Streso to Hartlib, 18 December 1634, HP 11/1/22A-B.
80   Streso to Hartlib, 1 January 1635, HP 11/1/28A.
81   Streso to Hartlib, 5 February 1635, HP 11/1/40A.

1642), who is mainly remembered as a minor irenicist, in which capacity he was eclipsed by his brother, Johannes Bergius, a successful court cleric in Brandenburg, who was well-known to Georg and Samuel Hartlib and also Dury. Conrad Bergius seems to have developed an interest in Comenius during his period as a professor of theology at Frankfurt an der Oder between 1624 and 1629, but his communications to Hartlib about Comenius took place from Bremen, where he had taken up a similar appointment. Confirmation of the curiosity of Bergius about Comenius comes from an exchange of letters dating from 1638, where Hartlib defended the pansophic programme against some caustic remarks from Bergius.[82]

The very first recorded reference to Comenius in the Ephemerides arises in January 1634, where it emanated from Heinrich Appelius of Hamburg, who reported that Comenius had followed Conrad Bergius in his physics and also to some extent in his logic and philosophy.[83] Further direct reference to Bergius comes from the spring of 1634, where it is noted that: in the perfection of the Universal Art, Conrad Bergius of Bremen would be able to play a useful part, since he had already published an Aristotelian-Ramæan-Lullian Logic. Indeed Bergius was both an excellent Lullist and an Aristotelian systematizer. Appelius believed that Comenius was indebted to Bergius, especially with respect to physical principles, which was presumably a reference to the *Physicæ synopsis* of 1633.[84]

From an anonymous but evidently well-informed source, also from an early date in 1634, emanated a tendentious verdict, but one valuable in reflecting mounting tension among the Brethren of Leszno about Comenius's flirtation with dangerous opinions such as prophecy and especially Socinianism.

---

82 For the Bergius-Hartlib exchange, probably from 1638, see KK, vol. 1, Nos 51 and 52, pp. 49–50.

83 Ephemerides 1634, Part 1, HP 29/2/9A. For further notes about Appelius relating to the 1640s, see the following chapter.

84 Ephemerides 1634, Part 2, HP 29/2/13A. The *Physicæ ad lumen divinum reformatæ synopsis* by Comenius was first published in Leipzig in 1633.

Comenius very godly, too flexible, not obstinate but yeelding to better reasons. Only very Inconstant et sicke et changeable. very credulous et easy to bee persuaded and therfore not good to bee alone. Else very apprehensive and a searching pate et universal. The second fault: given to Prophecys et here one Stadius dose him much hurt et some other odd scratchesses et singular opinions.

Also very Expedit et Laborious. Hee hase shortly et unpartially written upon the state and proceedings of the Bohemian troubles with their several oversights et corruptions. Also a Treatise of Peace of the Meanes of Pacification. Historia Bohemiæ …hee translated also in English et given to [Philip Nye].[85]

Moving on to July 1634, the suspicion about Socinianism is reiterated, this time invoking Georg Vechner, who was indeed one of the leading Socinians in that region at this period:

Vechner is suspected of Socinianism. Comenius is exploitable, therefore, when subjected to pressure, seems to favour Arminianism et intoxicated with Socinianism. Is flexible et is easy to bee persuaded. Is in very great request amongst all the Nobility there et is faine to doe all things [because] the rest are idle.[86]

---

85 Ibid., 13A–B. Jan Stadius (died 1634) was a contemporary, close friend and collaborator of Comenius. He served the Poniatowsky family, whose daughter Christina was at this time emerging as a notable prophet, see Blekastad, pp. 140ff. 'The Treatise of Peace' is surely a precursor to *Cesta pokoje, to jest Pravý* (*The Way to Peace, that is, the True*), published in Leszno in 1637. This relates to a dispute between the Brethren and Samuel Martinius that had been simmering for years and in which Comenius was closely involved, Blekastad, p. 220 et passim. Comenius's ambitious and important tract on the recent Bohemian persecutions was composed in 1632, but publication was delayed until 1647 (Leiden) as *Synopsis persecutionum* and again in 1648 as *Historia persecutionum ecclesiae bohemicae*, with an English translation in 1650. Philip Nye (c. 1595–1672) was closely involved with Hartlib at this date. He was a prominent Independent and later a key adviser to Oliver Cromwell. For Nye in the 1630s, see Webster, *Godly Clergy*, pp. 156–7 et passim.

86 Ephemerides 1634, Part 3, HP 29/2/22A. Georg Vechner (1590–1647), as noted above, spent the last few months of his life as Rector of the Brieg Academy. Previously he had enjoyed celebrity as the Beuthen Academy, where he greatly liberalised instruction in divinity. He was one of the closest associates of Comenius, Blekastad, pp. 120–23 et passim.

Also, probably from Bergius, a further complaint about Comenius and further clarification on the delay in publishing the *Historia persecutionum*:

> Preface of Comenius. 1. He is too pompous and boastful. 2. too insulting to Aristotle. 3. He has several inexcusable errors about the Celestial Spirit, contrary to the opinion of all theologians, especially regarding the Human Soul. 4. Confuses Terms and Concepts. He wrote the History of the Persecutions of Bohemia, which Altingus unhelpfully asserted should have been inserted into the Martyrology of Fox.[87]

Perhaps again from Bergius, another complaint about the *Physicae*, which must have been acquired by inside knowledge, partly on the grounds of the obscurity of Jan Decanus the younger (Johannes Decanus Libelicky) who, in the course of time, became an important civic official in Leszno: 'Comenius is too affected by the study of novelty, and the Decanus has judged that his physics will not withstand an accurate examination'.[88]

At this point, the weight of emphasis of Comenius citations in the Ephemerides shifted from assessment of the character of the reformer to evaluation of his writings in the advancement of philosophy, didactics and pedagogy. In this process Hartlib showed himself remarkably well-informed about the course of Comenius's literary activity. For instance, in July 1634 he reported that 'Jonston has Comenius's Metaphysics. He highly recommended this. He also wanted it to be published', which turned out to be the first of many references that Hartlib made to the circulation of this unpublished, but influential document.[89] This was one of the many instances

---

87 Ephemerides 1634, Part 3, HP 29/2/29B. Likely here to be a complaint about the preface of the *Physicæ synopsis*.

88 Ephemerides 1634, Part 3, HP 29/2/42A-B.

89 Ephemerides 1634, Part 3, HP 29/2/43B. This outline of metaphysics was perhaps his *Prima philosophia*, composed by Comenius in 1630 at Leszno. This was not published until 1942, but it seems to have been widely circulated during the lifetime of Comenius. This is perhaps the 'metaphysics' that was passed between Hartlib and John Hall in 1647. The next step was the version mentioned by Comenius to Kinner, 23 March 1644, HP 1/33/81A: 'Hîc *Janua Rerum reserata*,

where the remarkable literary productivity of Comenius totally outpaced his ability to complete his writings or arrange for their publication.

Towards the end of 1634 Comenius found himself elevated to accompany both aspiring and established educational authorities of the day in Hartlib's update of his schemes for educational improvement, in this case with reference to the relatively neglected area of the development of the youngest age groups. '*Infant education.* 1. Comeni Informatorium 2. An encyclopedia of particulars to be drawn up from Brukius, Pell, Evenius and Docemius. 3. 6 books of Comenius: and this up to the year 12'.[90]

Hartlib made the further suggestion that Streso's cosmological synthesis would make a fitting conclusion to this scheme. This plan adopted by Hartlib for early education was in fact derived entirely from the work of Comenius. Even the idea of composing an encyclopaedia of basic data relevant to early education, although drawing on material from various sources, was exactly what Comenius himself advocated. It is striking that Hartlib was already familiar with the early education-related *Informatorium*, which had been published

---

sive *Universalis Sapientiæ Seminarium*: vulgò *Philosophia prima*, et *Metaphysica* dicta. Quam fore *Pansophiæ partem secundam*, per Te intelligis: totius nempe Pansophiæ fundamenta continentem.' A small fragment fitting this description, dating from about 1643 was published by G. H. Turnbull (ed.), *J. A. Komenského Dva spisy vševédné – Two Pansophical Works by John Amos Comenius* (Prague: Česká akademie věd a umění 1951), pp. 7–18. For a recent assessment, see Jan Čížek, *The Conception of Man in the Works of John Amos Comenius* (Frankfurt a. M.: Peter Lang, 2016), for the *Prima philosophia*, pp. 173–4.

90 Ephemerides 1634, Part 6, HP 29/2/57A, slightly edited for the sake of clarity. See also with a slight expansion: 1. *Informatorium Comenii his Muter-schule.* 2. *Encyclopædia Brukiana Pelliana.* 3. *Libelli 6. Comeni.* 4. *Analysis Modi Stresonis.* 5. *Encyclopædia Popularis Vernacula. Mea, Eveni etc.* 6. *Systema Historiæ vniversalis.* 7. *Encyclopædia Eruditionis.* HP 29/2/61A. Also relevant is HP 22/10/10/6A-B, which adds 'Janua Comeniana Vernacula'. The first vernacular edition of the *Janua linguarum reserata* was the English / Latin, published in 1631 (under a different title and without acknowledging the authorship of Comenius), while the Czech language edition was dated 1633.

only in 1633 and was destined to gain the status of a classic.[91] Equally up-to-date was the allusion to the six reference booklets intended as a guide to the six stages of elementary education in vernacular schools. These booklets were mentioned as a desideratum in chapter 29 of the draft *Didactica magna*, but they never matured beyond the draft stage. In this context the six stages were engagingly designated as: *Violarum, Rosarum, Viridarum, Sapientiae Labyrinthus, Spirituale balsamentum*, and *Paradisus animae*.[92] Completing these guides became, it seems, part of the work plan of Comenius for his visit to England. The seriousness of Hartlib's engagement with the Comenian plan for early education is confirmed by variants and amplifications of the above scheme during the next few months of the 1634 Ephemerides.[93]

The Jonston and Streso letters, like various other instances from the Ephemerides discussed above, demonstrate the emergence of intense curiosity on the part of Hartlib about the work of Comenius in the course of 1634. Signifying Hartlib's confidence in his new discovery, Comenius soon found a place in the shortlists of professors that Hartlib drew up for his putative model academy.[94] Quite rapidly in the course of 1634–5, Comenius became the dominating force in

---

91   The first published version of the *Informatorium* was a German translation of a Czech original composed between 1629 and 1633. For a comprehensive study of the genesis and early history of this text, see Dagmar Čapková, *Předškolní výchova v díle J. A. Komenského, jeho předchůdců a pokračovatelů* (Prague: Státní pedagogické nakladatelství, 1968).

92   For Comenius's own account of this scheme, see Blekastad, p. 138.

93   See HP 29/2/65B; 29/3/16A-B; 29/3/21B; 29/3/23A.

94   'Desid. Acad.: 1. *Professor Theologiæ Practicæ desideratur. 2. Item. Professor Artis Vitæ. Duræanus, Pömerianus videtur 3. Professor Philosophiæ Experimentalis Verulamianus. In hunc finem scribendæ Paræneses et Consilia a Duræo. 2. Pömero. 3. Jungio. 4. Reinero. 5. Wats. 6. My Lord Herbert. 7. illo qui Wats perficit. 8. Comenio. 9. Gelebrand. 10. Twisso. etiam Verulamus in quodam loco de tali Collego.* Ephemerides 1634 Part 1, HP 29/2/19A-B. In other variants of this list Hartlib included the inner circle of the Antilian fraternity, suggesting that there was smooth continuity between the Antilian and Comenian periods of Hartlib's academy and correspondency schemes.

Hartlib's thinking about education and related matters. The Ephemerides quickly took on a new complexion, with *didactica* being adopted as a guiding principle for numerous of his many areas of interest.[95] As Comenius rose in importance, Brookes, Hartlib's hitherto predominant authority in educational matters, noticeably slipped into the background. Also eclipsed were the jungle of continental educational activists and contemporaneous local didactic initiatives. Therefore, as Comenius blossomed, all of his competition withered on the vine.

On 9 January 1634, Comenius addressed his first letter to Hartlib.[96] This informative document, and arguably the most important of all of his correspondence with Hartlib, merits detailed consideration. It is clear that Comenius has already developed firm impressions about Hartlib, from 'your brother', that is Georg, Samuel's elder brother, who was clearly acting as an intermediary.[97] Georg's interest in fostering this relationship was no doubt increased by his own recent appointment as Rector of the Calvinist academy in Vilnius, a move that soon led him to disaster.[98] A further reason for gratitude to Samuel was the latter's warm welcome to Daniel Vechner and Jiří Laurin, the two emissaries dispatched by the Leszno Brethren to raise funds

---

95   For instance, just for the period November 1635 to January 1636 (HP 29/3/50B–65B), the *didactica* theme was applied to thirty-five different subjects, many of which were mentioned more than once.

96   Patera *Korrespondence*, No. 22, pp. 19–21.

97   As pointed out above, Comenius and Georg Hartlib were contemporaries at the University of Heidelberg, which was the most likely location where they would have first met.

98   Georg became a victim of the exploding civic turmoil of the Counter-Reformation. In 1640 he was attacked and nearly killed by rioting students from the local Jesuit academy, after which he fled to Danzig and never returned. The substantial Calvinist minority in Vilnius was subjected to vicious penalties from which it took half a century to recover. The plight of Georg was described in Eleazar Gilbert, *Newes from Poland wherein is declared the cruell practice of the popish clergie against the Protestants, and in particular against the ministers of the city of Vilna* (London: E.P. for Nathanael Butter, 1641), Wing G705. Perhaps from fear of stirring up further trouble, Samuel Hartlib was reluctant to comment on this tragedy.

for their exile communities experiencing distress in that region. London was a key player for various reasons, including the presence of the Dutch Church at Austin Friars, which was a consistently successful agency for fundraising. At some length, on the basis of his role in caring for the scattered remnant of his exiled community, Comenius assured Hartlib he already regarded him as his firm friend. With respect to their common interest in education, he thanked Hartlib for sending relevant publications, although these had not yet been received. He also indicated that Caspar Streso's gift of *De usu et abusu* had been received and gracefully acknowledged.

In fact, regardless of the perilous condition of the Brethren and the many competing demands on his time, Comenius insisted on the primacy of education in his order of priorities since, after the war, on return to their native land, universal education lasting up to the age of twenty-five would be fundamental to the task of social reconstruction. He explained that his *Janua lingarum reserata* was just a first stage in his schedule of educational writings. For further development he would require a team of helpers and relief from his administrative duties, tasks that Rafał Leszczyński (1597–1638), his rich and cultured patron, had agreed to support, but this good intention had suddenly collapsed, thereby completely undermining the reformer's future schedule of work.[99]

Despite such stressful circumstances, Comenius could nevertheless report significant progress, first with the *Maternae scholae informatorium* (*Informatorium der Mutterschul* etc), which he was duly sending to Hartlib. Also he was near to completion of his *Didactica magna*, with the *Viridarium* and *Pansophia* next in line.[100] With no ambigu-

---

99 For the final illness and premature death of Leszczyńsky, see Blekastad, p. 220.

100 'Pansophia' is a term for the project as a whole. As seen below, Hartlib was instrumental in publishing the first of the more complete pansophic writings. As pointed out above, 'Viridarium' is the title adopted for the third of six explanatory booklets planned for advising teachers in the vernacular school. It seems that none of these came to fruition. Perhaps here, the reference is to the final stage in the teaching of languages, as for instance described in the draft *Methodus*

ity, Comenius envisaged that these plans were the task of some forth-coming exile (*cupio admodum me in hoc exilio*). This was more than a hint that he had already abandoned the idea of making much further progress in Leszno. He therefore urgently needed to find a substitute for the support he had received from Rafał Leszczyński. Almost prov-identially, Hartlib seemed to offer himself as the next port of call. Hartlib himself seems to have inadvertently conveyed the impression to Laurin and Vechner that he could raise a whole-life pension of £100 a year for Comenius and further sums for whatever assistants he needed to employ.[101] An assurance of this kind was kindled by the embarrassing post-mortem on the evils of Anchoran's plagiarism, in-cluding his failure to make financial retribution. Whatever the pre-cise circumstances of this precipitous gesture, the cat was out of the bag and the outcome incalculable.

Comenius was immediately inspired by the expectation that Hartlib was offering sanctuary to 'the whole body of youth in Christendom'. After all, England was the most flourishing centre of rich and sym-pathetic patrons. At once Comenius volunteered David and Georg Vechner as eligible companions. Such a team might transform the whole programme of Comenius into a successful reality. Perhaps Co-

---

linguarum novum, caps 11–12, HP 35/5/100A–B 'By what appropriate synonyms shall we adopt for these distinctive grades in the study of languages? By virtue of the analogy between Languages and Horticulture, could we not without in-elegance borrow names from the terminology of gardening? So the grades are designated: I. PLANTARIUM: (the nursery where seedlings from the wood-lands are placed in the sunny garden): II. SEMINARIUM: (where the saplings are planted, and prepared to spread themselves into a tree): III. VIRIDARIUM: (where everything is already green) and so in the end they would pleasurably learn to follow the creators of pleasant GARDENS.'

101 Laurin was the brother-in-law of Comenius; David Vechner (1594–1669) was a valued lieutenant of Comenius, and younger brother of Georg Vechner. The latter was also an important co-worker of Comenius and a Socinian leader in his region. According to Comenius, this embassy to England was a complete failure, Comenius to Hartlib, 4 March 1641, HP 7/84/4A.

menius realised that he had carried hyperbole to an unreasonable extreme, but he had set a course that would in the not too distant future precipitate his relocation to London.

The only other early surviving communication of Comenius to Hartlib is dated 17 October 1634.[102] Compared with the first one, this letter was routine and unimportant, albeit not without interest. The immediate occasion for this message was to thank Hartlib for his part in transmitting a gift in Reichsthalers, worth about £7 sterling. The rest of the letter relates to the role of Comenius in ongoing negotiations concerning church unity. This, he admitted, was a necessary exercise, but it was yet another factor standing in the way of further progress with his writing plans. He was caught up in yet another round of synods, this time trying to reverse the rupture between the Polish and Lithuanian segments of the Bohemian Brethren. This was just one small element in the panoply of synods convened at this date to promote greater unity among the Protestant denominations in the face of the mounting Catholic ascendancy. Once better integration within the Brethren was achieved, the next step was a further round of synods aimed at an alliance between the Brethren and the Calvinist churches. This represented a further drain on the time of Comenius, but the exercise was unavoidable. Comenius insisted that he had not lost sight of his wider intellectual commitments, citing completion of pansophic writings as his main priority. Indeed he told Hartlib to expect a sample of this work in the near future, a promise that was kept, but not until 1637.

The next preserved letter of Comenius to Hartlib was not until January 1638. During the intervening period Comenius's state of mind remained unchanged. He needed funds to obtain relief from his onerous duties and to support his escalating programme of writing. Hartlib and Dury remained supportive, but they largely concentrated on their own projects, with the result that Comenius seemed to slip down their agenda. Dury persisted with his backbreaking timetable

102 Hartlib Papers 7/103A-B, first published by Dagmar Čapková and Marie Kyralová, 'Unpublished Letters of J. A. Comenius', *Acta Comeniana* 6, XX (1985), 166–8.

of ecclesiastical negotiations and quite often mentioned Comenius and the Brethren, but mostly in the context of interdenominational politics. When Hartlib plied him with documentation relating to Comenius, almost invariably he excused himself from offering a response. It is also clear that in the course of the 1630s, in consequence of other unavoidable demands on his time, Dury allowed his passion for education to fall into abeyance.

Hartlib kept alive his interest in Comenius, but at first only to a limited extent. All the relevant material in the Hartlib Papers from this date could be compressed into a negligible space. On the positive side, some of Hartlib's major allies offered expressions of good will. For instance, John Stoughton, who possessed a redoubtable record of fundraising for worthy causes, apologised that, because of persecution, the scattered forces of Puritanism, even in London, were unable to help. With evident regret, Stoughton concluded that Comenius would be prudent to make alternative arrangements for his future:

> by reason of the Hand of God among us we are all so scattered out of the City, and can commerce with so little Confidence in the City, that I know not what can be done. I was glad to heare that Mr Comenius inclined this way, in regard of the worke he is about, but considering the state of things among us I am absolutely of opinion that he resolved for the best.[103]

With respect to politicians, the increasingly powerful John Pym also opted for procrastination:

> I shal bee exceeding gladd if I may bee an Instrument of any incoragement to that worthy man Comenius in those workes, & designes which he hath for the publick good. As soone as it shal please God to restore to us liberty of commerse & intercourse I shal be very desirous a consult with you how it may bee donn.[104]

There is also virtually nothing to report regarding rich benefactors. As an exception, Sir William Waller (1597–1668), who was regularly

---

103 John Stoughton to Hartlib, 7 September 1636, HP 46/11/3A.
104 John Pym to Hartlib, 26 November 1636, HP 31/3/1A.

in touch with both Dury and Hartlib, from his home in Winchester Castle, responded courteously, but he offered a blunt assessment:

> I thanke you very much for your constant weekly advertisements, accompanied with those many choice peeces of Mr Duræeus, Comenius, and others:…Concerning both [Dury] and Mr Comenius, and those other noble spirits, I can say no more, but that I admire them, which is a kinde of saying nothing.[105]

Fundraising for Comenius and his team among the rich therefore fell upon deaf ears. Hartlib therefore largely relied on dribs and drabs from more humble sources, such as the little donation recorded from the West Midlands:

> Fifty shilling sterling have I receaved towards the promotion of Mr Comenius most hopefull worke, of the liberality & beneficiency of Mr Francis Billingsley of Astley [Abbotts, Shrophire] Esquire who contributed 20. shillings & of Mr Iohn Barton Master of Arts & high schoole-master then of Bridgenorth [Shropshire], but now of Birmingham; as also 20 shillings.[106]

Such well-intentioned desultory acts of kindness were not uncommon, but they achieved nothing like the level of beneficence that Comenius had anticipated. Indeed they exacerbated the mounting impoverishment that both Dury and Hartlib were experiencing. In 1637 Comenius was impressed by the alacrity with which Hartlib handled the publication and distribution of his *Conatuum Comeniorum Praeludia,* but he was unaware of the nightmare that Hartlib faced in covering his costs. Accordingly, by the time of the arrival of Comenius in England, his host was almost empty-handed.[107]

Reports from Poland, such as those from Johannes Arnold, testify to the worsening plight of the various Protestant sects, indeed in the

---

105 Waller to Hartlib, 25 September 1638, HP 32/2/7A.
106 Fragment of a receipt n.d., but about 1638, HP 23//2/21A.
107 For invaluable insight into the details of Hartlib's financial affairs, see Mark Greengass, 'The financing of a Seventeenth-Century Intellectual: Contributions for Comenius, 1637–1641', *Acta Comeniana* 11 (XXXV) (1995), 71–87; 141–157.

very vicinity of Leszno, into which area Arnold himself had retreated by 1637. He commented that the financial aid received from Western Europe was insufficient to arrest the erosion of Protestantism in his region. He drew comfort from the example of English '*Puritanismus*', the characteristics of which he believed should be imported to strengthen religious practice in his own communities. Arnold was obviously familiar with the affairs of Leszno. With respect to Comenius, he understood that he still had not completed his *Pansophia* and was working diligently on this project, but he had no intention of coming to England, and for many sound reasons that ruled out any such departure. As a Senior of the Brethren there was no possibility of him abandoning all those churches that were always in need of his services.[108]

Arnold's testimony is helpful in clarifying the dilemmas facing Comenius. From his perspective he feared that the reformer was not only hopeful of financial support from England for himself and his team, but also he was considering settling there, at least for a fair length of time. Arnold also reminds us that a strong school of thought in Leszno would oppose any such exodus, or indeed any relief from clerical and administrative duties. Arnold's report on this situation was helpful to Hartlib, but it must have alerted him the risk of being burdened with responsibilities for which he was entirely unprepared.

In one important respect, in the late thirties the downward spiral with respect to Comenius was reversed owing to the infusion of blood into Hartlib's network. Of his seasoned associates in England, although Comenius was marginal to their activities, Theodore Haak and John Pell could be relied on to be supportive, but neither had played an active role in the dialogue with Comenius. More significant were the interventions of Johann Abraham Poehmer, Johann Moriaen and Joachim Hübner. Neither of the first two visited England, but at this date corresponded with Hartlib about the affairs of Comenius. Poehmer had of course known Hartlib since the inception of the Antilian fraternity. They remained in intermittent but

---

108 Johannes Arnold to Hartlib, 6 March 1637, HP 45/8/1A.

very friendly contact. Poehmer's most active intervention on the Comenius front dates from 1638, and was made from Nuremberg, his family home. Poehmer was alarmed by the disputes that had broken out on the continent over the newly published *Conatuum Comeniorum Praeludia* (1637). This event was eagerly awaited on account of providing the first published insight into the pansophic ideas of Comenius. Poehmer, out of deference to Hartlib's commitment to the *Praeludia*, was eager to lend support. However, concerning Comenius himself, Poehmer's loyalties were divided because of his immersion at that point in the works of Tomasso Campanella which, as it happens, were also an important source of inspiration for both the metaphysics and the utopianism of Comenius.[109]

Of the above trio of foreigners, the heavyweight was Joachim Hübner (1611–1666), who settled in Oxford in the summer of 1636 and remained in England until 1642. Well-educated and outstandingly talented, this young intellectual lacked a settled vocation. He was exactly suited to assume command over Hartlib's Comenius assignments.[110] Hübner was not at this date entirely unknown to Hartlib, but it seems that he is mentioned only once in Hartlib's papers before 1636, in a passing remark dating from 1634, which itself hints that he was already known to Hartlib.[111] From November 1636 until the end of 1640 Hübner submitted almost weekly reports to Hartlib. His direct correspondence with Comenius began on 7 October 1638 and eleven other letters followed, reaching an abrupt end on 7 December 1640. Most of these letters, like his correspondence in general, were

---

109 There is urgent need for a consolidated study of Poehmer. His presence in the Hartlib Papers is considerable, but under-estimated owing to misattributions. For his links with Comenius, see Blekastad, p. 151 et passim. Alas, the first name is erroneous in this source. See also much helpful material in Dickson, *Tessera of Antilia*, pp. 110–35.

110 There is lamentable lack of modern commentary on the substantial body of Hübner's correspondence, but for an admirable summary of his biography and involvement in a liberal range of publishing projects, see Leigh Penman, 'Areopagitica, freedom of the press, and heterodox religion in the Holy Roman Empire', *The Seventeenth Century*, 33.1 (2018) 45–61.

111 Streso to Hartlib, 20 July 1634, HP 11/1/142A. This note suggests that Hübner was already familiar with Dury.

lengthy and stylish. During this period he mounted a virtuoso performance, demonstrating command of both classical and modern sources, and with respect to the latter, every species of activism, from Boehme and the Rosicrucians to the aspiring corpuscularians and mechanical philosophers. Unfortunately his reputation was marred by habitual tactlessness, commonly expressing itself as condescension or indeed naked aggression. Some big targets were often chosen, for instance the eminent Johann Heinrich Bisterfeld who, in 1638, communicated to Hartlib his resentment at Hübner's monstrous misjudgment of his character and dismissal of his capabilities as a philosopher.[112]

Comenius was at first fortunate. Hübner took a liking to his pansophic project and worked hard to edit and publish his *Praeludia*, which appeared in Oxford not long after the manuscript arrived in Hartlib's hands.[113] Alas, this well-meaning gesture occasioned the first perturbation in relations between Hartlib and Comenius. First, publication had been undertaken without troubling to ask permission from the author. Secondly, this latest publication by Comenius was grist to the mill of the author's critics, who duly revived their accusations of heresy and Socinianism, suspicions that had also been raised in Oxford where they accounted for some delay in publication.[114] For the moment harmony was restored and the way was prepared for further editions of the now-retitled *Prodromus pansophiae*, which was issued in both Oxford and London.[115] After a further short

---

112 [Bisterfeld to Hartlib], excerpt of letter, 17 September 1638, HP 27/7/1A.
113 *CONATVVM COMENIANORVM PRAELVDIA EX BIBLIOTHECA S. H.* (Oxford: William Turner 1637). STC 15077.
114 For a series of fifty adverse annotations on the *Conatuum* of Comenius by Jerome Broniewski, a senior figure of the Brethren in Leszno, dated 5 January 1639, see HP 7/64/1A-4B. The final note summarises the argument of Comenius and concludes: 'Hoc Socinianum est'.
115 Harmony was not quite achieved, as indicated by a letter from Hartlib to Tassius dated 21 April 1638, which complains that Comenius has not responded to his letters for the last six months, HP 28/1A-2B. In fact, on 26 January 1638 and again in September, Comenius had rehearsed to Hartlib his grievances about the *Conatuum* publication and Leszno repercussions, also on 8 March 1638, there was a short note concerning the plight of the Brethren in Frankfurt an der Oder.

delay, there was an English translation, which was not altogether appropriately titled *The Reformation of Schooles* (1642).[116] This change of presentation reflected for the backers of Comenius some distinct difficulty in determining their point of focus.

A false impression of Comenius's diminishing engagement with education was exacerbated by Hübner's behaviour over the *Didactica magna*. It seems that this work was first drawn to Hartlib's attention by Jan Jonston in 1633. In his first letter to Hartlib in January 1634, Comenius confirmed that the *Didactica* was near completion. Because in January 1635, Streso commented on Dury's observations on this same text, it is evident that the manuscript was delivered to Hartlib without delay and earlier than is usually assumed.[117] Alarmed by the author's coupling of the pansophic and didactic texts, Hübner set about the demolition of the *Didactica*, in a tirade spread over 4,000 words of a letter to Comenius, dated November 1639.[118] This letter began in an insulting and patronising manner by heaping praise on Marin Mersenne, whom Hübner portrayed as the kind of pansophic authority from whom Comenius would do well to learn before publishing anything more on this theme. Then, straight to the point with respect to the *Didactica magna*: he regarded this sizeable draft as quite unsuitable for publication. It failed to deliver what the title promised, and what it contained was inadequate, incoherent and unfounded. In view of its multiple failings Comenius was censured for ever believing that this text was a suitable partner for the pansophic *Conatuum*. Hübner warned the author that he faced ridicule by the leading thinkers of the time unless the *Didactica* was sent back to the drawing board. Comenius was shocked by this verdict and his plans for publication were abandoned. On reflection however, he virtually ignored Hübner's strictures and published the *Didactica* quietly in his

116 *A reformation of schooles designed in two excellent treatises, the first whereof summarily sheweth, the great necessity of a generall reformation of common learning* (London: Printed for Michael Sparke, 1642). Wing C5529.

117 The text of the *Didactica magna*, as delivered to Hartlib, is probably that preserved in HP35/6/1A-145B, which is a variant of first published version dating form 1658.

118 KK, vol. 1, No. 62, pp. 72–82. Repeated in *MGP*, vol. 26, No. 102, pp. 141–57.

collected educational writings in 1657 without any substantial alteration. It was not published separately during his lifetime, or for a very long period afterwards. It is only in modern times that it has come to be regarded as a major classic in its field.

The above fiasco left the embarrassment that Comenius had been sold to the English on the basis of his role as a preeminent educationist. But the first priority of the Comenius who arrived on English shores seemed to be philosophical and specifically pansophic, roles that were strikingly less marketable to most of the potential patrons in the Hartlib stable. No doubt the latter took comfort from the conclusion of the respected Professor J. A. Tassius, his Hamburg friend, who himself had reservations about pansophia, but concluded positively that 'Pansophics and better Didactics are now boiling over in all corners of Europe. So: even if Comenius has done nothing more, he has sown a veritable crop of stimuli in the hearts of all, and so must be thought to have achieved enough'.[119]

In his way, the polymath Johann Moriaen (1591–1668) was arguably more ubiquitous than Hübner.[120] During the 1630s he became familiar to Hartlib and Dury, but his veritable bombardment of letters commenced only on 13 December 1638. These communications with Hartlib, mostly dispatched from Amsterdam, continued on an almost weekly basis for many years, including of course, during the visit to England by Comenius. Amsterdam was at this date a deeply cosmopolitan location and a particularly good vantage point for maintaining familiarity with English affairs.

From their very inception Moriaen's letters to Hartlib provided a running commentary on the travails of Comenius which ultimately led to his exodus from Leszno. Unsurprisingly, the earliest letters to

---

119 Johann Adolf Tassius to Hartlib (n.d., but probably July 1638), KK, vol. 1, No. 53, p. 50. Hartlib echoed the verdict of Tassius, concluding that, the *Praeludia*, although just a *seminarium*, might do more good than the projected finished product (*mehr guttes als das Werck selbst thun werde*), Hartlib to Tassius, 10 August 1638, HP Additional, Hamburg, Ep. 100, 60A.

120 J. T. Young, *Faith, medical alchemy* (fn. 10) for a fine contextualised review of various special interests of Moriaen.

Hartlib from Moriaen focus more on figures such as Jungius and Tassius of Hamburg, rather than the more remote Comenius. The first note of excitement concerning the Czech related to the newly published *Conatuum Comeniorum Praeludia,* which was evidently well-received. Moriaen and Hartlib were broadly of the same mind as Tassius.

Moriaen's letter of 7 March 1639 suggests that Hartlib and Dury had awoken to the gravity of their financial situation concerning Comenius. They now appreciated that publication of the *Praeludia* presented them with a tangible basis for a major fund-raising initiative.

Various drafts of relevant petitions are found in the Hartlib Papers, all of them anonymous. The most pleasing is an elegant Latin petition, perhaps emanating from Joachim Hübner. This describes the nation's plight in apocalyptic terms, and presents Comenius as a messianic figure, who was duly equipped with piety and erudition, amounting to 'universal wisdom' itself. Proof of his importance was provided by his latest book, the *Conatuum,* which was the 'key to the Book of Nature and the Scriptures, or an exact compendium of all the useful arts', otherwise known as *pansophia.* It was clearly expected that this passionate appeal would unlock the purse strings of potential benefactors.[121]

If clarification about practicalities were required, this was amply covered in an anonymous letter headed 'Worthy Sir' which was undoubtedly drafted by Dury and might well have been circulated under his signature. By contrast with the Latin document this one was a hasty, ill-thought out and rambling review of personnel combinations and costs, but with no central thread of argument. Also important, it was self-evident that this appeal for substantial resources was unable or unwilling to specify where the Comenius team would be located, what they would undertake, or where the funds would

---

121 Plea for the support of Comenius, n.d., [circa January 1639] HP 18/20/1A-2B.

be disbursed. Therefore it was by no means clear what benefit would accrue to the benefactors and the nation.[122]

Moriaen had obviously been provided with 'Worthy Sir.' He noticed that there might be two or three collaborators in this package who, together with Comenius himself, would absorb at least £500 a year. He seemed untroubled by this estimate and assumed automatically that it would be spent in England, which he depicted as the most suitable location (*in Engelland am füglichsten*) for a project that would tap into the spirit of emulation for which the nation was noted.[123]

From an early stage in his dealings with Hartlib, Moriaen subscribed to a gilded image of England. Here he was echoing Johannes Arnold and other correspondents of Hartlib throughout central Europe. The deteriorating situation of many Protestant minorities gave rise to largely unfounded conjectures about England being a haven of tranquillity, enlightenment and magnanimity. Such bias generated some curious side-effects, as for instance with Johann Heinrich Bisterfeld, friend of both Hartlib and Comenius, who wrote of his yearning after '*Anglicam tranquillitatem*', a way of life thought characteristic of England, where scholars were free to study in peace, both day and night.[124] Poehmer held out Nuremberg and England as potential homes for Comenius and his team, but of these two places enjoying a golden peace, England was superior in its potential for patronage and benefaction.[125] This was a reasonable conclusion. Eleemosynary acts by British congregations were indeed a commonplace, but generous endowment of mysterious philosophical projects in distant lands was without precedent.

Signifying the impact of Comenius material sent by Hartlib to Moriaen, the latter immediately began exploring the possibility of publication in the Netherlands, including of course the *Didactica*

---

122 [John Dury], 'Worth Sir…' etc, n.d., [circa January 1639], HP 26/23/1A–6B.
123 Moriaen to Hartlib, 7 March 1639, HP 37/11B–12A.
124 [Bisterfeld to Hartlib], excerpt of letter, 17 September 1638, HP 27/7/1A.
125 Poehmer to Hartlib, 1636, *MGP*, vol. 26, No. 42, pp. 58–61.

magna.[126] In the very next letter, dated 19 April 1639, Moriaen signifies his delight at the news from Hartlib that Comenius has now been invited to England. This perhaps suggests that Hartlib had by that point received some positive responses to the campaign for support of the Comenian team. It is also worth noting that Moriaen underlined the benefits to the pansophic project that would accrue from the addition of John Pell's mathematical expertise.

On 12 August 1639 Moriaen thanked Hartlib for the transmission of yet a further work by Comenius, his *Pansophiae Christianae Lib III, De mediis homini ad fines suos concessis utendi modo*, for which Moriaen took the trouble to provide the full title. This is a further example of a manuscript which survives among Hartlib's papers, but laid fallow, indeed until 1928 when it was at last published.[127]

This letter also contains a bibliographical curiosity in the form of the title of a pamphlet, amply titled: *The Duties of such as wish for the advancement … of true Religion and An Exhortation for the worke of education intended by Mr Comenius*, which I suspect is either the 'Worthy Sir' document discussed above, or some pamphlet based on this source. In any case, this constitutes further evidence that Hartlib and Dury were seriously addressing their task of raising financial support for Comenius. Alas, a letter from Dury to Hartlib, dated September 1639, admitted that their idea of a collegiate form of institution to support Comenius had made absolutely no progress.[128]

---

126 Moriaen to Hartlib, 28 February 1639, HP 37/9A-B.

127 Moriaen to Hartlib, 12 August 1639, HP 37/36A. For *Pansophiae Christianae Lib III*, HP 35/2/1A-24B. See also *J. A. Komenského Dva spisy vševědné* (fn. 89), pp. 7–18.

128 Dury to Hartlib, 13 Sept 1639, HP 9/1/94B. The occasion for this admission was the magnificent gesture of their friend Tassius, who 'was willing to leave all [of his library] to some Colledge of learned men that Studied to advance the public good of learning, by this meanes hee put mee to it to declare how farr our Collegiall Intentions were advanced, but I answered him in generalls not discovering our weakenes…'.

Moriaen's letter of 5 December 1639 illustrates the speed in which information was transmitted within the Hartlib community. Moriaen was evidently shocked by the malign tone of Hübner's censure of Comenius's *Didactica magna*. He looked forward to hearing Comenius's response to this attack and was concerned by the damage the censure would inflict on the whole group. In the first place he demanded confidentiality in such exchanges, but this was not enough. He insisted that, before any further publications, there should be a meeting of those concerned, which would examine all ongoing work and reach a consensus before any further material was made public. He told Hartlib that he had written to Comenius with this proposition. This path of conciliation seems to have been followed to some extent, allowing resumption of Hübner's communications with Comenius and talk of a close partnership, in fact possibly a transfer of Hübner to Leszno.[129]

Notwithstanding a growing sense of forward motion, the Hartlib team remained inactive with respect to seeking support for Comenius in parliamentary quarters. An important set of representations sent by Hartlib to Sir Thomas Roe in August 1640 help to explain this lethargy. These communications focused almost entirely on the plight of Dury. Of Comenius, there was no mention at all.[130] If this documentation is representative, at this crucial time, it seems that Hartlib's team were throwing all their eggs into a single basket, which was directed to the interests of Dury rather than Comenius.

Oblivious of this inactivity, a lengthy letter of Comenius to Hartlib dated 17 February 1641 builds on his panegyric to Francis Bacon, culminating with reference to Salomon's House, the ideal institution of learning advocated in *New Atlantis*.[131] In the fertile imagination of Comenius (seemingly inspired 'by the genius and eloquence' of

---

129 Moriaen to Hartlib, 5 December 1639, HP 37/49A.
130 Hartlib to Roe, 10 August 1640, with supportive letters from Bishops Davenant and Hall, as well as reference to other support from Archbishop Ussher and others. *CPSD*, vol. 463, August 1–14 1640, pp. 569–70.
131 Comenius to Hartlib, 17 February 1641, HP 7/84/1B–4A. First published by Čapková, 'Unpublished Letters' (fn. 102), 226–9.

Hübner) this idea was magnified into a Universal College of learned scholars devoted to the furtherance of all aspects of Universal Light. It is easy to understand how these ideas contributed to Comenius's own utopian work, *Via Lucis,* which was completed during his visit to England, but not published until 1668, when it was dedicated to the London-based Royal Society.[132] Just in case Hartlib was lacking in imagination, Comenius challenged him not to squander this opportunity for England to become host to this universalist project. More specifically he proposed a foundation in London of six to seven scholars who would then act as the hub of a correspondency that would operate world-wide. By means of this foundation England would book its place in the forthcoming age of universal bliss, as outlined by John Stoughton, their recently-deceased friend.[133] On 7 March Comenius wrote yet again to Hartlib to remind him that the fate of the clergy belonging to the Brethren was much worse than on the previous occasion that he had raised this matter.[134]

In the spring of 1641 references to Comenius in Moriaen's letters become fewer and less important. However, a lengthy letter to him from Comenius, dated 7 March 1641, indicates that Moriaen remained very much centre-stage. It is clear from this letter than only a fraction of the Comenius letters to Moriaen have survived. Comenius expressed his cherished ambition to make personal acquaintance with Moriaen, Hartlib and Hübner. But escaping from Leszno, the only means to realise his dearly cherished ambition to concentrate on his pansophic studies, remained an intractable problem. Such a move was essential, among other things because access to the library resources of the Netherlands or England would raise his work to a new

---

132 The most recent and exhaustive edition is Uwe Voigt (ed.), *Johann Amos Comenius: Der Weg des Lichtes. Via Lucis* (Hamburg: Felix Meiner, 1997), but without, it seems, reference to this important source.

133 John Stoughton, *Felicitas ultimi sæculi: epistola in qua, inter alia, calamitosus ævi præsentis status seriò deploratur …. Nunc publici juris facta à S. H.* (London: R. Hodgkinson imp. D. Frere, 1640). No doubt, as editor, Hartlib presented Comenius with a copy of this little book. The death in 1639 of the influential Stoughton was regarded by both Hartlib and Comenius as a major loss.

134 Comenius to Hartlib, 7 March 1641, HP 7/84/1A-B. Čapková, 'Unpublished Letters' (fn. 102), 290–2.

level and also facilitate the revision of some of the most important of his existing publications.[135]

For Comenius the fresh opportunity to visit England had arisen at an opportune moment, when he was no longer able to bear the weight of responsibilities demanded of him at his denomination's headquarters in Leszno, while also attempting to bring to a successful conclusion the immense intellectual undertaking upon which he had embarked. He had therefore reached the situation of having few qualms about seeking shelter elsewhere in order to regain the momentum of the great task for which, he believed, he was divinely ordained. Unfortunately for him, divine ordination had not endowed the means or political stability required to enable him to fulfil his ambitions.

Comenius in London

The possibility of support for Comenius in England[136] gained a higher public profile when his case was briefly mentioned in a sermon delivered by John Gauden (1605–1662) to the Long Parliament in November 1640.[137] The relevance of this source to Hartlib was

---

135 Comenius to Moriaen, 7 March 1641, HP 7/84/1A-B. Čapková, 'Unpublished Letters' (fn. 102), 293–4.

136 For its historiographical significance and general accessibility, special importance is attached to Hugh Trevor-Roper's scintillating essay, 'Three Foreigners and the Philosophy of the English Revolution', *Encounter*, February 1960, pp. 3–20. The other main sources on this subject remain: Robert Fitzgibbon Young, *Comenius in England: the visit of Jan Amos Komenský (Comenius)... to London in 1641–1642* (London: Oxford University Press 1932), a paperback of 99 pages, a curious period piece; Turnbull *HDC*, pp. 349–70, irreplaceable; idem, 'The Visit of Comenius to England in 1641', *Notes and Queries*, 17 (1951) 37–42; idem, 'Plans of Comenius for his Stay in England', *Acta Comeniana*, 1958, XVII: 7–28; Blekastad *Comenius*, pp. 309–330.

137 *The love of truth and peace. A sermon preached before the Honourable House of Commons assembled in Parliament. Novemb. 29. 1640. By John Gauden, Bachelor in Divinity. Published by their command* (London: Printed by T. C. for Andrew Crooke in Pauls Church-yard at the Greene Dragon, 1641), 46 pages. Thomason E.204[10]; Wing 2nd edn. G362. John Gauden (1605–1662) was a longstanding, but not close, contact of Hartlib. This intervention by Gauden was no doubt prompted by one of his aristocratic patrons such as the Earl of

first revealed by Turnbull in 1927,[138] but it is only since about 1960 that it has attracted much attention, indeed higher than is merited by the intervention itself. Gauden's somewhat adventitious remarks about Comenius, Dury and Hartlib occupy little more than a couple of paragraphs and a compressed footnote located on pages 42 and 43 of his 46–page sermon on Truth. When Gauden's text is examined closely, it is clear that his call for financial support of Dury and Comenius is not associated with any expectation of their relocation to England. Hartlib is invoked as a possible intermediary between Parliament and the other two luminaries in the provision of more enhanced support. Gauden's sermon is therefore little more than a curiosity, but it does suggest that at the end of 1640 the point had not yet been reached when there was any general expectation of a visit to England from Comenius.

Despite qualms about the growing political turmoil in Britain, in the early months of 1641 both Comenius and Hartlib developed a more positive attitude towards exile in England. There were, however, differences of emphasis. Comenius envisaged that he and his team might play a constructive role in a college of the type envisaged by Francis Bacon, whereas Hartlib favoured the Czech visiting alone with the idea of inspiring greater support for his ideas concerning education and the advancement of learning.[139] Alas, for the period from May until September there is little evidence concerning the finalisation of Comenius's plans. His own testimonies about the circumstances of his visit to Britain are not entirely consistent. He cites pressure from Hartlib and his patrons, elsewhere the entreaties of bishops and leading churchmen, and finally a summons from the Parliament. The last of these explanations was in the past greatly favoured by scholars, but it is entirely without foundation. Hartlib was

Warwick. See R. F. Young, *Comenius in England* (1941); Turnbull *HDC*, pp. 349–65, which is a mine of information; the best of recent treatments is J. T. Young, *Faith, Medical Alchemy* (fn. 10), pp. 127–134.

138 G. H. Turnbull, 'The summoning of Comenius to England by Parliament', *The Central European Observer*, 1 April 1927.

139 Turnbull *HDC*, pp. 350–54 for a summary of the many relevant letters from the first months of 1641.

not alone in accepting the idea of a visit but, no doubt reflecting the mounting political chaos in the British Isles, the strength of resolve among Hartlib's patrons and co-workers was noticeably subdued. In view of this confused situation and the tempting lures of Louis de Geer for Comenius to settle in Sweden, it is doubtful whether Comenius ever regarded the English visit as more than an interlude. The duration of his stay was nine months, starting in September 1641, but, as Turnbull points out, 'the departure of Comenius from England must have been impending throughout the winter of 1641–2'.[140] In fact, it is quite likely that departure was in his mind, possibility before his very arrival.

In reality the great man's arrival in London was not heralded by fanfare. Comenius himself always gave 22 September, the autumn equinox, as the date of his arrival. Sir Cheney Culpeper, who soon assumed the task of trying to make a reality out of Comenius's dream of a Baconian college, first heard of the Czech's arrival in a letter from Hartlib dated 21 September 1641.[141] Shortly afterwards Nicholas Stoughton expressed his delight at this outcome and immediately donated £20 to help Hartlib with associated costs.[142] The Czech himself was under the illusion that his visit was sanctioned by parliament but, as noted below, this misapprehension was not shared by his hosts.[143]

The august visitor received a warm greeting, but little special attention. His residential arrangements amounted to lodging in Hartlib's

---

140 Turnbull *HDC*, p. 364. A message to Hartlib perhaps from Moriaen dated 17 October 1641 reports favourably on de Geer, and points to the advantages that Comenius would enjoy by taking that course of action. The informant points out that de Geer was already supporting some 200 learned persons. HP 23/9A–B.

141 Culpeper to Hartlib 29 September 1641, Culpeper *Letters*, p. 153. This letter is consistent with the remark of Comenius that he arrived on the day of the autumn equinox: ODO vol. 2, *De novis studia Didactica continuandis occasionibus*.

142 Stoughton to Hartlib, 28 September 1641, HP 46/12/17A.

143 In the past much weight has been placed on the bold statement by Comenius: 'ibique demum me parliamenti jussu fuisse vocatum intellexi', meaning that upon arrival he became aware that 'I had been summoned by order of the parliament'. *De novis studia didactica continuandis occasionibus*, ODO ii p.53.

humble home. The stream of curious visitors rapidly melted away, leaving Comenius for the most part in the company of Hartlib, Dury, Haak, Hübner and Pell. All of these were well-acquainted with the work of Comenius, but they were heavily committed with other obligations. With the exception of Sir Cheney Culpeper, who resided in Kent, none of the high-ranking patrons of Hartlib were in a position to be of much assistance, largely because they were unavoidably preoccupied with the mounting political crisis. There was also a distinct lack of imagination on the part of Hartlib's patrons. As Dury reported to Hartlib: 'Sir William Boswell hee said that hee hadde all this while thought yow to haue beene a single man & of a good estate; but I informed him how yow stood, & what ingratitude was used towards yow by those whom yow furnished with intelligence, at which hee was silent'.[144] A further adverse factor to bear in mind is the precarious health of Hartlib himself, upon which Dury also commented and offered advice about amelioration.[145]

Although left almost destitute, without the anticipated support of co-workers, and with no promise of improvement, Comenius remained stoical and quietly attended to his work, with which he made remarkable progress. Already on 18 October 1641 he reported to friends in Leszno on his first impressions, which were accurate, realistic and not too pessimistic.[146]

In all likelihood intended for the same group was a heavy work-schedule, also dated 18 October.[147] From the outset Comenius appreciated that reforms on the scale he was envisaging required a group effort and an efficient division of this labour. Despite the harsh criticism emanating from Hübner, he was entirely unrepentant about his *Didactica magna*, which, he insisted, should be first published and

---

144 Dury to Hartlib, 30 May 1642, HP 2/9/1A.
145 Dury to Hartlib, 30 August 1642, HP 2/9/13A.
146 Comenius to friends in Leszno, 18 October 1641, Patera *Korrespondence*, No. 32, pp. 113–6.
147 *Ad excitanda publica VERITATIS & PACI (hoc est communis salutis) ope DEI Studia Elaborandorum Operum Catalogus*, HP 7/90/1A-10B.

then act as the linchpin for other educational projects. All sections of his *Informatorium der Mutterschul* also merited further attention. He then proposed to expand advice concerning all grades within the Vernacular and Latin schools. The culmination of his effort was finalising guides to *panhistoria*, *pandogmatica* and *pansophia*. Finally he turned to practical considerations, ending with specific ideas about division of writing labour between Comenius, Dury, Hübner and Pell, while Hartlib would occupy himself with the task of administration. This plan confirms that educational reform still occupied a high place in the order of priorities of Comenius.

With respect to patronage, the outlook was ominous, but some attempt was made to draw attention to the portentous opportunities offered by the arrival of Comenius.

The most conspicuous publicity concerning the visit was an anonymous pamphlet entitled *Englands Thankfulnesse*[148] which was without doubt written by Dury and, as boldly stated on the title-page: 'Presented to the COMMITTEE for Religion in the High Court of Parliament'.[149] This tract, now a great rarity, is important and impressive

---

148 *ENGLANDS THANKFVLNESSE, OR AN HVMBLE REMEMBRANCE Presented to the COMMITTEE for Religion in the High Court of Parliament, with Thanksgiving for that happy Pacification betweene the two KINGDOMES. By a faithfull Well-wisher to this Church and Nation. Wherein are summarily discovered, A maine and most subtile Plot of the Pope and his Conclave against Protestancy. Their true Method and Policy how to undermine the same. The best and principall meanes of re-establishing the Palatin House, and preserving all Evangelicall Churches. As likewise, Three speciall Instruments of the publike good in the wayes of Religion, Learning, and the preparatives for the Conversion of the Jewes.* (London: Printed for Michael Sparke Senior, dwelling in Green-Arbour, at the signe of the blew Bible. 1642). 16 pages. Wing E3057.

149 There is uncertainty about the identity of this Committee. It is usually thought to be the House of Commons committee of this name, but this huge committee was chaotic and ineffective. Perhaps more likely is the House of Lords committee for religion, established in March 1641, chaired by Bishop John Williams, who was supportive of Hartlib, and containing others who were also known to be sympathetic. This committee operated quite successfully and on a bipartisan basis. For an excellent summary, see J. Van Duinen, ' "Pym's junto" in the antebellum Long Parliament: radical or not?' in M. Caricchio, G. Tarantino (eds),

for various reasons, including demonstrating Dury's occasional ability to capture the mood of the moment. In this case he calculated precisely how to identify with the ideology of groups like the John Pym *junto* and their allies who were efficiently engineering the Parliamentarian ascendancy.

The pamphlet itself was published early in 1642 but it was likely to have been completed between the date of Comenius's arrival and 20 October, when the Long Parliament reassembled. This tract is particularly directed at interested Parliamentarians, among whom the text was distributed in advance of publication by Nicholas Stoughton (1592–1648), who was already a confirmed admirer, editor of Comenius' work, and a respected figure among influential Parliamentarians.

Those same Parliamentarians would have been particularly pleased that the title gave prominence to the 'happy Pacification betweene the two Kingdomes', an ideal objective that had just been achieved on August 10, 1641. This represented a union that Dury had long advocated but had become reconciled to its impossibility. The Dury text opens by rejoicing at Britain's achievement of a special divine dispensation in being granted restoration of its spiritual and temporal life and liberty, thereby freeing the people from their 'wofull distresse and anxiety for the sense of evils present, and in dreadful expectation of worse things to come…when by your wisdome the abuse of our Christian Liberty in some matters of consequence shall be taken away, lest in many other things, by little and little it may turne into a licentious dissolution of all true Government' (p. 2). Such statements left no doubt about its anti-Laudian and anti-monarchy perspective. In fact the tract as a whole was a sixteen-page political diatribe into which a small section (pp. 9–11) on intellectual and social improvement was inserted. This self-evident political bias was a stark contrast with the sermon of Gauden who carefully abstained from any hint of anti-monarchical sentiment.

Cromohs Virtual Seminars. Recent historiographical trends of the British Studies (17th-18th Centuries), 2006–2007, pp. 1–5.

Since the nation had demonstrated itself as God's people, Parliament was called upon 'to propagate unto all the world the glorious goodnesse of his Kingdome', an objective that would set the nation free and apply all the available talents for reforming church and state.

Dury outlined three main priorities: *first*, the advancement of learning as outlined in Bacon's *De augmentis scientiarum,* an objective ideal to be entrusted to Comenius himself who, on the basis of already massive achievements, was expected to be granted the means to oversee a spectacular advance in both his educational and pansophical projects; *secondly*, the promotion of ecclesiastic peace, an objective clearly designed, for the very first time, to confer official approval on the work of Dury himself; *thirdly*, a less familiar but at that date a rising desideratum: 'to make Christianity lesse offensive and more knowne unto the Jewes', a labyrinthine issue upon which the unplanned arrival of the capricious Johann Stephan Rittangel in England was viewed as an especially unexpected operation of divine providence.

The sudden and unpredicted availability of this exalted trio gave the nation the opportunity to facilitate their mutual cooperation to further 'advance the publike good'; the Committee and Parliament should:

> countenance these endeavours, at least so farre as to desire these gentlemen whilest they are yet here together, to set downe each of them in writing their counsell concerning the meanes and wayes of bringing that to passe, which so many yeares they have endeavoured to prepare and advance, that when you shall perceive what their experience upon good grounds will advise to be done in these excellent workes, your godly zeale and prudencie may judge and resolve how farre either to undertake the businesse, and make them your owne, or otherwayes to give assistance, countenance, and encouragements unto the Agents thereof, that they may without difficulty, more readily and comfortably proceed therein hereafter. (p. 10)

Englands Thankfulnesse was a fitting inauguration of the Comenius visit. It effectively conveyed the idea that Hartlib, Dury, Comenius and Rittangel were perfectly attuned to the mood of ideological transformation. However, in its eagerness to whip up support within Parliament, it conveyed an impression of unanimity with the reformist movement that was not entirely accurate. Hence, a novice such as Comenius was led to believe that he was in receipt of Parliamentary sanction, which represented a misunderstanding that was difficult to correct. The involvement of Rittangel was little more than a myth. His arrival in England was precipitated by an unexpected incident at sea, well before the arrival of Comenius. Ever a reluctant visitor, he scurried away again in mid-November 1641.[150]

Dury, who could have no misunderstanding about the limitations of Parliamentary sanction, was reluctantly persuaded to compose a sequel to *Englands Thankfulnesse,* with the expectation that he would reveal further detail about the arrangements the reformers had in mind. This challenge was met in *A Motion Tending to the Publick Good of this Age,* which must have appeared after *Englands Thankfulnesse,* but with a preface dated 31 December 1641, although on the basis of internal evidence, the publication date was perhaps late March or early April 1642.[151] Although four times the length of *Englands Thankfulnesse,* this sequel must be judged an embarrassing failure, and therefore of no assistance to the reputation and plans of Comenius or Dury himself. Indeed, in the first half of *A Motion Tending* it is difficult to locate any information relating to their prospective reform commitments. The emphasis was entirely on Dury's own priorities. This contribution reads like a discarded sermon fished out of

---

150 A letter of Moriaen to Hartlib, dated 18 November 1641 (HP 7/94A) reports that Rittangel had recently arrived back in Amsterdam and was already immersed in his rabbinic translations. This letter also shows that Rittangel had at one stage stayed in Hartlib's house. There was therefore only a small overlap with Comenius. Also, in late September 1641, when Comenius arrived in England, Rittangel was in Cambridge.

151 [John Dury], *A motion tending to the publick good of this age and of posteritie, or, The coppies of certain letters written by Mr. John Dury to a worthy Knight at his earnest desire shewing briefly what a publik good is and how by the best means of reformation in learning and religion it may be advanced to some perfection, published by Samuel Hartlib.* (London: Printed by P. L. for Michael Sparke, Senior … 1642), 40 pages. Wing D2874. N.B. Citations retain the erroneous paginations.

some bottom drawer. His nebulous aim was to persuade his readers to commit themselves to becoming 'a spirituall house, and a holy Priesthood, to offer up spirituall Sacrifices acceptable to God, through Jesus' or to 'truly come unto him as lively stones, to be built up a spirituall house, and a holy Priesthood, to offer up spirituall Sacrifices acceptable to God, through Jesus'.[152]

After the reader had ploughed through some twenty pages of spiritual invocation, Dury at last revealed four practical propositions. The first related to education, but this was solely a call for schools to eliminate obstructions that 'breede evill habits, and make the Soules of men unfit for the apprehension of the mistery of Godlinesse in the profession of the Gospel'. The second proposal was the facilitation of ecclesiastical peace by means of 'correspondency and the Printing of treatises and letters; without which the negotiation of this matter towards Divines will bee wholly lame and imperfect'. The third was 'the erecting of a professorship of Practicall Divinity in every University; and one in London at Sion or Gresham Colledge'. Finally, Dury called for the establishment of a lectureship in London for 'teaching the common people' to make more effective use of the scriptures. Despite its narrow focus and eccentric choice of priorities, Dury urged that his threadbare prospectus would serve 'to the good of this age, and of Posterity for the propagating of heavenly knowledge in the Gospel'.[153]

Having run into the ground with his exposition, Dury suddenly changed tack and devoted the second half of *A Motion Tending* to three letters, of which only the first two, letters from himself to Culpeper and dated January 1642, are relevant to central issues of educational reform. Strikingly, the Culpeper letters make no reference to the four suggestions listed above. Indeed, it would not be guessed that the first and second parts of the tract were composed by the same author. The first letter comprises a list of concise and practical recommendations for a series of guidebooks to assist the 'reformation of

---

152 *A motion tending to the publick good*, p. 17.
153 *A motion tending to the publick good*, pp. 21–22.

schools.'[154] The second letter amplifies the first and is more specific about patronage. Since private patronage had failed 'in the midst of straights and infirmities', Dury called on Parliament in the strongest terms to establish a new foundation of guaranteed permanence, which would employ Agents to overlook the general reform of education.[155] Principal among these Agents should the three stranger by virtue of their 'love to such objects through neglect of our selves we are put to a non-subsistence, I meane Master Comenius, Mr. Hartlib, and my selfe: For though our taskes be different, yet we are all three in a knot sharers of one anothers labours, and can hardly bee without one anothers helpe and assistance'.[156] This latter remark clearly reflects the pact of mutual cooperation that was signed by Comenius, Dury and Hartlib on 13 March 1642.[157] Dury concluded that under this new foundation some important work 'might bee well done, and I will propose the matter to Master Comenius and Master Hartlib, to whom I have not as yet spoken of this particular'.[158]

The above letters would at least have demonstrated that Hartlib and his team believed that the time was right for a radical reform of the educational system in England and Wales and that their programme was founded on Comenian principles. But the letters also dispel any idea that Parliament had already made any commitment, or that Comenius possessed any special or official sanction. Also, since the letters admit that any hopes of private patronage had been dashed, the way forward was entirely unpredictable. Finally, Hartlib's inner team, perhaps with the exception of Haak, were themselves on the verge of destitution. There was a real risk that by settling in London, Comenius would join the ranks of the destitute.

---

154 *A motion tending to the publick good*, pp. 23–5.

155 *A motion tending to the publick good*, pp. 41–4.

156 *A motion tending to the publick good*, pp. 41–42.

157 '*Foederis fraterni* …' HP 7/109/1A-2B. This pact was retained in the minds of the signatories, among whom it was periodically invoked. See Turnbull *HDC*, p. 363. The HP version of this document is clearly from a later date, for which purposes an additional name, William Hamilton, was added. Hamilton's acquaintance with Hartlib began in 1648.

158 *A motion tending to the publick good*, p. 44.

The only card left for the reformers to play was the idea of establishing a collegiate community reflecting the aspirations of utopians such as Bacon, Andreae, or indeed the Antilians. This possibility was enhanced by the prospect of annexation by Parliament of many ecclesiastical foundations, some of which were virtually redundant. Comenius himself clung on to the idea of special sanction from Parliament and he believed that one of these institutions would be designated for his use.[159] This was no more than a daydream, but nevertheless it lingers on in the Comenius literature.[160] In principle the Chelsea scheme remained open, but in practice the Hartlib team proved incapable of making any progress on this front, or indeed with any alternative that might persuade Comenius to remain in England. On 10 February 1642 Dury wrote to Hartlib that he had still not got round to drafting a plan for a 'College of Reformation', no doubt with Chelsea College still in mind for this development. It seems that, at this stage, Dury was only undertaking this task to pacify Sir Cheney Culpeper, who retained an undiminished zeal for the Chelsea scheme. At this point Comenius was not mentioned by Dury. In his mind the primary beneficiary of Chelsea would be Dury himself. He pleaded for an annual remuneration of £150, on which basis he promised to rekindle his work for the public good. Dury's foot-dragging over the Chelsea scheme is easily explained. Since the beginning of 1642 he had experienced a complete change of mind concerning his future and had made a bid to become chaplain to the Princess Royal, Mary Stuart (1631–1660), the daughter of Charles I who, in May 1641 formally married Prince William of Orange, as a result of which she would eventually be resettled in The Hague. At

---

159 For instance, S. G. Nordtröm and W. Sjöstrand (eds), *Comenius' självbiografi* (Stockholm), pp. 154, 236, where Comenius reports that Culpeper was instructed by Parliament to tell Comenius and his associates to prepare for the successful conclusion of the whole matter.

160 Young, *Comenius in England*, pp. 43–4, 53–5; Webster, *Samuel Hartlib and the Advancement of Learning*, p. 36; Young, *Faith, Medical Alchemy* (fn. 10), p. 130; Blekastad, *Comenius*, p. 315 states: 'The friends were admonished to have their plans ready, and after deliberations concerning housing a college of 12 scholars, they were offered Chelsea College and given an overview of its income'.

the date of their marriage Mary was nine and William fifteen.[161] Owing to the Civil War, this plan was revised and Mary left for The Hague at the beginning of May 1642. By this point Dury had accumulated sufficient support to gain the Princess Mary chaplaincy appointment and he duly repaired to The Hague at the end of May.[162] Culpeper heard this news with astonishment, particularly given that his hard labour to secure a rich benefactor for the Chelsea scheme seemed to have finally come to fruition.[163] Abandonment of the Chelsea project at that point was of course a further nail in the coffin of the great idea of securing the services of Comenius for Britain. Comenius was naturally aware of the chaos surrounding him. But he was also inured to instability and poverty, and such circumstances never impeded his intellectual productivity, gift of literary exposition, or indeed appetite for conducting a profuse international correspondence. By reason of these amazing gifts, Comenius yet again demonstrated his capacity to turn defeat into victory. As is often described, his record of productivity across a broad front was not at all affected by the straits to which he was subjected during his short sojourn in London.

The last of the letters of Comenius relevant to his stay in England is dated 10 June 1641.[164] This graceful expression of respects was addressed to all of his English friends, but his most cordial comments were reserved for Hartlib personally, whom he described 'as being born and sharpened to be the Instrument of God for arousing, sharpening and uniting men's inborn talents'.

Comenius finally acceded to the inducements offered by de Geer, and left England for the Netherlands, perhaps on 21 June, and thereafter made his way slowly to Sweden, where he arrived in August

---

161 Since the autumn of 1641 Dury earnestly negotiated about becoming chaplain to the Earl of Leicester and his family, but this plan was quickly aborted. Turnbull *HDC*, pp. 223–4.

162 For a summary of these events, see Turnbull *HDC*, pp. 224–6.

163 Culpeper to Hartlib, 13 April 1642, Culpeper *Letters*, p. 167.

164 Comenius to Hartlib, 10 June 1642, HP 7/75A-B, which also exists as a printed broadsheet, headed *Exemplar Epistolae Comeni I. A. Comenii*, of the same date.

1642. That was not the end of his travels, but he long remained in the iron grip of de Geer. This meant that he was in thrall to Sweden and Lutheranism, for which he and his fellow Bohemian Brethren in Poland paid a heavy price. After a dozen years away, he eventually returned to Leszno in 1654, only to be driven out again when, in 1656, the city was burnt down and the Brethren were once more driven into exile, as a result of which he was propelled back to the Netherlands as an impoverished exile (see Illustration 1).

Dury's flight from Britain also failed to bring about the security for which he yearned. He took up his court appointment immediately, but discovered he had been lured into a state of chaos. Yet again, just as on previous occasions, he found himself without adequate accommodation, unable to perform the services to which he aspired, and mired in intrigue. He resigned in 1643, remained in the Netherlands, but again without satisfaction, after which he returned to England in 1645 and then, as described in the next chapter, he resumed his place in the leadership team of the Hartlib network, almost as if there had never been an intermission.

Israels Call

When, in 1637, Dury characterised Samuel Hartlib's reformist mission, he emphasised its relevance to his own labours on ecclesiastical peace. He specially mentioned Hartlib's role in the Polish and German sides of church unity and insisted on Hartlib's importance in this and the wider sphere of ecclesiastical pacification on the grounds of his 'knowne, trusted, & beloved' status throughout the Protestant world, ranking him as one of the eminent 'profitable members of the commonwealth of Israell'.[165] Again, in *Englands Thankfulnesse* (1642), Dury specifically appealed to Parliament to employ himself, Comenius and Rittangel, all of whom could 'be usefull unto the Commonwealth of *Israel* in a publike way'.[166] Dury was granted a decidedly

165 Dury to Hartlib, c. 1637, HP 26/23/75B.
166 Dury, *Englands Thankfulnesse*, p. 4; see also pp. 6 and 9.

better platform to express his mature aspirations when he was selected by the House of Commons to deliver the fast day sermon of 26 November 1645. The version published in the following year bore the title: 'ISRAELS CALL TO MARCH OVT OF BABYLON UNTO *JERUSALEM*'. Like many of the previous fast day sermons of the Civil War period, *Israels Call* was a virtuoso performance, deep in biblical learning, but also replete with challenging messages.
A sharp dichotomy was drawn between the party of Babylon and the architects of a new Jerusalem. The former were destined to be destroyed, while the latter, if they acted with haste and fortitude, would be rewarded by being sanctioned to raise up the walls of that Jerusalem.[167]

This commitment was important because it would reinforce England's reputation for leadership in Protestant Europe, a status described as being 'Master of the family', 'the commonwealth of Israel', or 'children of Israel', upon whom God was keeping a 'speciall eye'.[168] Such expectations of lavish reward were reasonable in light of Britain's achievement of spiritual superiority, above 'all other people of the world; for the Nations of great Britain have made a new thing in the world; a thing which hath not been done by any Nation in the world'.[169] Such a remarkable achievement was the counterpart of the call of the Israelites from Babylon to Jerusalem, which compared only with the state of the Jewish nation in the days of Nehemiah.[170] Having drawn this comparison, Dury habitually elided past with present and outlined the obligations of Parliament towards the 'citizens of Jerusalem' including the order to be observed in the newly erected 'Temple', so that the citizens of Jerusalem might enjoy full 'communion with God'. Thereby, all those who had groaned with pain under the bondage of corruption in Babylon, would now 'come to the enjoyment of the glorious liberty of the Sonnes of God'.[171]

---

167 *Israels Call*, sig. A2v.
168 *Israels Call*, p. 22.
169 *Israels Call*, p. 23.
170 *Israels Call*, pp. 24–5, 27, 29, 31, 34.
171 *Israels Call*, pp. 34–43.

Thus far Dury (like Milton's *Areopagitica*, which dates from January 1645) echoed the revolutionary spirit of the many other fast sermons delivered since November 1640.[172] His more specific contribution lay in the closing passages, where he warned that the new settlement of affairs entailed a radical overhaul of the whole educational sector, a task that merited high priority. His main targets were the universities, 'the Schools of the Prophets' which needed to be:

> purged and reformed… with the soundness and purity of spiritual learning that they may speak the true language of Canaan and that the gibberishe of Scholastical Divinity (which is nothing else but the language of corrupt humane reason, and Philosophy, concerning spiritual objects, without respect to the Word of God) I say that the gibberidge of that (falsely so called) Divinity may be banished out of their society.[173]

He also called for the monopoly of the current universities to be ended by the establishment of 'lesser' universities in 'every Province'. As integral to these changes Dury called for reform of 'all the inferior common Schools of all sorts of children and youths' with 'men of parts encouraged to have the inspection and oversight of them'. The current situation was untenable since these schools were 'useles, if not hurtfull to the common-wealth, by the matters of knowledge which are taught in them'. For good measure, Dury also insisted that wholesale reform of the provision of law was also necessary. Without such measures as he specified, the state of Babylon would not be

---

172 Achsah Guibbory, 'Revolution and Reformation. Parliament "Fast Sermons," the Elect Nation, and Biblical Israel' in his *Christian Identity: Jews and Israel in 17th Century England* (Oxford: Oxford University Press, 2010), pp. 89–120; Curry Kennedy, 'Milton's Ethos, English Nationhood, and the Fast-Day Tradition in Areopagitica', *Studies in Philology*, 116.2 (2019) 375–400.

173 Of course reminiscent of John Milton's *Of Education. To Master Samuel Hartlib* (1644), which complains that the universities had not recovered 'from the Scholastick grossnesse of barbarous ages', as a result of which students were 'deluded all this while with ragged notions and babblement'. (p. 2), which itself echoed Milton's *Prolusions* II and VII from around 1630.

rooted out and the commonwealth will have missed its chance to establish Zion on secure foundations.[174]

Embedded in Dury's conception of Britain's identity with Israel was the notion that both states were committed to an epic struggle to escape from Babylon and rebuild Jerusalem and its temple, ideas that were commonplaces of the Puritan mentality of that period. In the cases of Dury and Hartlib these ideas went back to the beginning of their association. Hence, the third of John Dury's preserved letters, dating from 1629 and addressed to Samuel Hartlib, a native of Elbing, who had recently arrived in England, expressed his ambition to see the 'peace of Sion'. At that point Dury was uncertain as to his next step, about which he intended to consult William Ames, the Puritan veteran, who he knew was 'a true Israelite'.[175] In 1636, when efforts to gain financial support had virtually collapsed, in pleading Hartlib's case, Dury believed that 'God had given unto him to benefit the Commonwealth of Israel in matters of Religion and Learning'. At an earlier date, when prospects were more favourable, Hartlib had reported his own notable success of gaining the confidence of prominent Puritan divines, believing that the God of all mercies would now 'stir up the horse-men and charriots of this our Israel' to assist the further progress of Dury's mission for ecclesiastical peace.[176]

Already in 1634 when Dury outlined the high status Hartlib had achieved as 'Instrument of God appointed to tend upon this and all other public good enterprises' he added: 'such Men should bee cherished and supported, for they may bee made use of for extraordinary Workes; and in effect they are like the middle part of a wheele wherin all the beames or spackes from the several parts of the circumference concurre to support the axel-tree of a Charet, so that in the Charet of Israel they are as it were the center wherupon the whole motion doth depend. If then hee can bee kept alive you shal finde

<hr>

174 *Israels Call*, pp. 47–9.
175 Dury to Hartlib, 18 July 1629, BL Sloane MS 645, 243r-244r.
176 Hartlib to Dury 13 September 1630, HP 7/12/2A; Dury to St Amand, 11 November 1636, HP 6/4/15B.

that hee wil put life and quicken a hundert'.[177] The horsemen and chariots of Israel were a familiar and welcome image in the Puritan mind. In 1649 Cromwell warned Parliament not to forget its obligations to the people, who were, after all, 'the chariots and horsemen of Israel'.[178]

In many respects the peak of the aspirations of Hartlib and Dury was reached in 1653 with the imposition of the Nominated Assembly, which was a revised form of Major-General Thomas Harrison's millennially-influenced idea of an assembly reflecting the spirit of the Old Testament *Sanhedrin* of 70 selected 'Saints'. This biblically inspired innovation stirred Dury to compose some of his most impassioned policy statements. Regarding the general duties of the new assembly, in the manner of Harrison himself, he reminded them of the:

> Duty incumbent upon me & you, as wee are inhabitants of Sion & members of the Commonwealth of Israel. And in this respect I conceive our duty is to looke stedfast… to that which is come to passe concerning the Kingdome of Israel, that Hee would exalt him that is low & abase him that is high, & would overturne that kingdome & that it should bee no more untill …the Messiah come whose right it is, to possess the nations & to receive the utmost endes of the earth for his inheritance; & if God hath thus determined his Counsell over his owne people, Israel, till Christ come: can wee expect it should bee otherwise among the Gentiles?[179]

As a consequence of the above appropriation of imagery about Israel and the course of Jewish civilisation, intellectuals such as Dury and some of his closest associates became preoccupied with Jews, their language and their culture. In 1641 the assimilation of the Hebraist Rittangel into their team was indicative of their growing obsession with all things Judaic. By that date Dury was also in touch with Menasseh ben Israel, whose initiatives eventually contributed to

---

177 Dury to Charles Potts, 28 July [1634], HP 7/2/1A-B.

178 Letter of Cromwell to William Lenthall, Dunbar, 4 September 1651, W. C. Abbot, *Cromwell, Writings and Speeches* (Cambridge, Mass: Harvard University Press, 1937–1947), 4 vols, vol. 2, p. 462.

179 Dury to 'worthy friend' [likely Hartlib], mid-1653, HP 1/1/1B.

Cromwell's personal decision to the readmit the Jews into England (see Illustration 2).

The so-called philosemitism of this period has been the subject of some fine historical research, but it is necessary to remind ourselves that in those heady days of revolution, the same philosemites were also likely to be absorbed in prophecy, messianism, apocalypticism and millenarianism, all of which inspired speculations about the imminence of some kind of transcendental crisis out of which an age of universal betterment would materialise. Such issues inevitably raised questions about the future of the Jews. The conclusion favoured by protestant activists such as Comenius was neatly summed up by the Rosicrucian, Michael Maier in 1618: those like himself who looked forward to a 'universal reformation in the world' envisaged in the not too distant future: 'One empire, one religion, one concord of the dissenters, of the Jews conversion...and to insist on similar things to these'.[180] The precise mode of assimilation of the Jews was a matter of intense discussion during the English Revolution, in which the Hartlib network naturally played an active part.

As already noted, the final relish of the title-page of their reform brochure, *Englands Thankfulnesse* (1642), declared that Dury Comenius and Rittangel personally would serve as 'Three speciall Instruments of the publike good in the wayes of Religion, Learning, and the preparatives for the Conversion of the Jewes'. Addressing Hartlib in 1645, Dury devoted an entire letter to the issue of conversion, concluding that 'I am still in the same mind I was in long a goe concerning the conversion of the Jewes, that God will certainly bring it to passe. Concerning the times and Seasons I dare say nothing; but I think they draw neere; because the fulnes of the Gentiles is comming in a pace'.[181] The mode of procedure envisaged by Dury and others

---

180 Michael Maier, *Themis Aurea* (Frankfurt a. M.: Nicholas Hoffman, 1618), p. 178.

181 Dury to Hartlib, 4 May 1645, HP 3/2/117A-B. With respect to Kenneth Gibson, 'John Dury's Apocalyptic Thought, a Reassessment', *The Journal of Ecclesiastical History*, 61.2 (2010) 299–313, the author would be well advised to consult the Hartlib Papers more diligently if he undertakes any further reassessment of this work.

was usually not intimidatory, but rather humane and constructive. Dury favoured educational schemes, broadly in line with the thinking of the 1647 proposal for the constituent colleges of a new University of London. In one of these, 'nothing might be spoken but…Hebrew, our Children would as easily learne by the eare, as the Hebrewes did and then all forraigne Protestants of worth in this westerne World would send their sonnes to the University of London, and our elder Brethren the Jewes, now, their conversion to the Christian Faith is at hand, some of you perhaps shall live to see many of them come out of the East and joyne with us their westerne English Brethren here in London'.[182]

The issue of Jewish conversion sprang up throughout the reform literature of this period, even in an economic reform tract dated about 1649, where Benjamin Worsley claimed that one of the side effects of his trade proposals would assist with the 'endeavouring the Conversion of the Jewes, a worke as most Divines conceave shortly to be expected and without doubt at hand, and such as would not only bee a temporall, but a true and eternall Honour to them that sought or furthered it'.[183] At this very date, as outlined more fully in the next chapter, the collapse of Dury's plans for extending Hebraic studies was especially disappointing because it defeated 'all expectations which wee had to assist public designes and his workes of Iewish Conversion'.[184]

Within the Hartlib network there was serious interest in the ideas of the Collegiant, Adam Boreel (1602–1665), particularly during his visit to London between 1654 and 1659. Boreel was a keen Hebraist, a personal friend of Menasseh ben Israel, and he was closely involved

---

182 Anon., *Motives Grounded for the Founding of a University in London* (1647), pp. 5–6. Consistent with this idea, Benjamin Worsley reported that 'Our Layty having lately (especially about London) taken up the humor of learning and acquainting themselves with the Jewish Language, and beinge at the charge of establishing an Hebrew Lecture in the City in English.' [Worsley to Hartlib c. 1648], HP 53/37/1A.
183 [Benjamin Worsley], *Profits humbly presented* … [c. 1649], HP 15/2/64A-B.
184 Dury, probably to Worsley, 29 January 1649, HP1/7/1A-B.

with the latter's embassy to London. When compared with his contemporaries Boreel's estimation of the Jews was noticeably positive. In his view, the desired final consummation of the church depended on the Jewish acceptance of Jesus of Nazareth as their messiah, but this objective would only be attained after Christians had radically reformed themselves.[185] Boreel featured prominently in the exchanges between Hartlib and Worthington in 1660. They were aware of differences of opinion about Jewish conversion, but were inclined to side with Boreel, a conclusion that was enhanced by reference back to William Ames, the celebrated Puritan authority of earlier days who believed that 'The world may not expect any great happiness before the conversion of the Jews be first accomplished… the late learned Dr. Ames, who professed to his dying day the conversion of the Jews to be a most liquid scriptural truth, but could not approve of any of the Millennary tenets'.[186] Such a forecast represented a blissful outcome for the Christians. But, however the pill was sugared, the prospect of the form of assimilation envisaged, even by the most liberal of the so-called philosemites, would have been utterly abhorrent to their Jewish targets.

---

185 Boreel to Dury, 22 November 1660, from Francesco Quatrini, *Adam Boreel (1602–1665) A Collegiant's Attempt to Reform Christianity* (Leiden: Brill, 2021), p. 137.
186 Hartlib to John Worthington, 17 December 1660, Worthington *Diary*, vol. 1, p. 245.

Illustration 2
Rembrandt Harmenszoon van Rijn, *Abraham entertaining the Angels*, 1656

CHAPTER TWO
The Hartlibian Resurgence
John Hall and William Rand

The arrival in England of Comenius in September 1641 coincided with the outbreak of hostilities in Ireland. Before he had settled down Parliament issued its Grand Remonstrance, a list of demands in which John Pym, one of Hartlib's most influential patrons, played a leading part. In the context of the ensuing political instability and loss of economic confidence, it is not surprising that there was a complete collapse in the expectations of the 'three foreigners' for a positive transformation of their fortunes.

Recovering Momentum

Almost immediately after Comenius arrived, he reopened his discussions about transferring to Sweden. He departed from England on 21 June 1642. During his stay nothing happened to counteract his pessimistic estimate of the situation. At exactly this date, after more than six years in Oxford and London, Joachim Hübner also left England for France and he never returned. This was an immense loss to the Hartlib team, depriving them of their main player in the field of international philosophical dialogue. Also in June 1642 John Dury departed to take up his new role as chaplain and tutor to Princess Mary. These duties also brought Dury under the auspices of Elizabeth Stuart, who was the displaced Queen of Bohemia and Electress Palatine and only surviving daughter of James I.[1] Alas, neither this

---

1   This was never a happy assignment, as for instance shown by a letter from Dury to Caspar Godemann, dated 27 June 1642, that is, very near the beginning of his new posting: 'the Princesse hath beene all this weeke at the Queenes Court Bathing with hir; to morrow shee is to returne againe hither: thinges are very unsetled amongst us; & I unprovided of a Lodging as yet, though I have urged it

new posting nor its successor appointments brought satisfaction or security. June 1642 therefore witnessed the departure of Hartlib's three most important associates.

While Parliament incrementally strengthened its power, Hartlib himself suffered a series of yet further setbacks. Especially damaging were the deaths of John Pym in December 1643 and Sir Thomas Roe in November 1644, two mainstays among his patrons.[2] For a variety of reasons, other important contacts faded out of the picture: for example Nicholas Stoughton, perhaps on account of disappointment owing to the collapse of the Comenius initiative; John St. Amand because of political alienation. Further severe erosion at the centre of Hartlib's network in England took place in the autumn of 1643 when John Pell secured a mathematics teaching post in Amsterdam, while the Palatinate refugee, Theodore Haak, was selected for a diplomatic mission to Denmark.[3]

Technical experts also drifted away, as for instance Gabriel Plattes, who died in 1644, at that period being prized as a technical wizard,

---

   with importunity at all hands; I know not what the ende will bee, but the beginnings are slender & doubtfull'. HP 2/9/6A-B.

2   John Pym's association with Dury and Hartlib extended back at the least to 1634. The Hartlib-Pym correspondence began in 1635 and continued until June 1643, just before the death of Pym. While the main content of these letters related to Pym's search for a solution to the problem of mine drainage, as noted in Chapter 1, he also displayed lively support for the work of Comenius.

3   My preference for 'Hartlib network' terminology is only loosely connected with social network analysis, as for instance exhaustively surveyed in John Scott and Peter Carrington (eds), *The SAGE Handbook of Social Network Analysis* (Thousand Oaks, CA: Sage Publications, 2011). Among recent practical applications that are particularly relevant to this study are: Steve Murdoch, 'Eight Subverting-Confessionalism: The Network of John Durie in the North, 1628–1654', in his *Scottish Kin, Commercial and Covert Associations in Northern Europe, 1603–1746* (Brill: Leiden, 2005), pp. 280–312; V. Urbánek, 'J. A. Comenius and the Practice of Correspondence Networking', in W. Goris, M. A. Meyer and V. Urbánek (eds), *Gewalt sie ferne den Dingen! Contemporary Perspectives on the Works of John Amos Comenius* (Wiesbaden: Springer VS, 2016), pp. 291–310; and E. van Raamsdonk and R. Ahnert, 'John Milton's Network and the Republic of Letters', *Renaissance and Reformation*, 44.3 (2021) 81–110.

but now mainly remembered as author of the little utopian work, *Macaria.*

Replacement of lost talent was also hampered by the continuing lack of suitable patronage. Hartlib welcomed the Bohemian refugee Georg Ritschel. He visited Oxford briefly in 1641 and arrived back in London in 1645. In the following year he enrolled for a second time at the Bodleian Library. Owing to strained relations with Comenius, Ritschel was reticent to return to his service, but Hartlib was unable to find him a substitute preferment. The abilities of Ritschel as a philosopher were confirmed by his *Contemplationes Metaphysicae* (Oxford, 1648) which, on Hartlib's recommendation, was dedicated to Sir Cheney Culpeper and Nicholas Stoughton, both of whom had evidently given Ritschel encouragement and financial support. In the absence of a better outlook Ritschel drifted into schoolteaching in Newcastle and soon afterwards took up a clerical post at Hexham.

Henry Appelius, the future brother-in-law of John Dury, experienced similar disappointment. In the light of Hartlib's favourable impression of this longstanding correspondent, Dury visited him in Amsterdam. The main interest of Appelius was medicine, but he was forced to fall back on school teaching at the nearby small town of Purmerend. Dury had for some time wanted to recruit Appelius and bring him to England to make better use of his many talents.[4] Nothing came of this proposition but, as seen below, Appelius continued his helpfulness and was a valuable source of information on the publishing plans of both Helmont and Glauber. His wider capacities were demonstrated by his critique of Dury's *Reformed School*, which was devastating in its effectiveness, but also a model of tact and sensitivity.[5]

---

4   Dury to Hartlib, 18 September 1642, HP 2/9/24B, hints that Appelius was already expected in England.

5   Appelius to Hartlib', 23 August 1650, HP 45/1/42A-43B. Appelius was disappointed that Dury confined himself to the education of the gentry, neglecting the most important issue, which was the 'course is to bee taken with all the schooles in everie cittie & village'. This defect was convincingly addressed in

In light of the case histories cited above, the outlook for Hartlib's aspirations concerning the advancement of learning looked like a dead letter. His problems were compounded by his own continuing failure to secure a viable subsistence. In response to his sense of desperation, John Dury felt, not for the first time, that 'yowr Case doth lye heauie upon my spirit; because I see no trust to bee giuen to the hopes which are in men'.[6] Nonetheless, the ever resourceful Hartlib continued to employ his correspondence to maintain relations with his scattered flock. At the same time he began patiently recruiting new blood at home. This task of reconstruction was assisted by the return of John Dury to England in August 1645. The latter's main aim at this point was to strengthen his influence in the Westminster Assembly. In this context, in March 1646 he took up a clerical appointment at Winchester Cathedral, an assignment that lasted until December 1646, when he was called back to London to once again take charge of royal children.[7] Dury plunged into these new duties with his customary exactitude. Besides his direct contribution to the Assembly, he conducted pastoral work and, on behalf of the Assembly set about the onerous task of framing a new catechism. The latter project helped to revive his work on education and the advancement of learning that had been lying fallow since 1630. As if all of this was insufficient, he also pursued various controversies with friends and enemies, the main one of these being against the radical preacher, John Saltmarsh.[8]

Dury's unpublished 'Some Proposalls towards the Advancement of Learning', [1653], HP 47/2/1A–12B.

6   Dury to Hartlib, 31 March 1646, HP3/3/6A–B. At this moment Dury had just arrived in Winchester to take up his new clerical post.

7   As on the previous occasion in The Hague as chaplain to Princess Mary, Dury was unhappy in this work, from which he was dismissed in May 1649.

8   For Dury in Winchester, see Mario Caricchio, 'John Dury, reformer of education against the radical challenge', *Les Dossiers du GRIHL (2009–2): Dissidence et dissimulation* (http://journals.openedition.org/dossiersgrihl/3787). Saltmarsh published more than ten pamphlets in 1646, some directed against the Westminster Assembly. He died in December 1647, so terminating his controversy with Dury.

With the backing of Sir William Waller, his long-time patron, Dury's fertile mind soon fastened on the idea of redirecting some of the major charities of Winchester (or indeed elsewhere in Hampshire, or even Oxford) to serve the purposes of the Hartlib network and the advancement of learning.

The principal feature of these schemes, which were undoubtedly the result of discussions with Hartlib, was their fragmentary nature. All were research orientated, and envisaged the formation of 'Academies for the advancement of Learning and Religion' staffed by specialist professors. One of the relevant sources indicates that teenage pupils would be accepted into one of these academies and a list of potential applicants was recorded. The main interest of the specialist lists in the present context is their choice of the prospective senior members, which gives an approximate indication of the names of leading figures and rising talents from Hartlib's network in the second half of 1646. The plan for Oxford, which included the most elitist selection among the various schemes, envisaged the leadership of John Sadler, while the specialist chairs were to be divided between Adam Boreel, Robert Boyle, Dr Thomas Coxe, Sir Cheney Culpeper, John Dury, Caspar Godemann, Thomas Harrison, John Pell and Benjamin Worsley.[9] Other possible associates recorded more briefly in these

9   HP 49/9/37A. Of these names Harrison is perhaps the least expected, but Hartlib was his great admirer because Harrison's information storage system which was in some respects the precursor of the modern card index system. For a fine study of Harrison in this context, see Noel Malcolm, 'Thomas Harrison and his "Ark of Studies" An Episode in the History of the Organisation of Knowledge', *The Seventeenth Century*, 19 (2004) 196–232. As the letters of Culpeper indicate, Hartlib and his friends were desperate at this date to assist Harrison because of his extreme poverty. The inclusion of Robert Boyle might seem suspect. The name is given as 'Boyles', but the discipline to which his name is attached, 'Experimental Philosophy', is appropriate. The name is entered on a second occasion, but I suspect that this was a slip for Boreel. Boyle was at this date only nineteen, but his taste for natural philosophy was known, especially to his older sister, Katherine, who was by this date directly in touch with Dury (see Dury to Hartlib, 8 September 1646, HP3/3/34A-B). Furthermore, this side of Boyle was confirmed in the next few months, when the twenty-year-old Boyle entered into correspondence with both Hartlib and Worsley. In one of the Winchester lists, 'Mr. Boyles' was also recorded as a potential benefactor.

sources include Dr Justinus van Assche, Dr Gerard Boate, Hugh L'Amy, Pierre le Pruvost, J. S. Rittangel and Levinus Warner.[10] Ability to indicate the support of John Sadler (as also at this date: Oliver St John and Francis Rous) confirms that the Hartlib network was able to draw on the good offices of some of the leading politicians of the day.

Also relevant to the composition of the new academy are various letters from this date, which repeatedly refer to most of the above names. One of these specifies Culpeper, Godemann and especially Theodore Haak, this time in connection with a scheme for Oxford that was designed for both 'Pietie & Learning' with the aim of making the university 'more glorious than any other in the world' – a quotation that reveals the grandiose expectations of Dury about his new designs.[11]

The stillbirth of the above plans is of less importance than their value as indicators of the existence of strong bonds of association within the core network inspired by Hartlib and Dury, as well as a thirst for recruitment of yet further participants. The sciences were the predominant focus of interest, but there were some other and unusual strengths. For example, van Assche, Boreel, Rittangel and Warner were all orientalists, all of them with some role in Hebraic studies. Rittangel made much of his personal acquaintance with Karaite Judaism in Lithuania, while Warner was a major collector of oriental manuscripts, among which an important component related to Karaism.[12] For Dury and most of the other orientalists, as noted in Chapter 1, this was not just an antiquarian exercise. They were drawn to

---

10 Almost certainly, L'Amy and Pruvost were listed because of Dury's campaign at this date to secure Parliamentary support for their economic development schemes. Turnbull *HDC*, pp. 251, 257, 262; Culpeper *Letters*, pp. 122, 133 et passim: in all some twenty references, ranging from 1645 to 1649.

11 Dury to Hartlib, 25 August 1646, HP 3/3/30A–B.

12 This collection was deposited in the University of Leiden Library and remains there as one of its famous possessions. The Karaites rejected the authority of Oral Law, insisting on the direct, independent, and critical study of the Bible. Karaites were ardent exponents of the Mikra (Tanakh, Hebrew Bible) as the exclusive source of religious law. For Rittangel's short stay in England, see Chapter 1.

Hebraic studies on account of their messianic convictions. Hence Dury, while sending his regards to fellow enthusiasts (Moriaen, the latter's rich relative Pergens, Boreel and van Assche), regretted that because of the failure to obtain state support for his collegiate plans there would be a major setback in the quest for conversion of the Jews.[13]

Failure to establish any one of the projected academies, while something of a setback, was no impediment to the revival of Hartlib's network of eager communicators, many of whom led a peripatetic existence as for instance Rittangel who, after London and Amsterdam, gravitated to Köngisberg, or Warner, who became a diplomat in Istanbul. For this enhanced team such locations as Amsterdam acted a centre of gravity, in some respects rivalling London. The correspondence from Amsterdam of figures such as Appelius, Moriaen, Worsley and Rand, cited in this and the previous chapter, demonstrates the value derived from this Amsterdam and general Dutch connection. Intercommunication was therefore so well established in the Hartlib network that a single central base, especially in a location like Winchester, might have been positively detrimental.

In view of the strong commitment of its members, it is not surprising that the reinvigorated Hartlib network thrived and attracted enthusiastic young recruits such as Robert Boyle and William Petty. Hartlib proved to have constructed a network that exhibited both fertility and diversity, on the ideological front even trespassing into the dangerous territories of Socinianism and republicanism.

Katherine, Lady Ranelagh, Robert's elder sister, remained in the background, but was an active and respected player in many of the affairs of this reinvigorated network. The spring of 1647 witnessed an active exchange of letters between Boyle and Worsley; then, beginning slightly later, between Boyle and Hartlib.[14] Thereafter there

---

13 Dury, probably to Worsley, 29 January 1649, HP 1/7/1A-2B.
14 It was surely Hartlib's network that was in his mind when, on 22 October 1646 Boyle wrote enthusiastically to Isaac Marcombes about his association with 'our new philosophical college' or 'invisible college'. Boyle *Correspondence*, vol. 1,

was no fading in the momentum. For instance, it is striking that Menasseh ben Israel's negotiations about readmission of Jews to England were marked by an exchange of letters confirming that that he was drawing upon the goodwill of Hartlib, Dury, Moriaen, Sadler and Worsley, all cosmopolitan participants in Hartlib team.[15] An immediate product of these exchanges was Menasseh ben Israel's manifesto, *Spes Israelis*, which was published in both Latin and English editions in London in 1650 (see Illustration 2).[16]

A further example of the innovatory character of the enhanced network is provided by Hartlib's own engagement with a wide range of youthful talent, as witnessed by such figures as Robert Boyle, William Petty, John Hall and William Rand. The latter two, though less regarded than Boyle and Petty, are now subjected to more detailed scrutiny to demonstrate the scale of their contribution, which was all the more impressive considering that Hall died at the age of twenty-nine and Rand at the age of forty-six.

John Hall

John Hall (1627–1656) was the eldest child of Michael Hall of Consett and Framwellgate whose wife was Elizabeth Ghyl of Durham. Wood, in his *Athenae*, memorably recorded that when Hall's entry

---

p. 42, with relevant secondary sources cited in note (a). Worsley's communications with Boyle began before 21 November 1646, and Hartlib's exchanges with Boyle about March 1647. Correspondence between Sir William Waller and Hartlib indicates that by 19 March 1648 Waller was well-acquainted with both Boyle and Lady Ranelagh.

15 E. G. E. van der Wall, 'Three Letters By Menasseh Ben Israel To John Durie', *Nederlands Archief voor Kerkgeschiedenis*, 65.1–2 (1985), 46–63.

16 Rembrandt's 'Abraham entertaining the Angels' is the subject of much debate, in the course of which it is suggested that the angel nearest to Abraham might be a portrait of Menasseh ben Israel. Not considered, but relevant, is the pouch resting on the angel's chest, of a type commonly carried by learned Jews, to give them ready access to their pocket editions of valued religious texts. For a useful survey and beautiful little book, see Joanna Sheers Seidenstein, *Divine Encounter. Rembrandt's Abraham and the Angels* (New York: The Frick Collection, 2017).

to university was delayed by the civil war, John devoted himself to studies at home, especially in the library at Durham where 'he improved himself to a miracle'.[17] In Durham, at the age of fourteen, John met Thomas Stanley, then aged sixteen who, at this point, was about to matriculate in Cambridge. After the civil war delay Hall arrived at St John's College in Cambridge in May 1646. On the whole he found Cambridge a tiresome experience, but his creative energies were not impaired. These found their expression in his first book, *Horæ Vacivæ, or Essays. Some occasional Considerations*, which was published in 1646.[18]

The Hartlib Network

Just a year later, at the age of twenty, Hall entered Gray's Inn. Thereafter, London became his base, at first, again under Stanley's wing, at the Middle Temple, where he became associated with the Order of the Black Ribband, a group which embraced some of the finest of the Caroline poets. Up to the point of his untimely death before the age of twenty-nine, Hall proved to be a prolific and resourceful writer, who graduated from being mainly a minor literary celebrity, to become a social activist, in which capacity he quickly climbed the political ladder and grew close to the political elite and governing factions of the day.[19]

Of major importance in this political ascent was his association with Samuel Hartlib. Although Hartlib was an experienced engineer of intellectual dialogue, he was hardly prepared for the whirlwind that John Hall represented. Between December 1646 and about May 1647, from his stations in Cambridge and London, he fired off some

---

17 Antony á Wood, *Athenae Oxonienses*, vol. 1, 455–6. See also the *ODNB* entry by Joad Raymond, last revised 2008.

18 This was also the occasion for his first portrait, a frontispiece engraving by William Marshall, the superscript of which announced that Hall was then nineteen.

19 The following account of Hall in 1646 and 1647 connects with, but is different in perspective from, Nicholas McDowell's excellent *Poetry and Allegiance in the English Civil Wars: Marvell and the Cause of Wit* (Oxford: Oxford University Press, 2009).

twenty-five often frenetic letters to Hartlib.[20] On Hartlib's side his expectations for Hall were limited. He was desperately short of reliable translators for the stock of manuscript writings that had accumulated in his papers over many years. He had identified Jeremey Collier, also of St John's College, as a potentially useful translator, but Collier proved to be completely unreliable. By contrast, Hall not only quickly and expertly completed his translations of two short tracts on utopian-inspired brotherhoods drafted by Johann Valentin Andreae more than twenty-five years previously, but he also offered to translate *Christianopolis,* Andreae's well-regarded utopian tract. Moreover he seems to have been near to completing a translation of another utopian essay, Campanella's *Civitas Solis.*[21] Notably, Hall's short flirtation with the utopian idea is perhaps the most concentrated attention to this theme in the whole of the Hartlib Papers.

Recognising Hartlib's thirst for ideas about furthering intellectual organisation, Hall transmitted to him the details of his own 'Designe' for a 'utopian Academy', a plan which had been generated within the Stanley group and which was projected to serve the interests of a narrowly defined social and intellectual elite. Hall rather hinted that he was more sympathetic to the kind of loose cooperative ventures that were favoured by Hartlib and his associates.[22] In the utopian

---

20 For a preliminary description of these letters, G. H. Turnbull, 'John Hall's Letters to Samuel Hartlib', *Review of English Studies*, 4.15 (1953) 221–233. Of other relevant sources McDowell provides the best contextualised account.

21 John Hall, *A Modell of a Christian Society… The Right hand of Christian Love Offered* (Cambridge: Roger Daniel, 1647) It seems that only about one hundred copies of this small pamphlet were produced, of which only one survives (Oxford Bodleian Library, 8 W.84.Th.) For the English and Latin texts see two papers by G. H. Turnbull, both entitled 'Johann Valentin Andreae's Societas Christiana', *Zeitschrift für Deutsche Philologie*, 73.4 (1954) 407–32 and 74.2 (1955) 151–85. These two Hall translations seem to have been reprinted as appendices to Hall's posthumous, but now lost: *Of the advantageous reading of History* (1657), the title-page of which is preserved in HP 14/1/11A-B. Hartlib apparently took little interest in Hall's proposal to translate *Christianopolis*, or when the idea was repeated by John Graunt in 1653, Ephemerides *1653*, HP 28/2/57A.

22 For *Christianopolis*, see Hall to Hartlib, 13 April 1647, HP 60/14/30A-31B. For *Civitas solis*, see Hall to Hartlib, [1 March 1647] HP 60/14/39A-40B, and 11

academy context, Hall requested details of Sir Francis Kynaston's *Constitutions of the Musaeum Minervae* (1636), which to Hartlib seemed to be a precursor of the Stanley-linked scheme.[23] Many letters thereafter communicated Hall's commentary on Hartlib's idea of a universal correspondency, which was something of a utopian venture in itself and by that date just one arm of his sprawling plans for an Office of Address.

It is clear from his letters that Hall was employing his aptitude as a translator to exploit Hartlib's record of resourcefulness as an agent of communication. It is evident that he saw Hartlib as a means of gaining access to intellectuals who were alien to Hall's Royalist associates, but representative of the intellectual wing of the Parliamentarian ascendancy. Perceptively, he identified John Milton, Benjamin Worsley and the twenty-year old Robert Boyle as desirable routes to accessing the liberal intellectual establishment. Milton ignored Hall's overture. In his exchanges with Hartlib, Boyle spoke well of Hall and he was especially taken by his utopian projects, but there is no evidence that they were ever in direct contact. Worsley responded positively to Hall's request for an opinion on a delicate issue of the science-religion debate, but thereafter, as with the other two, there was little communication. This was a striking contrast with the Worsley-Boyle association, where there occurred a continuous thread of contact, extending at least until the Restoration.[24] Hartlib, for his part, inspired communication between Hall and William Spenser of Althorpe in Northamptonshire, who has fallen out of memory, but he

March 1647, HP 60/14/37A-38B, indicating the speed of Hall's work, from conception to near completion in about ten days.

23 Hall to Hartlib, 20 April 1647, HP 60/14/32A-33B, and [26 April 1647], HP 60/14/35A-36B. See also G. H. Turnbull, 'Samuel Hartlib's connection with Sir Francis Kynaston's 'Musaeum Minervae', *Notes and Queries*, 197 (1952) 33-7.

24 Tomas Leng, *Benjamin Worsley (1618–1677) Trade, Interest and the Spirit in Revolutionary England* (Woodbridge: The Boydell Press, 2008), pp. 30–31. A few further letters from Worsley to Boyle exist, mainly from the late 1650s. The most 'remarkable' (Leng, p. 114) among these letters is dated late 1658 or 1659 (*Boyle Correspondence*, vol. 1, pp. 301–18), which is a wide-ranging discussion of the philosophy of medicine. In my view this letter is not by Worsley but by John Beale.

was known to Hartlib on account of his interest in music and involvement in some 'little academy', perhaps itself connected with music. Of Spenser's own contacts, particularly relevant is Colonel John Humphrey (*Hunfrey*) who was also a musician and author of a plan for an academy for the education of the sons of the gentry.[25] It is therefore understandable that Hartlib expected there to be some common interest between Hall and Spenser.

After a hectic few months in early 1647 the association between Hall and indeed the whole of the Hartlib group fell away as rapidly as it had begun. One of the few indications of Hall's later activities is a single sheet in the Hartlib Papers containing a transcription of a title-page dated 1657, therefore shortly after Hall's death. This is a particularly precious document, since it provides the only evidence that Hall's translations of Andreae were ever reprinted and, more important, that what is now generally called Hall's 'A Method of History', dating from 1645, was ever published at all.[26] Hesitancy about publication, unusual for Hall, was perhaps prompted by his heavy indebtedness to a published version of a lecture delivered by Degory Wheare, the Camden Professor of Ancient History, in Oxford in 1623. Wheare himself was contributing to a debate that had recently been raging among humanist scholars.[27] 'A Method of History' was not likely to have appealed to the Hartlib fraternity, but Hall looked more in tune with Hartlib and Dury when he sank his teeth into the culture of Oxford and Cambridge.

---

25 Turnbull *HDC*, p. 57. The colonel's nephew, Pelham Humfrey, was a fine young composer and musical prodigy, whose life was cut short at the age of 27.

26 For a splendid piece of detective work on this posthumous publication, see Joad Raymond, 'John Hall's "A Method of History": A Book Lost and Found', *English Literary Renaissance*, 28.2 (1998) 267–98. See also HP 14/1/11A, where the title is 'Of the advantageous reading of history'. Raymond located a manuscript copy of this text in the Bodleian Library.

27 Degory Wheare, *De ratione et methodo legendi historias dissertatio* (London: John Haviland, 1623) and later editions in 1625 and 1637. Wheare himself was heavily indebted to previous authors such as Bartholomaeus Keckermann. For the general context see Gianna Pomata and Nancy G. Siraisi (eds), *Historia, Empiricism and Erudition in Early Modern Europe* (Cambridge, Mass.: The MIT Press, 2005).

Once Hall had drifted out of Hartlib's orbit, his literary work regained its momentum. He also took on a more overtly political role, initially through his revival of Marchamont Nedham's newsbook, *Mercurius Britannicus,* which operated under Hall's authorship weekly from May to August 1648.[28] In 1650 he became one of the main authors of *Mercurius Politicus.* His next important political contribution was his audacious and substantial pamphlet *An Humble Motion to the Parliament of England concerning the Advancement of Learning and Reformation of the Universities* (1649).[29] More than half of this 45-page octavo tract (pp. 1–25) was absorbed by florid preliminaries extolling the military achievements of the Parliamentarians, followed by calls for the completion of their civilising mission by undertaking the reconstruction of the Commonwealth, including of course the universities. Running through the entire text were asides which added up to a demand for transferring the balance of power within the Commonwealth to a forward-looking intellectual elite, a class that could be trusted to manage the affairs of state in a scientific and enlightened manner, a conclusion that coincided with the aspirations of the Hartlib network at that very date. No doubt the archetype that appealed to Hall was Benjamin Worsley, whose ambitions outlined in his *Proffits humbly presented* (1649) ranged over the whole field of colonial and economic policy, but also, as indicated in Chapter 1, it claimed relevance to such unlikely themes as conversion of the Jews.[30] Hall was also developing a more overtly political programme, in his case involving a decisive shift towards republicanism, an unthinkable proposition with Hartlib and Dury at an earlier date, but

28 In 1650, when Hall again associated with Nedham, he became one of the main contributors to *Mercurius Politicus.*

29 *An Humble Motion to the Parliament of England concerning the Advancement of Learning and Reformation of the Universities* (London: John Walker, 1649), Wing H350, ESTC R6718, Madan 2023.

30 For the text of *Proffits humbly presented,* Webster *Great Instauration,* pp. 540–46. For context, pp. 457–65 et passim. See also Leng, *Worsley,* pp. 35–7, which favours 1646 as the date of composition, but on the basis of sound evidence I stand by 1649 as the date of this important document.

by 1653 Dury demonstrated that he had, if anything, moved ahead of Hall in his political radicalism.[31]

Hall's brief survey of university reform, which occupied the second half of the *Humble Motion* (pp. 26–45), built on the style and ethos of Milton's pamphlets, especially his *Of education* (1644, dedicated to Hartlib), and *Areopagitica* (early 1645). With respect to both the tone and specifics of reform, there was little in Hall that was not also present in the educational discussions and pamphlets of Hartlib and Dury, especially Dury's *Seasonable Discourse*, which also dates from 1649. Dury's *Seasonable Discourse* was coherent in its outlook, but its effectiveness was limited by a laboured and pedestrian presentation. This weakness was eventually corrected by Dury's masterly 'Some Proposalls towards the Advancement of Learning' (1653). In the meantime, Hall grasped the opportunity to take the lead. Both Dury and Hall adopted the title 'Advancement of Learning' for their reformist platforms. Of course by making this choice, they were both consciously affiliating themselves with Francis Bacon. Hall noticeably failed to signal his debt to the many relevant manifestos that had been issued by Hartlib, many of these most likely drafted by Dury. The only nod towards Hartlib's team was perhaps an oblique reference in which he praised those who, in the recent past, had displayed 'a wonderfull deale of courage, attempting the discovery of a new world of knowledge'.[32]

It is likely that *An Humble Motion* helped to embellish Hall's credentials in the eyes of the Council of State, which duly rewarded him with a pension of £100 per annum, with the expectation that he would continue to serve the interests of the Commonwealth, an arrangement that worked satisfactorily until shortly before Hall's final

---

31 John Dury, 'Worthy friend...', [mid-1653], HP 1/1/1A. This source is also mentioned in the final section of Chapter 1.

32 Hall, *An Humble Motion*, p. 21. We still await an adequate contextualised study of Hall's pamphlet. One reliable guide is the short introduction to A. K. Crostin's *The Advancement of Learning* (Liverpool: Liverpool University Press, 1953) which contains a faithful transcription of the text and preserves the original pagination. With respect to Hall, recent publications on education during this period are disappointing.

sickness. As indicated below, in this new capacity as official propagandist, the essence of *An Humble Motion* was recycled in 1651, this time as the preface to one of Hall's largest publications.

The Helmontians

When Joan Baptista van Helmont died in 1644, he had published only a small number of writings. The main school of dissident opinion within medicine was Paracelsianism, a movement that had steadily grown in strength in the century since the death of Theophrastus von Hohenheim (Paracelsus) in 1541. Helmont first attracted some modest attention in the year of his death with the publication of *Opuscula medica inaudita* (Cologne: Jost Kalckhoven, 1644), but this was soon eclipsed by Helmont's huge collected edition, entitled *Ortus medicinæ* (Amsterdam: Elzevir, 1648), which contained no fewer than eighty-two separate writings. This posthumously earned Helmont both immediate fame and a keen following. The fashion for his work grew exponentially over the next few years until by 1660 Helmontianism had eclipsed Paracelsianism, and thereby became as much an object of controversy as had surrounded Paracelsianism during the previous century.

Without doubt Hall was inspired to take up the cause of Helmont through his involvement with Hartlib and his associates who, it is generally accepted, were first in the field in Britain with their curiosity about this reformer. The initial excitement about Helmont's new system of medicine reached its peak at exactly the point when Hall became involved with the Hartlib group. To Hartlib and his friends, it seemed that Helmont addressed the issues in medicine that were of the greatest interest, while his work was also amply supported by empirical evidence. Helmont therefore fuelled their instinctive lack of confidence in both the theory and practice of the medical elite.

In his passion for keeping up with the latest developments in European medicine, Hartlib possessed the advantage of a well-established network of foreign correspondents, especially in northern Europe.

Some of his best links were in the Netherlands, enabling him to obtain the latest information on technological innovations, chemistry, medicine and also publishing. Indicative of the strength of this intelligence network, the very first report received by Hartlib on Helmont derives from a letter sent by Henry Appelius to Hartlib from Amsterdam, dated 13 August 1644. Appelius listed the four sections of the recently published *Opuscula medica inaudita*, which he describes as a 'new way to worke in philosophy et in Physick differing from Roman churches & Aristotle & Chemists, will not disappoint the expectations of the diligent labourer'.

The next statement on Helmont in the Hartlib Papers emanated from Sir Cheney Culpeper, one of Hartlib's most assiduous correspondents. This intervention is dated 17 July 1645. Although a layman, Culpeper betrayed an ability to interpret what must have been regarded as a highly technical piece of writing that he rightly regarded as of seminal importance. As in the case of Appelius, Culpeper's estimate was based on his reading of *Opuscula medica inaudita*. Since only a short extract from these observations appears in the published edition of this letter, Culpeper's analysis is here presented in full:

> For Helmont I have heere inclosed a note of suche promisinge heads of treatises to which (in seuerall places of his booke I had of you) he referres his reader. He names allsoe the heades of many receiptes which to me seeme to haue an excellency, not onely for the endes for which he mentions them but (being applied by the analogie of reason) for more sublime endes; which indeed seemes to me the scope of his whole booke viz: in a subordination to common endes to give a touche onely, to the worlde of suche conceptions as (if exalted by the reader to their proper height) haue more excellente uses of themselues; Thus (as I told you) in the way to the cure of the stone he directes the readers understandinge to the searche of an vniversall dissoluente which (saythe he) when fownde sine confusione; Thus in his tracte of feauers he confirmes ... my former thowghts howe the

---

33   Henry Appelius to Hartlib, 13 August 1644, HP 45/1/2A-B. Appelius was about to become Dury's brother-in-law. He had wide-ranging contacts among chemists. He became Rector of a school in Purmerend, north of Amsterdam, but aspired to be a medical practitioner.

naturall spirits in all naturall bodies doe (by and accordinge to an oc-
casionall &externall matter) receiue within themselues the impression
either of an alteratiue or feverishe & unnaturall excitation & (by these
naturall or unnaturall excitations) causes that vicissitude of perfection
&….. ruine, generation &corruption which wee may obserue in the
inferiour region, where the spirite of the worlde or that spiritus
domini (qui ferebatur super aquarum os incubauit aquis) thus exci-
tated eyther in the vniversall body or the specificall or indiuiduall
seedes cause a continuall circular motion in the generation &corrup-
tion of thinges;

And truly I cannot but conceiue it probable that Monsieur Helmonts
sonne [Franciscus Mercurius van Helmont, 1614 –1698] might (as
acquaintance growes) be dealte with all for some of these secrettes, &
yf they were demanded at firste for those ordinary endes for which
his Father proposes them he would perhaps be the lesse shye; I am
very confidente his Father hathe lefte him suche excellente thinges,
whereof neyther himselfe nor his sonne knowes yet the hygheste vse;
& the like saythe Helmont of Paracelsus himselfe.[34]

Culpeper's report furnishes us with insight into the excitement gen-
erated by a glimpse at the preliminary publications of Helmont. At
the time of Hall's association with Hartlib's group he must have been
aware of growing enthusiasm about Helmont as Appelius provided
a running commentary on preparations for a comprehensive edition.
Helmont had died in December 1644, an event that Appelius re-
ported on 5 February 1645. At this stage he repeated Culpeper's ac-
count of the *Opuscula medica inaudita*, concluding that the paradoxi-
cal style of Helmont's work placed him in the same line of
philosophising as Bacon, Comenius and Kozak. He concluded, like
Appelius, that further imminent publications of Helmont's work
would be an anathema to the Papists.[35]

---

34 Culpeper to Hartlib, 17 July 1645, HP 95B-96B.
35 Appelius to Hartlib, 5 February1646, HP 45/1/23A-B. The stranger in this list is
    the mystic, chemist and medical practitioner, Johannes Sophronius Kozak
    (1602–1685), an associate of Comenius, who attracted curiosity at this date from
    Dury, Van der Assche, Boreel and especially Serrarius. See Ernestine G. E. van
    der Wall, *De mystieke chiliast Petrus Serrarius (1600–1669) en zijn wereld* (Leiden
    University: Dissertation, 1987), pp. 105–7.

Already in 1645 Culpeper knew that Franciscus Mercurius had assumed responsibility for gathering his father's papers. In June 1646 Appelius reported that the text of Helmont's works had still not been delivered, but already the publishing arrangements had been agreed. This massive undertaking was to be handled by a cooperative comprizing the Elzevir Press and the workshop of Hans Fabel. The latter was renowned as a publisher of books by authors representing diverse and often marginal viewpoints. It was therefore singular good fortune that Fabel was their source of intelligence. Appelius estimated the expected size of *Ortus medicinæ*, the upper limit of which turned out to be correct. According to his next letter dated 2 May 1647, Appelius had managed to obtain from Fabel a few copies of one of Helmont's works (perhaps *Opuscula medica inaudita*), two copies of which Appelius was sending over to Hartlib.[36] At this stage the bigger printing process had just begun. To his great satisfaction, on 26 August 1647, Appelius announced that the printing of *Ortus medicinæ* was half complete. Hartlib was assured that Fabel would supply him with a copy of the *Ortus medicinæ* as soon as printing was completed. At that point Appelius switched his interests to other new publications and made no further reference to Helmont.

According to the evidence of the Hartlib Papers, after the publication of the *Ortus medicinæ*, curiosity about Helmont was definitely more intense. To cite just a couple of representative examples of this new phase of commentary:

First, in 1649 Culpeper reported reading Blaise de Vignèere's relatively obscure *Traicté du Feu et du Sel,* which was originally published in 1608. Culpeper observed that besides dealing with fire and salt, there were sections on gold and glass that he particularly liked. More specifically, he remarked that with respect to pages 255 and 256 'there is in a manner the Receipt expressed of Helmont's Althahest', a comment that suggested that Culpeper was particularly attentive to

---

36 Appelius to Hartlib, 11 June 1646, HP 45/1/23A-B.

Helmont's alkahest theory, which was of course a central plank in his new system of medicine.[37]

Secondly, Frederick Clodius, a medical practitioner and future son-in-law of Hartlib, who became one of the most active Helmontians in London, remarked that 'Aqua est Principium omnium Rerum which Helmont deduces. et Pyrotechnia principium totius Physicæ. All things can bee resolved into their water, out of that several other Experiments can be made [regarding water]'. This observation relates to a further central feature of Helmont's system. Not only was Helmont's theory that water was the basic element of living matter backed by what seemed like a crucial experiment, but also through this conclusion he was challenging not only the theories of matter of the ancients, but also one of the main tenets of Paracelsianism. Among those enthralled by Helmont's idea was Robert Boyle, whose famous *Sceptical Chymist* (1661) constituted a compelling reassessment of the various rival theories of matter.[38]

During the short period between Hall's *Humble Motion* and *Matæotechnia medicinæ praxeωs* (1651, hereafter *MMP*) he must have been aware of the hubbub about Helmont that was gripping both the Hartlib network and the medical community as a whole in London. He must have realised that Helmontianism offered means of advancing his campaign against the academic establishment and the universities, and of course his own professional advancement in the Cromwellian hierarchy. At this point in his career Hall was increasingly preoccupied by his service to the state. Among these duties was accompanying Oliver Cromwell and the New Model Army on their expedition against the Scottish army, which culminated in a decisive victory at the battle of Dunbar, which occurred on 3 September 1650. The following day Cromwell reported this signal event to the

---

37 Blaise de Vignère, *Traicté du Feu et du Sel. Excellent et rare opuscule du sieur Blaise de Vigenère Bourbonnois, trouvé parmy ses papiers après son decés* (Paris: Abel Langelier, 1608). Culpeper is perhaps citing the 1642 edition, HP 28/1/21A.

38 HP 28/2/26B. The first direct reference to Helmont in Boyle's letters seems to be from a lost letter dated late 1657, which is known only from a reply to Boyle from Worsley. See Boyle *Correspondence*, vol. 1, p. 242.

Speaker of the Parliament. Naturally the letter was mainly an account of the battle itself. One paragraph struck an entirely different note. It warned that in their preoccupation with military affairs, Parliament should not forget its obligations concerning its people, who were, after all, 'the chariots and horsemen of Israel'. Once the 'proud and insolent' section of the population was under control, Parliament should attend to 'the oppressed, hear the groans of the poor prisoners in England. Be pleased to reform the abuses of all professions: – and if there be any one that makes many poor to make a few rich, that suits not the Commonwealth'. Such enlightened polices would bring 'true glory of your Commonwealth'.[39]

Such sentiments must have been highly congenial to Hall. Indeed they might actually have been composed by him! He responded by intensifying his work as a political propagandist, now overtly anti-monarchical and ardently republican. The most notable product of this phase of his writing was *The Grounds & Reasons of Monarchy* (1651) which, despite its hybrid character, the first section is now regarded as an important contribution to political analysis.[40]

---

39   Letter of Cromwell to William Lenthall, Dunbar, 4 September 1651, W. C. Abbot, *Cromwell: Writings and Speeches* (Cambridge, Mass.: Harvard University Press, 1937–1947), 4 vols; vol. 2, p. 462.

40   H. (J.). *The grounds & reasons of monarchy, considered and exemplified out of the Scottish history* (Edinburgh: E. Tyler, 1651). Wing H 347; ESTC R23035, Aldis 1445. For relevant background sources on this much discussed subject, see the *ODNB* entry by Joad Raymond (2004). See also McDowell, *Poetry and Allegiance*; D. Wootton, *Republicanism, Liberty and Commercial Society 1649–1776* (Stanford: California University Press, 1994); D. Norbrook, *Writing the English Republic: Poetry, Rhetoric and Politics, 1627–1660* (Cambridge: Cambridge University Press, 2000); J. Scott, *Commonwealth Principles. Republican Writing of the English Revolution* (Cambridge: Cambridge University Press, 2004); B. Worden, *Literature and Politics in Cromwellian England* (Oxford, Oxford University Press, 2007); Antti Tahvanainen, *Rhetoric and Public Speech in English Republicanism 1642–1681* (University of Helsinki: Ph. D. dissertation, 2012), pp. 78–123; and D. Levitan, *Ancient Wisdom in the Age of the New Science* (Cambridge: Cambridge University Press, 2015). Confusion about authorship and a long period of neglect of this source are outlined by David Wootton in his *Republicanism, Liberty*.

The Grounds & Reasons of Monarchy was complementary to a small-format book entitled *Matæotechnia medicinæ praxeως* (*MMP*), also dated 1651. *The Grounds & Reasons of Monarchy* was for ages attributed to James Harrington (another J. H.), whereas *MMP* until recently has been accepted, as the title-page announced, as the work of one mysterious Noah Biggs. Many attempts have been made to unravel the mystery of the identity of Noah Biggs. This book might well have emanated from the Hartlib network, where some figure like William Rand, who is discussed below, possessed many of the instincts displayed by Noah Biggs. But the Hartlib Papers contain absolutely no mention of the author or his book, although this still leaves an open the possibility that the author of *MMP* was an associate of the Hartlib network who had drifted out of its orbit, as was the case with the aspiring young William Petty. For both Petty and Hall this separation was not particularly ideologically motivated, but rather it happened on account of the practicalities of promotion into government service. Having reached this level Hall might well have thought it impolitic to attach his name to a scurrilous book like *MMP*, but he is, without a shadow of doubt, the actual author.

Matæotechnia medicinæ praxeως

Little-known in the 1650s and relatively neglected until recently, it should be remembered that *MMP* was the earliest book-length general exposition of Helmont to be published in England.[41] According

---

41 Elmer and Grell, *Health, Disease and Society in Europe*, p. 129. For a fuller account, see J. Andrew Mendelsohn, 'Alchemy and Politics in England 1649–1665', *Past & Present*, No. 135 (1992) 30–78, but with no reference to Biggs. Specifically, but slight: A. G. Debus, 'Paracelsian Medicine: Noah Biggs and the Problem of Medical Reform' in Debus (ed.), *Medicine in Seventeenth Century England* (Berkeley: University of California Press, 1974), pp. 33–48. The first English translations of Helmont were published by Walter Charleton in 1650, but he soon reverted to championing Gassendi and other corpuscularians, Mendelsohn, pp. 32–4. Also on Charleton and Helmont, Sietske Fransen, *Exchange of Knowledge through Translation: Jan Baptista van Helmont and his Editors and Translators in the Seventeenth Century* (Warburg Institute, London: Ph.D. dissertation, 2014), pp. 112–4.

to various criteria it was also the leading medical reform tract generated during the English Revolution. The evangelical zeal that pervades this presentation has inspired the conclusion that it demonstrates a 'devastatingly close link between the religious and political outlook of the new Cromwellian regime and medical reformism of Biggs.' This is a perfect representation of the situation, except that the authorship of *MMP* needs to be reassigned to John Hall.[42]

The best bibliographical summary and account of the reception of *MMP* remains the short piece by William D. Tigertt dating from 1983.[43] One reason for the relative neglect of *MMP* is lack of certainty about its authorship. Some effort has concentrated on identifying Noah Biggs. A dozen possibly relevant individuals named Biggs have come to the surface. The brief *ODNB* entry on Noah Biggs by Malcolm Osler, dated 2004, regards Thomas Biggs, or his son Henry Biggs, as the best hope regarding authorship. Thomas was a Deptford dockyard surgeon, while his son Henry was also a surgeon, who acted as assistant to his father. This conclusion is generally accepted, albeit without much confidence.[44]

It is more likely that the name Noah Biggs was a false trail adopted for defensive purposes by a politically astute government servant and articulate controversialist, who recognized the reputational risks of

---

42 Chymiatrophilos, *Matæotechnia medicinæ praxeωs. The Vanity of the Craft of Physick. Or, a New Dispensatory. Wherein is dissected the errors, ignorance, impostures and supinities of the Schools, in their main pillars of purges, blood-letting, fontanels or issues, and diet, etc., and the particular medicines of the shops. With an humble motion for the reformation of the Universities, and the whole landscap of physick, and discovering the terra incognita of chymistrie. To the Parliament of England* (London, for Giles Calvert, 1651; London, for Edward Blackmore; and finally London no printer or bookseller), 264 pp., quarto, Wing, B2888; ESTC R20474; Wing (CD-ROM, 1996), B2888A.

43 William D. Tigertt, 'Noah Biggs, fl. 1651', *Journal of the History of Medicine*, 38 (1983) 452–5.

44 It would be otiose to report on the many failed attempts at identification of Noah Biggs.

tangling with powerful professional vested interests.[45] The wisdom of this decision was immediately evident. William Johnson, an employee and trusted ally of the College of Physicians of London, at the last moment revised his draft edition of Fioravanti to include an abusive review of *MMP*, which concluded with the promise to refer Biggs to the disciplinary officers of the College.[46] Perhaps appreciating the dubiety surrounding the Biggs device, Johnson called the author 'one who stiles himself Noah Biggs'.[47] It is quite likely that if Hall had been unmasked as the author of this deeply polemical book, prudence might have dictated the withdrawal of his commission as a government official.

To help establish the case for Hall's authorship of *MMP*, at this point it is helpful to outline a small sample from the dozens of examples of parallels between *HM* (*An Humble Motion*, as briefly discussed above) and *MMP*. Both sources reflected the standard universalistic Baconian and Comenian tenets such as subscription to what they called Universal and Real Learning and Experience/Experiment. Both also highlighted prevailing Parliamentarian political attitudes towards concepts such as Republicanism, Reformation, Freedom, the Public Good etc. Painlessly blending the political and philosophical, *HM* held forth the prospect of a 'last peece of Reformation… attempting the discovery of a new world of knowledge' (p. 21), while *MMP* foresaw a 'reformation of the stupendous body of Universal Learning' in all spheres of knowledge 'as the most important thing in the world' [a3v].

Many striking similarities are evident in the section of *MMP* that elaborates the particularly notable passages in *HM* (pp. 7–8, 25–8, 35)

---

45 Perhaps John Hall was trying to discomfit Noah Bridges, a minor London mathematician and passionate royalist, who was patronised by apologists and celebrities such as Elias Ashmole and George Wharton.

46 William Johnson, 'Short Animadversions upon the Book [by] Noah Biggs, Helmontii Psittacum', in Johnson (ed.), *Leonardo Fioravanti, Three Exact Pieces* (London, 1652), pp. 1–6. See A. Wear, *Knowledge and Practice in English Medicine, 1550–1680* (Cambridge: Cambridge University Press, 2000), pp. 364, 372–84, for *MMP* as a radical onslaught on Galenic medicine.

47 Johnson, *Three Exact Pieces*, p. 1.

concerning the failings of scholastic education. Hall had memorably complained that universities had descended into nurturing 'a few raw striplings, come out of some miserable Country-school, with a few shreds of Latine, that is as immusicall to a polite ear as the gruntling of a Sow, or the noise of a Saw can be to one that is acquainted with the laws of harmony. And then ...racked and tortured with a sort of harsh abstracted logicall notion, which their wits are no more able to endure...and then to be delivered over to a jejune barren Peripatetick Philosophy suited onely... to wits that are seated below Medicority' (*HM*, pp. 25–6). Also 'once I began to take a prospect of the whole Landscap of Knowledge, Methought there was much of it moorish and fennish, much of it overgrown with thornes and brambles, and some parts of it had not been justly measured, nor indeed fully discovered' (*HM*, p. 35).

MMP also expressed dismay at the '*Quagmire* of pitiful learned idlenes' that nurtured 'a few raw striplings, come out of some miserable countrie school'. The pupils were left to depend on 'the *postulated principles* of nature, born within us'. As a consequence of such limitations, he concluded that 'the whole Landscap of *Physick*' was 'overgrown with thornes and brambles, and as large in the moorish and fennish part of it...that those parts of it which have not been justly measured, nor indeed scarce yet discovered' remained a wasteland only amenable to improvement through expertise derived from 'experience and reall truth' (*MMP*, pp. 230–231).

Underlining the untrustworthiness of the universities, *HM* devoted a whole page to listing the delinquencies of the academic system (*HM*, p. 27, and shorter variant, pp. 31–2). *MMP* repeated the whole list virtually verbatim, and also similarly expressed these observations as a series of queries (*MMP*, [b1r-v]).

In both sources chemistry was high in the author's estimation. Experimental chemistry had already 'snatcht the keyes of nature from the other sects of Philosophy, by her multiplied experiences' (*HM*, p. 27). As a result chemistry 'outstrips the other Sectors of Philosophy by her multiplied experiences' (*MMP*, [b1r]). Chemistry was only briefly mentioned in *HM*, but in *MMP* it was the dominant scientific theme. Both the Preface and conclusions insisted that only chemistry would rescue the sciences from the *terra incognita* bequeathed by the ancients (*MMP*, [c1r–v], pp. 230–32).

Naturally, similarities between the two sources extend to specifics of vocabulary and expression. The similarities are often exact, for instance when underlining continuing gratitude to Parliament, which had already done 'great things for us, and equall to what hath been done in any Nation, either stoutly or fortunately' (*HM*, p. 13; *MMP*, [b2r], see also Dury's *Israels Call*, p. 23). A few further examples of almost exact parallels include the following: when the two sources characterised the opponents of the author's reformist ideas, these were called 'sneaking Worldlings', or a 'sneaking Filcher' (*HM*, p. 22, *MMP*, p. 31), alternatively 'frozen Sadducees or some others of a worse name,' who were 'lethargically content to please themselves with the follies of their forefathers' (*HM*, p. 22; *MMP*, [a3v]).

In an age when the system had habitually rejected heroic designs, he called for people to 'set themselves to awaite and receive every glimpse and dawning of knowledge (or at least cherish those that would doe so)'. (*HM* p. 6). In praising the political leadership of the day, he called on the authorities to 'stand ready to salute and receive every glimpse and dawning of knowledge, or at least cherish those that do so'. (*MMP* a2v).

In 1649 he lamented the fate of those with orthodox schooling, the effect of which was entering ignoble callings, whereas those from more deprived backgrounds showed greater intellectual buoyancy. He also called for 'all those who had greater vivacity of spirits' to be 'set apart to worthy and suitable employments, and none be despaired by ill methods, or tyrannical Tutor' (*HM*, p. 33).

In 1651 the author was more specific: it was inventors and innovators who were labelled as having 'a greater vivacity of more sublime and refined spirits', a group that was dejected on account of the neglect

of their vocations. At least, they were protected from the depreda-
tions of 'ill Methods and thumping Tutors' (*MMP* b1r–v).

By the standards of the day *MMP* was an erudite exposition. But alt-
hough this author was well-educated, *MMP* does not seem like the
work of a medical professional. More likely his talent and education
were employed to advance a career as a versatile writer and skilled
polemicist.

The above comparisons are quite sufficient in themselves to establish
that John Hall was the author of *MMP*. There are yet further grounds
for adopting this conclusion:

First, although the text of *MMP* avoids giving biographical clues, at
one point the author mentions a medical incident that disturbed 'my
peaceful Inne' (*MMP*, 80), which may well be taken as a reference to
Hall's time at Gray's Inn. Also, the Preface to *MMP* opens with a
paean of delight at the Dunbar victory and it specifically alludes to
the Cromwell – Lenthall letter discussed above. The contents of this
letter at that date would have been known to only a few persons out-
side Cromwell's entourage. This further supports Hall's authorship of
the preface to *MMP* and also locates this work in the late autumn of
1651. It is likely that this political preface was, in the autumn of 1651,
tacked on to his already completed Helmontian text.

Secondly, Hall was no stranger to issuing his publications under a
pseudonym or pseudo-initial, as for instance, his issue of various pub-
lications under the names 'J.de la Salle' and 'N.LL'. *MMP* merely rep-
resented a variant approach to the employment of anonymity.

Thirdly, *MMP* was not Hall's only foray into hermetic, alchemical
and chemical writing. He went on to write or translate further pieces
in the field, the best known of which is his translation of Michael
Maier's *Lusus serius* (1654).

Fourthly, while at Cambridge, Hall devised an Academy scheme,
now primarily known from a description attached to one of his letters

to Hartlib.[48] This idea was not mentioned in *HM*, but an updated version, adapted to the ethos of the times, featured in *MMP*, where it was called 'an Academy of Philosophick freedom' charged with an ambitious remit of cleansing the whole 'Literary Republike of Learning, Languages, Arts and Sciences' (*MMP*, [b3r]).

Fifthly, from the outset of his involvement with Hartlib in 1646, Hall sought help in gaining acquaintance with chemists, which soon led to Hall's contacts with Robert Boyle and Benjamin Worsley, and possibly William Rand. Introductory poems to *MMP* were contributed by 'WR Mystica-Physophilos.' and 'RB Iatrophilos.', who one is tempted to identify with Rand and Boyle, although this I suspect is a speculation too far. But relevant to our attribution problem, WR began his poem with the line: 'Thy youth's adorn'd much like an ancient Sage'. Since reference to Hall's precocious literary talent was frequently made, including by Boyle himself, this line could well relate to Hall.[49] As the author of a third introductory poem was attached to Jesus College Cambridge it is reasonable to suppose that the precocious author of *MMP* had also been a student at Cambridge in the recent past.

The evidence adduced above regarding the thorny issue of the authorship of *MMP* amounts to an unanswerable case in favour of John Hall. This conclusion ought to raise the profile of *MMP*, add a further dimension to our understanding of John Hall, and create fresh insight into the character of political radicalism during the Commonwealth and Protectorate.

No other author of the period, young or old, could excel Hall as a stylist, scholar, or skilled political apologist. Hall's failings included his poor grasp of technical aspects of medicine and only limited acquaintance with the writings of Helmont, which inevitably restricted

---

48   John Hall to Samuel Hartlib, 13 April, 1647, HP 60/14/20A–31B. See Turnbull, 'John Hall's Letters to Samuel Hartlib', p. 230; Levitan, *Ancient Wisdom*, pp. 42–4.

49   J. Horwood (ed.), *The Early Essays and Ethics of Robert Boyle* (Carbonville and Edwardsville: Southern Illinois University Press, 1991), pp. lv–lvi.

the appeal of his book among doctors and chemists and which in all likelihood accounts for its relative neglect among contemporaries.[50] Nevertheless, Hall knew enough about the current political climate to appreciate that Helmontianism proffered him a stick for beating the back of the medical establishment. Cromwell's letter to Lenthall could be taken as a licence to embark on this course of action.

In contrast to its effective and excoriating preface, the inflated body of *MMP* descends into a disorganised and self-indulgent gabble. It therefore was completely lacking of the kind elegance displayed in the analytical section of *The Grounds & Reasons of Monarchy*, characteristics that guaranteed this essay a permanent place in literature of political theory.

Both Hall's *Humble Motion* and his preface to *MMP* constituted successful exercises in the rhetoric of righteous indignation, but they were also platforms for specific and constructive plans for social reform. They were therefore calculated to satisfy both Hall's political sponsors and a broad section of forward-looking opinion. Hall's excursus into medical theory and practice contained many sound ideas, but in execution it was deeply flawed and self-indulgent, which must count as a disappointing lapse in his sparkling career as a reformer and controversialist.

---

50 From the vast literature on Helmont, see especially G. D. Hedesan, *An Alchemical Quest for Universal Knowledge: The Christian Philosophy' of Jan Baptist Van Helmont (1579–1644)* (London: Routledge, 2016); idem, 'Alchemy, Potency, Imagination: Paracelsus's Theories of Poison', in A. Cunningham and O. P. Grell (eds), *Poisons in European History* (London: Routledge, 2016), pp. 1–17.

William Rand

Like John Hall of Durham, William Rand (1617–1663) as a young man became an inveterate advocate of improvement. Naturally, both gravitated towards Hartlib. Also like Hall, classical scholarship constituted the foundation of William Rand's literary skills, on the basis of which his ready facility for translation from Latin was eagerly employed by Samuel Hartlib to strengthen this aspect of his publishing crusade. Upon the eve of his return to London from Amsterdam, Rand declared that his 'greatest ambition is that I may, if possibly, injoy my privacy to translate & and write such things as I have propounded unto my selfe, and doe other things aimeing at the publick good'.[51] Although our evidence is very limited, it is quite sufficient to demonstrate that Rand, during his short career, pursued these stated goals with remarkable energy and versatility. Hence, with good reason, Rand's name is now beginning to attract attention in many spheres of interregnum scholarship.

Like John Hall, William Rand was descended from a family rooted in the north-east of England. His male ancestors were Gateshead tanners, whose descendants commonly became clerics or medical professionals. In the case of William Rand this upward mobility granted him a firm foothold among the metropolitan intellectual elite.

Richard Rand (d. 1569), a Gateshead tanner, the great-grandfather of William Rand, was married to Elizabeth (?Harle, d. 1585). Elizabeth survived Richard and remarried William Donkin, who was a Gateshead merchant. The children of Richard and Elizabeth Rand comprised four sons and two daughters. Three of the sons are relevant in some way to this study.[52] James (d. 1621), the first son, was a successful Durham cleric. Samuel Rand (1588–1654), a younger son of

---

51 Rand to Hartlib, 10 January 1653, HP 62/17/3B.
52 Sources relevant to the Rand family history include: various Parish Registers, such as those relating to Gateshead, and London (St Pancras Soper Lane). See also J. J. Howard and J. L. Chester (eds), *The Visitation of London 1633 etc.* 2 vols

James like his father, was educated at Cambridge, after which he registered at Leiden in September 1616. He went on to Groningen where, in August 1617, where he obtained an MD with the thesis '*De vertigine*'. Samuel became a Fellow of the London College of Physicians and returned to the north-east, where he was appointed as the civic physician of Newcastle.

William (d. 1630?), the second son of Richard and Elizabeth, retained links with Gateshead, but also resided near the then prestigious Pilgrim Street, Newcastle, where he was known as a master mariner. In 1584 he married Elizabeth Blythman of Westoe, Jarrow, who was the daughter of a butcher. William and James were their eldest surviving children. Both of them became health care professionals and are subjects of this Chapter.

The fourth son of Richard and Elizabeth was the long-lived Ralph Rand (1551–1649), who received an MA from St Andrew's University, after which, in conjunction with his nephew Samuel Rand, he registered at Leiden and obtained an MD at Groningen, in Ralph's case with the thesis '*De paralysi*'. Ralph was in fact already committed to a clerical career, from 1615 until his death acting as Rector of Oxted, Surrey. But he retained his medical interests, for instance tending to mother of John Evelyn, the diarist, during her final illness. Indicating the importance of his medical vocation, Ralph's memorial plaque on the north wall of the chancel of St Mary's Church, Oxted, describes him as '*Radulphus Rand, theologo iatros*'.

The eldest son of William and Elizabeth Rand of Newcastle was James Rand (c. 1585–1642), who became a successful London apothecary and married Elizabeth Joyce (d. 1658) from Enderby, Leicestershire. William, the subject of this essay, the eldest surviving child of the apothecary's small family, followed other members of his family into medicine, but he was more inclined to general intellectual affairs, leaving his younger brother James (1618–1686) to continue

---

(1880–1883). R. Surtees, *The History and Antiquities of the County Palatine of Durham*, vol. 3 (1823), p. 417.

his father's practice and business, something achieved with considerable success.[53] Both William and James became associated with Samuel Hartlib.

The Rand family residence and shop were on the south side of Cheapside, with St Pancras Church, Soper Lane, to the rear. From about 1633, their home was half of a property known as 'the Angel', which was number 39. The Rand home was furnished with five hearths. The other half of the Angel property was occupied by William Vannum, a draper. The other neighbour of the Rands was a similar-sized property, 'The Three Tuns', a well-known hostelry, which issued its own tokens. The elder James Rand was prosperous enough shortly before his death to risk some £100 in the Irish Adventure, a share that James junior inherited in 1654, so providing a link with Irish affairs that in 1656 James tried to turn to the advantage of Samuel Hartlib. The elder James Rand also rented other property on the north side of Cheapside at the south end of Old Jewry (two houses at number 21B),[54] and also in Wotton, Surrey, which was near the homes of both Ralph Rand and the Evelyn family. The resultant social contacts provided William Rand with his first introduction to the young John Evelyn (1620–1706), in all probability before 1640, while Evelyn was still a teenager.[55]

William Rand attended St Catherine's College Cambridge, where he matriculated in 1633, obtaining his BA in 1637 and MA in 1640.[56] Little is known about his life in Cambridge, but to Hartlib he made no secret of his distaste for the 'vain ostentations' of the current academic system.[57] His letters to Hartlib contain long digressions on

---

53 James Rand became a prominent figure in the Society of Apothecaries.

54 D. J. Keene and V. Harding, *Historical Gazetteer of London Before the Great Fire. The parishes of All Hallows Honey Lane, St Mary le Bow, St Mary Colechurch, St Martin Pomary and St Pancras Soper Lane* (London: Centre for Metropolitan History, 1987)

55 Rand, *The mirrour of true nobility and gentility*, Epistle Dedicatory, A4r.

56 For the Rand family and Cambridge, see J. Piele, *Biographical Register of Christ's College*, 2 vols (1910); J. A. Venn, *Alumni Cantabrigenses*, Part 1, 4 vols (1922–1927).

57 Rand to Hartlib, 18 July 1651, HP 62/30/1A.

husbandry and natural history designed to underline the extent of his emancipation from the scholastic academic system and his sympathy with the Hartlib network's aspirations for agricultural improvement.

Translator and Agent of Reform

Rand's friendship with Samuel Hartlib, Benjamin Worsley and others in this group dates from about 1646. It seems that Worsley introduced Rand to Pierre Gassendi's biography of the famous French polymath, Nicolas-Claude Fabri de Peiresc (1580–1637), after which Hartlib suggested that the young scholar might undertake a translation of this book. Hartlib's faith in the importance of this project was accentuated when Joachim Hübner reminded him that Peiresc's correspondence had done more to advance knowledge than the combined forces of the academic establishment. Hübner anticipated that Hartlib's planned Office of Address might achieve a similar objective.[58] Understandably, in view of the momentousness of this undertaking, the young Rand found the task too daunting to attempt.[59] Eventually, in 1651, on the advice of Henry More, Hartlib repeated the invitation, on this occasion to Thomas Smith, an ambitious young academic at Christ's College Cambridge, but he also found reasons for declining the project.[60]

In late 1648, perhaps with the aim of completing his medical studies, Rand commenced a lengthy visit to the Netherlands, where he travelled widely, spending most of his time in Amsterdam, experiencing

58   Hübner to Hartlib, 15 April 1647, HP 59/9/9B.

59   Pierre Gassendi, *De Nicolai Claudii Fabrici de Peiresc, Senatoris Aquisextiensis, Vita* (Paris, 1641).

60   P. N. Miller, *Peiresc's Europe. Learning and Virtue in the Seventeenth Century* (2000), p. 180. For further insight into Peiresc, see Miller's *Peiresc's Orient: Antiquarianism and Cultural History in the Seventeenth Century* (2012), *Peiresc's History of Provence: Antiquarianism and the Discovery of a Medieval Mediterranean* (2011), and *Peiresc's Mediterranean World* (2015). More to Hartlib, 12 August 1651, HP 18/1/4A-B; Smith to Hartlib, 3 September 1651, HP 15/6/25A-26B. Hartlib had known about Gassendi's biography of Peiresc since about 1640, when it was mentioned in a letter from Mersenne to Haak, dated 23 November 1640, HP 18/2/29A-30B.

a cultural scene that exercised inestimable impact on his outlook. He registered at the universities of Utrecht in 1649 and Leiden in 1652. He also visited and was impressed by Louvain University. It is not clear where his MD was granted, but perhaps he followed the pattern of Samuel and Ralph Rand by obtaining a Groningen MD, although this is not recorded.[61]

Rand's first surviving letter to Hartlib dates from 1651, but the Ephemerides contains half a dozen relevant references to Rand from the year 1648, raising a variety of points of common interest, and indicating that Rand already had a diversity of social contacts.[62] At this stage he was not formally a medical practitioner, but his reading extended into this area. He was particularly impressed by the medical writings on fevers by Gómez Pereira (1500–1567), most likely his *Novae veraque medicinae* (1558), which used an attack on Galen's theory of fevers to mount a bold innovatory approach to natural philosophy and medicine. Rand was impressed by this platform for the 'Restauration of Medicine'. He also had access to a second and rare piece by Pereira, which was obtained from William Hamilton, another recruit to the Hartlib network from the North East, who was at this date one of Hartlib's active associates.[63]

Rand's letters from this period show that he was independent-minded and not afraid of controversy. For instance, he broke ranks with many of his friends by agreeing with the verdict of Thomas Browne's *Pseudodoxia epidemica*, that J. B. van Helmont, the renowned medical reformer, was a plagiarist who 'had much of the

---

61 R. W. Innes Smith, *English-Speaking Students of Medicine at the University of Leyden* (1932). For summaries of Rand's peregrinations, see his preface to his *Mirrour of True Nobility and Gentility*, and to his translation of Francken in Hartlib's *Chymical Addresses*.

62 These included Hartlib's close associate Benjamin Worsley and perhaps the young William Petty, John Sadler and Francis Rous both politicians, John Sweeting the Stationer, one Moore of Stratford an inventor, John Tradescant the collector, William Hamilton the Scottish gentleman scholar, and the intending teachers, William Aldrich and Joshua Rawlin.

63 Ephemerides, early-July 1648, HP 31/22/13A. The same point was elaborated in Rand to Hartlib, 1 September 1651, HP 62/27/1B-3A.

mountebank in him'.[64] Not to be outdone by Browne, Rand generated his own colourful elucubrations regarding curious phenomena of nature, where his observations were well up to the standard of *Pseudodoxia epidemica* and would have enhanced Rand's standing in the eyes of natural history enthusiasts in the Hartlib network.[65] Perhaps less welcome to some of Hartlib's associates was Rand's response to John Dury's *Reformed School* (1650). Although Dury's much acclaimed tract was welcomed by Rand, it was also criticised at length owing to what he perceived as the authoritarian dangers of Dury's overtly catechetical approach to learning.[66]

Rand was also one of the earliest known commentators on the *Leviathan* of Thomas Hobbes, who was repeatedly mentioned in his letters to Hartlib and Worsley in the summer and autumn of 1651. He voiced some of the usual reservations, but was generally favourable, praising Hobbes's work as 'a world of fine cleare notions'.[67] Recent commentators on Hobbes have been intrigued by Rand's artful adaptation of Hobbes to his own republicanism, anticlericalism and liberalism in matters of faith.[68] The scattered evidence concerning Rand

---

64   Rand to Hartlib, 1 September 1651, HP 62/27/1A-B.

65   See especially Rand to Hartlib, 1 September 1651, HP 62/27/1B-3A. Rand's characterisation of Browne as 'a man very well studyed' was adopted as the title for Richard Todd and Kathryn Murphy (eds), *'A Man very well Studied': New Contexts for Thomas Browne* (Leiden: Brill, 2008).

66   Rand to Hartlib, 18 July 1651, HP 62/30/1B-3B. For Rand on Hobbes, see J. Parkin, *Taming the Leviathan. The Allegiance of Thomas Hobbes* (Cambridge: Cambridge University Press, 2007), pp. 99–101, 112, 128, 130. Parkin calls Rand 'an obscure English physician' (p. 191).

67   HP 62/30/3B. For Rand and Helmont, see A. Clericuzio, 'From Helmont to Boyle', *British Journal for the History of Science*, 26 (1993) 303–34. Oblivious of the acute observations by Rand, in recent times Lonie has drawn attention to the importance of Pereira on fevers, while Pagel has stressed the role of both Pereira and Campanella as precursors of Helmont on fevers: Iain M. Lonie, 'Fever Pathology in the Sixteenth Century: Tradition and Innovation', *Medical History*, Supplement No. 1, 1981, 19–44; Walter Pagel, *Joan Baptista Van Helmont* (Cambridge: Cambridge University Press, 1985), pp. 158–61.

68   J. R. Collins, *The Allegiance of Thomas Hobbes* (Oxford: Oxford University Press, 2005), pp. 191–2; J. Parkin, *Taming the Leviathan* (Cambridge: Cambridge University Press, 2007), pp. 99–101.

indicates that he was concerned that London was falling behind Amsterdam as a centre for the translation and diffusion of knowledge derived from the best ancient and modern writers in all fields ranging from religion to medicine. He was keen to employ his own scholarly skills to assist in remedying this situation.

Satanae Stratagemata

The invitation from Hartlib to translate Gassendi's biography of Peiresc was perhaps Rand's introduction to the attractions of the translation exercise. After this, the next evidence is a minor reference deriving from March 1648, where Rand passed comment on *The medulla of sacred divinity* (1642), the English translation of the influential Ramist manual of Calvinist doctrine by William Ames. Rand complained that the translator had failed to take account of the authoritative Latin edition of his work.[69] Unlike Ames, Rand was more distant from both Dutch and English Calvinists. To serve as a warning against the machinations of the Presbyterian clergy in England, he recommended a translation of the Remonstrant-orientated *Kerkeliche Historie* (1646) by Jan Uytenbogaert, which was indeed influential in the Netherlands, but its enormous length precluded an English translation.[70]

Rand's enthusiasm for Uytenbogaert was coloured by the Remonstrant's favourable references to the writings of Iacopo Aconcio (Jacobus Acontius, c. 1492–c. 1567) a leading figure of the second generation of the Radical Reformation. Rand discovered that Aconcio was also being championed by Dury and Hartlib.[71] Through his *Satanae Stratagemata* (1565), Aconcio and his near contemporaries such as Castellio and Coornaert, gained reputations as champions of tolerance and liberty of conscience, which they believed reflected the

69 Ephemerides 1648, HP 31/22/3B. The first, Latin edition of the Ames *Medulla* dates from 1627. See Hotson, *The Reformation of Common Learning*, pp. 354–7 et passim.
70 Rand to Worsley, 11 August 1651, HP 62/21/1B; Rand to Hartlib, 1 September 1651, HP 62/27/4A.
71 Rand to Hartlib, 1 September 1651, HP 62/27/4A.

authentic spirit of the early Reformation.[72] The Socinians were prominent among the groups which expanded upon the work of these Reformation pioneers. Samuel Hartlib was extremely well-informed about contemporary Socinianism. As noted above, his acquaintance with this movement might well have dated from his student years in Brieg, where Georg Vechner, the influential Socinian and associate of Comenius was appointed Rector and Superintendent in 1646.

In England Hartlib was reminded of the suspicions associated with Socinianism when his very first plan for a Comenius translation was held up owing to fears that this book, the pansophic *Praeludia*, was tainted by Socinianism.[73] The first translation of a Socinian work to be published in England was *A Vindication of Liberty of Religion* (1646), a short but strident defence of liberty of conscience written by Johannes Crell (1590–1633), one of the leading Socinians of his generation and Rector of the Raków Academy, who was a figure well-known to Hartlib.[74] On account of envisaging a firm separation between civil authorities and communities of believers, Crell went well beyond Aconcio in allocating unlimited independence of action to believers who, under the stern gaze of entrenched regulatory bodies, commonly faced terrible retribution, even for minor infringements.

The *Vindication* translation is often ascribed to John Dury, an assumption that materially adds to his reputation as an advocate of liberty of conscience, which in turn makes him an obvious candidate for collaborating in the *Satanae Stratagemata* translation project.

---

72 For Aconcio, *Satanae stratagemata* and its reception, including the seventeenth century, see G. Caravale, *Censorship and Heresy in Revolutionary England and Counter-Reformation Rome* (London: Palgrave Macmillan, 2017).

73 Hübner to Hartlib, 12 June 1637, *MGP* 26, No. 66, pp. 91–2.

74 Johannes Crell, *A LEARNED And exceedingly well-compiled Vindication of Liberty of Religion* ([London: s. n.] 1646, Wing C6897), which is a translation of Crell's *Vindiciae pro religionis libertate*, written in 1632 and first published in Amsterdam in 1637. The 1646 English edition was the first vernacular translation. This was followed by a Dutch translation in 1649, French in 1689, and Polish only in 1957.

Crell's tract was indeed a helpful precursor to the Aconcio translation, but there is no convincing evidence to support Dury being identified as N. Y. the *Vindication* translator. Also any reading of the translator's preface suggests a level of radicalism that was entirely alien to the risk-averse Dury. For instance, the translator insisted that magistrates should grant the widest toleration of religion to their subjects, to the extent of allowing 'the common people to search the Scripture, and to try the spirits by them as the only Judge'. Without such latitude, these authorities would 'destroy the ground of their Reformation'.[75]

Such radical thoughts, like many other sentiments expressed in the preface, were entirely foreign to Dury. On the other hand the translator might have been drawn from the Hartlib network, where for instance Henry Robinson was a firm advocate of freedom of conscience, but his publications indicate no interest in Socinianism. Perhaps a more likely candidate is Benjamin Worsley, who has the advantage of being as much a 'N.Y.' as Dury. That ought to be considered currently as the hypothesis possessing the greatest credibility. Worsley was known for his Socinian sympathies, as expressed for instance in a letter to Hartlib in which he specifically reported on a recently published ethical work by Crell which, he believed, constituted an impressive exercise in demonstrating the compatibility between Aristotle's ethics and New Testament moral teaching. Also, no fewer than eight books by Crell feature in Worsley's library catalogue.[76]

---

75 The title page of Crell, *A learned vindication of liberty of religion*, states 'written by Junius Brutus in Latine, and translated into English by N.Y. who desires, as much as in him is, to do good unto all men'. The quotation is on p. 14 of the unnumbered preface 'To the Reader'.

76 Lengthy extract of a letter from Worsley to Hartlib, 28 May 1649, Royal Society, Boyle letters 7.1 fol. 1B; also the Worsley library sale catalogue, dating from 1678. If Worsley was indeed the translator of Crell's *Vindication*, this project may have been undertaken just before he was in contact with Hartlib. The text by Crell under consideration in his letter to Hartlib of 1649 was the *Ethica christiana*, written c. 1623, but usually said to be first published in 1650. Worsley's letter suggests that the book was available in Amsterdam in early 1649. This letter from

As noted above, Worsley's association with William Rand took place in London in 1646. Since in 1651 Rand indicated that his own interest in Socinian writings was long standing, this factor may have helped in 1646 to cement his friendship with Worsley. When Rand and Worsley renewed their acquaintance, this time in Amsterdam between 1648 and 1649, both of them further advanced their knowledge of Socinianism and both sought to propagate interest in this movement among their English friends.[77]

In England Aconcio's moment came in 1648 with the publication of a translation of the first half of *Satanae Stratagemata*. Previously, this work was not unknown, and it was regarded with favour by some leading intellectuals such as William Chillingworth and others among liberal elites such as the Great Tew circle, who were themselves also suspected of Socinianism.[78] Somewhat controversially, a Latin edition of *Satanae Stratagemata* was published in Oxford in 1631. Excitement about Aconcio increased during the 1640s, especially amidst the Independents, among whom *Satanae Stratagemata* took on the status of a manifesto. It was helpful to their campaign that, according to Thomason, on 24 February 1648, the first four chapters of Aconcio's work were issued in translation under the title *Satans Stratagems*.[79] The book was dedicated to Generals Fairfax and Cromwell, and to the Lord Mayor of London. It was accompanied

---

Worsley also probably connects with a letter from Dury to Hartlib dating from 1649, where Dury urgently requests to purchase any of the writings of Socinus or Crell, HP 4/1/31A. Sarah Mortimer, *Rational Religion in the English Revolution. The Challenge of Socinianism* (Cambridge: Cambridge University Press, 2010), p. 213, although this wrongly gives the recipient of the 1649 letter as Robert Boyle, rather than Hartlib. Worsley is mentioned only once in this study, and William Rand not at all. For Crell's *Ethica christiana*, see M. Schmeisser, 'Johannes Crells aristotelische Ethik ... in den ersten Jahrzehten des 17. Jahrhunderts', in F. Vollhardt (ed.), *Religiöser Nonkonformismus und frühneuzeitliche Gelehrtenkultur* (Berlin: Akademie Verlag, 2014), pp. 101–20.

77   Leng, *Worsley*, pp. 46–7, for a similar viewpoint.

78   Sarah Mortimer, *Rational Religion in the English Revolution*, pp. 63–87.

79   *Satans Stratagems* was printed by John Macock and sold by both Giles Calvert (Wing A443A) and by John Hancock (Wing A443). The latter was marked by Thomason 'Feb.24'.

by an Epistle to the Reader by John Goodwin and a letter dated 9 February 1648 from John Dury to Samuel Hartlib. Dury praised Aconcio without reservation, including for 'the *depth* and *solidity* of his *Judgment* in everything'. He also thanked Hartlib for arranging the translation and he expressed warm gratitude to Hartlib's friend, the anonymous translator. The identity of this translator has been subject to much speculation, but until now no convincing solution has been forthcoming. Among the most favoured possible candidates, James Goodwin, the celebrated Coleman Street minister, commands the most support, but John Sadler and indeed John Milton have also been canvassed as possibilities.[80]

The whole choreography of this publication suggests an event of significance. As one recent commentator concludes, the project 'bore witness to the coalition of intellectuals, printers, booksellers, military commanders and sympathetic politicians ranged against the imposition of religious uniformity'.[81] Naturally, because they were perceived as giving high-level licence to every kind of separatist and heretical voice, all concerned with *Satans Stratagems* were subject to immediate and fierce abuse from the Presbyterian party. Francis Cheynell was the most seasoned and bellicose campaigner. He immediately referred the issue to the Westminster Assembly which, at the instigation of Cheynell, set up a committee of investigation of seven members which they quickly extended to eleven. On reception of the report from Cheynell, the Assembly adroitly avoided the issue, instead suggesting that Cheynell might care to publish his own thoughts on the subject, perhaps in conjunction with any others of the same persuasion.[82] The issue fizzled out two years later with the

80 Most recent writers follow the editor of the Scholar's Reprint edition of *Satans Statagems* by settling on John Goodwin as the translator: as for instance R. E. Field (ed.), *Satans Stratagems* (Delmar, NY: Scholars' Facsimiles and Reprints, 1978). This view is also taken by John Marshall, *John Locke and Toleration* (2006), who also wrongly adds that the book was dedicated by Dury to Hartlib.

81 J. Coffey, *John Goodwin and the Puritan Revolution* (Woodbridge: Boydell Press, 2006), p. 160.

82 Westminster Assembly, *Minutes and Papers*, vol. 4, 28 February, 3 March, 8 March 1648. For the fears of Sir Cheney Culpeper concerning the Acontius 'being called in', Culpeper to Hartlib, 23 March 1648, Culpeper *Letters*, p. 327.

publication of Cheynell's nearly 500-page treatise on the Trinitarian debate, where the *Satans Stratagems* affair was lost in some twenty pages of the final chapter of this omnibus attack on every kind of doctrinal miscreant.[83] Perhaps adding to his disappointments, Cheynell failed to have *Satans Stratagems* condemned under the deeply controversial and potentially draconian Parliamentary Ordinance of 2 May 1648 regarding the punishment of blasphemies and heresies.

Among the alleged culprits of the *Satans Stratagems* episode, Cheynell was angry about Dury's participation, but he inclined to treat this fellow member of the Assembly with leniency. The greatest blame was aimed at the anonymous translator, whom Cheynell tried unsuccessfully to identify. In Cheynell's mind, the most offending parts of *Satans Stratagems* were chapters 3 and 7. The translator's express intention to go on to publish a full translation greatly incensed Cheynell, who was determined to halt the delivery of a further dose of the 'quintessence of those poysonous dregs which are in his third Book'.[84]

Hartlib escaped the attention of the critics, but he was clearly one of the prime movers of the Aconcio initiative. Throughout the 1630s his notes often drew upon Aconcio, but almost entirely in the latter's capacity as a logician. But as the very first item in his Ephemerides for 1642 Hartlib observes that:

> Castalio is an author full of excellent notions and likest to Acontius of any. But because hee is branded by Calvin as an Heritike therefore hee is so little regarded. If the truths which hee hase were delivered by some other Man against whom there was not such prejudice they would be accounted most singular things: Fundanus (i.e. Joachim Hübner).[85]

---

83   F. Cheynell, *The Divine Trinunity* (1650), pp. 441–53. For Cheynell and further critics of *Satans Stratagems*, Coffey, pp. 160–1, Caravale, pp. 101, 105, 117–8, 120, 127, 145, 211, 226.

84   Cheynell, p. 444. For Cheynell's attempt to identify the translator and his fury over the latter's further publishing plans, pp. 443–4.

85   Ephemerides, HP 30/4/82A.

In view of his sympathy for the doctrinal positions of Aconcio and Castellio it is not surprising that Hartlib's experience and services were solicited by the increasingly assertive Independent party. The selection of a capable and expeditious translator was fundamental to the success of this Aconcio operation. Equally, given the delicacy of the situation, it was likely that the translator would need to be protected by anonymity. By good fortune one of Hartlib's friends was available and willing to oblige, and the translation was found to be proficient by friends and enemies alike. Hartlib's papers dating from the period in question give no clue about the identity of this translator, but William Rand must be regarded as the most credible candidate. As already noted, Hartlib had already approached Rand to undertake the Peiresc translation, which was a lengthy and complex assignment. With a little more prompting from Hartlib and the gaining of further experience and confidence, Rand might well have been willing to take on Aconcio, which was a shorter and more self-contained undertaking, also more directly relevant to Rand's own personal religious outlook. The fact that this project was cut back to only the first four out of Aconcio's eight chapters, albeit still amounting to nearly 60,000 words, made the task more manageable.

Without further evidence, the idea of Rand's involvement in the 1648 Aconcio project would remain in doubt.[86] But further light on this problem is shed by the documentation concerning the reissue of *Satans Stratagems*, which occurred in July 1651, where the title was changed to *Darkness Discovered, or the Devils Secret Stratagems,* still with no indication of the identity of the translator.[87]

The connection of Rand with this reissue emerges from Rand's letters from Amsterdam to Worsley and Hartlib. He clearly assumed that both of them were familiar with the publishing history of *Darkness*

---

86 The translator's address to Parliament declared that Aconcio's book 'hath endeavored to speak English', while Rand's letter from to Hartlib, 1 September 1651 expressed the wish that the Uytenbogaert 'history spake English'.

87 *Darkness Discovered* was printed by John Macock and on this occasion the bookseller was William Ley (Wing A442 with the date 7 July being suggested by Thomason).

Discovered. Rand explained that James, his brother, was acting as his agent in this affair. William himself was anxious to obtain the full Latin edition of Aconcio which, unexpectedly, was unavailable in Amsterdam. James had been slow in honouring this request, which William took as a sign that *Darkness Discovered* was selling less well than might have been expected. He thought that James wished to spare him from the disappointment of wasting energies on further translation of a title that might not find a publisher. Based on his experience in the Netherlands, William retained his confidence in the prospects for sale of books in translation or in classical languages. Aconcio was specifically cited as an illustration of this 'addiction' to knowledge, proving that it was possible to sell an 'Impression', 'not only such books as we have translated', but also many other titles. William was therefore determined to stay the course: 'I shall goe in hand with the remaining bookes, supposeing that it may one way or other be printed, otherwise I shall account my labour, in great part, in vaine'.[88] The Translator's address to Parliament in the 1648 edition, repeated in the 1651 edition, declared that 'the Translator intends to go in hand with the remaining books, God affording life and opportunity', which indicates that the 1648 and 1651 editions were the work of the same person.

Rand was generally disgruntled about the behaviour of the 1651 bookseller. He believed that James Rand was being cheated and wanted Hartlib's help in testing the honesty of the person involved. It is striking that in naming the bookseller concerned, Rand overlooked William Ley and erroneously gave the name as John Hancock, who was in fact one of the two booksellers involved with the 1648 edition.[89] This mistake provides an additional reason to suggest that Rand was just as much involved with the 1648 edition as he was with its 1651 counterpart.

Although the evidence outlined above is not entirely conclusive, the best hypothesis for the moment is that the two-stage translation of Aconcio's *Satanae Stratagemata* was the work of a single individual

88   Rand to Worsley, 11 August 1651, HP 62/21/2A.
89   Rand to Hartlib, 1 September 1651, HP 62/27/3B.

and that person was William Rand, who seemingly completed the project, ready for publication at the end of 1651. It now remains to be considered why this operation was delayed and then abandoned.

In retrospect the 1651 reissue of *Satans Stratagems* as *Darkness Discovered* seems like a badly-conceived holding operation pending the completion of the complete edition. As Rand was informed, sales were weak, for which he blamed the booksellers for their dishonesty and for retaining the bombastic title. For the next edition, which Rand assumed would be issued without delay, he wanted as the title: 'SATHANS STRATAGEMS in 8 Bookes by JACOBUS ACONCIO and no more with the date of the present yeare'.[90] The precise and detailed nature of Rand's plan suggests that in September 1651 his translation was already largely complete and ready for publication by the end of the year. However, it is likely that there was no appetite for publishing the complete edition so closely on the heels of the incomplete version that was probably still in circulation in both its 1648 as well as its 1651 printings. The next mention of his Aconcio translation is in his letters in January 1653, when he drew attention to a recent Amsterdam Latin edition of *Satanae Stratagmemata*, and solicited Hartlib to arrange separate publication of a letter from Aconcio to Johannes Wolf of Zurich, something that was regularly included as an appendix to Latin editions. Rand interjected, somewhat in passing, but no doubt intending to prompt Hartlib to complete the Aconcio project 'when your hands are rid of the Stratagemata'.[91] Rand remained committed to his eight-chapter Aconcio edition, but in 1654 it became clear that it was Dury who was blocking publication on grounds of 'the unseasonableness of the time', no doubt reflecting sensitivities regarding his current ecumenical negotiations.[92] It seems that, as the climate worsened, seasonableness drifted into the indefinite future and the propitious conditions never again returned.

---

90 Ibid., HP 62/27.4A.

91 Rand to Hartlib, 10 January 1653, HP 62/17/3B. Rand's title for the Aconcio-Wolf translation was: *The Midwife or serious & judicious advise for such as travel with desire to write & print Bookes… for the Goode of their Countrie & their owne deserved Reputation Glory of God.*

92 Dury to Hartlib, 16 September 1654, HP 4/3/A–B.

But Rand's translation was not entirely forgotten. In 1664 John Worthington recalled the Latin editions of Aconcio, noting that Dury was attacked for his part in the 1648 edition, and he claimed that 'the rest was also finished, and I think Mr. Hartlib had it'.[93] Perhaps on account of the delicacy of the issues involved, it is worth observing that there is no trace of the text of Rand's eight-chapter edition in the Hartlib Papers.

Liberty of Conscience

Rand's visit to the Netherlands in 1651 vindicated his commitment to the Aconcio translation and to the lessons of liberty of conscience and toleration that Aconcio had taught him. As a practical expression of his own openness to dialogue, Rand refused to regard Socinian and anti-Trinitarian ideas as dangerous heresies unworthy of serious examination. Evidently with some trepidation, in August 1651, in his very first letter to Hartlib from Amsterdam, he tentatively revealed his continuing and deepening interest in the Socinian and anti-Trinitarian literature. Citing recent polemical attacks on leading Socinians by Samuel Desmarets and Johann Cloppenburg, Rand notes that these authors only turned to confutation after their failure to prevent publication of these alien authors.[94] Although, perhaps out of regard for possible disapproval from Hartlib and Dury, he praised the wisdom of Desmarets, it is evident that his own curiosity and sympathies lay on the side of the nonconformists.[95] In fact, with re-

---

93 John Worthington to George Evans, 18 November 1664, Worthington *Diary*, vol. 2, pp. 143–4.

94 P. Visser, '"Blasphemous and pernicious": The role of printers and booksellers in the spread of dissident religious and philosophical ideas in the Netherlands in the second half of the seventeenth century', *Quaerendo*, 26 (1996), 303–26. Visser estimates that some 300 Socinian titles were published in the Netherlands in the seventeenth century

95 It is clear from the context that Rand was referring to recent publications, especially Johann Cloppenburg, *Compendiolum Socinianismi confutatum* (Franeker, 1651) and Samuel Desmarets, *Hydra Socinianismi expugnata* (Groningen, 1651), for both of whom the main target was Johannes Völkel (c. 1565–1618), who was especially known for his *De vera religione* (ed. Johannes Crell, 1630 etc.). With

spect to toleration Rand need not have worried about the susceptibilities of Hartlib and Dury. Both of them had longstanding Socinian and Spiritualist associations and they were already familiar with the spread of Socinianism in the Netherlands, as well as in other places such as Elbing and Danzig, where they retained many contacts.[96] As noted above, Dury is indeed credited with the translation of the important tract on liberty of conscience by the influential Socinian, Johannes Crell, while both Hartlib and Dury were prime movers of the translation of Aconcio's *Satanae Stratagemata*, which friends and enemies alike regarded as a libertarian manifesto. Dury, like Comenius, by displaying curiosity about Socinian writings was accused of promoting their diffusion, something that both strenuously denied. Both were accused of being covert Socinians.

Specifically, Dury came under attack both in England and from Desmarets for his alleged collusion with the Socinians.[97] Eventually

reference to the recent flow of translations of offending works, Rand was thinking of collections such as: Jonas Schlichting, Johannes Crell and Joachim Stegmann, *Bukowies Aentekeningh en verklaringh, over de ses voornaemste schriftuurplaetsen, diemen placht te gebruycken tot bewijs van de Drie-eenigheydt, en de eeuwige Godtheydt Christi* (Amsterdam, 1649).

96 Cf. Siegfried Wollgast, 'Der Sozinianismus in Deutschland', in S. Wollgast (ed.), *Philosophie in Deutschland zwischen Reformation und Aufklärung 1550–1650* (Berlin: Akademie Verlag, 2nd edn, 1993), pp. 346–422; idem, 'Zur Widerspiegelung des Sozinianismus in der lutherischen Theologie und Schulmetaphysik im Reich, Danzig und Preussen in der ersten Hälfte des 17. Jahrhunderts', in L. Szczucki (ed.), *Socinianism and its Role in the Culture of XVIth to XVIIIth Centuries* (Warsaw and Łódź: PWN Polish Scientific Publisher, 1983), pp. 157–68; L. Mokrzecki, 'Sozinianismus in den Diskursen der Danziger Professoren im 17. und 18. Jahrhundert', in Szczucki (ed.), *Socinianism*, pp. 183–91.

97 See letters from Dury to Hartlib, 23 November and 20 December 1654, HP 4/3/62A-B and 67A-B. Desmarets attacked the whole governing establishment in England for its asserted toleration of heresy. See also Léchot *Dury*, pp. 349, 468–70. S. Mandelbrote, 'John Dury and the Practice of Irenicism', in N. Aston (ed.), *Religious Change in Europe 1650–1914; Essays for John McManners* (Oxford: Oxford University Press, 1997), p. 53.

tiring of the same accusations, Comenius was belatedly stung into issuing lengthy denials.[98]

Perhaps with respect to the English situation, Rand was appalled by the 'Inchantment & Sorcery of the reverend Clergy', who issued forth a 'lamentable noise of heresy, blasphemy & what not', all of which was a thinly-veiled defence of their monopoly. Rand himself could see no reason why 'Socinians or their doctrine should disturbe the mind of your selfe or any rationall ingenuous Christian'. From his perspective 'I have long since bin perswaded that the Socinians (so called) might be as good Christians as those that opened their mouths so lowd against them'.[99] Although avoiding describing himself as a Socinian, he could not find any reason for objecting to their religious stance.

Rand rejoiced in the greater liberty of expression that had taken root 'since those Bug-bears called Bishops have bin removed'. The new regime had given vent to greater press freedom, to the extent of allowing the publication of 'many treatises about Atheism & irreligion which would else in probability never have seen the light'.[100] Such freedom of expression in Rand's eyes represented a *de facto* state of religious toleration. His anti-clericalism was indicative of suspicion of all the competing church sectors of that period. With respect to his own preferences, the high priority he accorded to adult baptism suggested sympathy with the Baptists. But he also regarded the fissiparous tendency of Protestantism as a dangerous development.

---

98 Comenius, 1. *De Christianorum Uno Deo, Patre, Filio, Spiritu S°. 2. De Quaestione utrum Dominus Jesus Propriâ Virtute à mortius resurrexerit. 3. De Irenico irenicorum, Hoc est: Conditionibus Pacis à Socini Secta reliqvo Christiano Orbi oblatis. 4. (Oculus Fidei) Theologia naturalis, sive Liber creaturarum, specialiter de homine et natura eius. 5. De iterato Sociniano Irenico iterata ad Christianis admonitio. 6. Socinismi Speculum uno intuitu Qvicqvid ibi creditur, aut non creditur, exhibens. 7. Admonitio tertia.* (Amsterdam: J. Jansson, 1661–1662). It is tempting to conclude that inadvertently these presentations aided the spread of Socinianism, P. R. Blum, *Oracles of the Cosmos* (Basel: Schwabe Verlag, 2022).

99 Rand to Worsley, 11 August 1651, HP 62/21/1A-B.

100 Rand to Hartlib, 10 January 1653, HP 62/17/3B.

With these problems in mind he reported to Hartlib that he had completed two relevant treatises, the first being titled *An apologeticall Essaie pleading for the Lawfulnes, Utility, Necessity of Church Assemblies & Sacraments*, which was specifically a critique of the Seekers. This work was obviously related to his other more ambitious survey, called *Sectarum Dichotomia, being a muster of all the most considerable Sects of Christians in England; written in a letter to satisfie a friend.*[101] It is quite possible that both of these expositions were influenced by his reading of Aconcio, who was at that early date, alarmed by escalating sectarianism among the Protestants, which he blamed on the repressive policies of the Magisterial reformers and their magistrate allies.[102] Rand supplied no further clarification concerning the characteristics of his draft tracts, but it is clear that his first priority was arriving at a satisfactory compromise that would draw believers into a sense of common purpose and thereby compensate for the ongoing disintegration of the Church of England. He seemed to approve of a church comprised of a loose-knit federation of assemblies or congregations, somewhat analogous to synagogues among the Jews. It is also not unreasonable to speculate that Rand's ideas about a universal settlement would have drawn heavily on his reading of Socinian writers.

101 Rand to Worsley, 11 August 1651, HP 62/21/2B.
102 Aconcio, *Satans Stratagems*, pp. 66–7, 73.

Peiresc Translation

With the encouragement of Hartlib and James Rand, who himself by this stage was also involved with Hartlib, William Rand returned to London, probably in the late spring of 1653. He also married Ellen, perhaps in 1657, but his wife soon died and interred at the Bethlem burial ground on 7 May 1658.

Not deterred by the failure to bring his Aconcio project to a satisfactory conclusion, Rand continued to give high priority to the task of translation. Reflecting his particular abilities in the field of the translation of classical and foreign language sources, Rand called on the Commonwealth authorities to adopt a more proactive approach to the book trade. He called for the official identification of books that merited translation or promotion for the 'publick advantage', instancing Livy's Histories which, in translation, he believed, would serve as 'a great rub in the way of the advancement of the Interest of his [Hobbes'] Leviathanlike Monarchs'.[103] A further improvement, in this case designed to weaken the exploitation of authors by the Stationers' Company, was his proposal for a 'Collegiate association' of authors to secure their complete control of their intended publications.[104]

To signify his commitment to promoting worthy ideals through translation, Rand returned to Harlib's delayed Peiresc project. His translation was taken from the third edition, published in The Hague by Adrian Valcq in 1655. Soon after the publication of this extended edition, Hartlib reported favourably on this new edition to Worthington, who was himself an admirer of Peiresc. Both Hartlib and Worthington were pleased with the result.[105] Faithful to the massive detail of Gassendi's text, Rand communicated to his English audience a remarkably rich insight into the rich cultural legacy of French antiquarians and naturalists in the age of Peiresc. As Rand

---

103 Rand to Worsley, 11 August 1651, HP 62/21/2A.
104 Rand to Hartlib, 14 February 1652, HP 62/17/1B-2A.
105 Hartlib to Worthington, 20 November 1655, Worthington *Diary*. vol. 1, pp. 55–64.

explained to his readers: from an early age, Peiresc showed inexhaustible curiosity about every kind of natural knowledge. In the course of his enormous travel schedule he gained the confidence of leading innovators of the day, including Galileo and Hieronymus Fabricius ab Aquapendente. His contemporaries quickly appreciated that Pereskius had 'taken in hand the helm of learning and began to guide the Common-wealth of letters'.[106] Hence, Peiresc was without an equal in the whole of Europe.

In view of these momentous conclusions, the Peiresc readership would have recognised that Rand's demanding task was well worth the extended effort that it had required. Discounting the additional materials included in this edition, the basic core of this complex text comprised some 75,000 words. With remarkable speed, Rand not only produced an accomplished translation of Gassendi's work, but also included a great deal of supplementary material by other authors, which rendered his work as a whole a considerable achievement. The resultant product, entitled *The mirrour of true nobility and gentility. The life of Claudius Fabricius, Lord of Peiresc Englished by W. Rand Doctor of Physick* (1657), was dispatched by the translator to John Evelyn on 12 February 1657, an event that was duly recorded in Evelyn's diary on 5 March. Displaying remarkable prescience on the part of Rand, the dedication to the young John Evelyn, designated him as the epitome of Peirescian virtue.[107] This translation made only a limited mark at the time, but it turned out to be the sole complete vernacular edition of the Peiresc biography until 1770, when a French translation made its appearance.

The Peiresc translation exercise inspired a fruitful exchange of letters between Rand and Evelyn, indicating that they had many interests in common, including education. They agreed that the precedents of Bacon and Peiresc could be employed to demonstrate the poverty

---

106 *The mirrour of true nobility and gentility being the life of the renowned Nicolaus Claudius Fabricius, Lord of Peiresc* (John Streater for Humphrey Moseley, London 1657), Wing G295, pp. 44–6.

107 The preface is signed: 'William Rand. From my house, near Cripplegate in London, January the 30th. 1656[/7]'.

of intellectual accomplishment among the English gentry, and thereafter serve as models for their future rehabilitation.

Medicine

Rand was bent on a literary career, but discovered that his financial means were insufficient to continue with the congenial life-style that he had adopted in Amsterdam. He therefore somewhat reluctantly reconciled himself to medical practice, intending to specialise in mental illness, a field where he was confident about the possibility of making a distinctive contribution by what in retrospect appears like a remarkably humane and holistic approach to therapy. Contemplating his return to London to practise medicine, Rand declared that 'the cure of souls is more noble then the cure of bodies'. Therefore he opted to devote himself to 'cure all that are troubled in mind', something attainable 'partly by order of diet & physick' and also 'by philosophic & theologic advice'. His aim was to provide accommodation for his patients suffering from this kind of 'consumption' or 'melancholy', for which purpose his garden would be employed for their rehabilitation. A set of enquiries submitted to Hartlib for distribution among his associates about the physical means by which good and bad angels might influence vulnerable patients seems to relate to this interest in mental instability.[108] With a semi-rural practice in mind, Rand contemplated settling in Putney, but finally he opted for White Cross Street, north of Cripplegate, which was at this date a reasonable compromise, since the area between Cripplegate and Old Street retained a reasonably open aspect. He was adamant about avoiding the city environment where, he predicted, routine sick visiting would absorb all of his time and energies.[109] There is little to indicate that Rand actually specialised in psychological medicine. Perhaps this is doubtful, but one thing is clear, he elected to avoid

---

108 HP 39/2/107A-B, undated, but in light of the common interest of Hartlib and Rand in the 'consumption of souls', touched upon in Rand's letter of 14 February 1652, or in January 1653, containing reference to Henry More's interest in the 'point of Spirits', likely near to these dates. Rand also cites Hobbes as an authority relevant to his enquires about angels.

109 Rand to Hartlib, 14 February 1652, HP 62/17/1A-B and 3A-B.

registration with the London College of Physicians, which before 1640 would have been a dangerous act of defiance. But in the more tolerant conditions of the Interregnum, the College only rarely pursued its medical miscreants. Certainly William Rand was of sufficient social and academic standing and well-connected enough to be immune from persecution.

Given Rand's thirst for the diffusion of useful knowledge, it is perhaps surprising that he was not more active as a medical author. He made only a couple of direct interventions, neither of them of particularly significant or representative of his intellectual perspective. Perhaps reflecting his respect for Nicholas Culpeper as an inveterate populariser in medicine and allied subjects, after the latter's death in 1654 Rand played a minor role in assisting Alice Culpeper to publish one of her husband's many draft publications, in this case a translation of a substantial and successful anatomical and pathological textbook by the celebrated Jean Riolan the younger (1580–1657).[110] Rand clearly attached importance to his dedication to Henry Lawrence, the Lord President of the Council. He took this opportunity to identify with Lawrence's advocacy of adult baptism. In the body of the text, from the modern perspective it is striking that the translation included, without comment or emendation, the attacks on Harvey's theory of circulation, for which Riolan was at that date particularly well-known and for which he was specifically criticised by Harvey himself.[111] Culpeper, as the author, was not likely to have been inter-

---

110 Riolan, *A sure guide to physic and chirurgery Englished by Nich. Culpeper and W. R. Doctor of the Liberal Arts and of Physick* (Printed by Peter Cole, London, 1657), Wing R1525; K. F. Russell, *British Anatomy 1525–1800. A Bibliography* (Parkville, Melbourne: Melbourne University Press, 1963), No. 704. W. R. is sometimes identified as William Rowland, another of Culpeper's associates, but the preface leaves no doubt; it is signed: 'William Rand, from my house neer Cripple-Gate, in London, December 22 1656', just one month before the Peiresc translation was completed, which might suggest that Rand was making only a modest contribution to the Riolan. This Riolan translation was taken from his *Enchiridium anatomicum et pathologicum* (Paris 1648, thereafter often reprinted).

111 Riolan, *A sure guide to physic and chirurgery*, pp. 108–9.

ested in this issue, while Rand, as his editor, perhaps for reasons principle, felt obliged not to depart from the purity of the translation exercise.

Samuel Hartlib called on Rand to undertake a further medical task, on this occasion the translation of a short German text by Remeus Francken, which Hartlib decided to interpose in a curious collection of essays relating to medical issues. Francken was an elderly German distiller, who had impressed Johann Moriaen by his skills. Moriaen employed Francken and perhaps encouraged the distiller to settle in London where, from 1654, his practice was located in Hartlib's own house. To help Francken, Hartlib undertook to publish a translation of a well-worn promotional tract, which was a thinly veiled advertisement for the sale of five balsams, all entirely secret recipes, which could only be obtained, at not insubstantial cost, from Hartlib's house.[112] This ill-disguised promotional effort sat incongruously with other elements in Hartlib's *Chymical, Medicinal and Chyryurgical Addresses*, especially the adjacent essay by Robert Boyle, in fact the young chemist's very first publication, which called for the free communication of all medical secrets.[113] Rand produced a fair and free rendition of the text by Francken, but his preface betrays a distinct

---

112 Remeus Francken, *Nottwendige Anmerckung vnd Betrachtung Allen Gelehrten vnd wohlerfahrnen Männern / welche die CHIRURGIAM Handhaben / erhalten vnd derselben sich gebrauchen* (Amsterdam: Cornelius de Brunn 1653); relating to which a slightly incomplete printed text is located at HP 18/3/1A-8B. For the translation by Rand, 'A Short and Easie Method of Surgery', in Hartlib (ed.), *Chymical, Medicinal, and Chyrurgical Addresses* (London: Printed by G. Dawson for G. Calvert, 1655), Wing C3779 and H978, dated by Thomason 7 April, pp. 153–81. Rand's preface was inscribed 'William De Rand. From my house in White Cross street, neer Cripplegate, Nov.7. 1654'. Rand's text ended with the advertisement indicating that the balsoms from this text could 'be bought of Remeus Franck, who is to be found at Mr Hartlib 's house, neer Charing-cross, over against the Angel-Court.' For a useful synopsis of the thin evidence relating to Francken, R. Lambour, in *Doopsgezinde Bijdragen. Nieuwereeks*, 31 (2005) 111–13.

113 'An Invitation to a free and generous Communication of Secrets and Receits in Physick', in Hartlib (ed.), *Chymical, Medicinal, and Chyrurgical Addresses*, pp. 114–150. This essay was anonymous, but its authorship by Boyle has been firmly established.

discomfort about this assignment. In the preface, he pointedly distanced himself from the hyperbole of Francken. The best interpretation of Rand's own remarks is that he adopted the technique of condemnation by circumlocution. He classified Francken among the sect of Helmontian and Paracelsian writers who were suspect owing to their habit of being 'over large in praise of themselves, and their preparations'. In these delicate circumstances, perhaps in order to placate Hartlib, Rand elected to refer the issue to the Barber Surgeons' Company. All of the Wardens and Court of Assistants were mentioned by name as his dedicatees. They were asked, without prejudice, to arrange for Francken's balsams to be subject to impartial trial.[114]

The Francken episode provides further evidence to suggest that Rand somewhat distanced himself from the prevailing fashion of Helmontianism, including within the Hartlib network, and, as demonstrated above, particularly exemplified by Rand's fellow northerner, John Hall, who it so happens was near the point of death.

Although holding reservations about Helmont, Rand advised that the medical reformer's highly inaccessible and huge body of writings should be repackaged into an ordered topical presentation of the essential subject matter, which was an excellent idea, but not a labour that he was willing himself to undertake, among other things because Helmontians might regard this as an act of profanation. In contrast to the excitable John Hall discussed above, this better informed and medically educated scholar remained, as he admitted to Hartlib, entirely sceptical about Helmont:

> As for Helmont I have long bin of the Doctors mind that he had much of the mountebank in him, however of a good wit & giveing many pretty hints; all which, notwithstanding, are not his owne, but many borrowed from former writers, whom not nameing he does uningenuously: I could instance in many, but at present it shall suffice to say that he stole the invention of Gometius Pereira a learned & ingenious spanish physitian, who first discovered that a fever was the

---

114 *Chymical, Medicinal, and Chyrurgical Addresses*, pp. 153–7.

> multiplication of naturall heat caused by the Hearts labouring to free
> it selfe from assaults made upon the Vitall faculty. the Spanyards
> bookes being hardly found, Campanella first & then Helmont made
> a great noyse with his Invention, never nameing the gallant Author.
> & Helmont to make his theft more cleanly, disguised the invention
> with the barbarous terme of archeus & archei furor.[115]

One of the most significant products of Rand's later years was his audacious reform proposal, dating from 1656, when he drew up a plan for a 'Society of Graduate Physicians' designed to break the monopoly of the London College of Physicians.[116] The fragile position of the London College of Physicians under the Parliamentarians is underlined by the attacks on this monopoly in John Hall's *MMP* discussed above. As just pointed out Rand was harsher than Hall about Helmont, but he shared a similar negative view of the London College. For the sake of all academically qualified doctors like himself who were disinclined to affiliate with the existing College, he proposed an alternative voluntary option, which would grant an opportunity for practising medicine in London without fear of suppression by the London College. Rand believed that a formally constituted body endowed with full legal protection was the only means by which free practitioners could withstand the depredations of the London College. Most of Rand's scheme was concerned with this prudential legal framework. Given this operational basis, he was con-

---

115 Rand to Hartlib, 1 September 1651, HP 62/17/1B. For Rand and Helmont, Clericuzio, 'From Helmont to Boyle', *British Journal for the History of Science*, 26 (1993) 303–34. Oblivious of the acute observations by Rand, in recent times Lonie has drawn attention to the importance of Pereira on fevers, while Pagel has stressed the role of both Pereira and Campanella as precursors of Helmont on fevers: Iain M. Lonie, 'Fever Pathology in the Sixteenth Century: Tradition and Innovation', *Medical History*, Supplement No. 1, 1981, pp. 19–44; Pagel, *Helmont* (fn. 67), pp. 158–61.

116 HP 42/10/1A–4A, which comprises a letter from Rand to Hartlib dated 15 August 1656, and an undated memorandum headed 'Propositions relateing to those Graduate Physitians of any Universitie, that have bin there licentiated, & are now resident in London & not incorporated nor desirous to incorporate with the present College'. See C. Webster, 'English Medical Reformers: background to the Society of Chymical Physitians', *Ambix* 14 (1967) 16–41.

vinced that the new Society would attract the 'more studious, modest, reserved, publick & humble spirited' practitioners, leaving the rump of the 'ambitious, covetous, domineering & selfish sort' to gravitate to the London College. As well as associating together for reasons of legal defence, Rand outlined obvious advantages relating to the improvement of professional practice. In consequence of the broader culture of the members, they would make a more decisive contribution to the advancement of 'all naturall Discoveries'. In other words they would establish themselves as the natural basis for a London-based permanent scientific society.[117] Furthermore the Society might become an 'induction to the establishment of a third Universitie'. Finally, Rand urged that, compared with the intrinsically unsound monopolistic London College, his Society would fit better with the pluralistic pattern of existing city institutions. Although perhaps beyond his knowledge, Rand's timing was also consistent with the authoritative analysis of Althusius regarding the constitution of civic associations in any major urban centre.[118]

Because of the tendentious nature of the above proposal Rand warned Hartlib to limit circulation to 'such as you know are averse to the colledge'. Otherwise the scheme would surely be 'countermined'. He was confident that Hartlib would immediately recognise the advantage of this scheme, since it would provide him with a body of experts available for consultation on the many schemes that came under his purview.

Additional information about this scheme is entirely lacking. The fact that it was revealed to Hartlib at the home of Katherine, Lady Ranelagh, perhaps suggests that she might have been one of the discussants. In that case she might well have mentioned the idea to her

117 It should be noted that Walter Charleton marshalled evidence to demonstrate that the London College of Physicians was already an incipient scientific society, C. Webster, 'The College of Physicians: "Solomon's House" in Commonwealth England', *Bulletin of the History of Medicine*, 41 (1967) 393–412.

118 Johannes Althusius, *Politica methodice digesta* (3rd edn 1614, cap. IV). For context see Bettina Koch, 'Johannes Althusius Between Secular Federalism and the Religious State', in Ann Ward and Lee Ward (eds), *Ashgate Research Companion to Federalism* (Abingdon: Routledge, 2009).

brother Robert Boyle and perhaps to some others in her impressive entourage. Rand was clearly of the opinion that his scheme would find ready support among many existing London medical practitioners who had come to enjoy the greater freedom that had opened up since 1640. I have elsewhere speculated about the identities of possible supporters and traces of influence during the Restoration. In the event it is likely that Rand opted not to spearhead a collision with the London College and its allies. As with their response to Rand's proposal to publish a full translation of *Satanae stratagemata*, for fear of alienating elements among their potential sponsors, Hartlib and Dury were likely to respond to Rand's initiative with extreme caution. Their fears would have been magnified by Rand's expressed hopes of greater plurality in all spheres of professional activity. The Society of Graduate Physicians therefore joined the long roster of ideas on social reform from this period that were condemned to death by their unseasonableness. Nevertheless Rand bequeathed a set of ideas relating to his profession that contain many points of relevance to issues that surfaced at much later dates and still remain unresolved.

Miscellaneous writings

Rand's only other publications were one political broadside, a couple of short items included in collective volumes edited by Samuel Hartlib, and finally, in August 1661, an epigram attached to the Leveller, William Walwyn's *Health's New Storehouse* (1661). Rand's correspondence announced some quite ambitious pieces in draft. In August 1651 he sent Worsley his translation and notes on the *Table of Cebes*, a dialogue attributed to Thebes, which had already appeared in English in 1610.[119] Furthermore, he evolved a method for teaching Eastern languages, upon which he had expended much time and he even solicited Hartlib's help to obtain a patent.[120] As noted above, following his translation of *Satanae Stratagemata*, Rand completed a separate translation of a letter conventionally appended to the Latin

---

119 Rand to Worsley, 11 August 1651, HP 62/21/2B.
120 Rand to Hartlib, 1 September 1651, HP 62/27/4A.

edition, which he considered publishing in the next edition of Aconcio's book.[121]

The exchange of letters between Rand and Evelyn provide additional evidence for the persistence of Rand's urge to write and translate. His earlier letters to Hartlib and Worsley had already indicated a fascination with Lord Herbert of Cherbury's *De veritate* (likely its third edition, 1645). He reached the stage when further progress with this project required access to the library catalogue of Herbert, a document that he was certain had been preserved. Regrettably, at this point Rand concluded that his straitened circumstances forced temporary deferral of further work on *De veritate*.[122] In the event, the first such translation was published only in 1937.

As in the case of Aconcio, it is likely that Rand's interest in Herbert was stimulated by Hartlib, who had met Herbert in 1634. Around 1640 both Aconcio and Herbert feature prominently in Hartlib's notes, particularly concerning their respective ideas about logic. Hartlib was one of the first to report that it was Marin Mersenne who was responsible for the anonymously published 1639 French edition of *De veritate*, an initiative that was bound to make Hartlib alert to the feasibility of an English version. This early interest in *De veritate* extended to the ubiquitous Joachim Hübner, whose first reference to this book occurred in 1637.[123]

---

121 Rand to Hartlib, 10 January 1653, HP 62/17/3B.

122 Rand to Worsley, 11 August 1651, HP 62/21/2A-B.

123 For Hartlib's reference to Mersenne's interpretative translation of *De veritate:* Ephemerides, 1639, HP 30/4/23A. For Hübner's first reference to Herbert's work, Hübner to Hartlib, 26 April 1637, *MGP* 26, No. 60, p. 87. For Hartlib and his friends on *De veritate*, R. W. Serjeantson, 'Herbert of Cherbury before Deism: the Early Reception of the *De veritate*', *The Seventeenth Century*, 16.2 (2013) 217–38. For Mersenne as interpreter and translator, Jaqueline Legrée, 'Mersenne traducteur d'Herbert de Cherbury', *Les Études philosophiques*, Nos 1–2 (1994) 25–40. For the general reception of *De veritate*, Sarah Hutton, *British Philosophy in the Seventeenth Century* (Oxford: Oxford University Press, 2015), pp. 109–113.

His rekindled friendship with John Evelyn evidently revived Rand's curiosity about Herbert. Evelyn, who was closely involved with the Herbert family, seems to have supplied an unpublished manuscript by Edward Herbert, which Rand set about translating, but no further information on this project was forthcoming.[124] In 1659 Evelyn thanked Rand for his draft essay on the theory of matter, which Evelyn described as 'the Jewel'. Evelyn mentioned various aspects of Rand's theory, which included four principles, which seems to represent an agreed position between the two correspondents. This tract also seems to have left no trace.[125] As Rand indicated, this subject matter related to Evelyn's first publication, dating from 1656, which was a translation of Book I of *De rerum natura* by Lucretius. Evelyn's initiative prompted Rand's wider reading of Lucretius, followed by eager advocacy of such contentious cosmological ideas as the infinity of space and plurality of worlds. Also he discovered Lucretian support for his own mortalist ideas, a topic upon which he urged Evelyn to elaborate a separate publication. This little episode reflects the extent of the fashion for the mortalist heresy among the interregnum elite.[126]

Evelyn perceptively noted an element of tension in the activities of Rand. On the one hand he was a gifted translator, but he was also an able natural philosopher. Evelyn gently pleaded with Rand to devote himself more to the advancement of the sciences: 'for the future be engaged in communicating to the world something of use, light and encouragement to practical Philosophy, as it concerns nature, and the Restauration of Sciences, as you have already fairly begun'.[127] Rand lost none of his appetite for cosmological speculation or theological debate. He remained sympathetic to Socinianism and actively

---

124 Rand to Worsley, 11 August 1651, HP 62/21/2A; Evelyn to Rand, 9 April 1657, D. Chambers and D. Galbraith (eds), *The Letterbooks of John Evelyn* (Toronto: University of Toronto Press, 2014), 2 vols; vol. 2, pp. 201–2.
125 Evelyn to Rand, 20 March 1669 (sic.), *Evelyn Letterbooks*, vol. 2, pp. 486–7.
126 Rand to Evelyn, 13 March 1657, BL Add. MS 78316, fol 131r. W. Kerrigan, 'The Heretical Milton: from Assumption to Mortalism', *English Literary Renaissance*, 5.1 (1975) 125–66; J. F. Maclear, 'Anne Hutchinson and the Mortalist Heresy', *The New England Quarterly* 54.1 (1981) 74–103.
127 Evelyn to Rand, 9 April 1657, *Evelyn Letterbooks*, vol. 2, p. 202.

promoted the mortalist heresy, but his literary mission gradually lost its momentum. In his last years William Rand relapsed into poor health and experienced periodic episodes of depression. With the collapse of the republic, he sank into obscurity. Following the traditions of his immediate family, on 22 January 1663 this worthy reformer was buried at St Pancras, Soper Lane.

Illustration 3
Ernst Barlach, *Lahmer, Blinder und bettelnde Alte*, 1919

CHAPTER THREE
In Search of an Artistic Identity
Ernst Barlach and Jakob Steinhardt

This essay concerns two artists, both of whom were earnest modernisers in the German cultural community. Both were prolific, tenacious and deeply thoughtful. In each case, achievement of a settled artistic identity was profoundly influenced by a relatively short visit to Eastern Europe: Ernst Barlach (1870–1938) to what is now Ukraine, Jakob Steinhardt (1887–1968) to Lithuania. Barlach's journey lasted for just under two months in the late summer of 1906. The equivalent for Steinhardt was military service in Lithuania during World War I. There, the period he spent in Raseiniai, which lasted from September 1915 until August 1917, was of seminal importance. Owing to their differences in age, ethnicity, and other factors evinced below, they forged separate paths upon return to Germany. However, they also had a great deal in common. Haim Gamzu's short sketch about Steinhardt described him as a figure struggling with his pessimism concerning humanity and its future. On these grounds he became obsessed by the images of the elderly, the sick, the feeble and the bedridden. Sadness of the flesh and sorrow of the spirit were themes to which the artist returned repeatedly. For Gamzu, Steinhardt displayed a longing for the beauty of life, but also deep sadness and despair on account of the triumph of vanity.[1] Alfred Werner's estimate of Barlach was remarkably similar.[2]

Both Barlach and Steinhardt experienced early loss of their fathers and associated decline in family fortunes, and thereafter much privation and disappointment in the course of their careers. However,

---

1   Haim Gamzu, *The Graphic Art of Jakob Steinhardt* (New York: Thomas Yoseloff, 1963), p. 9: the first general survey of Steinhardt to be published in the USA.
2   Alfred Werner, *Barlach* (New York: McGraw Book Company, 1966), a curious book, but well-informed and deeply insightful.

such disadvantage failed to impede their prodigious artistic productivity.

After 1945 Barlach was soon recognized as one of the greatest German artists of his generation. Steinhardt was at first celebrated mainly in Israel, but later his international importance became more widely recognised. Both are now the subject of frequent major exhibitions in Germany and elsewhere. Assisting the understanding of Barlach is his prolific correspondence. Steinhardt also left a substantial archive, which is now deposited in Berlin, but only a small fraction of this has been actively exploited. With respect to public art collections in the UK, taking the British Museum and the Leicester Museum and Art Gallery as example, both with German Expressionist collections, the British Museum lists only sixteen items by Barlach and Leicester seventeen, while Steinhardt is completely missing from both.[3]

On the exhibition front, Barlach has been the subject of about 250 exhibitions since 1945, mainly in Germany and the USA, but only about six in the UK. The first of these seems to have been a joint Kollwitz-Barlach exhibition at Marlborough Fine Arts, London in 1967. The first sole Barlach event was a touring exhibition in 1975 under the aegis of the Goethe Institute of London. Since 1945 Steinhardt has been the subject of about fifty exhibitions, mainly in Israel and latterly also in the USA. An ambitious exhibition, held in Berlin in 1995 to celebrate *Der Prophet*, listed more than 600 items, while the Behrens catalogue, limited to the graphic works, comprises 900 items. Such lists indicate not only a record of fine artistic achievement, but the work of Steinhardt also represents a major historical resource on account of its relevance to wider issues: first through its support for a more positive valuation of *Ostjuden* culture; secondly, as a contribution to the chronicling of segments of an Eastern European Jewish society that were destined to be erased in the course of the Holocaust. In the UK general awareness of Barlach and his friend Käthe Kollwitz was greatly increased by the Neil MacGregor BBC

---

3   Perhaps even more surprising is the absence of Steinhardt from the excellent Ben Uri Gallery in London, which lists 28 items by Jakob Pins, who was a student and natural successor of Steinhardt.

broadcast series and subsequent book in which each received a chapter.[4] To my knowledge there has never been a Steinhardt exhibition in the UK and few of his works have reached any public museum or art gallery. Steinhardt is a lesser figure than Barlach or Kollwitz, but he should be awarded much greater recognition in the UK than is currently the case. Hopefully this essay might contribute towards addressing the imbalance.

Ernst Barlach

Although Barlach is notorious for his tempestuous existence, his family originated in the tranquillity of Schleswig-Holstein. He was born in Wedel,[5] a small town west of Hamburg, and spent most of his early life in similar settlements: Schönberg in West Mecklenburg, which lies east of Lübeck, and the watery Ratzeburg, which is south of Lübeck.

It is worth at this stage repeating Barlach's succinct estimate of his early years:

> I lived in northern Germany on the Elbe and in the Elbe region until over my twentieth year. I was born in Wedel in Holstein and first went to Dresden to Diez, who constantly encouraged me to 'take to

---

4   Neil MacGregor, *Germany: Memories of a Nation* (London: Allen Lane, 2014). Two of the most recent from the stream of new German work on Barlach are Paul Onasch et al, *Barlach Revisited* (Göttingen: Wallstein Verlag, 2021) and Gunnar Decker, *Ernst Barlach: der Schwebende. Eine Biographie* (Munich: Siedler Verlag, 2019). See also the essays included in Inge Tessenow et al. (eds), *'außen wie innen'. Russland im Werk Ernst Barlachs* (Güstrow: Ernst-Barlach-Stiftung, 2007). For Barlach, important are exhibition catalogues, most recently from the Albertinum Dresden Exhibition, July 2020 to January 2021, Astrid Nielsen and Hilke Wagner (eds), *Ernst Barlach: '... was wird bis Übermorgen gelten?' Eine Retrospektive* (Dresden: Sandstein Verlag, 2020). For the English reader, the best introduction is Peter Paret and Helga Thieme, *Myth and Modernity. Barlach's Drawings on the Nibelungen* (New York: Berghahn Books, 2012).
5   Between Wedel and Hamburg lies the important Ernst Barlach Haus-Stiftung Hermann F. Reemtsma, which contains one of the major collections of Barlach's work and also maintains a fine website: https://www.barlach-haus.de/.

the street'. From this period stems the bending 'Kräutersammlerin'. From then on, from 1895 until 1902/3, I can only describe my activities as waste and rage: Paris, Hamburg and Berlin were the venues. I subsisted on decorative works, drawings, models for a silversmith etc. Owing to work on tombstones, things became somewhat clearer to me. Then, when I set off on my Russian expedition I received a great break.[6]

Put even more bluntly, Barlach declared 'Everything that I produced before the age of thirty-six, I can easily see off without regret'.[7] The above testimonies indicate that Barlach made a pessimistic estimate of his artistic apprenticeship. The actual situation was less bleak. He failed to mention his early higher education at the *Allgemeine Gewerbeschule* in Hamburg (1888–1891), as well as at least two other locations of study. He also in 1895 published *Figuren zeichnen*, a practical guide to figurative drawing designed to assist sculptors working on major architectural projects.[8] This was highly successful and was periodically revised, for the last time in the fifth edition, issued soon after his return from Ukraine.

---

6   Letter of Barlach to William Radeburg, 8 August 1911, Friedrich Dross (ed.), Ernst Barlach, *Die Briefe*, 2 vols (Munich: R. Piper, 1968–9), vol. 1, p. 377. Barlach's association with the stonemason Busch came before he started art school, Ernst Barlach, *Ein selbsterzähltes Leben* (Berlin: Paul Cassirer Verlag, 1928), p. 33. The Hamburg Gewerbeschule (1888–1891) was followed by the Dresden Königliche Akademie der bildenden Künste (1891–1895), see *Selbsterzähltes Leben*, pp. 39–46. Robert Diez was from 1891 a senior figure at the Dresden School of Fine Arts. For Diez, see *Selbsterzähltes Leben*, pp. 47–52. Dating from 1894, this sculpture by Barlach is usually known as the *Krautpflückerin*. The simple bending figure in some respects anticipates Barlach's later work. Even earlier, he assisted a stonemason with lettering on tombstones, which was an early opportunity for expression of his sculptural abilities. In *Selbsterzähltes Leben*, virtually nothing is said about the four-month visit to Paris, but there he formed a high estimate of Théophile Alexandre Steinlein. See Peter Dittmar, 'Das Nachwirken Théophile Alexandre Steinlens am Beispiel von Ernst Barlach und Käthe Kollwitz', *Wallraf-Richartz-Jahrbuch*, 15 (1984) 173–201.
7   Conversation with Ernst Barlach, December 1919, cited in Friedrich Schult, *Barlach im Gespräch, mit ergänzenden Aufzeichnungen des Verfassers*, edited by Elmar Jansen (Leipzig: Insel Verlag, 1985), p. 14.
8   *Figuren zeichnen* (Neu Strelitz: Polytechnischer Verlag M. Hittenkofer, 1895).

A further line of advance was in the field of ceramics, where he developed a longstanding friendship with Hermann Mutz, who was a successful innovator in this field. In October / November 1904, Barlach's figures produced for Mutz were displayed at the latter's newly-established salon in Berlin.[9] By this date Barlach was sufficiently committed to ceramics that he briefly took up a post at the *Fachschule Keramik* at Höhr-Grenzhausen in the Rhineland-Palatinate.

Even by 1902 Barlach was recognized as a rising star as an artist, as was recognized in a brief article by Karl Scheffler, the respected young art critic. Here Barlach was praised for his multiple talents, above all in the field of sculpture. Indeed he believed that Barlach might become the natural successor to Rodin. However, owing to Barlach's uneven temperament, which the critic characterised as nervous, restless and tempestuous, Scheffler was uncertain about Barlach's future. Scheffler ended optimistically, insisting that the career of this young prodigy should be followed with high expectations.[10]

True to his word, Scheffler became one of Barlach's main advocates. In the short term, not aided by a crisis in his personal life, Barlach's instability reflected Scheffler's worst fears. As the autobiographical quotation above suggests, he experienced an acute artistic identity crisis, which caused him to relapse into a state of panic. This he suddenly overcame in the summer of 1906 through his decision to mount an expedition to the region now known as East Ukraine. By a remarkable coincidence that will not be lost on the modern reader, the route of this tour almost exactly followed the demarcation line between the Ukrainian and Russian forces as it stands at the date of the publication of this book. The climax of the tour was Bakhmut, then a sleepy backwater, which now lies in complete ruin.

---

9   For review of this exhibition, see *Deutscher Reichsanzeiger und Königlich Preußischer Staatsanzeiger*, 14 November 1904.

10   Karl Scheffler, 'E. Barlach', *Dekorative Kunst*, 9 (1902) 78–80.

Eastern Ukraine

Barlach's immediate goal was to visit his elder brother Hans (1871–1953), who was a successful engineer working in Kharkiv (then Charkow). Ernst's travelling companion from Berlin was another brother Nikolaus (1872–1925), who had returned to Germany after a failed farming venture in the USA. The brothers left Berlin in early August and returned there at the end of September. Their time in East Ukraine was split evenly between Kharkiv and journeys elsewhere, most ambitiously to the south, a journey of some 225 kilometres. Their final destination was the group of small neighbouring towns of Bakhmut, Kramatorsk and Kostyantynivka. Further south were Mariupol and the Black Sea (see Map 1).[11]

It is universally agreed about Barlach's visit to East Ukraine that, as for some distinguished predecessors,[12] this experience was a dramatic turning point in his art and life. For the colourful Alfred Werner, Ukraine became for Barlach 'what the hegira was for Mohammed'.[13] In Barlach's own words: In Ukraine 'I received infinite inspiration. I say straight away: revelations'.[14] Barlach's extensive sketchbooks, his associated travelogue, correspondence and subsequent publications together communicate a full picture of his experiences in East Ukraine.[15] This present discussion relates to his increasing awareness of the marginal classes and eventual preoccupation with those subsisting in extreme poverty.

---

11   The names used on the map are the current Ukrainian names.

12   For a near contemporary, Rainer Maria Rilke, see A. A. Travis, *Rilke's Russia: A Cultural Encounter* (Evanston: Northwestern University Press, 1994). Rilke was deeply interested in art and wrote a monograph on the Worpswede artistic colony, which was located near to Barlach's places of origin.

13   Alfred Werner, *Barlach*, p. 13.

14   Letter of Barlach to Reinhard Piper, 9 December 1906, *Briefe I*, p. 278.

15   For the most comprehensive collection of materials relating to Barlach's Ukrainian visit, see *'außen wie innen'*.

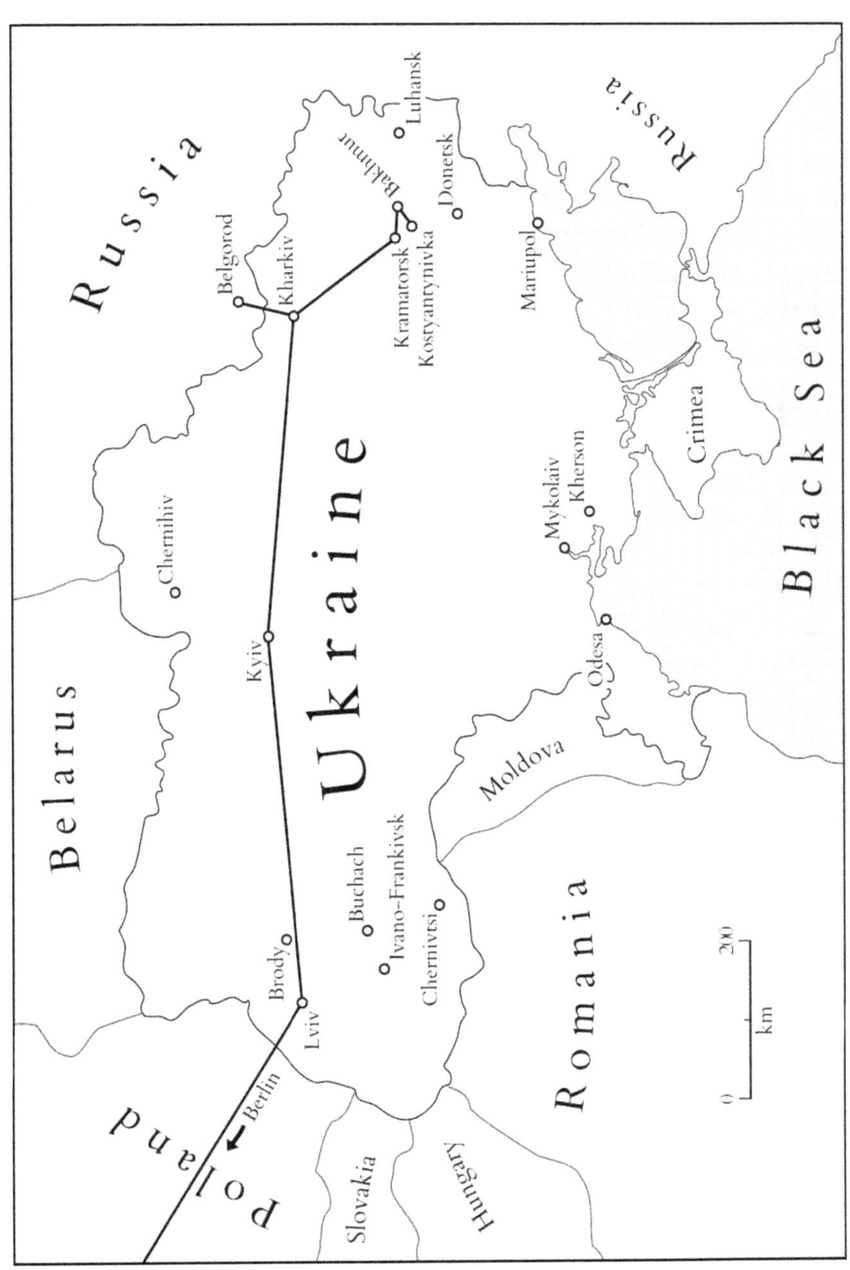

Map 1

Ernst Barlach's journey through Ukraine, © Damien Bove

His first engagement with such groups perhaps derived from his brief experience of Warsaw in August 1906. At this first break in his journey, he intuitively felt that the local people cried out to have their character expressed in sculptural form.[16] Warsaw also provided the inspiration for a sketch dated 1915, which was quickly turned into a large lithograph that appeared in *Kriegszeit,* the war art magazine, the issue dated 24 February 1915. This morbid scene depicts two woman beggars, one a smoker, the other a drinker, sitting at a Warsaw street corner, behind which is a riotous crowd in conflict with a military contingent.[17]

His Warsaw insights were reinforced when he arrived in Kiev, about which he exclaimed 'Viele Bettler und Kirchen!'. Turning to the old maxim 'Bete und arbeite' (pray and work), he also concluded that in Ukraine this was transposed into 'Bete und bettele' (pray and beg).

The extensive documentation concerning Barlach's journey in East Ukraine provides further insight into his encounter with beggars and begging. Surprisingly, his travel diary and derivative publications are not as informative on this issue as might be expected. Of the thirty-two pages of the standard edited version of his dairy, the material concerning beggars amounts to barely a single page.[18] The bias is firmly towards description of the urban and rural environment, and such factors as climate, all viewed from the artistic perspective. The ethnographical element is less well represented. No attention is paid to issues such as racial tension or political agitation at this period of increasing turbulence. The existence of Jewish communities was ignored, notwithstanding their prominence and their sizeable representation among beggars and vagrants.[19]

---

16 Letter of Barlach to William Radeburg, 8 August 1911, *Briefe I*, p. 377.

17 Elisabeth Laur, *Ernst Barlach, Die Druckgraphik* (Leipzig: E. A. Seeman, 2001), No. 18 (hereafter Laur *Werkverzeichnis I*).

18 '*außen wie innen*', pp. 88–120, for the text of 'Reise ins Herz des südlichen Rußland'.

19 Barlach seems not to notice that there were 11,000 Jews in Kharkiv, or that Jews comprised about 20 per cent of the population in Bakhmut. Also, regarding Bar-

Many acute observations on the life of peasants in town and village are included, but his most striking comments are somewhat offbeat. For instance he was intrigued by an unseasonal spell of icy weather in early September which naturally prompted a change in clothing among the peasantry. This new mode struck him as prehistoric or even Saurian, a metamorphosis that was richly recorded in his sketches of peasants in their winter attire.[20]

In the light of Barlach's proclivities regarding beggars and other needy groups, as richly testified by the contents of his sketchbooks, his commentary about these victims in his travelogue was not particularly cordial. On occasions it was even sarcastic. He addressed the problem of the response to the cold among beggars. At one end of the scale, the plump women beggars, for whom Barlach expressed a distinct sympathy, as a group seemed to successfully negotiate winter hardships. Others were reduced to a pathetic state, the degree reflecting their place on the ladder of poverty. He noted that the beggar with the false leg and the fraternity of the blind coped reasonably well, each group adopting their own mode of extracting funds from well-wishers, who were accustomed to regularly hand out donations, as some kind of superstitious ritual. The many groups at the bottom of the heap fared badly, not helped by their propensity to drink. In the end Barlach judged the whole system of begging to be a disgusting tyranny, whether or not the fault lay with the beggar. He called for a radical solution whereby assigned employers should round up beggars, who would then only receive food in return for work.[21]

---

lach's insensitivity to political unrest, I disagree with Maria Rüger's view of Barlach as a proto-revolutionary, albeit eventually not in collusion with Leninists, but with his own political agenda for a future classless society. See her 'Ernst Barlach's Rußlandreise 1906', in Jürgen Doppelstein and Heike Stockhaus (eds), *Barlach und Russland* (Hamburg: Ernst Barlach Gesellschaft, 2002) pp. 253–73.

20   Kharkiv, 10 September 1906, '*außen wie innen*', p. 102.

21   Kharkiv, 10 September 1906, '*außen wie innen*', p. 103. Here Barlach was, perhaps unwittingly, echoing commonly held German ideas about the problem of begging and underemployment among the *Ostjuden*, most notoriously Heinrich von Treitschke, *Ein Wort über unser Judenthum* (Berlin: G. Reimer Verlag, 1880).

At first sight it seems as if Barlach was echoing the ingrained prejudices of his day. However, on closer inspection, his later reflections displayed a radically different attitude, akin to the perspective for which he is justly admired. Writing to his cousin Karl Barlach in 1920 he admitted finding the Slavic worldview to be quite alien. This had prompted a reappraisal of his thinking, with the outcome being a holistic view of human nature. Thereby all humans, rich or poor, were formed in the same mould and therefore possessed the same unity of existence.[22] This realisation forced him to reimagine what he had witnessed, the result being an expression of fraternal feelings (*brüderliches Gefühl*) towards the suffering, simple and yearning souls who, on account of their intolerable burdens, were inclined to drink and other vices. Such revelation led him to reject pretentious theorising. Instead he approached his work in the spirit of being a poor relation, exile or outlaw. He believed that such self-abnegation would enable him to achieve a more authentic representation of his chosen humble subject matter.[23] This change in Barlach's thinking was reflected in the content of his Ukraine sketchbooks, a dominant feature of which was portrayals of humble people, among whom prominently featured pregnant and working women, male and female beggars and the disabled. All of this comprised an important social record, which was in general a documentary report communicated without condescension, sarcasm or antipathy.

Bringing Sketchbooks into Life

It is not an overstatement to say that Barlach returned to Berlin with radically changed values, both in art and life. He continued submitting caricatures to the satirical magazine *Simplizissimus*, but he was now inclined to trenchant social and political criticism. A particularly striking example of this new work was his *Kommissionsbericht der*

---

22   The concept of *Gestalt* has deep historical roots, but as far as Barlach was concerned, in Germany, an important step towards this theory was made by Christian von Ehrenfels in 1890. By 1900 the idea was well known and remained in fashion in Germany and Austria into the 1930s.

23   Letter of Ernst to Karl Barlach, 6 October 1920, *Briefe I*, pp. 594, 375.

Übersichtigen, dating from 25 November 1907, in which three fat officials in morning dress gaze across a miserable wasteland featuring every kind of deprivation and violence, from which their attention was completely everted. The caption reads 'as far as the eye can see, it encounters images of happiness and contentment'. Under the very feet of the inspectors are depicted seven tortured souls, including one clutching a baby, all wrestling to extract themselves from a sewer.[24]

Barlach's rich output of graphic work provided an obvious means to exploit the content of his sketchbooks. However, for various practical reasons his first opportunity arose only in 1912, when his patron, Karl Scheffler, now editor of the prestigious journal *Kunst und Künstler,* invited Barlach to open the eleventh volume with an illustrated report on his Ukrainian visit.[25] As with the original source, the twelve-page summary of his travelogue largely bypassed reference to Ukraine's inhabitants. However, all thirteen of the ample lithographic illustrations portrayed the daily life of self-evidently poor inhabitants.[26] Just one of these related to disability, in this case blindness. Central to this image was a bearded blind man who was able to stride out confidently on account of guidance from a young lad. This image of life among the disabled was clearly important to Barlach (see Illustration 3 above).[27]

The origins of the blind man and his guide image lie in two earlier drafts, both black ink over pencil. The first and simplest derives from

24   Ernst Barlach Haus, Stiftung Hermann F. Reemtsma. *Plastiken, Handzeichnungen und Autographen* (Hamburg: Ernst Barlach Haus, 1977), pp. 48–52. See also an associated poster. Barlach had been contributing to this magazine since 1897. See Friedrich Schult, *Ernst Barlach, Werkkatalog der Zeichnungen III* (Hamburg: Hauswedell Verlag, 1971), No. 531.
25   Barlach, 'Eine Steppenfahrt', *Kunst und Künstler*, 11.1, 12 October 1912.
26   The facsimile reproduction of 'Eine Steppenfahrt' in *'außen wie innen'* (pp. 123–32) reduces the text and illustrations by about 20 per cent.
27   Barlach, 'Eine Steppenfahrt', p. 11. The left arm of the blind man rested on the boy's shoulder. The left hand clutched a peaked cap. A group of three women observe the pair. In the distance are two soldiers in what appears to be an industrial landscape. See also Laur *Werkverzeichnis I*, Nos.13.12 and 13.13, the first being a variant, basically a simpler draft.

a sheet removed from the first sketchbook and mounted on brown card, the likely date being August 1906.[28] The two figures comprise the sole content of this drawing. Their appearance, dress, and general demeanour are somewhat dissimilar from the *Steppenfahrt* successor. The other and much more relevant precursor dates from late 1906 or early 1907. This is a large scale and fully developed image, also in black ink over pencil. Here the two figures are striding across a road with pavements on both sides, indicating proximity to a built-up area. Here the boy wears a long coat and is probably without shoes. The man is tall and quite well-dressed. His left arm is on the boy's shoulder. The man also carries a long stick, something missing in other early versions. Both figures are wearing smart peaked caps. My guess is that this fine image was prepared for inclusion in the magazine *Simplizissimus*.[29]

Finally it is worth mentioning that yet another variant that made its public appearance in an expressive woodcut, *Lahmer, Blinder und bettelnde Alte*, where the two figures of the above sequence appear as a backdrop to two other figures. At the front a lame man with stumps instead of hands is painfully crawling on the ground. Slightly behind him and to the right is a muffled-up woman beggar. This pathetic group forms the second in the sequence of nine similarly expressive woodcuts (see Illustration 3) which illustrate every form of misery and humiliation experienced by the poor. These comprised the illustrations by Barlach for *Der Kopf*, published in Berlin in 1919.

Taken together, the *Steppenfahrt* and *Kopf* series represent a fair summary of the content of the Ukrainian sketchbooks as these relate to the suffering poor. There is an important difference: *Steppenfahrt* employs lithographs, whereas *Der Kopf* utilizes woodcuts. The lithographs are softer in their effect, whereas the woodcuts are bold, stylised and more trenchant. In fact, the *Kopf* series represented Barlach's

---

28 '*außen wie innen*', p. 238, No. 34.

29 Schult, *Werkkatalog Zeichungen III*, No. 498. Drafts for this version occur in sketchbook 2, 48r and 48v, dated 4 September 1906, see '*außen wie innen*', pp. 194–5. For a fine illustration of this variant, see '*außen wie innen*', p. 340.

very first foray into woodcuts. Not until December 1918 did he report that he had taught himself the woodcut technique through 'furious labour' over the previous few months. He announced on 4 December that the first of the *Der Kopf* series was completed, on 19 December that the full series was complete and had been well received. He was satisfied with the outcome.[30] He found this new medium of expression ideal for impressions that were hard and simple, exactly what he had in mind for the depressing subject matter of *Der Kopf*.

The above account of the evolution of a particular image could easily be repeated for many other drawings from Barlach's sketchbooks. These prototypes would also become the inspiration for a series of sculptures that were destined to make a decisive impact. Despite extensively recording and commenting on his experiences in drawing and print, Barlach's preferred medium, even before his art school days, was sculpture. Any survey of the work of Barlach is dominated by his sculptures, especially by his woodcarvings, of which more than eighty have survived.

Just before he began wrestling with this intransigent medium, he followed the easier path of modelling in gypsum (plaster of Paris or *Gips*), sometimes reproducing these figures as stoneware and often, soon afterwards, in porcelain or terracotta. When he arrived back in Berlin in October 1906, such sculptures became the preferred option for his Ukrainian work. The stoneware medium made sense on account of his success with the art form in the service of his friend, the enterprising Richard Mutz, whose Berlin branch of his family stoneware manufactory operated from 1904 until 1908. The stoneware series was aesthetically impressive but not commercially viable. Accordingly the surviving stonewares are great rarities. The imitation white porcelain versions issued in 1911/1912 were produced by the *Schwarzburger Werkstätten für Porzellankunst*, which was established in 1908 at Unterweißbach. These porcelain editions were successful

---

30 The ten-woodcut sequence accompanies a poem by Reinhold von Walter, *Der Kopf* (Berlin: Paul Cassirer Verlag, 1919), Laur *Werkverzeichnis I*, Nos. 55.1–11.

commercially, but Barlach also liked them artistically for their 'hard, crystalline, formal, shapely, sharp and relentless' character.[31]

Barlach selected just a couple of simple figures for his trial run. Even this exercise took the best part of six months to execute. From his sketchbooks he picked out two beggars, both seated on the ground. The relevant sketches were faithfully followed in the gypsum models and their stoneware successors.[32] The first was a plump female holding a begging bowl, while the second was a blind male also with a begging bowl. Both figures were basically yet amply clothed in protection against the elements, which helped Barlach to design forms that were simple yet compelling. These humble Mutz stonewares, completed with the characteristic Mutz half-matt glaze in mustard brown, were accepted for display in the 1907 Secession Spring Exhibition.[33]

The effect was electrifying. Reduced to their elemental simplicity, the beggars stood out from the grotesquely elaborate and stultifying jungle of conventional artwork that prevailed in the exhibition and indeed the pages of *Kunst und Künstler*. The latter's editor, Karl Scheffler, was fully aware of Barlach's originality. He saw some merit in a few of the other sculptures, but his major praise was reserved for Barlach. He concluded that 'Barlach alone causes a surprise' with his two exhibits. On the basis of this striking innovation he concluded that Barlach would achieve full recognition. To Scheffler, these two sculptures proved definitively that Barlach had reached artistic maturity. He concluded that the special interest of these works derived

31 Letter of Barlach to Friedrich Düsel, 28 December 1918, *Briefe I*, p. 533.

32 The main sources for the female beggar are two pencil drawings in sketchbook 2, 80v–81r, dated 7 September 1906. See *'außen wie innen'*, pp. 196–7.

33 These two stoneware figures are extremely rare, but can be found at both the Barlach Stiftung in Güstrow and the Barlach Haus in Hamburg. For photographs and descriptions of these figures, see *'außen wie innen'*, pp. 298–9, porcelain pp. 270–71, and bronze p. 301.

from Barlach's remarkable sense of ornamental form and a psychology in which the principle of simplification was dominant.[34]

In his autobiography Barlach explained why he was giving priority to such an uncustomary subject matter as vagrancy. He flatly denied that the Ukrainian visit was a deliberate search for new material for his sculptural work. Reinforcing hints in his travel diary, he insisted that focus on marginal groups was for him the only appropriate response to the situation in which he found himself. He explained that his first two beggars – the plump woman beggar and the prayer-chanting, lamenting blind beggar – were for him ideal symbols of the human predicament in its nakedness between heaven and earth. He was completely uncertain whether his audacious plan would work, and therefore opined that he was surprised when his two little figures attracted the applause of half a dozen experts, whose judgement he regarded as unquestionably reliable.[35] The powerful message from these two small figures made its mark across the generations, famously reaching Bertolt Brecht, who wrote of the 1906 woman beggar that she was 'a powerful person with strong self-assurance, for whom no gratitude for handouts is to be expected. She seems immune to the hypocritical persuasion of a corrupt society that one can achieve things by running about and feigning usefulness. She coldly blames this society for allowing her strength to wither away'.[36] The artist wrote excitedly to Reinhard Piper about the 1907 Secession event and Scheffler's review, promising that he would now

---

34   Karl Scheffler, 'Berliner Secession', *Kunst und Künstler*, 9.5 (1907) 355–6. A full page photograph of *Russische Bettler* features on p. 356, thereby providing the first published insight into Barlach's Ukrainian art work. For reports of Barlach to Reinhard Piper about the 1907 Secession event, dated 1 and 13 May 1907, *Die Briefe I*, p. 281.

35   Barlach, *Selbsterzähltes Leben*, pp. 65–6.

36   *Der Bildhauer Ernst Barlach. Skulpturen und Plastiken im Ernst Barlach Haus* (Hamburg: Stiftung Hermann F. Reemtsma, 2007), p. 159. 'Eine mächtige Person mit hartem Selbstbewußtsein, von der kein Dank für milde Gaben zu erwarten ist. Sie scheint gefeit gegen die heuchlerische Überredung durch eine korrupte Gesellschaft, daß man mit Fleiß und Sichnützlichmachen etwas erreichen kann. Sie schiebt ihr kalt die Schuld zu dafür, daß ihre Kraft lahmliegt', from Brecht, 'Notizen zur Barlach-Ausstellung'. *Sinn und Form (Potsdam)* 4.1 (1952) 182–6.

complete four more figures by the autumn of 1907.[37] In practice only two additional figures were ready for the Spring Secession event in 1908. These were of no lesser importance than the first pair. The second group comprised *Russische Bettlerin* (see Illustration 4)[38] and *Bettlerin mit Kind.* From the outset, the first of these attracted more attention than any other in this series. Indeed his rendering of this woman beggar is still regarded as among Barlach's finest works. To cite a characteristic modern response: 'with the ceramic figure of the *Russische Bettlerin* the real Barlach does emerge. With her bent back, hooded face and left hand extended in a beseeching gesture, she unforgettably expresses the humiliation of pleading for charity. A tragic beauty hovers over this work that is so deeply personal, so free from sentimentality and so broadly symbolic'.[39]

The symbolic character of this figure was emphasised by the complete concealment of the head and body by a seamless sheet, to the extent that the left hand is the only fully visible part of the anatomy. This and the general shapelessness of the figure gave it the appearance of an ovoid stone washed up on a beach.[40]

---

37   Letters of Barlach to Reinhard Piper, 4 and 19 December 1918, *Briefe I*, pp. 531–2; Letter of Barlach to Friedrich Düsel, 28 December 1918, *Briefe I*, p. 533; Letter of Barlach to Karl Barlach, 17 March 1919, *Briefe I*, p. 538.

38   Laur *Werkverzeichnis II*, No. 116.1.

39   Alfred Werner, *Barlach*, p. 90 (with a minor correction). Werner believed that executing this figure in wood might have allowed Barlach 'to bring out the rugged primitiveness of this unfortunate being from a village street in Ukraine'. This was impossible in 1907 because this date was before the artist taught himself the difficult art of woodcarving.

40   Barlach himself drew an outline of this figure overtopped by an elliptical arch, so indicating that the two curves mirrored each other. Barlach, *Figuren Zeichnen*, 5th edn (Strelitz in Mecklenburg: Polytechnischer Verlag M. Hittenkofer, 1909) pp. 33 and 85. Barlach commented that his commitment to depict 'stylised humanity' mirrored his principle of 'architectural unity': letter to Wilhelm Radenburg, 8 August 1911, Briefe I, p. 377.

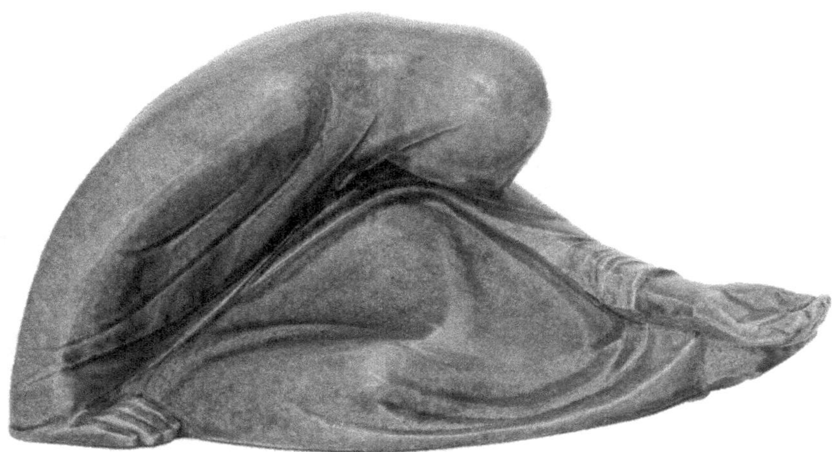

Illustration 4
Ernst Barlach, *Russische Bettlerin*, 1907, Stoneware (Mutz-Ceramic)
© Ernst Barlach Haus – Stiftung Hermann F. Reemtsma, Hamburg
Photo: Andreas Weiss

The whole individuality of the figure is thus worn down, with only the outstretched hand being symbolic of the will to resist. The ingenuity exercised in finding precedents for this figure in the sketchbooks is not entirely convincing. Another unusual factor is that this is the only one of this series not to be reproduced in porcelain. The main survivors from 1907 are four stoneware figures, each with its own glaze variant. These are a great treasure. The versions most generally accessible are the bronze imitations dating from the 1930s and since then periodically reissued. Barlach's reluctant agreement to the issuing of bronzes of his early work was a matter of economic necessity rather than artistic conviction, which should arouse much greater doubts about the artistic integrity of these replicas than tends to be the case.[41]

---

41 Laur *Werkverzeichnis II*, No. 117 and No. 517. The later versions derive from a simplified and larger gypsum model. Not only are these bronzes lacking in refinement, but they are also clumsy and diverge in their dimensions from the 1907 originals: *caveat emptum!*

Illustration 5
Ernst Barlach with *Bettlerin mit Kind* in his Studio, Güstrow 1935
© SLUB Dresden, Deutsche Fotothek, Photo: Berthold Kegebein (1894–1977)

The other figure issued by Barlach in 1907 was his *Bettlerin mit Kind*.[42] The mother bears strong resemblance to the 1906 *Bettlerin mit Schale*. *Bettlerin mit Kind* helpfully sets the scene for a less pessimistic tone in the rest of this series. *Bettlerin mit Kind* is rooted in many precedents in the sketchbooks and passed through the usual stages, ending with a porcelain version. This figure was clearly close to the sculptor's heart, as for instance indicated by the famous photograph of Barlach in his Güstrow studio taken by Berthold Kegebein in 1935 (Illustration 5). The sculptor is leaning on a rotating work bench, upon which stands a large-scale wooden figure of his *Mutter mit Kind,* which is about 60cm in height compared with 35cm for the original gypsum model. The link between this large sculpture and the 1907 *Bettlerin mit Kind* is emphasised by the presence of an earlier

---

42   For photographs of four different early stages of *Bettlerin mit Kind*, see 'außen wie innen', pp. 276–7, 300, 307. The Ukrainian-based figures series comprised two issued in 1906, six in 1907, and four in 1908, most of these reissued in 1995.

version which stands a couple of meters to the rear of its larger relative.[43] Reminding us of the other aspects of Barlach's work, the out-of-focus figures in the background belong to the *Fries der Lauschenden* series.

The spectacular success of the series of figures that constituted the first fruits of the Ukrainian expedition generated immediate rewards. He was no longer regarded as a rootless maverick. Building on his aptitude for modelling, in 1906 he turned his hand to woodcarving which in due course became his preferred medium. Interestingly one of his first woodcarvings was the tiny *Kopf eines russischen Bauern*, the style of which broadly matched that of his stoneware figures from the same date. As a reward for Barlach's efforts, secure patronage spontaneously materialised from none other than Paul Cassirer, who was rich and influential in all parts of the Berlin arts community. Cassirer was granted the licence to market Barlach's work, in return for which his patron agreed to pay a stipend and publish the artist's veritable tide of self-illustrated Expressionist plays and related publications, such as *Der Kopf* which contained Barlach's woodcuts as illustrations for a poem by Reinhold von Walter, another Expressionist author.[44] This was issued by Cassirer in 1919.[45] Likely with Cassirer's help, Barlach was in 1908 elected a member of the Secession. From that point on the exhibitions of the Secession and the *Kunstsalon* of Cassirer himself became regular showcases for his work. He also experienced no difficulty in showing his work elsewhere in Germany. Never predictable, in June 1910 Barlach abandoned Berlin and settled in the quiet town of Güstrow in Mecklenburg-Western Pomerania where he had relatives and where he spent the remainder of his life. His new preoccupation with images of marginal groups of East

---

43 On this portrait of Barlach in his studio see *'außen wie innen'*, p. 174.

44 Of the associated set of ten woodcuts by Barlach, eight related directly to the Ukrainian sketchbooks.

45 For Barlach's links with Cassirer and the Secession, see Peter Paret, *The Berlin Secession. Modernism and its Enemies in Imperial Germany* (Cambridge Mass.: Harvard University Press, 1980), pp. 200–220. For Cassirer as an art dealer and publisher, see Rachel Feilchenfeld and Thomas Raff (eds), *Ein Fest der Künste: Paul Cassirer: Der Kunsthändler als Verleger* (Munich: C. H. Beck, 2006).

Ukraine had fuelled a transformation of his artistic work during which the woodcut assumed greater importance in his printmaking, but sculpture rapidly became his leading obsession.

Barlach's later work shows everywhere traces of his Ukrainian experience. One example is a drawing from 1918 and woodcut from 1919 entitled *Russische Bettlerin*, which formed the basis for the design of the sculpture *Frierende Alte* in 1937.[46] Another is the image that began its life in his sketchbooks as *Der Blinde*. This emerged again as various sketches from 1918, and also as the striking book-cover illustration for *Franziskus,* a melancholy historical novel by Adolph von Hatzfeld.[47] In 1930 the image again resurfaced, now known as *Die Zweifler*, like the *Frierende Alte* available in three different media, not all of the same date.[48]

Writing to Wilhelm Raderberg in 1911, Barlach declared that his mission to Ukraine had taught him to engage with the true realities of nature. Through this experience he had discovered how to explore the grotesque and humorous qualities of a subject, even by means of a single line. To specifically illustrate this objective he asked Raderberg to compare his pencil sketch of the plump beggar woman with its sculptural analogue. Barlach boldly declared that his aim was to achieve an objective that was both an artistic success and recognisably divine in its execution.

Barlach willingly accepted his stylisation as 'modern artist', although he could not explain exactly what this entailed. This he accepted as his settled designation. As a modernist his calling was to represent humanity in its bare essentials. He concluded that sculpture alone had the capacity to represent the basic nature of humanity, thereby permitting exploration of fundamental conceptual issues that were, it

---

46 Russische Bettlerin 1919, Laur *Werkverzeichnis I*, No. 55.06; *Frierende Alte* 1937 in teak, Laur *Werkverzeichnis II*, No. 609; also there exist other versions from the same year in gypsum and bronze.

47 Laur *Werkverzeichnis I*, No. 52, provides the full background information.

48 Laur *Werkverzeichnis I*, No. 612, *Der Zweifler* appeared in 1931 in bronze based on a gypsum model. In 1937 Barlach completed a teak version. Coincidentally, Hatzfeld himself was blind since an accident in1913.

was conceded, extraordinarily difficult to confront. Only sculpture possessed the capacity to transcend the constraints that arose from calamity. He aimed, through sculpture to communicate all the joy and suffering that were the common experience of their age.[49]

Throughout the rest of his career Barlach stuck to his last and consistently pursued the ideal of simplification in every aspect of his artwork, with sculpture, especially woodcarving, acting as the central feature of this mission. This laborious and intractable medium was not merely the route to technical virtuosity, but for Barlach such toil was the most fitting and effective means to both fulfil his commitment to modernism and also explore his transcendental aspirations.[50] As with Steinhardt, Barlach regarded the whole of his creative work as an adjunct to his own wider intellectual and spiritual quest.[51]

49 Letter of Barlach to William Radeburg, 8 August 1911, *Briefe I*, p. 377. For a similar statement deriving from an interview in 1932, *Ernst Barlach Ausstellung 1951–1952* (Berlin: Deutsche Akademie der Künste, 1951), p. 64.
50 Letter of Barlach to Reinhard Piper, 19 December 1918, *Briefe I*, pp. 532–3. Barlach wrote of modernism as a religious mission: 'Meine Pflicht gegenüber dem Neuen…' For an exhaustive study of Barlach as a woodcarver see Karsten Müller (ed.), *Ernst Barlach. Die Hölzer* (Dortmund: Verlag Kettler, 2020).
51 Anja Sroka, *Zwischen Himmel und Erde: Ernst Barlach: Mystik und Kunst oder die Revision des Christentums* (Hamburg: Ernst Barlach Gesellschaft, 2002); Wolfgang Tarnowski, *"Ich habe keinen Gott, aber Gott hat mich". Ernst Barlach über die Rolle der Religion in seinem Denken und Werk* (Hamburg: Ernst Barlach Gesellschaft, 2007).

Jakob Steinhardt

Few German artists could match Barlach's huge versatility. By contrast, Steinhardt's central interest was printmaking, but here he possessed a similar range of skills.[52] Jakob Steinhardt was born and raised in the remote settlement of Zerkow (now Żerków, since 1945 in Poland), a place with fewer than 2,000 inhabitants, then in the Prussian province of Posen (now Poznań), which had a predominantly Polish and Catholic population.[53] Both his parents and a favourite uncle ran retail stores in the town centre. His family were ethnically Jewish, one of about twenty Jewish families. Their religious commitment was indicated by the opening of a Jugendstilsynagogue in 1908. It is often concluded that Jakob was raised in a secular and modern German cultural atmosphere. This bias certainly set in when, at the age of nine, he was dispatched to a Berlin boarding school in which he never settled. When Jakob reached his mid-teens, his father died. Therefore, as with Barlach, he experienced a sharp decline in family fortunes.

Again like Barlach, Jakob's artistic talent was obvious from his early teens and he was actively encouraged by Therese, his mother. His

---

52   There is no standard biography of Steinhardt, but abundant relevant material on all aspects of his work is located in the following sources: Arno Nadel, *Jacob Steinhardt* (Berlin: Verlag Neue Kunsthandlung, 1920), *Graphiker der Gegenwart* Bd. 4. Hans Tietz, *Jakob Steinhardt* (Berlin: J. J. Ottens, 1930). Ziva Amishai-Maisels, *Jakob Steinhardt, Etchings and Lithographs* (Jerusalem / Tel Aviv: DVIR, 1981). Stefan Behrens, *Jakob Steinhardt. Das graphische Werk* (Berlin: Kunstamt Wedding, 1987). *Jakob Steinhardt – Der Prophet. Ausstellungs- und Bestandskatalog* (Berlin: Jüdisches Museum, 1995). Gabriel Ma'anit and Ruthi Ofek (eds), *Jacob and Israel. Homeland and Identity in the Work of Jakob Steinhardt* (Tefen: The Open Museum, Industrial Park, 1998). Dominik Bartmann (ed.), *Jakob Steinhardt Zeichnungen. Schenkung Josefa Bar-On Steinhardt* (Berlin: Stiftung Stadtmuseum Berlin, 2000). Ronit Sorek, *Jakob's Dream. Steinhardt in Prints, Drawings, and Paintings* (Jerusalem: The Israel Museum, 2010).

53   By coincidence, Lesser Ury (1861–1931), a fashionable Jewish artist, spent his early years at Birnbaum (Międzychód) to the south-east of Zerkow, in the province of Posen. He was also from a similar social class, lost his father at an early age, and was sent to Berlin for his education.

opportunities for artistic expression were greatest on his holiday visits to Zerkow. Contradicting the idea of his secularism, he displayed a distinct preoccupation with Jewish themes from virtually the outset of his artistic activity.[54] Perhaps on Therese's initiative, a small group of wealthy patrons was assembled in Posen. These benefactors granted him a stipend sufficient to support his artistic training into his twenties.

After a short period at the Berlin *Kunstgewerbemuseum*, with the help of his patrons he trained further as an artist. With respect to technique, most important was Hermann Struck (1876–1944), an aspiring Jewish artist, teacher and expert on the many aspects of etching. Struck was also helpful in extending Steinhardt's circle of artistic friends. Indicative of the steady extension of his technical competence, soon after the start of his involvement with Struck, in the year 1907, the twenty-year-old Steinhardt generated no fewer than thirty prints. Many of these connected with the themes that a few years later would become central to his artistic work in Lithuania.

Between 1909 and 1911 he visited Paris and Italy. Unlike Barlach, Steinhardt was not scathing about his foreign art experience.[55] The most important Berlin influence during these early years was the influential painter Lovis Corinth (1858–1925). At this stage he also developed an intensive involvement with Expressionism.[56] In this context he fell under the spell of the mercurial and charismatic Ludwig

---

54 On religion I incline to follow Amishai-Maisels in Sorek, *Jacob's Dream*, and various presentations by Alfred Werner, who was personal friend of Steinhardt. For Werner's spirited defence of Steinhardt, see his 'Steinhardt: Master of Black and White', *Judaism* 8.3 (1959) 258–265.

55 Both Barlach and Steinhardt acknowledged the benefit they received in Paris from the caricaturist, Théophile Alexandre Steinlein.

56 For Expressionism with reference to *Die Pathetiker*, see Emily D. Bilski (ed.), *Berlin Metropolis. Jews and the New Culture 1890–1918* (Los Angeles / New York: California University Press / New York Jewish Museum, 2000), see especially Kathryn Kellner, pp. 47–63 and Emily Bilski, pp. 102–45; Wolf-Dieter Dube (ed.), *German Expressionism, Art and Society 1909–1923* (London: Thames & Hudson, 1997); Victor H. Meisel, *Voices of German Expressionism* (London: Tate, 2003); Michael Assmann et al., *Ludwig Meidner: Expressionismus, Ekstase, Exil*

Meidner, who he had recently met at Struck's studio and with whom he quickly established a warm friendship. On account of Meidner's virtuosity as artist, essayist, editor and organiser, Steinhardt had access to all the latest debates and disputes within the burgeoning Expressionist movement.[57] Following the habit of the times, Meidner and Steinhardt joined forces to establish their own distinctive club, thereby contributing further to the veritable *mêlée* of Expressionist initiatives. Indicative of their place in the intellectual spectrum, their group was named *Die Pathetiker*. Besides Meidner and Steinhardt there was only one other member, Richard Jantur who, like Meidner, was an immigrant from Silesia. This initial trio constituted the entire membership.[58]

(Berlin: Gebrüder Mann Verlag, 2018); Bruce Davis, *German Expressionist Prints and Drawings: The Robert Gore Rifkind Center for German Expressionist Studies* (Los Angeles, CA: Los Angeles County Museum of Art (Munich: Prestel, 1989); and Starr Figura and Peter Jelavich, *German Expressionism. The Graphic Impulse* (New York: MoMA, 2011).

57 For two portraits of Meidner by Steinhardt, see Maisels 42 (1908) and 49 (c. 1911 but dated 1908). Other representative sources on Meidner: *Ludwig Meidner* (Recklinghausen: Aurel Bongers, 1966) with introduction by Thomas Grochowiak; Jane Glaubinger, 'A Double-Sided Drawing by Ludwig Meidner', *The Bulletin of the Cleveland Museum of Art*, 69.9 (1982), 297–307. Also helpful are exhibition catalogues such as *Ludwig Meidner Ausstellungsverzeichnis* (Wolfsburg: Kunstverein Wolfsburg, 1985); *Horcher in die Zeit. Ludwig Meidner im Exil* (Frankfurt a. M.: Museum Giersch der Goethe-Universität, Munich: Hirmer Verlag, 2016); Gerda Breuer and Ines Wagemann, *Ludwig Meidner. Zeichner, Maler, Literat. 1884–1966*. 2 vols (Stuttgart: Gerd Hatje Verlag, 1991).

58 For general context, see Carol S. Eliel, *The Apocalyptic Landscapes of Ludwig Meidner* (Los Angeles: Prestel Publishing, 1989); Klaus Vondung, *Die Apokalypse in Deutschland* (Munich: DTV Deutscher Taschenbuchverlag, 1988); and Małgorata Stolarska-Fronia, 'Apolcalyptic City versus Apocalyptic Shtetl: The Experience of Catastrophe in the Work of the Jewish Expressionists', *Centropa* 15.3 (2015), 242–54. The *Pathetiker* were in all likelihood inspired by the short lived *Neopathetic Cabaret* that arose in 1910 and collapsed in 1912. These and other groups were infused with the notion of Neo Pathos, a term and concept that originated with Stefan Zweig, who was a longstanding friend of Meidner. The launch of Neo Pathos by Zweig took place in 1909: Stefan Zweig, 'Das Neue Pathos', *Das literarische Echo* (Berlin: Egon Fleischel & Co., 1909), pp. 1701–1707.

Meidner made sure that *Die Pathetiker* were recognized as belonging to the radical fringe of the Expressionist movement. Not only did they carve out a distinctive niche, but they also distanced themselves from the mainstream of Expressionist art which they regarded as picturesque but trivial. By contrast, *Pathetiker* art addressed itself to the social problems and cultural decadence of the age, factors that they overtly exposed in their lurid canvasses. Their *Neopathos* ideology was engineered to shock the Berlin art connoisseurs by forcing them to recognise the realities of the gulf between the degenerate rich and the worthy homeless or destitute. The power of their argument was heightened by their overt apocalypticism and biblical imagery which was brought to bear in their assault on Berlin degeneracy.[59]

The date of foundation of *Die Pathetiker* is usually given as 1912. However, in Steinhardt's recollection, this initiative took place in late 1911, soon after Meidner had spent two months with him in Zerkow. Steinhardt also insists that the initial meeting took place at a small coaching hostelry in the suburbs of Berlin.[60] By calling themselves the *Pathetiker,* the three artists increased their visibility, which quickly earned them the reward of an exhibition at Herwarth Walden's newly-opened *Der Sturm* gallery.[61] The first exhibition at this exciting location was held in March 1912. The direction of travel of this gallery was indicated by the choice of *Der Blaue Reiter* to launch the exhibition programme. *Die Pathetiker* followed in November 1912. The three artists displayed a total of fifty-two works. Steinhardt

59   For a forceful exposition of the painters' role in the unmasking of urban decadence, see Ludwig Meidner, 'Das neue Programm: Einleitung zum Malen von Großstadtbildern', *Kunst und Künstler* 12 (1914) 299–314 (for an English translation, see Meisel, *Voices of German Expressionism*, pp. 111–116). As indicated above Barlach responded to these same humanitarian problems with his social critical cartoons contributed to the magazine, *Simplizissimus.*

60   Steinhardt, *Erinnerungen*, DOK 95/30.7, cited in *Steinhardt Zeichungen*, p. 12.

61   Roy Allen points out that Steinhardt was a member of the circle of Else Lasker-Schüler, the influential wife of Herwarth Walden, thereby linking Steinhardt with the famous *Café des Westens*, a focal point of the Berlin *avant garde*. Such links enabled Steinhardt to contribute to various Expressionist journals. For details, see Roy F. Allen, *Literary Life in German Expressionism and the Berlin Circles* (Ann Arbor, MA.: UMI Research Press, 1983), pp. 205–6, and p. 361 note 7.

himself was responsible for half the items, then Meidner with fifteen, and Jantur with only five. All of Meidner's exhibits were oil paintings. Steinhardt also showed ten oils, with the rest being evenly divided between etchings and drawings.

Since the exhibition reflected the radical ethos and heightened emotion of the group, the show ignited a storm of ridicule in the middle-class press, but this was not unwelcome to the artists since it ignited greater curiosity about their work. To set the tone for their display, Meidner vented his anxieties without any inhibition: 'I unloaded my obsessions on to canvas day and night – Judgment days, world's ends and gibbets of skulls, for in those days the great universal storm was already baring its teeth and casting its glaring yellow shadow across my whimpering brush-hand.' For him the whole period 'was filled with restlessness and an insatiable need to work at breakneck speed'.[62]

Steinhardt broadly concurred with Meidner, but he expressed himself in more measured tones:

> What did the Pathetiker want? They wanted to give the images content: great exciting content. They wanted to construct an art that would seize hold of people and humanity, rather just than serving the aesthetic requirements of a small class. We were thrilled and excited by our paintings and other kinds of images and were convinced that we would bring about a new era in art.
>
> The image should represent the expression of pain in shapes and colours. A grey, shattered, furrowed old man in a red tattered robe sits on cold blue sharp-edged rubble and above that a yellow sky. That was already the same thing that was later to be called Expressionism.[63]

---

62 Quoted by Lothar Brieger, *Ludwig Meidner. Mit einer Selbstbiographie des Künstlers* (Leipzig: Verlag Klinkhardt & Biermann, 1919) (*Junge Kunst*, vol. 4).

63 *Jakob Steinhardt – Der Prophet*, p. 18 (text from *Erinnerungen*). It is tempting to link the specific painting cited by Steinhardt as his famous *Der Prophet*, but this cannot be the case. A better fit is provided by his *Apokalypische Landschaft* (1912), but this contains no centrally-placed prophetic figure. Apart from lack of colour the best fit is an etching titled *Job* (Behrens 87), but this dates from 1914.

Steinhardt differed from his *Pathetiker* colleagues and most other Expressionist artists in the extent of the Jewish complexion of his apocalypticism. Above all he was fascinated by the anguish experienced by the patriarchs and prophets, about whom he generated oil paintings backed by dozens of sketches and prints.[64] The summit of this endeavour was his most famous and audacious painting, the monumental *Der Profet* (1913) in which the key figure was Jeremiah. Representing a major tribute to Steinhardt's work, in 1913 *Der Profet* was installed in the entrance hall of the new Jewish Museum in Berlin.[65]

Steinhardt's credentials as an artist and the distinctiveness of his contribution were secure enough to establish his reputation as an Expressionist artist before the onset of World War I. Although the *Sturm* exhibition was only two weeks in its duration (less than half the length of the average show), the benefit to Steinhardt's reputation was inestimable. He was invited to contribute prints to the Sturm gallery from its outset in 1913. The editors of *Das neue Pathos* magazine invited Steinhardt to join six other youngsters as a contributing artist. Steinhardt contributed prints to all six of the issues comprising the first year of the journal.[66] Three of these prints related directly to the *Der Profet* oil painting.

---

64   I estimate that between 1912 and 1914 Steinhardt produced about thirty striking prints on biblical subject matter, many of them relating to sin and its dire consequences.

65   In 1933 *Der Prophet* was confiscated and assumed to have been destroyed during the war. But it reappeared and was eventually returned to Berlin, where it is now located in the partially-restored New Synagogue, Oranienburger Straße, not far from the museum where it was originally housed up to 1933. For further discussion, see *Jakob Steinhardt – Der Prophet*.

66   *Das neue Pathos* 1913, volume 1, Nos 1–5/6. Among the editors of this volume was Meidner, who also produced the startling woodcut cover illustration for the first issue. Steinhardt's prints were: *Der Profet* (Maisels 57) a figure of Jeremiah and background similar to the painting; *Eremit* (Maisels 75); *Kopf des Profeten* (Maisels 56); *Tod und Mädchen* (Maisels 65); *Judenkopf* (Behrens 292). *Judenkopf* was a woodcut, all others drypoints. The seven appointed artists were: Jakob Steinhardt (Poland, Zerkow, 1887–1968); Waldemar Rösler (Germany, Streisen, 1882–1916); Raoul Hausmann (Austria, Vienna, 1886–1971); Felix Meseck (Germany, Danzig, 1883–1955); Erich Heckel (Germany, Döbeln 1883–1970);

Steinhardt was also fortunate in securing the patronage of Israel Ber Neumann (in Berlin known as J. B. Neumann), an Austrian Jew, who burst on to the Berlin scene in 1911 with his bookshop and gallery, known as the *Graphisches Kabinett J. B. Neumann*, which quickly enrolled many of the leading modernist artists of the time, including Meidner himself. Steinhardt was allocated an exhibition there in 1913, while Neumann also twice reissued a portfolio containing six drypoints that Steinhardt himself had brought together in the same year.[67] The war rudely interrupted the development of Steinhart's career, but there were a few compensating factors, as for instance when he was able to show a substantial number of his drawings at the 1917 spring exhibition of the Berlin Secession. This display echoed the success scored by Barlach some ten years previously; also as with Barlach, this was followed by Steinhardt's election to the Secession.

Lithuania and War

Like most German artists of his generation Steinhardt joined the war effort.[68] He was assigned to unglamorous but safe duties as a war photographer, which largely entailed the recording of temporary graves of soldiers killed in action. His first known posting was to Latvia. Then in October 1916 he was transferred to Lithuania, where his base was the recently captured small town of Raseiniai (Rossienie etc).[69] For Steinhardt this war assignment became transformed into a

Karl Friedrich Krebs (Germany, Freiburg, 1880–1914); Walther Bötticher (Germany, Hagen, 1885–1916). It will be noted that three of these lost their lives in World War I, as did Hans Ehrenbaum-Degele, one of the founders of *Das Neue Pathos*. Another editor and important author was Paul Zech, whose striking woodcut portrait by Steinhardt dates from 1913 (Behrens 302).

67   For Neumann, see Karl-Heinz Meißner: 'Israel Ber Neumann. Kunsthändler – Verleger' in Henrike Junge-Gent (ed.), *Avantgarde und Publikum: zur Rezeption avantgardistischer Kunst in Deutschland 1905–1933* (Cologne: Böhlau, 1992), pp. 215–24.

68   Barlach was excused military service on health grounds. He soon became one of the leading artist critics of the war. Käthe Kollwitz lost her eldest son at the beginning of the war. She also was an ardent war critic.

69   Many sources, but especially Susan Levy and Joel Alpert (eds), *Protecting our Litvak heritage: a history of 50 Jewish communities in Lithuania by Josef Rosin* (Coral

totally peaceful, congenial and artistically productive phase of his life, arguably even more important than his *Pathetiker* experience.

In the spring of 1915, the Germans concentrated Army Group Lauenstein in the area of Tilsit, with three infantry and three cavalry divisions opposing a feeble Russian force, which was nominally an infantry division supported by border police and Russian conscripts. Virtually unhindered the Bavarian cavalry swept through Raseiniai on 15 April *en route* to Šiauliai which they reached the following day. Whereas Raseiniai was virtually unscathed by the change of regime, Šiauliai was virtually destroyed and heavily looted, with substantial loss of life among a civilian population that contained many newly-arrived refugees from Raseiniai.

A Jewish witness, who was a teenager at the time, reported that before the war broke out the local community had no expectation of relief from the Imperial Russian yoke. Even in the spring of 1915 there was no appreciation of the magnitude of the threat that was already on the horizon. Suddenly the world was turned upside down and the Germans immediately imposed their own order. From his own family's perspective, 'the occupation took on an air of normalcy' very quickly to the extent that the occupiers, including the commanding officer, were invited to their homes on special occasions. Even more important 'since most of the Jews were in some kind of business they prospered during the occupation and there was a developing trade between the occupied country and Germany'.[70] It seems that in the eastern war zone, there was no better place for Steinhardt to be billeted than Raseiniai.

Raseiniai was an ancient settlement and at one time an administrative centre in the province of Samogitia (*Zamut, Zamet, Zhamot*). Partly because of the active settlement by Jews in the seventeenth century,

Gables: Friends of the Yurburg Jewish Cemetery, Inc., 2009), pp. 230–59 and Nancy and Stuart Schoenburg, *Lithuanian Jewish Communities* (New York: Jason Aronson Inc. 1996), pp. 257–50.

70   George M. D. Wolfe, *Amol in Rassein* (Privately printed, 1976), p. 67. For further information on the German occupation, pp. 67–70.

Raseiniai was romantically known as the Jerusalem of Zhamot, of course one of many Jerusalems in Lithuania, most notably Vilnius itself. During the nineteenth century Raseiniai and its population gradually declined until it reached about 6,000 in 1914. The Jewish share also declined until, in 1914, it was about 50 per cent. Even so Steinhardt was met by a Jewish population of about 3,000, which was rather more than the size of the total inhabitants of Zerkow. Steinhardt immediately immersed himself in the life of the Jewish community, seemingly passing over the non-Jewish population with indifference. There also seems to have been a dissociation between his social life among the prosperous middle-class Jews and his artistic existence, where he immersed himself in the way of life of the more humble sections of the Jewish community.

As with Barlach in Ukraine, Lithuania made an immediate and deep spiritual impact. Indeed, his first abiding memory related to his troop's brief rest in a village, where he was given a drink of tea by the inhabitant of a poor wooden house. There, his host, an old lady, brought back fond memories of his own grandmother. He therefore felt entirely at home in that poor cottage, and further realised that the Jewish people of the village were his real comrades. There, he concluded, 'I felt my deep inner roots in my people'.[71]

During his term of service in Lithuania Steinhardt's sense of Jewish identity steadily deepened and indeed proved to be inviolable. This conclusion is well-illustrated by the following two short extracts from his diary, composed during the horrific German retreat in Macedonia just before the end of World War I.

> Every day I think of Lithuania and immerse my thoughts in the wonderful time that I experienced there. I have no difficulty in recalling my Lithuanian experiences. It gives me great pleasure to be there again in spirit, remembering the good old streets and passing wonky old dwellings. I am back again with the old Talmudists and in the

---

71   Steinhardt Memoirs dating from 1936 or later, text by Amishai-Maisels in Sorek, *Jacob's Dream*, pp. 122–3.

cramped rooms – so many children, exhausted mothers, young people who do not live in this world; in the *Bet ha-Midrash* with the politicians, with the simple people of the shtetl, with the young women who inspired me with so much love and respect. I again celebrate the Sabbath, I listen to those of their songs that moved me so deeply …. Here I recall the golden age that I experience in Lithuania. Every hour throws up for me ever fresh reflections. I had actually forgotten almost until I was 20 years old that I was Jewish. So because I have never known such an environment in my past life, the Lithuanian Jews have gripped me deep down to my core and powerfully awakened in me the love for my people, something which was previously more of a pose.[72]

The implantation of this new way of thinking was of course relevant to the reformulation of Steinhardt's artistic personality, the evolution of which was recorded in his sketchbooks, drawings and associated prints, which are abundant and impressive. Shortly after the end of the war, he reiterated his new artistic commitment developed in Raseiniai in noticeably emotional terms: 'Again and again it is Jews that I draw. I know them best and love them the most. I myself am a part of them. It will be my highest goal to depict my people with all their depths and wonders, with their pain, with their good and bad sides'.[73]

Of least relevance to Steinhardt's stated objectives was his substantial collection of photographs. These are useful in indicating the range of his travels and also regarding the identity of his social companions, but they have little relevance to the cultural life of the places that he visited, apart perhaps from some shots of village housing and general landscapes. It is striking that it never occurred to him to assemble a record of local synagogues, many of which were imposing, architec-

---

72 Excerpts from Steinhardt's Diary, 11 September 1917, Steinhardt, *Zeichnungen*, pp. 14–15.

73 Excerpt from Steinhardt's Diary, 8 December 1918, Steinhardt, *Zeichnungen*, p. 15.

turally important, but fragile on account of their wooden construction, therefore destined in the near future to complete destruction.[74] Most of the locations of these photographs are within twenty kilometres of Raseiniai, with a few as far as fifty kilometres, and a couple further afield. Most relate to small settlements, often buried in snow, which tends to be one of the main features of his photographic images.

Steinhardt as Printmaker

From the moment that he launched into printmaking Steinhardt was steadily productive. 1912 and 1913 were particularly good years owing to his *Pathetiker* associations. These two years generated 35 etchings, with a few woodcuts in addition. Lithuanian-inspired etchings and woodcuts were a prominent feature of his work thereafter. The foundations were laid during the period 1917–1921. This phase generated 64 etchings and 28 woodcuts, not to mention Lithuanian-related lithographs, sketches and paintings.[75] Some of these will be discussed below.

Most of the prints produced during these years bear the Lithuanian imprint, the major exception being those connected with Steinhardt's post-war *Haggadah* project, which accounts for about 25. The period from 1917 to 1921 requires closer attention. On account of the war and its after-effects, virtually no etchings were produced in 1918 and 1919 and only a small number in 1917 and 1920. The pattern was a little more even for woodcuts, but the numbers involved were always small. Particularly striking is the total for 1921, which is 40 etchings and 25 woodcuts. From these must be deducted the 9

74 A model of remarkable ability and good practice in all aspects of his photography is Balys Burcacas (1897–1972), who came from Sidariai, about 50 kilometres north of Raseiniai. His wooden synagogue photographs date from between 1922 and 1926. Of these the remarkable Jurbarkas and Kelme synagogues were likely to have been familiar to Steinhardt. The nearest Steinhardt came to this subject area are two photographs, rare cases of interior views by him, one of the main synagogue and the other of a house of prayer, both in Raseineiai.

75 This information on prints is derived from Maisels (etchings) and Behrens (woodcuts).

etchings and 7 woodcuts that are *Haggadah* related. The remainder of the 1921 prints, which total 49, relate to Lithuania. These Lithuanian prints provide an insight into the full range of life of the Jewish community, both sacred and secular.

As with Barlach and Ukraine, it is not possible here to explore the whole range of Steinhardt's Lithuanian work, but a fair impression is attainable by taking two representative samples: First, five items from a set of six drypoints (Illustrations 6.1–5) that Steinhardt himself selected for a largely Lithuanian-related portfolio that he issued twice in Berlin in 1922. One of the prints, No. 6, a portrait of Samuel Lewin, is interesting in itself, but will be omitted from the following discussion since it is unrelated to Lithuania.[76] Secondly, I will offer a brief consideration of a few related themes relevant to the interpretation of Steinhardt's Lithuanian work.

Five Drypoints

The drypoint is not the most frequently used etching technique, but it has the advantage of producing a delicate, velvety image. This technique seemed ideal for Steinhardt's aim to communicate deep emotions utilizing only minimal modes of expression. Steinhardt's approach to the print was therefore precisely the same as Barlach's objective in sculpture. Because the drypoint relies for its effect on a delicate metal burr thrown up by an incising instrument, it is not suitable for generating multiple images, because the delicate burr wears away so quickly that only a small number of quality impressions are practicable. Experts often recommend that no more than a dozen impressions should be taken from the plate. In line with such recommendations, Steinhardt adopted a limit of ten impressions for the special edition of the prints contained in his first 1922 portfolio.

---

76 *Samuel Lewin, Porträt*, 1921 (Maisels, 55). Samuel Lewin (1890–1950) settled in Berlin in 1920 after a troubled and impoverished early life in Poland. Understandably, in light of their common experience of East European shtetl life, Lewin and Steinhardt were drawn together. Lewin's *Chassidische Legende*, with seven woodcut illustrations by Józef Budko, Steinhardt's rival, was published in 1925.

No. 1: *Gasse in Zerkow*

No. 2: *Beerdigung / Begräbnis*

No. 4: *Familie am Tisch /
Judenfamilie*

No. 3: *Die Seuche*

No. 5 *Unterhaltung /*
Häusliche Szene.

The Los Angeles County Museum of Art set of these prints is marked 8/10, indicating that it belonged to the first stage of the projected edition of 85. Our own set of these prints is marked 3/15, which therefore accounted for a further fifteen impressions. The latter were issued under the auspices of the Euphorion Verlag, which operated from early 1922, and was particularly known for its specialisation in Expressionist prints. All the drypoints in this sequence have counterparts as woodcuts, mostly but not always issued at a later date.

No. 1: Gasse in Zerkow (Maisels 101)

Appropriately, this first item in the portfolio echoes some of Steinhardt's earliest sketches and prints of Zerkow landscapes, farms and clusters of cottages, about a dozen of which date from 1907 and 1908. These early etchings (Maisels 36, 44 and 45), all titled *Dorfstraße (Zerkow)*, are particularly reminiscent of Maisels 101, the main difference being that the early versions view down the incline of the street, whereas the later version looks up the incline. One of his earliest drypoints (Maisels 45) also anticipates Maisels 101. The drypoint method facilitates finer detail with respect to both cottages and their inhabitants, in Maisels 101 two children playing in a gutter and a woman wearing a headscarf ambling up the street. The emphasis of this image is on the right-hand side of the street.

The parallel treatment of this same subject in linocut/woodcut began in 1913, with the linocut *Polonisches Dorf* (Behrens 301) produced at the height of Steinhardt's *Pathetiker* phase. This he published in *Das neue Pathos*, Heft 4/6, 1913. This image views the two rows of cottages from the top of the slope. Limitations of size and medium limit the opportunity to include figures, but one old woman with a walking stick is roughly depicted. The closest woodcut equivalent to Maisels 101 is Behrens 890 which dates from 1922. This emphasises the left side of the street where two children play in the gutter. The only other figure depicted is an old person walking up the street with a stick. From 1922 onwards, woodcuts of intimate street scenes became a standard component of Steinhardt's work.

Given the Lithuanian remit of this essay, it is important to mention the drypoint *Litauische Dorfstraße / Dorf in Litauen* (1922), which was published in *Zeitschrift für Bildende Kunst*, 58, Heft 7 (Maisels 191; Behrens 189). Compared with the better appointed Zerkow equivalents, the Lithuanian dwellings are noticeably more drab and the environment more obviously muddy and deprived of amenity. The woodcut village street scene also continued to be recycled, often with reference to the misery of winter conditions, as in the dramatic treatment of 1918 where a sombre little family is treading its way through the village, observed through a window by a scholar taking a break from his religious reading (Behrens 304, woodcut, with full-page illustration, p. 53; *Prophet* 258 with full-page illustration, p. 82), or in 1957, again relating to Zerkow (Behrens 749). Here the scene is dominated by deeply-rutted tracks in the slushy snow. One of his very last studies, in 1967, was a reworking of an early print of a Zerkow street scene and woodcut from 1913 (Behrens 301; see *Zeichnungen*, 422, illustration, p. 57). The above list is lengthy, but it by no means exhausts the volume of woodcuts portraying intimate village street scenes.

Sources relating to particular *shtetlach* often comment on the primitive nature of the housing inhabited by the majority of the Jewish population. In Steinhardt's representations listed above, some humble people seemed to live in homes that were adequate and even aesthetically pleasing. More usually their terraces of cottages were cramped and inadequate in their facilities. Since these primitive structures were fire hazards, whole areas were periodically reduced to cinders. Alexander Granach, the celebrated actor who spent his youth in Horodenka, remembered the homes of the Jews, including his own family, as 'small wooden houses that stood set one against another in rows, for it was cheaper to build up against your neighbour's wall. One house pressed and leaned and supported itself against another like those frail, sickly beings who were weak, chilled and anxious about being left alone'.[77] This recollection is reminiscent of the 'wonky old dwellings' reference by Steinhardt cited above.

Arnold Zweig reflected romantically about these 'peculiar little homes'. Hence the cottages of the Jews 'might be run-down, yellowed and decaying' (*zermürbt, vergilbt, gebrechlich*), but they were capable of supporting a quality of life comparable with that expected in the superior living quarters of the better off.[78] As indicated below, Steinhardt's portrayal of domestic life scarcely supports the idea that the eastern Jewish poor existed in the state of untrammelled bliss imagined by his friend Zweig.[79]

No. 2: *Beerdigung / Begräbnis (Maisels 142)*

It seems perverse that Steinhardt included two images concerning death and pernicious disease in a portfolio intended as a showcase for his graphic work. However, at this phase of post-war reflection, the leading artists of Germany, as elsewhere, were obsessed by such themes. As a recent combatant, Steinhardt could scarcely escape preoccupation with the mass murder that had recently taken place.[80]

Beerdigung and No. 3 *Die Seuche* (Pestilence) are closely related; No. 2 is the inevitable consequence of No. 3. Both are concerned with death, but with an important distinction. Whereas burial was an inevitable element in the life cycle, and subject in the Jewish community to standardised rituals and prescriptions, epidemics were sudden cataclysms which cut across established practices connected with

---

77 Alexander Granach: *Da geht ein Mensch* (Munich: Piper, 1990), pp. 70–71. First edition, *There Goes an Actor* (New York: Doubleday, Dorian and Co, Inc, Garden City, 1945). For a Steinhardt's portrait of Granach dated 1924, see Maisels 239. In 1920 Granach's portrayal of Shylock captured public interest.

78 Arnold Zweig, *Das ostjüdische Antlitz* (Berlin: Welt-Verlag 1920) with lithographs by Hermann Struck, p. 56.

79 For a Steinhardt portrait of Arnold Zweig dated 1924, see Maisels 237.

80 For recent reviews of the pessimism among artists after World War I, see Ingrid Pfeiffer (ed.), *Glanz und Elend in der Weimarer Republik: Von Otto Dix bis Jeanne Mammen* (Munich: Hirmer, 2017); Sabine Rewald et al., *George Grosz in Berlin. Das unerbittliche Auge* (Munich: Hirmer, 2022).

death and even inspired, as in Steinhardt's case, resort to apocalyptic fears and imagery.

Confirming the seriousness of Steinhardt's engagement with burial rituals, this rendering of *Beerdigung* was one of about half-a-dozen variants in drypoint and many more in other media. Although not immediately evident from this print, the whole business of death and funeral rites was the domain of the *Chevro Kadisho,* the burial society, the most powerful of all *shtetl* brotherhoods. Before the burial, the body was prepared according to the elaborate instructions of the *Chevro Kadisho.* A *shammash* from the brotherhood would then round up local inhabitants to attend the funeral. Often the brother-hood carried the body to the funeral, but in this case, the cheaper, less dignified, method of using a horse-drawn cart was preferred. In Steinhardt's images, members of the brotherhood would have been somewhere on the scene. With Steinhardt, the body itself was con-signed to an ample box draped with a simple cloth.[81] In our image the family mourners are shown spread out to the right of the cart; in the other cases they are immediately behind the cart. In our case the remaining mourners are not shown, but in others they feature as an untidy crowd behind the cart. Our image is also the only one to give prominence to the horse, which is at a strange angle and looks dis-tinctly scrubby.[82]

In another of his favoured themes, the duty of prayer for the dead at the burial ground, is shown in drypoint in *Auf dem Friedhof*, 1917 (Maisels 98), which was reproduced in Nadel and Steinhardt's *Rot und glühend* (1920). This features a visit to a cemetery by an old man and boy, a pairing greatly favoured by the artist and indicative of the passing of cultural practices from one generation to the next. The same theme reappears in another drypoint (Maisels 103) from 1919, now with just a youth at prayer in the cemetery, here with a vivid

---

81 This coffin was known as the *orn* in Yiddish and *aron meteem* in Hebrew.

82 For variants of the funeral procession, see, drypoints from 1921 (Maisels 141–3), a lithograph from 1921 (Maisels L 22), a woodcut dated 1922 (Behrens 364), and a painting dated 1921 (Tietze, p. 53, illustration).

depiction of the environment of tall tombstones.[83] In *Ostjuden* tradition, the cemetery was a holy place more sacred even than a synagogue. The Talmudic saying 'Jewish gravestones are fairer than royal palaces' (Sanh. 96b; Matt. 23:29) reflects the care that was accorded to Jewish graves and cemeteries. Honouring this pledge was yet another duty of the ubiquitous *Chevro Kadisho*.

Finally, the drama of cemetery mourning, sometimes combined with apocalyptic imagery, is depicted in some highly expressive woodcuts, especially Behrens 306 and 309 from 1918 and Behrens 317 from 1919.[84] These remind us of the continuing imprint of Steinhardt's *Pathetiker* period in his treatment of death, a conclusion that also applies to his reflections on pernicious disease outlined in the following section.

No. 3: Die Seuche (Maisels 105)

The gruesome *Die Seuche* in its various forms presents a community in the grips of some fearful epidemic. This image is reminiscent of representations of plagues by artists over many centuries. Steinhardt was perhaps reflecting on the post-war influenza epidemic, but also in the case of *The Supplicant*, the war as it affected him personally.[85]

---

83   Cemeteries are customarily called *bet kevarot* (houses or places of graves – Neh. 2: 3), but more commonly *bet hayyim* (house or garden of life) or *bet olam* (house of eternity – Eccl. 12: 5).

84   For additional cemetery scenes, see *Jüdische Motive*, image 5; Nadel, *Steinhardt*, 23; *Jakob Steinhardt – Der Prophet*, 260 (with illustr.). See also the oil painting *Auf dem Friedhof*, 1919, Tietze, p. 35 (illustr.).

85   For variants *of Die Seuche*: a woodcut from 1918 (Behrens 309) titled *Der Tod*, and a lithograph from 1919 (Maisels L4), which is preparatory to (Maisels 105) but contains many variant elements of equally sinister character. Another source for *Die Seuche* is an oil painting of the same title, dated 1919. This rendering was obtained by Lovis Corinth, then passed to his widow and is now lost. For details we rely on an image in the Tietze monograph (Tietze, p. 31). Also relevant is the poignant apocalyptic drawing dated 1916 and dedicated to H. N. Bialik, titled in Hebrew, translated as *The Supplicant*, also from the collection of Corinth and likely to be lost (Nadel 41).

His various *Die Seuche* images revive apocalyptic ideas that had been central to the *Pathetiker* mentality.

Also, as with his pre-war work, the context was now not the *shtetl*, but an urban suburb, hence western dress and a Christian cemetery, where skulls, some of them converging at the entrance, are bidding doomed locals into their graves. The surrounding buildings are, characteristically, leaning at angles and distorted in form. Also distorted into angular forms are the despairing sick of both sexes and all ages. Added menace is introduced by the presence of carrion crow-like birds, shown hovering above their human fodder. In Maisels 105 prominence is given to a poisonous miasma, shown drifting back from the moribund figures into the nearby suburb. These images by Steinhardt are matched by comparable work emanating from many artists, including Ernst Barlach and Otto Dix, produced at exactly the same date.

Reflections on other pathways to death led Steinhardt to concentrate his attention on the dangers of drink, which was a further universal problem exacerbated by the war. A major exposition of this issue is the oil painting entitled *Die Schnapsschänke* (c. 1920), which focuses on the distorted facial expressions of a packed group of drinkers, one of whom is being confronted by his distressed family. The bleak snow-covered *shtetl* in moonlight is the background for this essay on social distress.[86] Various drypoints from 1920 also reflect on the plight of both hostelry and street drinkers, all of them in gyrating stances, very reminiscent of the disease victims mentioned above.[87] Through such images Steinhardt was joining many fellow artists in

---

86 Jüdisches Museum, Frankfurt a. M, also in Tietze, p. 39 (illustr.), here dated 1920, and given a variant title, *Kriegserinnerung*, which was owned in 1932 by Dr Moritz Schönemann of Berlin. Moritz Schönemann (1883–1969) was an active Berlin art dealer. This image connects with a sketch dated 1915, entitled *Litauische Branntweinschänke*, Nadel, *Steinhardt* 36; and Tietze, p. 10 (illustr.). A related source is the sketch *Betrunkene* from 1918, Nadel, 45 and Tietze, p. 15 (illustr.). This sketch is also developed into an oil painting, dated 1920, Tietze, p. 47 (illustr.).

87 Maisels 106, *Kriegserinnerung*; 107, *Betrunkene*.

underlining the lasting impact of war on both combatants and veterans. Drink was, of course, a more universal problem, as noticed by Barlach, who expressed alarm about drink problems among the destitute of Ukraine.

Die Seuche also linked Steinhardt with the deep-rooted *memento mori* tradition. This theme is widely represented in his work, an early example being his drypoint entitled *Vergänglichkeit* (transience) from 1913 or 1914 (Maisels 88, Nadel 27). In a desolate winter scene, the left side is dominated by the figure of a forlorn, bald-headed old man being humiliated by a bulky snowman-like figure bearing a massive and menacing skull. The only other major features of this image are networks of bare and desolate branches of trees. In this case, like the 1916 *Klagelieder* illustration from the time of the artist's military service, the artist was reminding his viewers that no amount of passionate invocation could obscure the inevitability of death. Similarly, other work like *Die Forderung* (Appeal), also dated 1916 (Nadel, p. 4), makes the same point by showing a skeleton advancing over piles of dead and dying to claim the life of a terrified supplicant. This drawing was in the ownership of Lovis Corinth, who was at this date preparing his own portfolio *Totentanz*, which was printed in 1921. The *memento mori* and *Totentanz* themes naturally exercised huge influence on the arts in Germany towards the end of World War I, including Barlach, who himself produced about ten prints with some bearing on the *Totentanz* theme. Steinhardt was therefore very much in line with this tradition.

No. 4: Familie am Tisch / Judenfamilie (Maisels 139)

As in the pairing just discussed, No. 4 connects with No. 5 below. No. 4 depicts a family gathering round their spartan cottage table. All the five figures, including a baby, are finely executed, all with special attention to their facial expression. The inhabitants sit close together in an arc. At the left is a grizzled old man wearing a soft cap, likely the grandfather, to my eyes not in the best of moods. Next a younger man, likely the son, wearing a simple head covering and looking old for his age. Then a woman, likely the latter's wife, with her arms resting on the table, wears a head scarf and looks careworn. Both parents seem old for their age. The final adult on the far right is clearly the grandmother, who is cuddling a small baby. Both look blissfully happy. This scene of family dynamics is intriguing and invites a little further discussion.

This print is also informative about the material circumstances of their domestic life, which is sketched in very lightly, but sufficiently well to merit brief comment. On the positive side, the small square table is covered with an ample table-cloth. Apart from that, the table is virtually bare. It sports just two items, on the right a saucer with a spoon, probably food for the baby. On the left is a small bowl into which is dipped a spoon, reaching for what look like *koldūnai / vareniki*, or something of that type. The general air of depression and absence of other crockery, drinking glasses etc. might indicate that the family was living in a state of deprivation. The background is only thinly sketched in, but it suggests a slight degree of comfort: at least the four-pane window looks in good condition.

Maisels 134 is very similar to 135, except that the figures have slightly shifted their position and look a little more cheerful. The table has lost its cloth, but gained a samovar and a tall glass. In the background there are located a couple of candlesticks and wobbly picture frames. Such poverty of possessions reflects the hard life endured by the *shtetl* poor. Taking Maisels 134 and 135 together with impressions left by many other prints, life among the poor looks considerably more constrained that than would be expected from the uplifting portrait emanating from Arnold Zweig outlined above.[88]

Corroboration of this more downbeat interpretation derives from a great deal of the evidence relating to the life of the poor in similar *shtetlach* elsewhere. For instance Tomasz Miedzinsk who, like Alexander Granach cited above, grew up in Horodenka in East Galicia, recalls growing up in the household of a skilled carpenter, but this

---

88 Maisels 133 and 134, indicating a similar family this time with an older boy celebrating their Friday evening and *Havdalah* meals, are more cheerful, but the meals themselves and surroundings look very dismal.

was insufficient to protect his family from poverty. As was often the case in poor homes, the whole family, including a grandmother, lived in a single room. Apart from bedding, the only furnishing was a stove which functioned for both heating and cooking. There were no windows, just two doors, one into a yard and the other into a room where other tenants lived. The father's place of work was a carpentry bench located outside on a veranda overlooking the garden. Sanitation was delivered by an outside lavatory comprised of planks which was cleaned out just once a year.[89] Horodenka reminds us that the *Ostjuden* were deprived of the advances that were taken for granted in Western Europe. They habitually lacked electricity, gas and modern systems of sanitation. Even kerosene was not readily available. Most had never seen a motor vehicle and they were not within easy reach of a main road or the railway link. Their world was that of the horse and cart, manual hauling of goods and carrying of drinking water, perishing cold, and near starvation. Perhaps the poor of Raseiniai, as a more important cultural centre, did not experience all of these deprivations, but other settlements in the neighbourhood might have fared even more badly.

No. 5: *Unterhaltung / Häusliche Szene (Maisels 136)*

This image is closely related to *Lernender,* 1921 (Maisels 135).[90] Both are simple in their construction. Maisels 136 shows two old men immersed in argument while sitting at a bare table. Above them is an oil lamp, suggesting that it is night-time. Behind them is a window, at which is a third, younger man, wrapped in the study of a large book, no doubt irritated by the tiresome disputants. At his side a few sketched lines are suggestive of a bookcase.

Maisels 135 also contains three figures. In front, an old man crouches over a book while clutching a flaming candle in his left hand and a

---

89   *Centropa* website, Tomasz Miedzinsk, interview conducted in 2004.

90   Our impression is marked 'Sechs Radierungen, No. 1' in pencil lower right and also 'Euphorion Verlag', suggesting that the two editions the prints were not similarly sequenced.

pointer in his right. In the background sit two older women, out-wardly patient, but no doubt wanting the old man to extract himself from his studies. Behind them, against the wall, is a faint outline of a stove. Through the window, the moon is visible, a common device in Steinhardt's prints indicating both the lateness of the hour and lunar religious symbolism.

Maisels 135 and 136 hark back to three earlier drypoints from 1917 (Maisels 92–94). Two of these feature a pair of ancient scholars at the dead of night, one in prayer, the other preoccupied with a thick tome. Each of these images features a brightly shining candle in a candlestick. The third image (Maisels 92) also shows an old man at study with a similar candle, but here, in the background, four other scholars also feature. This group image is entitled *Im Lehrhaus*, indicating that this group are enjoying the companionship of the *Bet ha-Midrash*.[91]

Finally, it is important to mention one further print entitled *Unterhaltung,* which is a large-scale woodcut from 1923 (Illustration 7, Behrens 388). Alternative titles include 'around the stove', or 'on the Sabbath'. The woodcut is closely linked to Behrens 390, another early larger-scale woodcut, *Rückkehr aus dem Bethaus*, showing the crowd of men, plus the statutory boy, spilling out of the *Bet ha-Midrash*. In both woodcuts the men wear heavy overcoats and none are without a warm hat. While small woodcuts are typically just A5-sized, these large-scale works are of A3-sized format or bigger.

---

91   These group prayer and study scenes were anticipated by two drypoints from 1913 entitled *Betende* and *Bethaus*, Maisels 77 and 78. These contained many of the essential elements, including brightly glowing candles and moonlight through the window, but the participants were greater in number and more sombre in their mood.

Illustration 7
Jakob Steinhardt, *Unterhaltung*, 1924

Large Woodcuts and their Context

Behrens 388 and 390 represent an important development in Steinhardt's printmaking. Hitherto his preference was the drypoint, but for a long time he had produced small woodcuts, before finally, in the mid-20s, he graduated to the large woodcut, as represented by Behrens 388 and 390. In the *Unterhaltung* woodcut (Illustration 7), with its massive darkness and sweeping white angular lines, Steinhardt reinforces, indeed exaggerates, the impression of bleak existence already evident in the cluster of drypoints produced in 1921.

Unterhaltung dwells on the return of three men to the domestic hearth, which is a small all-purpose room graced by a single stove, but no source of artificial light. In this cheerless, crudely wood-boarded interior the men crowd around the stove for warmth, joining two women who are already seated on chairs and warming their hands. It is worth noting that the two women seem to be in modern dress and also seem to have modern hairstyles.[92] Among the poor, the chairs depicted in this image would have seemed an enviable luxury. Perched on the simple stove, a large vessel is being heated up, prior to its contents being poured into the jug that is standing on the floor under the flue of the stove. There is no evidence of cups or any other utensils or ornaments. The only other pieces of furniture seem to be a couple of simple wooden benches. There are hints of two small pictures on the walls. The three men cast dark shadows on the planks of the walls. It seems that that the personnel in this study are more concerned with catching some warmth than expending their residual energies on conversation.

With Behrens 388 and 390 Steinhardt arrived at an important point in his artistic development. It is fitting that Lithuanian subject matter was selected to mark this transition. Mira Friedmann aptly outlines the importance of this moment of innovation:

---

92   For a woman of comparable appearance, see *Das gute Weib* (Behrens 378), the final illustration in the *Jesus Sirach* edition of 1922 to which Steinhardt contributed nine woodcut illustrations.

The woodcut was Steinhardt's most personal medium. And he knew how to use it vividly… [the example of *Altstadtgasse*, 1934]. Here, as in his other works, he does not try to give a detached objective view, but to express the emotional conception of his subject. The bold, seeming crude traces of his chisel make us aware of the hardness and resistance of the wood through which it cut, and introduces a sense of strain and conflict. The daring contrasts between black and white spaces create a strange dramatic tension. The single figure disturbs the silence of the sleep-enveloped mysterious city. The isolated, broken spots of light only intensify the darkness and lend the picture an air of sadness and expectation.[93]

The images discussed above suggest that the domestic hearth was a seat of learning, discussion and disputation at all hours of the day and night. In this respect there was smooth continuity between the domestic hearth and the *Bet ha-Midrash* (Yidd *.bessmedresh)* or the *Kloiz*, both of them houses of study and prayer, which were roughly equivalent to one another and to the nonconformist chapels of the West. Most *shtetlach* possessed a *Bet ha-Midrash*, while *Kloizim* abounded in all Jewish settlements in Lithuania, where they catered for special interest groups such as various strands of Hasidism or particular groups of workers. For instance in Raseiniai, in addition to the main synagogue and the large *Bet ha-Midrash*, it is claimed that there were about ten *kloizim*, which included the *Kloiz Hachasid, Kloiz Chayei Adam, Kloiz Ein Yaakov, Kloiz Hakovanim, Kloiz Blakhes, Kloiz Dr. Shemuel Gavrilovitz,* as well as other *kloizim* for specific trades like hatters and pedlars.[94] Most of these buildings were humble in all respects, but occasionally, like the *Tsvi Hirsh Neviazher Kloiz* in Kaunas, the institution was richly endowed and provided with a building

---

93 Mira Friedman, 'Steinhardt: Description' in *portfolio, Jerusalem. Paintings and Drawings* (Tel Aviv: DVIR, 1968). The relevant Steinhardt item is *Gasse in der Altstadt* (Behrens 445), where the date should be 1934. A corrected edition was issued in 1935.

94 For Raseiniai devotional locations, see Schoenburg, *Communities* (fn. 69), pp. 245–7. The *kloizim* titles seem arcane, but at time they were fully understood. For instance the *Chayei Adam*, assisted the layman's understanding of a standard digest of aspects of Jewish law. The *Ein Yaakov* provided instruction about Aggadic elements of the Talmud.

of outstanding architectural importance. It is clear that Steinhardt's engagement with the religion of his people never lapsed. As already indicated, his religious outlook was enhanced during his *Pathetiker* phase, when it became a distinguishing factor of Steinhardt the Expressionist artist. Then, as he himself testified, his military service in Lithuania witnessed yet further immersion in all aspects of the religious and secular life of the *shtetlach* that he visited, which gave him great satisfaction, but always with undertones of pessimism.

In his print output Steinhardt was curious about every aspect of secular and religious life. For instance, his work roved around the whole field of feasts and fasts. Nadel was so impressed by the artist's representation of one aspect of the *Tisha B'Av* (Ninth of Av) fast days that he included no fewer than three versions of this episode in his little Steinhardt monograph.[95] Another point of focus was scenes connected with devotional activity at the *Bet ha-Midrash*, showing the packed interiors where the standard ceremonials were dominated by old men. Steinhardt particularly liked to portray scenes of groups entering or spilling out of their place of worship and study. Such groups featured a wide age range, but noticeably with very few young people or women.[96]

---

95 Nadel, *Steinhardt*, 20, *Klaglieder*, woodcut 1920; ibid, p. 34 *Klaglieder*, charcoal drawing and wash 1913; ibid. p. 42 *Neunte Ab*, pencil and charcoal drawing. The first two images are similar in their main objective to show groups of mainly old men chanting prayers from their prayer books. The woodcut draws attention to strong rays of light stemming from two candles on a moon-lit night. The first image depicts them as sitting on chairs rather than stools as is customarily required. The last of these images shows three elderly men gathering inspiration from an even older man who is chanting his prayers while seated on the traditional low stool.

96 In his *Fischke der Krumme*, section VIII, Mendele Moicher Sforim gives an entertaining account of the book peddler's angle on the main *Tisha B'av* fast day. For this event, he writes, all men sought the *Book of Lamentations*, but women opted variously for *Tkhines* editions, a domestic prayer book, a *Haggadah*, or even a guide to ritual slaughtering, Yiddish to German translation by Alexander Eliasberg, 1932; Piper edition 2017, pp. 148–9.

Taking the scenes of devotions and scriptural study as a whole, what is particularly striking is the preponderance of the elderly, in reality the very old. This conclusion is powerfully reinforced by the third rendering of *Tisha B'Av* prayer meeting, where the oldest man looks as if he is on the verge of death. Steinhardt's presentations of religious ceremonial were produced over the whole of his artistic career. Strikingly, the basic elements of this work remained unchanged during the whole period of his output.

The Outcast Poor

Steinhardt's choice of subjects for his *Sechs Radierungen* series provided his public with some keen insights into the religious practices and domestic existence of humble people in the Lithuanian *shtetl*. A major limitation of this exercise is that it understates his engagement with marginal groups such as beggars and other social outcasts. As Barlach had noticed, begging was so prevalent that it could not be overlooked anywhere in Eastern Europe. From his youth Steinhardt was also curious about beggars and there was never any note of censure in his treatment of the broad social group of which beggars were part. In the period 1907 to 1925, which included almost the whole of his output of etchings and drypoints, no fewer than nineteen of his prints depicted beggars, peddlers, carriers, frail elderly etc. including five from 1907, the very first year of his printmaking. Two of these images were seated woman beggars (Maisels 8 and 9). Beggars later featured strongly in Steinhardt's work in Jerusalem. One example depicting three beggars resting under a tree from 1935 was chosen by the artist as one of his two images adopted for inclusion among the Interim Period postage stamps at the inception of the state of Israel.[97]

With respect to the various deprived groups, Steinhardt, like Barlach before him, developed a special feeling for the blind. In a large wood-

---

97   *Bettler auf der Landstraße* (1929), Behrens 425. See M. H. Bale, *Catalogue of Israel Postage Stamps* (Ifracombe: privately printed, 1989) p. 11. Out of political correctness, this stamp was known as 'Refugees'.

cut dated 1943, a group of three blind men are feeling their way towards the steps of a large building (Behrens 527). In a simpler woodcut dated 1945, a blind man is striding past two beggars crouching outside a ruined building (Behrens 540).[98] In a pen and ink drawing dated 1950 entitled *Der Blinde*, and a closely related woodcut (Behrens 606), a blind man is feeling his way past a badly ruined building, under the arch of which is sitting a further dejected-looking beggar.

Depiction of the blind links closely with the artist's portrayal of both beggars and others of the disabled poor. All of these subjects were likely to be situated in bleak environments, sometimes poking about among badly ruined buildings, linking them with the apocalyptic theme that always lurked in the background of Steinhardt's work. The poor and disabled remained prevalent themes throughout his career. Consequently, it is no surprise that his last major work, the ten-woodcut series *Elegies of War* from 1967 reverted back to the *Pathetiker* apocalyptic theme. One of this series, entitled *Das Land steht jämmerlich und verderbt* (Isaiah 24:4), featured just one human figure, a bent man leaning on a walking stick, struggling through a vast landscape of charred ruins. The figure is reminiscent of the bent old man who featured in *Der Blinde* from 1950.

Adjustment to Peace

The work produced by Steinhardt from 1918 onwards consistently illustrates the importance of his Lithuanian experience in securing the revival of his fortunes after World War I. This exactly parallels the experience of Barlach upon his return from East Ukraine fifteen years earlier. Steinhardt failed to discover his Cassirer, but various other sources of support fulfilled much the same objective. The first main outlet for Steinhardt's work was offered by the Galerie Fritz Gurlitt at Potsdamer Straße 113 in Berlin, run by Wolfgang Gurlitt, who had inherited the art dealership and publishing business from Fritz Gurlitt, his father. It so happened that Wolfgang's near relative

---

98   See *Jakob Steinhardt – Der Prophet*, 460 and 466, for the 1943 and 1945 versions, Gamzu, 94 for the 1943 version, and 100 for the 1950 tinted woodcut.

Cornelia Gurlitt had served as a volunteer nurse in Vilnius, where she made a remarkable debut as an Expressionist artist.[99]

Under the Gurlitt regime, Steinhardt produced three portfolios. The first was entitled *Die Zehn Plagen*, issued in 1920, comprising ten linocuts by Steinhardt in a print-run of thirty. The other two, both issued in 1921, contained representative samples of his Lithuanian drypoints.[100] In 1920 Gurlitt also published German translations of two collections of short stories by the famous J. L. Peretz, both illustrated with full-page lithographs by Steinhardt, comprising fifteen in all. A further text illustrated by Steinhardt and also published in 1920 by Gurlitt was Arno Nadel's *Rot und glühend ist das Auge des Juden*.[101] This was accompanied by eight reduced-scale heliogravure reproductions of drypoints from 1917 (Maisels 93–100). These reproductions were, in fact, a replication of the Gurlitt-issued portfolio *Litauische Juden*. All of this publishing activity was helpful in furnishing further publicity for Steinhardt's Lithuanian artwork. The text by Nadel was itself a significant literary contribution, while also giving insight into positive thinking about the *Ostjuden*. Arno Nadel (1878–1943) was a polymath, even with some ability as an artist, but his main professional career was in music and musicology, in both of which areas he served with great distinction. Nadel thereby became co-opted as publicist for the work of Steinhardt. Particularly important was his role as editor and likely initiator of the little monograph on Steinhart which constituted No. 4 in the new series *Graphiker der Gegenwart*, where Käthe Kollwitz notably appeared as

---

99   Cornelia Gurlitt (1890–1919) formed a relationship with Paul Fechter, an advocate of Barlach. Through Wolfgang, Steinhardt met his future wife Minni Gumpert. A sketch 'Minni im Wald lesend' by Steinhardt is dated 1922 (Berlin Stadtmuseum Steinhardt archive). Minnie's brother, Martin Gumpert, married the sister of Hermann Blaschko, the distinguished medical scientist, whose Steinhardt portrait of Eduard Bernstein (Maisels 241) is now in the Berlin Jewish Museum.

100 *Litauische Juden. Acht Radierungen*, 36 signed copies; *Jüdische Motive. Sechs Original Holzschnitte* , 50 signed copies (Berlin: Verlag für jüdische Kunst und Kultur Fritz Gurlitt, 1920).

101 Contemporary with this publication was another Gurlitt venture *Das Jahr des Juden* with text by Nadel and illustrations by Budko.

No. 6, while Barlach was never included. Among the enduring interests of this book are Nadel's challenging introduction and set of forty-eight illustrations representing all classes of Steinhardt's work from 1912 to 1919.[102] The next monograph on Steinhardt, which is an equally interesting work, was produced by Hans Tietz in 1930.[103]

The Peretz project represented a further development of Steinhardt's work, unconnected with Lithuania. Another important new development was his execution of a comprehensive set of illustrations to accompany an edition of the *Haggadah*. Interest in biblical sources relevant to the *Haggadah* stretched back to his *Pathetiker* period.[104] As an experiment, Steinhardt embarked on two sets of *Haggadah* illustrations, one set in drypoint, the other as woodcuts. The Ten Plagues portfolio in 1920 served as the basis for the woodcut series. In the end, in 1921, it was only the woodcut-illustrated *Haggadah* that was published. This project had the advantage of generous financial support from Erich Goeritz, a rich Chemnitz industrialist, who was at that time a major patron of Steinhardt and many other *avant garde* artists. Through the calligraphy of Franzisca Baruch (1901–1989) and the accompanying woodcut illustrations of Steinhardt, their *Haggadah* edition of 1921 attained the status of a milestone in Hebrew book design.[105]

In 1921 his competitor and contemporary, Józef Budko(1888–1940), also a student of Struck also published his own *Haggadah* edition,

---

102 *Junge Kunst*, which was a rival series issued in Leipzig by Klinkhardt und Biermann, included Ludwig Meidner as No. 4, but again no Barlach, although he makes a brief appearance among the thirty-one artists included in Kurt Pfister (ed.), *Deutsche Graphiker der Gegenwart* (Leipzig: Klinkhardt und Biermann, 1920).

103 The survey by Hans Tietz contained the equivalent of about seven pages of text and a curious selection of forty-seven full page illustrations. This volume is undated, 1928 or 1931 are often assumed, but 1930 is correct.

104 See his ambitious and dramatic oil painting dating from 1911, *Übung übers Rote Meer: Pharaos Untergang* (Jüdisches Museum Berlin GEM 94/6/0).

105 Yosef Hayim Jerushalmi, *Haggadah and History* (Philadelphia: The Jewish Publication Society of America, 1975), Plate 134. This author seems not to know that 1921 was the date of the original edition of the Steinhardt *Haggadah* edition.

whose pictorial content was dominated by ornamented capitals, vignettes and other more elaborate decorative devices which deserve careful study on account of high quality of their execution and design. In addition, Budko included a few other illustrations, of which the most unusual and perplexing depicts a lone outcast trudging through the snow.[106]

Illustration 8
Jósef Budko, *Outcast in Snow*, c. 1917

---

106 Budko's illustrations were produced between 1915 and 1917, therefore ahead of Steinhardt's woodcuts or his drypoint drafts.

Conclusions

A glance at Steinhardt's post-war work confirms that as his practice developed, the Lithuanian element continued to be relevant. Barlach also never lost sight of his Ukrainian experiences, even after 1920 when his fertile and restless mind was turning in other directions for stimulus. In the course of the next decade his projects related to Goethe (especially the *Walpurgisnacht* tradition), Nordic mythology, the *Nibelungen*, and historical figures such as Michael Kohlhaas (according to the version by Heinrich von Kleist), as well as semi-historical series like *Fries der Lauschenden*.[107]

For both of the artists the smooth continuity of their career was completely disrupted by the ascendancy of the National Socialists and establishment of the Third Reich. Barlach was satisfied with his base in Güstrow, but especially after the suicide of Cassirer in 1926, he relapsed into financial hardship. Especially from 1933 onwards until his tragic death in 1938, his efforts to diversify his sources of income failed and most of his commissions proved to be abortive. For Steinhardt and his family Berlin was such a congenial location that they remained there until their forced exodus in March 1933. Steinhardt's exile in Palestine entailed a return to safety and stability, but he failed to secure the status or prosperity that he deserved.

Neither artist accepted the Nazi tyranny without a show of resistance. Peter Paret has given a spirited account of Barlach's record of resistance against his oppressors.[108] In both their cases their subjects were also interpreted with wit and a certain mischievousness, even

---

107 Fries der Lauschenden 1930–1935, nine figures in oak, Ernst Barlach Haus, Hamburg. The figures themselves: *Der Gläubige, Der Blinde, Die Tänzerin, Der Empfindsame, Der Wanderer, Die Träumende, Die Pilgerin, Der Begnadete,* and *Die Erwartende.* Preliminary gypsum models of some of these figures have been preserved. See also Illustration 5 where the photograph displays these nine figures in the background of Barlach's workshop.

108 Peter Paret, *An Artist against the Third Reich. Ernst Barlach 1933–1938* (Cambridge: Cambridge University Press, 2003).

irreverence. It has for instance, been suggested that the Ukraine-inspired crouching old woman. *Frierende Alte*, was a final act of defiance by Barlach, calculated to offend Nazi sensitivities. Barlach evidently hit his target, causing the suffering little figure to be confiscated as soon as it was submitted for exhibition.[109]

A similar act of defiance was performed by Steinhardt in his last major painting produced before his exile in Palestine. This constitutes the last plate in the little survey by Tietze, who would himself become a victim of the Nazis. *Der Sonntagsprediger* depicts a venerable preacher offering up earnest entreaties, but surrounded by a scene of chaos and every kind of social degradation, including helmeted soldiers attacking protesters. Apart from the wild preacher himself (an echo of the desperate prophets of his *Pathetiker* period), the only sympathetic figures were two couples dressed in black, one elderly couple, the other a mother and sick child.[110]

Not all the work of Barlach and Steinhardt was sombre in tone. Both were always inclined to waspishness and a certain irreverence. Sometimes, this kind of work belonged to the cartoon genre. This element was particularly evident in their interpretations of subjects lending themselves to serial treatment. Especially good examples from Barlach are found in his substantial, but incomplete, 1922 cycle of seventeen drawings inspired by *The Song of the Nibelungen*, at first sight an unlikely source for levity, especially in view of the prevalence of violence throughout the text. This series has been handsomely reproduced and meticulously examined by Peter Paret. As Paret rightly points out, Barlach served an apprenticeship as a cartoonist and satirist in his frequent contributions to the magazine *Simplizissimus*. Also relevant was Barlach's debt to Steinlein.[111] With respect to the *Nibelungen* series Paret concludes that Barlach employed various tech-

---

109 Paret, *Myth and Modernity*, pp. 55–6.
110 Tietze, *Steinhardt* 111. This painting is now located in the Jewish Museum Berlin.
111 Peter Dittmar, 'Nachwirken' (fn. 6), 173–201.

niques imitative of cartoons and comic strips, in particular the general use of comic exaggeration and especially exaggerated facial expressions.[112]

A good counterpart on Steinhardt's side was his series of linocuts depicting the ten plagues of Egypt, the success of which led to his illustrated edition of the whole *Haggadah*, a project briefly discussed above. No incidents are better known to the Jewish people than the ten plagues, and the *Haggadah* is one of the major sources of their knowledge on this subject. From the Venetian edition of 1609[113] onwards, the ten plagues became central to illustrated editions of the *Haggadah*. It was difficult to portray these terrifying ordeals without some element of hyperbole, though this was acceptable because it was the Egyptians upon whom retribution was being heaped. It is difficult to know what editions of the *Haggadah* were accessible to Steinhardt, but it is quite likely that he knew the famous Amsterdam version of 1712[114] which, it so happens, used the Venice edition as its model for the ten plagues. Steinhardt followed the general pattern of the Venice-Amsterdam tradition, but his linocut/woodcut images imported more than a touch of hyperbole. For instance with respect to the plague of frogs (Exodus 7:25–28), the early modern versions depicted some figures in full oriental dress standing by helplessly as their entrance hall and bedrooms were being invaded by a swarm of minute and crudely represented frogs. Steinhardt took over the general idea from these old sources, but formulated a livelier event. In the background two men armed with rods are pathetically trying to control a forest of frogs. The foreground is occupied by a dining room where at the simple table a couple are sitting preparing to ladle out soup from a large bowl. Frogs are entering via the open window. Three of them are already stationed on the table, while another is plunging about in the soup. The wife is obviously petrified, while

---

112 Paret, *Myth of Modernity*, pp. 109, 112.

113 *Seder Haggadah Shel Pasach* (Venice: Israel ha-Zifroni of Guastalla, 1609).

114 *Seder Haggadah Shel Pasach* (Amsterdam: Rabbi Schlomo ben Yosef Propes, 1712).

the husband stands by, alarmed but helpless. Other frogs look upon the scene in quiet satisfaction.[115]

Although frequently introducing elements of levity in their work, both Barlach and Steinhardt regarded their creative work as a form of philosophical and religious mission. Barlach retained much of the Christian lore of his heritage, but he was increasingly averse to the established churches around him. Instead, like many other intellectuals in his generation, he inclined to an eclectic form of mysticism that synthesised elements from both West and East.[116] Even then, any attempt to specify his religious stance he stridently resisted. In a well-known interview from 1932 he even refused to be labelled as a mystic. He regarded the search for such designations as intellectually vacuous, refused to engage in such things as sloganizing, preaching, defining good and bad etc. and believed that the great problems of philosophy and religion were incapable of being articulated in words, but they could be expressed through use of form, which was his own chosen vocation, a means by which he could metaphorically get his teeth into such issues.[117]

Barlach likened religious experience to the feelings associated with pressing forward in a violent storm, an image that percolated into all

---

115 It should be noted that much detail was lost in the transfer of this image from linocut to woodcut.

116 Barlach's knowledge of the German mystics, a group enjoying huge vogue in his generation, has yet to be explored. Worth mentioning is lithograph 'Wem Zeit wie Ewigkeit', which appeared in October 1916 in *Der Bildermann*. This title is a quotation from Jakob Böhme (1575–1624): 'To whom time as eternity and eternity as time, he is freed from all suffering'. For the tide of interest in the German Mystics see Justus H. Ulbricht, 'Mystik und Deutschtumsmetaphysik: Martin Buber, Eugen Diederichs und die religiöse Renaissance um 1900', *Zeitschrift für Religions- und Geistesgeschichte*, 65.2 (2013) 105–127. Ulbricht rightly notes that numerous editions of the mystics appeared in Germany between 1900 and 1925. See also Moritz Bassler and Hildegard Chatellier (eds), *Mystique, mysticisme et modernité en Allemagne autour de 1900* (Strasbourg: Presses Universitaires de Strasbourg, 1998).

117 'Das kann wohl ein Gegenstand sein, woran ich meine Zähne zu Stücken zerbeiße', from Barlach '*Aus einem Gespräch*' 1932, p. 64.

classes of his artwork. The attainment of progress against the elements he believed induced feelings that were akin to religious experience, indeed leading to an authentic awareness, which was the equivalent of true prayer and achievement of genuine kinship with God. Hence, 'the storm of our trust' (*der Sturm unseres Vertrauens*) induced a momentary elevation to the plane of God (Barlach's *Schwebender*) an objective that might be attained without any resort to the conventional practices of church worship (see Frontispiece illustration).[118]

Barlach therefore emerges as an artist driven by deeply spiritual religious motivations. The same conclusion might also be reached concerning Steinhardt. Both went on to generate art that related to key aspects of religion, but neither was a wooden apologist for the sectarian groups with which they were associated. This endowed their art with a degree of independence that has assured their work a widespread and lasting appeal and also a much greater significance.

---

118 Ulrich Bubrowski (ed.), *Barlach, Güstower Tagebuch (1914–1917). Kritische Leseausgabe* (Hamburg: Ernst Barlach Gesellschaft, 2007), pp. 74–5. Barlach's prints abound in references to striving through inclement conditions often carrying hefty burdens. Good examples include *Ruf in Nebel*, 1912 (from *Der tote Tage*) Laur *Werkverzeichnis I*, 9.27, and especially *Die Vertriebenen*, 1918 Laur *Werkverzeichnis I*, 57, see Frontispiece. See also *Der Flüchtling*, charcoal, c. 1919, Marlborough cat. 32; *Rastlose Liebe*, drawings 1915 onwards, the 1936 being titled *Dem Schnee, dem Regen, dem Wind*, Laur *Werkverzeichnis I*, 77.13 for the history of this image.

Illustration 9
Jakob Steinhardt, *Abtransport*, 1946

CHAPTER FOUR
Outcast
Salo Pratzer and Robert Pratzer

This contextual study focuses on the rise and fall of a typical East Galician Jewish family. After a long period of quiet apprenticeship, by the twentieth century much of the Pratzer family established themselves among the middle classes. World War I constituted a serious setback, but for part of the family, through migration to Vienna, their solvency was regained and enhanced, even during the depression. Then came the catastrophe of 1938, when the Austrian Jews joined the burgeoning ranks of persecuted outcasts of the Third Reich (see the deportation depicted in Illustration 9).

The special emphasis of this study relates to the experiences of the brothers Salo Pratzer (1913-1983) and Robert Pratzer (1916-1945), especially between May 1940 and the spring of 1945. They spent virtually the entire length of the war incarcerated in internment, forced labour and concentration camps. Their long stay in the Annaberg forced labour camp is deserving of special attention. By the end of their ordeal, Salo was one of only a few survivors from his extended family. As with the huge number of families in this same situation, the survivors faced a challenging future, in Salo's case on account of the brutal indifference of the Belgian authorities, which took him by surprise and which he found deeply humiliating.

A description of the conditions in the concentration camps by Isak Wasserstein (1920–2012), a fellow captive of Salo Pratzer at Bisingen, part of the Natzweiler-Struthof camp in the Vosges Mountains, shows the humiliations that had gone on before:

> It had been a difficult and wretched time for me. I have seen endless death, pain and suffering, even witnessed living skeletons shuffling about in the camps. All of this is impossible to put into words. The

phenomenal brutality, the rawness and perfidy that prevailed there –
one cannot commit such things to paper. Only those who experi-
enced this Hell can grasp such things. For anyone it will seem unim-
aginable and inconceivable that people who call themselves human
beings can perpetrate such barbarous acts, regardless of whether this
is by carrying out orders or of their own accord. I witnessed the de-
light with which these beasts fell upon their victims, how they dealt
with what they saw as 'Untermenschen', whom they valued less than
vermin.[1]

By then, Isak had experienced nine camps and Salo ten. As the war
drew to its conclusion, Salo and Isak passed on to Spaichingen, then
on a Death March towards to Austrian border. They were both lib-
erated near Schongau. All of these outcasts were indiscriminately la-
belled as vermin, and thereby subject to the Nazi machinery of ex-
termination. The scale and viciousness of this persecution took its
victims entirely by surprise. On the heels of occupation every racial,
political or social group perceived as offensive or degenerate was sys-
tematically rooted out and murdered. Implicated in this regime were
not only the Nazi agencies of genocide appointed for this purpose,
such as the *Einsatzgruppen*, but also the *Wehrmacht* and other arms of
the German military. Adding to the horror of the situation, the as-
cendant master race was not backward in harnessing for its own pur-
poses the deep-rooted anti-Semitism that existed throughout occu-
pied territories. As Bisingen demonstrated, the Nazi monster, even
in its death throes, persisted in squeezing the last drops of blood from
its victims.[2]

---

1   Isak Wasserstein, *Ich stand an der Rampe von Auschwitz* (Norderstedt: privately
     printed, 2001), p. 113, slightly abbreviated. The same cries of inhuman treatment
     ring throughout witness statements. Isaak Nordon quotes for instance from a
     speech by the Annaberg camp commandant Heinrich Lindner, who described
     the prisoners as cockroaches; Isaak Nordon, University of South Carolina, Shoah
     Foundation Visual History Archive, Testimonies (hereafter USC), No. 14484
     (1996), segment 52.
2   Alexander B. Rossino, *Hitler Strikes Poland: Blitzkrieg, Ideology, and Atrocity*
     (Lawrence, KS: University of Kansas Press, 2003); Jürgen Matthäus, Jochen
     Böhler, Klaus-Michael Mallmann, *War, Pacification, and Mass Murder, 1939: The
     Einsatzgruppen in Poland* (New York: Rowman & Littlefield Publishers, 2014).

The Pratzer Family

The following account of outcast experience of one family builds on the work of a group of dedicated and talented colleagues, especially those pioneers who have studied the Silesian forced labour camps, which is still a relatively neglected side of Holocaust Studies. The present narrative was difficult to compile on account of the absence of direct evidence. However, discriminating use of survivor testimonies and related sources has permitted a detailed reconstruction of the Pratzer story, thereby offering a further modest contribution to our understanding of various aspects of the Holocaust.

East Galician Origins

The Pratzer family, earlier called Protzer, Pratcer etc, was concentrated in the Stanisławów (*Stanislau / Ivano Frankivsk*)[3] region of East Galicia, one of the far eastern outposts of the Habsburg Empire. The settlements occupied by the Pratzer and Gutwald families spread along an axis extending from Brody in the north to Czernowitz (*Cernăuți*) in the south. All of these places are currently at the western margin of Ukraine. Because this was a fractious, multi-ethnic area, this turbulent situation often impacted adversely on the long-settled Jewish population of East Galicia, a notoriously poor region of the empire. Unsurprisingly, the large Jewish population was constantly eroding through emigration, especially to America; ca. 335,000 of the 800,000 Jews in Galicia emigrated between 1880 and 1910. This parlous situation, compounded by the impact of war, led to further flight, especially from the large slice of Eastern Galicia eventually occupied by the Russians.

World War I proved very destructive to the Stanisławów region. First, it was a major battle ground between the German–Austrian alliance and Russians which, at the cost of heavy loss of life, achieved little more than a stalemate. Then, after the war, the territory was

---

3   In the following account, the place names given are those used at the time, with the German and Ukrainian variants noted at first mention.

disputed between Russians, Ukrainians and Poles, before it finally settled down under Polish authority, leaving the problem of a large dissatisfied Ukrainian minority. The local Jewish population was particularly vulnerable, distrusted by both sides and brutally treated, especially by Cossack gangs. The Jews were subject to forced displacement, pogroms, looting, and desecration of their places of worship and study. They never achieved equality in access to education, which was especially damaging to those seeking training for the higher professions. Typically, in Buczacz, Polish merchants set up a cooperative society with the idea of undermining Jewish shopkeepers, and Catholic priests incited the Polish community against Jews. Ukrainian peasants periodically attacked Jewish villagers, vandalizing their homes and pillaging their property.

This post-war arrangement lasted only until 1939, when for two years the Stanisławów region was absorbed by the Soviets into Ukraine before, in the summer of 1941, it fell into German hands for a large part of World War II when almost the whole Jewish population was wiped out. After the war, the whole Stanisławów region, by that time almost completely devoid of Jews, was again absorbed into Ukraine and USSR. Although the sacrifices of World War II are richly memorialised in this part of Ukraine, the slaughtering of the Jewish population is still underplayed.

Before World War II all the places associated with the Pratzer family featured large and successful Jewish minorities. Despite their remoteness within the empire, middle-class Jews were well-educated and often open to the latest ideas in politics and religion. Of the main places relating to the Pratzer family mentioned below, Stanisławów was and remains a main regional administrative centre, with a population in the 1930s of about 65,000, 25,000 of whom were Jews. At the same date, Buczacz (*Buchach*), about 70 kilometres west of Stanisławów, possessed a population of about 7,500, more than half of whom were Jews. For a long period up to the outbreak of World War II the population of Tyśmienica (*Tysmenytsia*), just 11 kilometres west of Stanisławów, was constant at about 6,000, but the Jewish element declined from 2,500 in 1900 to 1,300 by 1939 (see Map 1).

Significant in the following narrative is Froim Pinkas Pratzer, who was born in Tyśmienica in October 1882, a location primarily known for its role in the fur trade.[4] Regarding Froim's parents, Osias Pratzer and Mariem Byk, little information is available, but Osias features in a Business Directory from 1891, which records advertisement of his services as a locksmith. It is also likely that Aron Pratzer, born about 1839, and Malke Pratzer, born in 1845, both also of Tyśmienica, were the elder brother and sister of Osias. Malke's first marriage was to Dawid Weidenfeld, with whom she had at least 8 children, most of whom died young. It seems that this family continued to live in Tyśmienica. Malke remarried in 1899. If she was indeed a sister of Osias, the father of Osias, Aron and Malke was Abraham Pratzer of Tyśmienica, whose wife's first name was Ankel. It is perhaps significant that Malke's first child was named Abraham, while the second was called Osias Leib. The above Abraham Pratzer seems to have been born in about 1815 and his wife Ankel in about 1820. It is also likely that the father of this Abraham, another Abraham Pratcer, was born in about 1785. This Abraham is recorded in the Franciscan Survey as residing in cottage number 338 in Tyśmienica in 1826.

The wife of Froim Pratzer was Brane Gutwald. She was born in January 1882 in Stanisławów, although her family was from Buczacz. Her parents were Feibisch Gutwald and Rifke Schöps, aged 35 and 29 respectively in 1882; both of them were born in Buczacz. One peculiar biographical oddity is worth mentioning: Feibisch and Rifke had at least five children between 1873 and 1883, Brane being next to youngest, but the marriage of Feibisch and Rifke was not recorded until 26 May 1897, when they were 50 and 44 respectively. The father of Feibisch Gutwald was Bercie Gutwald of Buczacz, while the

---

4   The following section is derived mainly from the following websites: *Jewish Gen / Jewish Records Indexing Poland*, for Stanisławów Births, Deaths and Marriages, 1864–1912; *Gesher Galicia, All Galicia Database*, especially cadastral surveys from 1787 onwards, and for some further vital records relating to Stanisławów Births and Deaths. Finally *Wirtualny Sztetl*. For a useful guide to basics, Suzan Wynne, *The Galitzianers. The Jews of Galicia, 1772–1918* (Kensington, MD: Suzan F. Wynne, 2006).

parents of Rifke Schöps were Alter Mortko Schöps and Chaje Süssel of Stanisławów. Chaje Süssel was born in 1823 in Brody. Her father, Abraham Süssel/Schissel of Brody (see Map 1), died in 1826.

The above information, although fragmentary, traces the relevant families back to the late eighteenth century. Certainly, closely related to Brane Gutwald was Moshe Gutwald, who was also from Buczacz. It is interesting that the famous photograph of the 1907 election campaign in Buczacz (Illustration 10) features Moshe Gutwald and the future literature Nobel prize laureate, S. J. Agnon, standing close to one another in the front at the right hand side.

Illustration 10
Austrian Parliamentary Election Rally in support of Nathan Birnbaum, Buczacz, May 1907 © Wirtualny Sztetl https://www.sztetl.org.pl/

Moshe Gutwald was a notable resident of Buczacz an active socialist and supporter of the newly-formed Jewish Social Democratic Party (*Żydowska Partia Socjal-Demokratyczna*, ŻPSD), which was headed by Henryk Grossman. Moshe was particularly known for his leadership role in the *Braterstwo* (*Brüderlichkeit*) movement. Both ŻPSD and *Bratertswo* successfully mobilized the working classes of all ethnicities and exercised a variety of social, cultural and political functions. Moshe Gutwald was a particularly close associate of the lawyer Dr Anzelm Mosler, also of Buczacz, who was a particularly effective social activist and advocate of inter-ethnic unity and whose engagements as a socialist strategist were known well beyond Galicia.[5]

Illustration 11
Delegates attending the inaugural meeting of Jewish Social Democratic Party at Lemberg, June 1905, © YIVO Photo Archives.

It is likely that both Moshe Gutwald and Anzelm Mosler feature in the group photograph of delegates to the inaugural convention of the Jewish Social Democratic Party held in Lemberg (now Lviv) in June 1905.[6] Both of them were also conspicuous for their confrontations with the newly assertive Zionist movement in Eastern Galicia.

---

5   Rick Kuhn, *Henryk Grossman and the Recovery of Marxism* (Champayn, IL: University of Illinois Press, 2007). For Mosler, pp. 12, 19, 40, 68, 71. For Mosler and Gutmann: Norbert Porile, Yisrael Cohen and Thomas F. Weiss (eds), *The Memorial Book of the Jewish Community of Buczacz Galicia* (New York: Jewish Gen Inc., 2013), pp. 141–61, 188–90. Jósef Mosler, the brother of Anzelm, was a leading socialist activist in Stanisławów. For a short account of Buczacz before World War I, Omer Bartov, *Anatomy of a Genocide. The Life and Death of a Town Called Buczacz* (New York: Simon & Schuster, 2018), pp. 6–36.

6   See Rick Kuhn, 'Anzelm Mosler and the "Galician Bund": Revolutionary class politics and organisational structures', *Melbourne Chronicle*, 69 (2002) 27–30. Warm thanks to Professor Kuhn for supplying me with a fully annotated and revised version of this paper. Also thanks to Alti Rodal for providing me with a

There is every indication that this socialist and non-Zionist stance was perpetuated within the Pratzer family up to the point of its annihilation.

Vienna, Riga and Galician Exterminations

Froim Pratzer and Brane Gutwald married in Tyśmienica in 1910, when both were around the age of 28. Perhaps as early as the autumn of 1914 they migrated to Vienna. They joined more than 2,000 war refugees from Buczacz who fled to Vienna, of whom half stayed on after the war. More than 50,000 Galicians and Bukovinians had arrived in Vienna by the beginning of October 1914, and this number swelled further with the periodic Russian advances.[7] The Stanislau area was a main target for the Russians: it was first taken by them on 30 October 1914, but recaptured by the Austrians in February 1915. Afterwards it was occupied again by the Russians between March and June 1915 and between August 1916 and July 1917. The decision of Brane and Froim to join the general exodus is therefore entirely understandable.

Unlike many others from the East Galician community, the Pratzers experienced no difficulty in integrating into Viennese society. The Pratzer family lived in the largely Jewish neighbourhood of Leopoldstadt. From around 1925 their address was Alliiertenstrasse 14/4. Before that date Froim's name does not appear in the Lehmann's *Allgemeiner Wohnungs-Anzeiger*. When his first name appears, it is given as Filip, or Filý. Filip was also used by Froim in the context of his younger son's documentation at the medical faculty of the University of Vienna. In official documents from this period, Brane (also Brany, Brena) increasingly called herself Bertha. For Belgian eyes, after the

---

high quality scan of the photograph of the inaugural meeting of the Jewish Social Democrat Party 1905, which appears also on p. 144 of her excellent *A Journey Through the Ukrainian-Jewish Encounter from antiquity to 1914* (Toronto: UJE, 2018).

7   David Rechter, *The Jews of Vienna and the First World War* (London: Littman Library, 2001), p. 74.

war, in bureaucratic contexts, Salo called his parents Filippe and Bertha. In Lehmann, Froim called himself variously a business agent (*Handelsagent*), businessman (*Privatbeamter*), or cashier (*Inkassant*). Froim was comfortably situated and managed to provide a good education for his two sons, neither of whom needed to seek employment. In Galicia Froim may well have worked initially in the fur trade, which was the dominant industry in the area of his birth. The situation is clarified by declarations made by Froim to the Nazi authorities, in which he states that his employment was with the company established by Jakob Feuer (1879–1954), who was also born in Tyśmienica. It is therefore likely that links between Jakob and Froim date from their youth. The Feuer family were in the fur and tropical fruit business in Stanislau. It is likely that Froim, as a young man, was their employee. During World War I this business transferred to Vienna, but gradually the fur connection was dropped in favour of retailing citrus fruits, dried and tropical fruit and the wholesaling of groceries. This made sense because Feuer relatives were traders in this field, operating from Italy and in the Middle East, including Lebanon.

Feuer steadily expanded his business, establishing two large shops in prime locations in the central part of Vienna. With the arrival of the Nazis in 1938 Jakob left for Israel, where he stayed. Henri (later Henry), Jakob's son, was a chemistry graduate of Vienna University, where he obtained a Ph.D. and went on to a successful research career in the USA, where he was known as an expert on organic compounds of nitrogen.[8]

In the early months of 1938 Austria slid under German control. The *Anschluss* took formal effect on 13 March. This date was the signal for the inception of a campaign of terror against Austrian Jews, backed up by repressive legislation introduced to bring Austria into line with Germany. The Austrian 'Jewish Problem' was well on its

---

8　For Henri Feuer, and the Feuer business enterprise, see W. L. Kleine-Ahlbrandt, *Bitter Prerequisites. A Faculty for Survival from Nazi Terror* (West Lafayette, IN: Purdue University Press, 2001), pp. 232–41, 248–68, 284–91. The Feuer residence was at Fischerstieg 9, Vienna.

way to its resolution. Of the 200,000 Jews from Austria in 1938, it is thought that only 8,000 survived.[9] In stages, most of Froim's assets were confiscated. His employment with Feuer lasted until the end of September 1938. At that stage he and Brane were forced to move to cramped accommodation in the assigned *Sammlungsquartier* nearer the city centre. Their address was now Lillienbrunngasse 19/11, which they shared with other Jewish displaced persons. This address was also home to the synagogue, Ohel Moshe, an address that now houses a revived orthodox synagogue, bakery, and Jewish cultural centre. In a futile attempt to escape danger, Froim planned to migrate to the USA, and indeed, obtained sponsorship from Max B. Froehlich of New York, who also supported other applications of the same kind. Neither the Pratzer parents nor their sons sought refuge in their Galician family homeland, which had in fact recently been annexed by the USSR.[10]

Froim and Brane had two children, both sons. The first was Salo (also known as Frédérick), born at the Pratzer family home town of Tyśmienica on 20 May 1913. Little is known about his life before his arrival in Brussels in 1938. The second son was Robert Pratzer, born in Vienna on 30 August 1916. Robert (also known as Charles) was evidently well-educated and independently minded. His friendships and outlook were left-leaning, as was the case with Henri Feuer. Among Robert's contacts were members of the Suschitzky family,

---

9   Jonny Moser, 'Österreich', in Wolfgang Benz (ed.), *Dimension des Völkermords. Die Zahl der jüdischen Opfer des Nationalsozialismus* (Munich: R. Oldenbourg, 1991), p. 67: 'Sicherheitspolizei und SD [Sicherheitsdienst] im Verein mit den österreichischen Nationalsozialisten entfachten nach dem 'Anschluss' einen fürchterlichen Terror gegen die Juden'. For the administrative phases of the anti-Jewish clampdown, Albert Lichtbau, 'Austria', in Wolf Gruner and Jörg Oster-loh (eds), *The Greater German Reich and the Jews: Nazi Persecution Policies in the Annexed Territories 1935–1945* (New York: Berghahn, 2015), pp. 39–67.

10   Froim Pratzer: documentation relating to the *Verzeichnis über das Vermögen von Juden nach dem Stand vom 27 April 1938*. See relevant years of *Compass Industrie-Jahrbuch* and *Lehmanns allgemeiner Wohnungs-Anzeiger*; Kleine-Ahlbrandt, *Bitter Prerequisities* (fn. 8), especially pp. 232–41, 2 48–68, 284–91 for interviews with Henry Feuer.

from which Edith and Wolfgang, aspiring photographers and film-makers, were already in the process of seeking sanctuary in London.[11]

Like Henri Feuer, Robert resisted the Feuer import-export business, and also family pressure to become a rabbi, although he earned some pocket money by tutoring local children in Hebrew for their rites of passage in the Jewish community. At the age of 20, he made a decisive break with the traditions of his family by committing himself to a future in science and medicine. Taking advantage of his family rights as residents of Vienna, in 1936 he registered as a student in the medical faculty of Vienna University. By this stage the medical faculty had undergone many changes for the worse during the interwar period, and by 1936 was deeply infiltrated by fascist, anti-Semitic and Nazi influences. The faculty records indicate that Robert's most active teachers were, in order of their prominence in Robert's listed studies: the anatomist Gustav Sauser, the physiologist Arnold Durig, and the histologist Viktor Patzelt, all of whom were internationally recognised names in their fields. However, all three were illiberal and anti-Semitic. Paul Weindling notes that Robert took 'several courses with the anatomist Gustav Sauser, a monarchist who had established clerical fascist connections while studying in Innsbruck, appointed by his friend Kurt Schuschnigg to replace the mercurial Julius Tandler as head of the Vienna Anatomical Institute.

By that time the University was a hotbed of Nazism and anti-Semitism among the staff and students. In teaching, the alternative anatomist was Pernkopf, academically superior, but a Nazi who used executed victims for anatomical dissections as the basis for his famous but controversial anatomical textbook. Sauser himself was promptly dismissed by the Nazis'.[12]

---

11 Peter Stephan Jungk, *Die Dunkelkammern der Edith Tudor-Hart* (Frankfurt a. M.: S. Fischer, 2015), pp. 26–37. Edith arrived in London in 1934 after a short period of imprisonment in Austria for her political activities. There she married Alexander-Tudor Hart, a leftist physician. Wolfgang settled in London in 1936 after a short stay and unsuccessful marriage in the Netherlands.

12 Thanks to Paul Weindling for this helpful communication. On account of their associations with the old fascist regime, both Durig and Sauser were abruptly

The faculty records indicate that between the autumn of 1936 and March 1938, Robert's studies advanced smoothly. A full programme of work was arranged for the summer semester in 1938, with the intention of taking five courses under Sauser, with a further two under Durig and two others with Patzelt. Although Robert remained in Vienna for that semester, because two of his main teachers had been dismissed, his study plan lay in ruins. His only recompense was an *Abgangszeugnis* certificate issued in connection with his expulsion. This document was dated 18 May 1938. It granted him full credit for the previous three semesters.[13]

One of Robert's contemporaries as a medical student was his relative, Leopold Adolf Pratzer (b. Czernowitz/Cernăuţi/Chernivtsi, 1913), who came from a family of well-established lawyers, doctors and administrators. Leopold's father was Maximilian Pratzer, a deceased tax assessor, whose widow was Elena Francisca (Frania, Frajda, likely not Jewish). Their address in Cernăuti was Feldgasse 19, situated in the pleasant cosmopolitan south-eastern suburb of the city. Leopold registered for his medical studies in Vienna in the summer of 1933. Pursuing a leisurely course, he reached his seventh semester in the summer of 1938. His *Abgangszeugnis* was issued on 18 March 1940. Along with a large number of their Jewish or otherwise aberrant medical students, Robert and Leopold were expelled as the Nazi regime tightened its grip on the medical faculty, so ending their hopes of completing their medical education according to the conventional timescale. For most of them, their prospects for the future were bleak.

Leopold returned to Cernăuţi which, with the outbreak of war, became a dangerous place for its Jewish population. Many Jews were

___

dismissed and briefly imprisoned in the spring of 1938. Patzelt held on to his position on account of active Nazi sympathies, for which he was held to account after the war.

13   For details and images of relevant documents relating to Robert's studies, see the Online-Databank *Gedenkbuch für die Opfer des Nationalsozialismus an der Universität Wien 1938*. After the Anschluss, the tally of students registered at the University of Vienna shrank from 9,180 in the first semester of 1937/38 to approximately 5,350 in the first semester of 1938/39. That is a decline of 42 per cent.

exiled to Siberia during the Soviet occupation that ended in July 1941. Worse followed during the short German occupation and initial months of return to power of the Reich's Romanian fascist allies, when some 30,000 Jews were transported to Transnistria. In a remarkable intervention, the Cernăuți mayor Traian Popovici issued 'authorisations' rescuing many thousands of the Jewish population from deportation, but the damage was already done during the winter of 1941 when large numbers perished in Siberia or Transnistria. The trickle of survivors from the massacres, privation and typhus epidemics of Transnistria reduced the Jewish presence in Cernăuți to a small fraction of its pre-war level of almost 40 per cent. The details of the impact of these disasters on the Pratzer family are uncertain, but their professional standing and prosperity undoubtedly operated to their advantage. As Ari Fuhrman (a tailor's son) noted with some scorn, those in his family were 'able to stay because, like one of my cousins was a doctor, so he had an authorization to remain in Czernowitz. He could also arrange for his father and mother and sisters and brothers also to remain.'[14] In all probability, Leopold was sufficiently advanced in his medical studies to count as a properly qualified doctor. Certainly his mother, Elena Francisca, stayed in Cernăuți and after the war made submissions under the terms of the Conference on Jewish Material Claims against Germany established in 1951. Furthermore, food ration cards relating to both Francisca and Leopold were recorded by the Bucharest authorities in March 1947. Finally, other Claims Conference documentation confirms that Leopold's uncle, the lawyer, Dr Adolf Pratzer (b. 1888) and his non-Jewish wife Eugenia had also survived the war in Cernăuți, and were beneficiaries of the Popovici authorisations. As a young lawyer, Adolf had also lived at Feldgasse 19.[15]

14　Ari Fuhrman, USHMM Collection, interview, RG–50.462.0062, tape 2, side 2.

15　Claims Conference, Romania, JM–11.294, TA–1; JM–11.340, TA–7; JM–11.342, AR–17k. *Monitorul Official al României*, No. 129, 10 June 1947 for Francisca and Leopold; No. 213, 15 September 1944, for an official notification regarding of Adolf's 1942 Cernăuți authorisation. For the Holocaust in Romania, see the authoritative Jean Ancel, *The History of the Holocaust in Romania*, edited by Leon

The nightmare for the whole Jewish community in Vienna of persecution under the Nazis reached its ghastly conclusion with the onset of war. In Vienna there was no Popovici equivalent, while wealth or social status offered no avenue of protection. After enduring increasing penury in Lilienbrunngasse, Brane and Froim joined the tens of thousands of Vienna Jews promised transport to a new life in the east. In fact, all of them were destined for death camps of various kinds. Brane and Froim were appointed to join the 4,000 other Jewish detainees who were dispatched from the Aspangbahnhof to Riga between 3 December 1941 and 6 February 1942. From Lilienbrunngasse Brane and Froim were taken to the nearby gathering centre at Kleine Sperlgasse 2a, which was a defunct elementary school complex, with absolutely no adaptation of facilities to support its new usage. This insanitary slum came as a shock to its new inmates, especially to the elderly and infirm. Nina Ungar recorded her horror at this indignity and she feared that worse was to come. She joined Brane and Froim in the last of the four Riga transports, which departed on the evening of 6 February. They were packed into unheated cattle wagons, with a small amount of food dispensed by a charitable trust, little water and only the most primitive sanitary arrangements. Furthermore, that winter was one of the coldest in living memory. This transport reached Riga on 10 February after a four day transit ordeal, with no break along the way. Their endpoint at

Volovici and Miriam Caloianu (Lincoln, NE: University of Nebraska Press-Jerusalem: Yad Vashem, 2012), For the Jews of Cernăuti, Marianne Hirsh and Leo Spitzer, *Ghosts of Home: the Afterlife of Czernowitz in Jewish Memory* (Berkeley: University of California Press, 2010). For a review of the wider literature on Cernăuţi and Bukovina, Svitlana Frunchak, *Studying the Land, Contesting the Land: A Historiographic Guide to Modern Bukovina. The Carl Beck Papers in Russian and East European Studies* (Pittsburgh, PA: Center for Russian and East European Studies, 2011). For the more typical outcome, relating to another resident of Feldgasse: Rosa Roth-Zuckermann who, with her extended family, was deported to Transnistria in October 1941. All of them, except Rosa, died, many during the typhus epidemic in the following winter. See Rosa's USC, No. 16385. She returned to Cernăuţi after liberation by the Soviets in 1944. Her remarkable story is also told in three films, two by Volker Koepp in 1999 and 2004, and the most recent of which is the work of Desa Asarschahab, *Vergessener Holocaust. Eine Reise nach Transnistria* (Munich: IKGS, 2019).

Škirotava on the outskirts of Riga required a long march to the Riga ghetto or an even longer journey for those selected for the Jungfern-hof camp, which itself was a transit centre for the many who were dispatched to dark forests of Latvia. If Brane and Froim survived the journey, it is unlikely that they lived for much longer. If they accepted the offer of transportation, they would have been gassed immediately by exhaust fumes from their transit vehicle.

The story of the 6 February convoy has been vividly recorded in personal accounts like that of Nina Ungar, and systematically by Gertrude Schneider who, at the age of thirteen, also experienced this ordeal. According to Gertrude Schneider's account, only 103 survived from the 4,235 total carried by the four transports, which represents 2.4 per cent. A later correction by Jonny Moser suggests a survival rate of only 1.7 per cent. Of the 47,000 who were dispatched from the Aspangbahnhof to many different death traps in the east, a mere 1,000 survived, which was also only a 2 per cent survival rate. Of those directed to Jungfernhof, only about 1 per cent seem to have survived.[16]

Before their transport from Vienna, Brane and Froim might well have tried to gain intelligence about the fate of their relatives in the Stanisławów region, including of course Buczacz and Tyśmienica. It was singularly unfortunate for this family that this very area became the focus of one of the most infamous episodes of mass killing of the early German eastern occupation. Even after the waves of emigration from Galicia, during the interwar period the Jewish element in the

---

16 For the harrowing testimony of Nina Ungar (1917–2015), see her USC No. 7782. See also her contribution to Gertrude Schneider (ed.) *The Unfinished Road* (New York: Praeger, 1991), pp. 111–18. For Austrians and German Jews in the Riga ghetto, Gertrude Schneider, *Reise in den Tod. Deutsche Juden in Riga 1941–1944*, 2nd ed. (Dülmen, Westfalen: Laumann Verlag, 2008); For an ambitious general study, Andrej Angrick and Peter Klein, *Die "Endlösung" in Riga. Ausbeutung und Vernichtung 1941–1944* (Darmstadt: Wissenschaftliche Buchgesellschaft, 2006). For statistical detail regarding Austrian Jews, see Jonny Moser, 'Österreich', in Wolfgang Benz (ed.), *Dimension des Völkermords. Die Zahl der jüdischen Opfer des Nationalsozialismus* (Munich: R. Oldenbourg, 1991), pp. 67–92.

Stanisławów population was about 25,000, which amounted to about 35 per cent. In the late thirties there was a substantial increase, perhaps up to 50,000, owing to an eastward exodus from Germany and western Poland. Soon after their arrival in late June 1941, the German authorities embarked on mass killing. The first substantial targets were the Jewish intelligentsia, who were taken to the nearby forest and shot. The killings escalated significantly on 12 October, no doubt timed to coincide with the celebration of *Hoshana Rabba*. Starting in the early morning thousands of Jews were rounded up and marched to their cemetery, where they were shot and thrown into mass graves. Fading light and inclement weather prompted the killers to cease their work, allowing thousands of terrified survivors to return home. The next major step was ghettoization, during which the killings continued until, by the summer of 1943, virtually no Jews remained in Stanisławów.[17]

The pattern of events described for Stanisławów applied to settlements throughout East Galicia. Indeed, the various locations were interlinked. Thus, in March 1942, the entire remaining Jewish population of Tyśmienica was shifted to the Stanisławów ghetto. The residual population from the ghetto at Buczacz was transferred to Czortków. At every stage in these administrative shifts, the numbers were ever shrinking as the Nazis relentlessly pursued their goal of making East Galicia *judenfrei*.[18]

Most of the Pratzer family groupings seem to have lost their lives at an early stage. Of the twenty-five family members from Stanisławów whose fate I have traced, almost all died within a particular narrow time span extending from the autumn of 1941 to the first months of 1942. It is likely that many of them were murdered during the 12

---

17 Dieter Pohl, *Von der "Judenpolitik" zum Judenmord. Der Distrikt Lublin des Generalgouvernements 1939–1944* (Frankfurt a. M.: Peter Lang, 1993) and Thomas Sandkühler, *"Endlösung" in Galizien. Der Judenmord in Ostpolen und die Rettungsinitiativen von Berthold Beitz 1941–1944* (Bonn: Dietz, 1996). See especially Dieter Pohl, 'Hans Krüger and Murder of the Jews in the Stanisławów Region', *Yad Vashem Studies*, 26 (1998), pp. 239–64.

18 Bartov, *Anatomy of a Genocide* (fn. 5), especially chapters 5–6.

October massacre. This fate was likely for Moses Pratzer, his wife Scheindel, and their three young children; also Joel and Sara Pratzer and most of their seven young children; as well as the widow, Feiga Pratzer and her two young daughters. It is certain that other Pratzer family groups were wiped out at this same date: the full facts are yet to be established.[19]

Salo and Robert Pratzer

In 1938 both Salo and Robert Pratzer had the foresight to leave Austria and seek refuge in Brussels. This exile was a path followed by many other victims of the Nazis. For instance Kurt Grelling, the celebrated Berlin philosopher and mathematician, also in 1938, was invited to continue his work in Brussels.

Belgium and France

Salo's application to reside in Belgium was accepted in the spring of 1938. He arrived in Brussels on 8 July. By the end of that month his address was rue Verte 221 in the Schaerbeek-Central district. At first Salo gave his professional status as student of medicine, which might well have been his intention, but there is no evidence that this idea was pursued at this stage. Generally, during this period, Salo stated he was without profession. It seems that he quickly settled down in Brussels and it is likely that he formed an attachment with Gabrielle Foquet, something that would account for his return to Brussels after the war. Salo's surviving documentation provides some indication of his political leanings. He admitted to membership of the nationalistic Austrian *Vaterländische Front* from 1935, and hinted that this was responsible for his exile from Austria: he said, on account of 'Gefahr der Verhaftung'. In retrospect, such affiliation with this ephemeral Catholic-dominated nationalist party looks like an error of judgement but, out of fear of the Nazi alternative, this party was supported

---

19   Most of the demographical information about the Pratzer family around 1940 is sourced from the Gesher Galicia database, especially helpful being the presentation of data relating to the 1939 census.

by many middle-class Jews. Once in Brussels it seems that Salo became active in the anti-Nazi movement. Specifically, according to the testimony of Emil Vanden Bossche (b. 1889), a respected leftist and resistance leader, Salo was an early and committed member of the Saint-Josse-ten-Noode branch of the movement that in 1941 subscribed to the *Front de l'indépendance*.[20]

Robert, although expelled from the Vienna medical school, as mentioned above, possessed basic medical credentials in the form of his *Abgangszeugnis*. His last address in Vienna was Heinestrasse 42. He joined Salo at the rue Verte address on 13 September 1938 and immediately began preparations to resume his medical studies in Brussels. In this he was supported by the *Comité d'Assistance aux Réfugiés juifs*, an organisation developed from the *Comité d'Aide et d'Assistance aux Victimes de l'Antisémitisme en Allemagne* only shortly before Robert's arrival. The *Comité d'Assistance* pleaded with the *Sûreté publique* to grant Robert a residence permit, sufficient to last until the end of his medical studies and emphasising his outstanding intellectual capacities and guaranteeing that all costs would be met by a respected benefactor.[21]

It is unclear whether the bureaucratic hurdles were overcome in November 1938 to permit uptake of a grant to support his studies, but there is no doubt about Robert's commitment to complete his medical training. His second priority was furthering his preparations for emigration to America. By this stage he had already mastered English, which added to his already extensive linguistic competence. The decision to leave Europe had been made in 1936, when he considered alternatives for the future, which included Shanghai, the Philippines, Argentina, Mexico and the USA. The most straightforward and favoured of these alternatives was USA. Robert assembled all the relevant papers, which were deposited with the Refugees Committee

20 Letter from Vanden Bossche to J. Neves, 4 October 1945, SVG-PPE 31959/ 1751. Vanden Bossche was himself arrested and spent a few months in a Nazi camp in 1944. I am especially grateful to Gert De Prins for information concerning Vanden Bossche.
21 *Comité d'Assistance* to *Sûreté publique*, 14 November 1938.

with the aim of obtaining ratification by the *Sûreté publique* and transfer of the documents to the American legation in Antwerp. In taking this course of action Robert was acting in concert with Fritz Heidt and Abraham Leo Meissler, who were also seeking emigration to America, in their cases with the accompaniment of their wives.

The German invasion of Belgium on Friday 10 May 1940 brought a sudden end to planning for emigration. On the same day as the invasion the Belgian authorities designated all the Jewish refugees as dangerous enemy aliens and they immediately put into effect a pre-arranged plan for their extradition to France.[22]

A few days after the arrest of the Pratzer brothers on 10 May, Heidt and Meissler also were swept up by the Belgian police and included among the thousands of foreign refugees destined for internment. The total number was in excess of 6,000, about a thousand of whom originated from Austria. The Belgian authorities inclined to call this manoeuvre an evacuation, but in reality it was summary deportation to internment camps that Bervoets-Tragholz rightly designates as antechambers to the extermination camps. The internees were now in almost every respect treated as condemned criminals.[23] At exactly this date the Germans were rounding up their own Jews from Baden,

---

22 For the tragic history of expulsions of refugees from Belgium in May 1940, see Marcel Bervoets-Tragholz, *La liste de Saint-Cyprien: l'odyssée de plusieurs milliers de Juifs expulsés le 10 mai 1940 par les autorités belges vers des camps d'internement du sud de la France, antichambre des camps d'extermination* (Bruxelles: Alice Éditions, 2006). For the extraordinary accord between Belgium and France, pp. 150–2.

23 Another relevant testimony relating to Brussels, the French camps, and concentration camps, including Buchenwald, derives from writer Heinz Chaim Mayer (better known as Jean Améry) and his friend, the Viennese medical doctor Heinz Pollak, see Améry, *Unmeisterliche Wanderjahre* (Stuttgart: Klett Cotta, 1971), especially chapter 3; Suzanne Pollak, *Familientreffen. Eine Spurensuche: Roman* (Vienna: Picus, 1994), and idem, *Nous étions indésirables en France. Une enquête familiale* (Paris: Traces & Empreintes, 2009). Fritz and Else Heidt survived the Theresienstadt camp and settled in New York; Abraham Leo Meissler perished at Auschwitz after deportation from Drancy on Transport 21, which departed from Paris on 19 August 1942.

Saar and the Palatinate and deporting these to the same French internment camps.

The combination of sudden and violent arrest, transit of up to four days in overcrowded cattle wagons, and finally the inhumane conditions of internment constituted a terrible plunge into darkness for these thousands of unsuspecting refugees, many of them old and already in poor health. For the future inmates of the forced labour camps, they were receiving a taste of the tortures of transit that for many of those that survived would be periodically repeated in the course of the war.[24]

Two main reception centres for Jewish internees were St Cyprien and Gurs, both in the foothills of the Pyrenees and also notorious for their unwholesome climate and conditions. The main initial destination for the Belgian deportees was the Camp St Cyprien, located in the commune of Pyrénées orientales, in the south-eastern Pyrenees, a distance of more than 1,000 kilometres from Brussels. Camp St Cyprien was already notorious on account of its terrible location and dismal record with exiles from the Spanish Civil War, among whom it was known as the 'hell of Perpignan'. Needless to say, the French authorities were unprepared for this influx of thousands of internees, many of whom were of German-speaking origin. Deaths of frail captives began immediately and health in general deteriorated rapidly, exacerbated by water contamination, which soon unleashed an epidemic of typhoid. The same conditions were also favourable to the spread of malaria. The authorities were slow to respond to the

---

24   It is unclear which of the Belgian transports related to the Pratzer brothers. One possibility is the journey described by Arno Motulsky, which began on the evening of 12 May and involved one overnight stay and another of ten days before arrival at Elne. A more rapid four-day journey starting on 13 May is described by Rabbi Yehuda Leo Ansbacher. From Elne, the prisoners were carried in trucks to St Cyprien. Motulsky's report dating from 1941 is included in the *American Journal of Medical Genetics*, 176.6 (2018) 1289–95. For the account by Ansbacher, see Bella Guttermann and Naomi Morgenstern, *The Gurs Haggadah. Passover in Persecution* (Jerusalem: Devora Publishing, 2003), pp. 15–16. For texts of four further reports on this journey and the camp situation, Bervoets-Tragholz, *La liste…*, pp. 143–50.

appeal from prisoner doctors for medication and vaccination. At least, in this early stage of the camps, the French authorities were somewhat sensitive to the damning reports of medical specialists and aid organisations, both French and international. From the papers of Robert we know that in July 1940 the brothers were housed in Sector II, Barrack J14 (later they moved to Barrack J8), whereas Heidt belonged to Barrack J22 and Meissler to J4. During the whole of the six month period at St Cyprien, with the help of international aid organisations, Robert, as also Heidt and Meissler, was involved a desperate but futile attempt to persuade the Belgian authorities to activate his emigration papers.

Such hopes faded on 29 October 1940 when, owing to serious flooding, St Cyprien was closed and the inmates were transferred to Gurs, which involved a journey of some 400 kilometres. The huge Gurs camp, with its rows of half-derelict barracks was originally set up to receive evacuees from the Spanish Civil War, in an area notorious for its terrible climate and muddy environment. The brothers remained in Gurs until 9 March 1941, by which stage the camp was a major receptacle for Jewish prisoners from many parts of Europe. Salo's brief reports, written immediately after the war, complain tersely about conditions in St Cyprien and Gurs. He underlined issues such as infestation by vermin, poor sanitation and inadequate food. By the time that the brothers arrived in Gurs, the little band of prisoner doctors were already alert to deterioration in health from factors such as malnutrition and the alarming rise of deaths from such diseases as dysentery and typhus. The doctors were willing and capable of helping, but they were frustrated by the authorities' unwillingness to provide the means of redress. The result was a depressing toll of deaths, especially among the elderly, many of whom arrived at Gurs in a poor state owing to ill-treatment since the time of their arrest. The observations of Salo were therefore widely shared and

well-founded but, as the brothers soon discovered, this level of dep-
rivation in the French camps was trivial compared with what was in
store in Silesia.[25]

In March 1941 the two brothers were transferred to the Camp des
Milles near Aix-en-Provence, a city which possesses a somewhat ro-
mantic reputation, but assumed a more brutal air when, in the spring
of 1942, it became a main reception centre for Jewish internees. Salo
judged this camp a significant improvement, except for the food. The
brothers' life was also complicated at this date by their betrayal by an
informant and arrest by the Gestapo for distributing anti-Nazi leaf-
lets. Also accused was Hermann / Chaim Kohn.[26]

This perturbation probably made little difference to their fate. For
some time French attitudes and policy towards refugees had been
hardening. Jews were a particular target of prejudice. It was no sur-
prise that in July 1942 the Vichy regime readily acceded to German
pressure to transfer this problem to Nazi hands and thereby export its
sizeable Jewish internee population to the 'East'.[27] By this stage there

---

25 For Camp de Gurs generally, Claude Laharie, *Le camp de Gurs (1939–1945)*
    (Biarritz: Atlantica Éditions, 1993). For victims' testimony concerning Gurs, see
    Martine Chéniaux and Joseph Miqueu, *Le camp de Gurs (1939–1945), un
    ensemble de témoignages, dont celui d'Hanna Schramm* (Navarrenx: Édition Cercle
    Historique de l'Arribère, 2009). For the effort to maintain the essentials of Jewish
    spiritual life, Guttermann and Morgenstern, *The Gurs Haggadah* (fn. 24). For the
    plight of the Baden refugees at Gurs, Janet Wolff, *Austerity Baby* (Manchester:
    Manchester University Press, 2017), pp. 113–35.

26 Chaim Kohn was probably the St Cyprien internee from Antwerp identified in
    Bervoets-Tragholz, p. 376. Kohn was born in 1896, and was a native of Rzeszów
    in Poland. In the 1930s he appears in registers of foreigners in Antwerp/Anvers.
    In 1942 Kohn, presumably as an escapee, was arrested at the historic little
    Languedoc town of Cessenon-sur-Orb, after which he was dispatched to
    Rivesaltes. See Alexandre Doulut, *Les Juifs au camp de Rivesaltes: internement et
    déportation (1941–1942)* (Paris: Lienart, 2014), p. 176.

27 Michael R. Marrus and Robert O. Paxton, *Vichy France and the Jews* (2nd edn,
    Stanford CA: Stanford University Press, 1996); Denis Peschanski, *Vichy 1940–
    1944: Contrôle et Exclusion* (Brussels: Éditions Complexe, 1997); Vicki Caron,
    Uneasy Asylum: France and the Jewish Refugee Crisis, 1932–1943 (Stanford CA:
    Stanford University Press, 1996).

were about 50,000 Jews in Vichy detention camps. To the Vichy regime and its Nazi partners these captives represented a grisly temptation to test the system of carnage recently evolved at Auschwitz. During World War II some 79,000 Jews were deported from France, the great majority of whom were dispatched in transports that ran from Paris le Bourget to Auschwitz.

It was long believed that of the 79,000 only about 2,500 survived the war, which would represent a 3.2 per cent survival rate. Alexandre Doulut kindly informs me that the current estimate of his team records 3,943 survivors from transports 1–82 (March 1942 to August 1944), which amounts to a 5% survival rate. Of the sub-group of about 1,300 who were sent to the Annaberg transit camp, it is estimated that under 4 per cent survived.[28]

The relatively relaxed attitude to Jewish internees at the Camp des Milles thereby ended suddenly in the summer of 1942 when, in line with other French internment camps, preparations were made to transfer all Jewish internees into German hands. In large batches they were transported, in the case of the brothers some 300 kilometres to the hitherto minor internment camp of Rivesaltes (also known as camp Joffre) which was, like St Cyprien, on the Roussillon coast of the Mediterranean, also near to the Pyrenees. Like St Cyprien and Gurs, Rivesaltes also attracted adverse international press attention, especially for its neglect of mothers and children. Rivesaltes was now additionally designated as one of the main centres for dispatching unsuspecting Jews to their deaths. Between 11 August and 20 October 1942, 2,289 Jews were sent by rail to Drancy, a northern suburb of Paris. Their new billet was an hastily converted and intensely ugly U-shaped, four-storied block of a recently-built, but still unfinished, public housing development. With minimum delay these desolate people from Rivesaltes were dispatched to their fate. Inevitably, dark rumours circulated among detainees, but many of the families still believed that they would be resettled peacefully in the East. Public statements by officials contributed to these vain expectations.

---

28 Rens / Wilms, *Tussenstation Cosel*, p. 331.

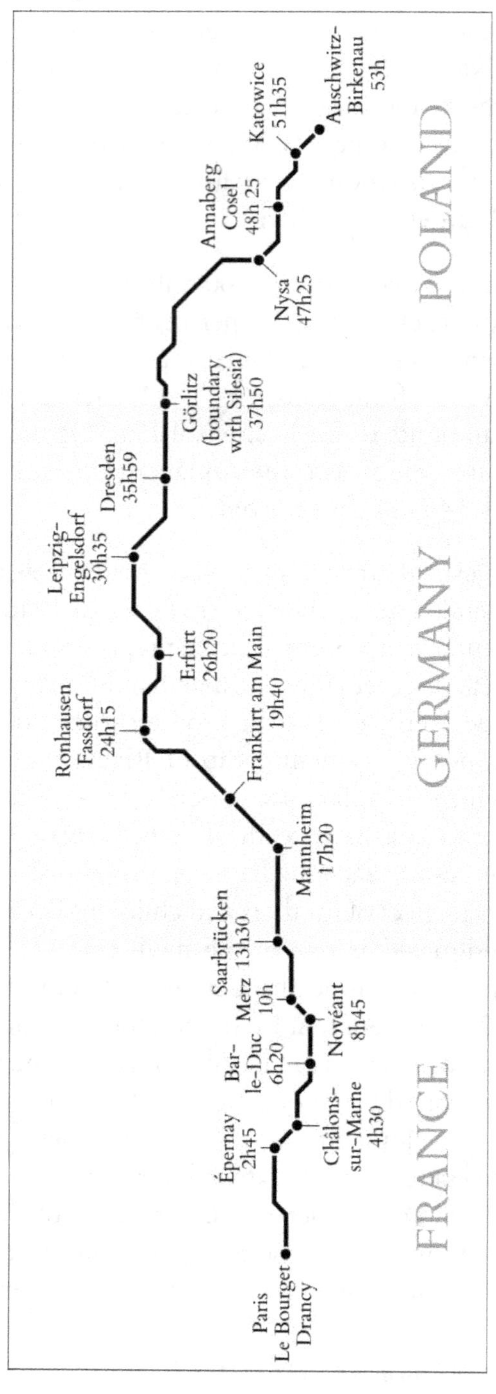

Paris
Le Bourget
Drancy
Épernay
2h45
Châlons-
sur-Marne
4h30
Bar-
le-Duc
6h20
Novéant
8h45
Metz
10h
Saarbrücken 13h30
Mannheim
17h20
Frankurt am Main
19h40
Ronhausen
Fassdorf
24h15
Erfurt
26h20
Leipzig-
Engelsdorf
30h35
Dresden
35h59
Görlitz
(boundary
with Silesia)
37h50
Nysa
47h25
Annaberg
Cosel
48h 25
Katowice
51h35
Auschwitz-
Birkenau
53h
FRANCE
GERMANY
POLAND

The truth was, of course, entirely otherwise and almost impossible to comprehend. Typically, on 23 September the Widerman family was living peacefully in their Paris flat. That evening the father, mother, sister-in-law, and 16 year old son were arrested. On 25 September they were on their way to Auschwitz. By 29 September all that was left of the four adults was incinerated ashes. The son was fortunate to be consigned to the forced labour camps and he survived to recount his story. With good reason the chapter on Drancy in his memoirs was titled 'Descent into the Flames of Hell'.[29]

The intensive investigations of Alexandre Doulut into the fate of these 2,289 Jews revealed the names of 84 survivors. Salo and Robert arrived at Rivesaltes on 12 September. Their transport from Rivesaltes, which was the fifth of nine to Drancy, departed in the early morning of 14 September and arrived a day later at its repugnant destination. According to Salo, this particular transport comprised closed cattle wagons (*transports du bétail*), which is correct, although there were also a few passenger coaches that carried the guards and the sick.

On 16 September, the two Pratzer brothers and other unsuspecting occupants of the fifth Rivesaltes convoy were sent off on the two kilometres journey to le Bouret and then packed into Transport number 33 which, on 16 September at 9 am, left the le Bourget station on the gruelling two-day journey to Auschwitz in Upper Silesia. Transport 33 contained many Austrians.

Opposite page: Map 2
Route of deportation from Paris to Auschwitz, giving the place names at the time
and the travel length between the places,
© Damien Bove

29　Robert Clary (Widerman), *From the Holocaust to Hogan's Heroes* (New York: Taylor Trade Publishing, 2007). Also Clary, USC No. 95 (1994).

Also in this consignment were Gerda and Kurt Grelling, already mentioned in the context of St Cyprien, together with Janet Wolff's aunt, Leonie Kahn.[30] They had followed exactly the same route through the French internment camps as Salo and Robert; they were on the same train to Dancy, and finally the same transport from le Bourget to Auschwitz. Their paths only diverged 100 kilometres from Auschwitz when the brothers were selected for forced labour, whereas the Grellings stayed on until their final destination where, along with more than 700 fellow passengers, they met their death. These were among the great majority of this transport who were destined for a peremptory death after their arrival in Auschwitz.

Others who had recently gone to their deaths in Auschwitz on Transport 31, which had left le Bourget on 11 September 1942, were the brothers' internment comrade, Chaim Kohn, also Robert's friends, Philipp and Olga Suschitzky, the mainstays of the celebrated Vienna left-wing bookshop and publishing house, who had only recently sought sanctuary in Bordeaux. Also on this transport were the talented young artists Jakob Krauter and Horst Rosenthal, the Polish exile Frieda Horowitz, her children Anny-Yolande, aged nine, and Paulette, aged 7, and even many unaccompanied children of yet younger age.[31] Even for the few survivors of the Drancy-Auschwitz transports, their prospects were grim.[32]

---

30   Janet Wolff, *Austerity Baby*, pp. 113–35. Leonie Kahn and other members of her family had also coincided with the Pratzer brothers in the Gurs and Les Milles camps.

31   Parallel to transport 31, Transport IX from Brussels contained the 16 year old Henri Kichka, his father, mother, aunt and two sisters. This family had been expelled from Belgium. Henri and his father were deposited from the train at Cosel on 12 September; all the women went on to their deaths at Auschwitz on 14 September. As seen below, Henri made a later appearance at Annaberg.

32   For a mine of information concerning Rivesaltes and its deportees, see Alexandre Doulut, *Les Juifs au camp de Rivesaltes* (fn. 26).

Silesian Forced Labour Camps

In Transport 33, which arrived in Silesia on 18 September, Robert Pratzer was registered as No. 425 and Salo No. 426 (see Map 2). This journey took place in overcrowded and claustrophobic cattle wagons, without food or water other than the minute ration handed out in Drancy, and with a single pail as the only sanitary arrangement. This experience gave the prisoners a strong hint of the horrors in store and indeed took an immediate toll of lives. Prisoners noticed that their wagons were a type designed for eight horses, but were packed by the guards with up to eighty prisoners. David (Jacques) Matzner, reporting on Transport 26, noted that from his own wagon no fewer than nine were dead by 2 September 1942, the date upon which he was ejected at Cosel. With respect to Transport 33 itself, Théodore Woda estimated that each wagon contained fifty prisoners. Other witnesses gave higher figures, as for instance eighty in the case of Silberberg. Like Matzner, Woda noted that dead bodies were unloaded at Cosel.[33]

Unbeknown to the new arrivals, they were now entering the new world of *Dienststelle Schmelt* (alternatively known as *Organisation Schmelt*). This new organisation, which existed between 15 October 1940 and mid-1943, was charged with the administration of forced labour in Upper Silesia and the Sudetenland. The appointed senior operative in this system was SS-*Oberscharführer* Albrecht Schmelt

---

33 Regarding the Paris to Auschwitz convoys, see Serge Klarsfeld, *Le mémorial de la déportation des juifs de France* (Paris: Klarsfeld Fondation, 1978). For personal accounts, see also David (Jacques) Matzner (1914–1991) (Voices of the Holocaust Interview, 1946), for the Paris to Cosel journey, corrected in light of evidence from Michael Becker and Dennis Bock, '"Muselmänner" und Häftlingsgesellschaften. Ein Beitrag zur Sozialgeschichte der nationalsozialistischen Konzentrationslager', *Archiv für Sozialgeschichte* 55 (2015) 133–75, especially fn. 172, pp. 160–61), also the International Institute for Holocaust Research, Yad Vashem website, and testimony of Ida Grinspan. For another first-hand account of Transport 33, see Théodore Woda, *Mille jours de la vie d'un déporté qui a eu de la chance* (Paris: Éditions Le Manuscrit / Fondation pour la Mémoire de la Shoah, 2006), pp. 39–40. Woda remembers the place of arrival as Oppeln, but Cosel was intended. His first camp is not named, but from context it is clearly Annaberg.

who was aged 41 at that date. His formal title was '*Sonderbeauftragter des Reichsführers der SS für fremdvölkischen Arbeitseinsatz für in Oberschlesien*'. Among the prisoners this organisation was known as the *Dienststelle*, or the *Sonderbeauftragte*, or simply the *Sonder*. Among them these names came to be feared.

In a notable *coup*, in the autumn of 1940 the supply of *Reichsautobahn* labour and the administration of the relevant camps was transferred to Schmelt. Exploiting to the full the privileges with which it was endowed by the Nazi hierarchy, Organisation Schmelt eventually burgeoned into a veritable monster, by 1943 embracing some 200 labour camps and a massive array of separate workshops, furnishing some 50,000 slave workers, both male and female, for the armament industries and many other war-related economic activities. On account of the never-forgotten racial murder imperative, the Schmelt camp workforce was constantly being eroded though a combination of brutality, starvation and impossibly heavy work demands. Such factors quickly reduced the workforce into a weakened state, making them targets for the endless tyranny of 'selection' and transfer to the Auschwitz death camp. At first the labour supply was plentiful: for instance in 1939 Sosnowiec and Będzin alone comprised a Jewish community of 80,000. But by virtue of all the brutalities of the system, the workforce was constantly dwindling and could no longer be sustained when the ghettoes of East Upper Silesia were in the summer of 1943 finally extinguished, at which point the Schmelt system lost its viability and began to collapse.

On account of the brutal regime of the forced labour camps, it was difficult to maintain the labour force to a viable level. The outcome was a labour famine, which sparked off mounting annoyance among all those companies that had been encouraged to migrate to Silesia with the expectation of being able to tap an unlimited reservoir of labour.[34]

---

34 For a full description of the treatment of European prisoners at Annaberg, see Grużlewska, *Annaberg*, pp. 90–103.

In order to fortify his Jewish labour empire, in the summer of 1942 Schmelt obtained permission from Himmler to extract up to 10,000 Jewish working-age males from the transports heading to Auschwitz. The chosen transit point was Cosel (Koźle), an insignificant halt, but within easy reach of the Silesian industrial belt, indeed not far from Schmelt's headquarters at Sosnowice. Of forty rail transports from France, Belgium and the Netherlands that halted at Cosel between 29 August and 10 October 1942, SS gangs operating on behalf of the Schmelt Organisation extracted some 10,000 males (5.3k French, 3.5k Dutch, and 1.3k Belgian), most of these being aged between 16 and 50.

Reflecting the weird stupidities of the Nazi system this initial 'selection' exercise at Cosel was conducted senselessly, a defect at the time obscured by wanton brutality. The guards were so eager to impress their officers by subjecting the new arrivals to maximum humiliation that they omitted to find out even whether their victims fell within the assigned age range. Of course no account was made of the distress occasioned by tearing families apart. The labour recruits were forced to crouch in silence while their screaming families were hauled off in the direction of the Auschwitz terminus, which was less than 100 kilometres further down the line (see Map 2).[35]

35　For the Cosel contingent, see especially Alexandre Doulut, *Les Juifs au camp de Rivesaltes*, and Doulut '"No number tattooed". The Cosel Convoys from France in the ITS Digital Archive', in Rebecca Boehling et al. (eds), *Freilegungen: Spiegelungen der NS-Verfolgung und ihrer Konsequenzen* (Göttingen: Wallstein Verlag, 2015), pp. 92–100. Doulut cites the example of Hugo Meyer, a doctor aged 55, as an example of an over-age forced labour recruit from Transport 33, who was accepted on account of his profession as a doctor. His first stop was Annaberg, after which three further camps before his liberation in 1945, Doulut, *Les Juifs au camp de Rivesaltes*, p. 81. For victims' testimonies regarding the Silesian work camps, Andrea Rudorff, 'Arbeit und Vernichtung reconsidered: Die Lager der Organisation Schmelt für polnische Juden und Jüdinnen aus der neugebildeten Provinz Oberschlesien', *Sozial.Geschichte Online* 7 (2012), 10–39 (http: //www.stiftung-sozialgeschichte.de).

The terrors of the concentration camps like Auschwitz are deeply etched on our consciousness. Much less is known about the labyrinthine forced labour system into which huge numbers of prisoners from diverse backgrounds were recruited. This alternative granted some extension of life, but for the most part it purchased only minimal advantage. From the moment fresh arrivals entered the forced labour camps, it was made clear that brutality was the norm and that death was the common expectation.

This forced labour camp system went through three administrative phases:

1. The short-lived Nazi *Reichsautobahn* (RAB) labour camp system, introduced into Silesia on the heels of the German advance into Poland, was always harsh and sometimes brutal, but it retained the bare outlines of humane regulation.

2. From the autumn of 1940 to the summer of 1943, under Schmelt, the forced labourers retained civilian clothing, but the new model was in most respects harsher than the RAB system that it absorbed. The Schmelt organisation's elaborate façade of bureaucracy, administration and inspection was no effective disguise for the endemic corruption, inefficiency and cruelty of this system on the ground which, from the outset, curtailed all possibility of civilized existence, even denying prisoners the meagre rations to which they were entitled.

3. Starting in the summer of 1943, and proceeding incrementally, the Schmelt camps reverted to direct Nazi *Konzentrationslager* (KZ) control. The initial date coincided with the last phase of the eradication of the Silesian Ghettoes. At this point the forced labourers made their final transition to slave labour.

Few reliable quantitative estimates have been made concerning mortality rates among the forced labourers. One of the soundest guides is the recent work of Alexandre Doulut, which has established that of the 300 prisoners taken from transport 33 at Cosel, only 62 were still alive in 1945, which was a survival rate of 20 per cent. Of the total 10,000 Cosel intake into the forced labour camps, the survival rate was perhaps only 10 per cent. The life chances of the forced labourers, although miserably low, were of course better than the prospects for their families and compatriots who were destined for Auschwitz. Such a finding underlines the power of the human constitution to withstand extremes of deprivation. The fate of the Pratzer brothers was repeated by many other sibling couples. Robert's career in the forced labour camps ended at Buchenwald in April 1945. To have survived this long was itself a remarkable achievement. Even more remarkably, Salo, after experiencing the whole gamut of deprivations in many different locations, was one of Doulut's small band of survivors from transport 33.[36]

Annaberg

As already noted, the Pratzer brothers began their Silesian ordeal when they were deposited at Cosel in the late morning of 18 September 1942. After ritual humiliation of the European novices at the railway halt, they were packed into trucks and driven some fifteen kilometres in a northerly direction to the famous and attractive pilgrimage resort of St Annaberg (Góra Świętej Anny).[37] Annaberg seems to have been venerated since the late middle ages. The formal existence of a Franciscan community there dates from the 1650s. The steep hill became a refuge for Franciscan monks driven out of other places by the Swedish occupation. The eighteenth-century baroque church, prominent Stations of the Cross, as well as numerous chapels spread around the picturesque estate still retain their appeal. To this day Annaberg remains one of Poland's most venerated places of pilgrimage. Relevant to the events of World War II, Annaberg is also remembered as the location of a violent confrontation between Poles

36 Doulut, *Les Juifs au camp de Rivesaltes*, p. 61. For a similar estimate of survivals from the Cosel contingents, see Rens / Wilms, *Tussenstation Cosel*, pp. 314–22.

37 As discussed in Chapter 1, Annaberg is located in an area of Silesia that was at the centre of distinctly religious enlightenment in the early seventeenth century.

and Germans in 1921. Hence, during the interwar years, the site was coveted by both Polish and German nationalists. The grotesque monuments left by the Nazis still scar that environment.

Such a forced labour camp location, on the slopes of the hill housing the Franciscan monastery, and constituting a ghastly intrusion at the outer perimeter of the monastic estate, was both unusual and inconvenient from most points of view.[38] The camp is often stated to have functioned since the autumn of 1939, but there is no sound evidence of full operational existence until October 1940. Annaberg periodically increased its capacity and also operated as separate camps for men and women. The camp was known first as St Annaberg and later as Annaberg. It was in fact one of the most long-lived of the forced labour camps in Silesia, persisting until late-January 1945, and being evacuated only shortly before the Russian liberation.

Devoting particular attention to Annaberg in this essay is worthwhile because it is not much mentioned, especially in English-language sources, yet it possesses many points of special interest. Also it was home to the two Pratzer brothers for virtually the whole of their captivity in Silesia.[39] The Annaberg camp owed its existence to the major road building programme that had its origins in the 1930s, but which only assumed urgency following the German sweep into the Poland in June 1940.[40] Annaberg was close to the eighty-kilometre Brzeg (Brieg) to Gliwice (Gleiwitz) section of *Reichsautobahn*, RAB 29 (Wroclaw to Katowice).[41] Adding to the distress of the Annaberg

38 The camp site was gouged out of the forested area directly north of the current *Muzeum Krzyża Świętego na Górze Świętej Anny*, situated at Leśnicka 22, which is the route south from Annaberg to Leśnicka and Cosel. The initial plan envisaged about five barracks.

39 Of the online entries, particularly worth consulting is Janusz Oszytko, 'Obóz pracy przymusowej dla Żydów na Górze Świętej Anny (1941–1945)', an unusual compilation located on the Obozy Blechhammer website. An earlier version of this study was published in 2000.

40 For the detailed prehistory of the autobahn scheme, see Grużlewska, *Annaberg*, pp. 7–26.

41 For the RAB system: Wolf Gruner, 'Juden bauen die "Strassen des Führers": Zwangsarbeit und Zwangsarbeitslager für nichtdeutsche Juden im Altreich 1940

forced labourers, the camp was located on the opposite side of the hill from the motorway.

Soon after the launch of the Schmelt system, in October 1940 about 400 young Jewish workers were imported from Oświęcim (Auschwitz). This was an early example of a conscription system that soon became standard practice across Eastern Upper Silesia.[42] Once the conscripts arrived at their camp destinations, they soon discovered that the Schmelt promises of humane treatment were fictions adopted to facilitate the recruitment drive. Since the most senior operatives in Schmelt's *Zwangsarbeitslager für Juden* (ZALfJ)were drawn from the SS, it is not surprising that the Schmelt camps assumed most of the main repressive characteristics of the Nazi concentration camp system (*Konzentrationslager*, KL, KZ).[43] As a chilling reminder of

bis 1943/44', *Zeitschrift für Geschichtswissenschaft* 9 (1996) 789–808; idem, *Jewish Forced Labor under the Nazis. Economic Needs and Racial Aims*, 1938–1944 (Cambridge: Cambridge University Press, 2006); Hermann F. Weiss, 'From Reichsautobahnlager to Schmelt Camp. Brande, a forgotten Holocaust Site in Western Upper Silesia', *Yad Vashem Studies*, 39.2 (2011) 81–120; idem, 'Reichsautobahnlager Geppersdorf (Oberschlesien), 1940–1942', *Śląski Kwartalnik Historyczny Sobótka*, 67.1 (2012) 49–65. For a detailed account of Annaberg as a road-building camp, Grużlewska, *Annaberg*, pp. 27–68.

42　Sybille Steinbacher, *"Musterstadt" Auschwitz. Germanisierungspolitik und Judenmord in Ostoberschlesien* (Munich: K.G.Saur, 2000), p. 146. Steinbacher also provides a general context for repression of Jews in East Upper Silesia, as does her essay, 'East Upper Silesia', in Wolf Gruner and Jörg Osterloh, *The Greater German Reich and the Jews. Nazi Persecution Policies in the Annexed Territories 1935–1945* (New York: Berghahn, 2015), pp. 239–266.

43　For Organisation Schmelt and the labour camp system, see Alfred Konieczny, 'Die Zwangsarbeit der Juden in Schlesien im Rahmen der "Organisation Schmelt", *Beiträge zur Nationalsozialistischen Gesundheit und Sozialpolitik: Sozialpolitik und Judenvernichtung. Gibt es eine Ökonomie der Endlösung?* 5 (1983) 91–110; idem, '"Organizacja Schmelt" i jej obozy pracy dla Żydów na Śląsku w latach 1940–1944', *Acta Universitatis Wratislavensis Studia nad Faszyzmen i Zbrodniami Hitlerowskimi, Wrocław* 14 (1992) 281–314; Steinbacher, *"Musterstadt" Auschwitz* (fn. 42), pp. 138–53, 275–9, 305–6, and Bella Guttermann, *A Narrow Bridge to Life. Jewish Forced Labor and Survival in the Gross-Rosen Camp system, 1940–1945* (New York: Berghahn Books, 2008), pp. 38–67, 247–9; Andrea Rudorff, 'Arbeit und Vernichtung reconsidered: Die Lager der Organisation

what was in store, when Heinrich Lindner (soon to become Schmelt's formal deputy, holding the rank *SS-Obersturmbannführer*) caught a little group of workers at the Sakrau camp taking a break from their labour, they were punished by summary dispatch to Auschwitz. Soon their families received requests to collect the culprits' ashes from the gates of Auschwitz.[44] Naturally, this story assumed the status of folklore and passed through the local communities like wildfire, thereby alerting them to the mortal danger implicit in the names Schmelt and Auschwitz.[45]

The constantly shifting balance of ethnic and social composition of the camps was an additional source of tension, including between Jewish groups from different parts of Silesia. Importation in the summer and autumn of 1942 of about 10,000 Jews from Western Europe,

---

Schmelt für polnische Jüdinnen und Juden aus dem annektierten Teil Oberschlesiens', *Sozial.Geschichte Online* 7 (2012) 10–39. For the mentality of victims in the camp system, see Becker and Bock (fn. 33), also other writings by the same authors. An accessible source from the victim's perspective, particularly for Geppersdorf [Rzędziwojowice] is Ann Kirschner, *Sala's Gift. My Mother's Holocaust Story* (New York: Free Press, 2006). The authoritative work by Nikolaus Wachsmann, *KL: A History of the Nazi Concentration Camps* (New York / London: Little, Brown, 2015) naturally, was able to include only a few paragraphs for Schmelt and his Organisation.

44 Among the variants of this report, important is Elio Romano, *A Generation of Wrath* (London: Severn House Publishers, 1984), pp. 67–8.

45 The testimony of Karol Lehrer, dated September 1945, Archive of Gross-Rosen Museum, sygn. 7/108–8 suggests that the victims were drawn by Lindner from various camps in the Annaberg area, of whom five came from Oświęcim. Samuel Reifer reports that the Sakrau contingent also contained 22 workers extracted from the sick bay. Riefer was from Chrzanów, where he reports that this incident provoked a riot against the Germans and the Jews' own Judenrat, AŻIH sygn. 301/2311, 1946, written when Reifer was recovering in hospital in Krakow. Reifer is author of various later witness statements covering much the same ground. For the violent record of Lindner and his gangster acolytes, see Grużlewska, *Annaberg*, pp. 50, 95, 108, 110, 112 and Rens / Wilms, *Tussenstation Cosel*, pp. 54, 86–9, 108, 254–5. Also worth citing is the comment by Samuel Reifer relating to the Gräditz ZAL, where he called Lindner 'a roving devil' or wild animal with an insatiable desire to destroy Jews, AŻIH sygn. 301/231.

many of whom passed through Annaberg, highlighted the heterogeneity of the Jewish labour force.[46] Numerous witness statements indicate that the '*Ostjuden*' '*Westjuden*' distinction exercised a tenacious hold in the life of the camps. At Annaberg, in the summer of 1941, the brief presence of some 500 Russian prisoners of war further underlined the ethnic diversity of the system.[47] In view of their eastern roots, western upbringing, German-language education and cosmopolitan experiences, the two brothers were well-placed to relate to most captives and also to the German hierarchy.

Soon after its establishment, Annaberg was identified as a *Durchgangslager* (in short *Dulag*). In this capacity Annaberg became a major reception centre in the dispatch system for many of the new arrivals from Cosel, who in the late summer of 1942 suddenly introduced a strange and awkward ingredient into the Schmelt system. The new arrivals immediately discovered that the camp was ill-equipped to accommodate their needs. Expansion took place, but the facilities were never sufficient for the camp to operate in a humane manner. The transit camp function was for a time shared with half a dozen other camps in the Cosel vicinity, including Sakrau, just a few kilometres away to the west of Annaberg, but the latter was the most stable element in its category.[48]

---

46 Rens / Wilms, *Tussenstation Cosel*, for an intensive examination of the fate of these 10,000 Western Jewish prisoners.

47 Ernst Israel Bornstein, *The Long Night: A True Story* (London: The Toby Press, 2009), pp. 43–4. The Russians were soon cleared out to make way for forced labour from East Upper Silesia. The Russians were badly treated at Annaberg, where one group was murdered. The remnant was deported to another camp nearby, and were known to Annaberg prisoners with whom they worked on the motorway. The Russians were again so badly treated that some Annaberg workers gave them part of their meagre food ration. For the retrospective evidence of Abraham Gluck, USC sygn. 24891, 1997, segments 97–100. See also Grużlewska, *Annaberg*, p. 68.

48 For the transit camps, see particularly Rens / Wilms, *Tussenstation Cosel*, pp. 94–118. See also Grużlewska, *Annaberg*, pp. 29, 32–3, 37, 56, 60–1, 66–8, 101–3, 106–8.

From the prisoners' perspective it was fortunate that, at this time of expansion, the commandant was Fritz Lehmann, who was easy-going, indeed warm-hearted, qualities that were exceptionally rare among Schmelt camp commandants.[49] He served from April 1942 to the autumn of 1943. However, this was not an unmitigated benefit since most of Lehmann's subordinates were vicious disciplinarians, while at the lowest level the guards were habitually brutal and sadistic. Also Lehmann was not a free agent. He was constantly being undermined by other officials within the Schmelt hierarchy, especially *Obersturmbannführer* Heinrich Lindner who exercised a policing role throughout Upper Silesia and was feared wherever he operated. Many of the Annaberg witnesses believed that Lindner rather than Lehmann was the commandant of their camp. In their eyes, from beginning to end, Lindner was the overwhelming influence at Annaberg; indeed the tentacles of his power spread throughout the Schmelt system.

Annaberg had a stable male and female workforce, but most arrivals from the west spent only the briefest time at Annaberg, sometimes only a few days, before being distributed far and wide in the Schmelt system. Often they were dispatched in large contingents. One of the first of these must have been the 500 transported to Anhalt at the beginning of October 1942.[50] Representative of the intake from the ghettoes, the Lustiger family from Będzin, including Arno Lustiger, later a famous Holocaust historian, voluntarily agreed to enrol at Annaberg, with the expectation that the family would retain its integrity. Like others in this situation, Arno records that his family was

---

49   For an example of the leniency of Lehmann, Jacob Goldberg, with a group of colleagues, was appointed to undertake carpentry work for the Lehmanns. The group was allowed, without any supervision, to operate from a workshop in the Annaberg village, USC No. 27829 (1992), segments 23–33. For many acts of kindness of Lehmann towards a young prisoner and his family, Josef Jakubowicz, *Auschwitz ist auch eine Stadt* (Rothenbach a. d. P.: Thiemo Graf Verlag, 2005), pp. 49–57.

50   Anonymous, *Zwangslager für Juden (ZALfJ)*: ANHALT' (June / July 1942–December 1942), p. 2. Translated by Raymund Schütz (The Netherlands Red Cross, 2013).

intentionally broken up. He himself was sent to Ottmuth and later to Blechhammer (Blachowinia Slaska).[51]

Hugo Meyer was one of the arrivals on Transport 33. A medical doctor, arguably over-aged at 55, he nevertheless managed to negotiate the selection process. After a short time at Annaberg he went on to three further camps, the last being Bunzlau, where he was liberated in 1945. Many prisoners spent little time at any of their locations. From the Netherlands, Théodore Woda, also from Transport 33, spent only a few days at Annaberg before his transfer to Mechtal. To his surprise the food at Annaberg seemed better than at Drancy. His main memory was the chilling address by one of the main camp functionaries, likely Lindner, who reminded the prisoners that they no longer belonged to the world of the living. Consistent with that, they no longer possessed name, identity, vocation, or even identity number. They were to be known as Jews, and nothing else.[52]

Because the new arrivals from the West were stripped of almost all of their personal possessions, even surplus clothing, part of the local prisoner workforce was employed in sorting out this material for shipment to Germany to meet whatever administrative obligations or more nefarious purposes the system tolerated. This warehousing industry was augmented to deal with a huge volume of personal possessions confiscated in the ghettoes during the liquidation process that was underway. This warehousing enterprise was a cruel shock to the westerners, but it enriched Schmelt and his cronies, with trickle-down benefits to the lower grades of his clients. At the coal

---

51　Arno Lustiger (1924–2012) was born in Będzin. After Annaberg he passed through the Ottmuth and Blechhammer camps, experienced the Death March to Gross-Rosen, then the train ordeal to Weimar and spent a short time at Buchenwald, all latter experiences rbeing eplicated by the Pratzer brothers. For details, see Lustiger, *Sing mit Schmerz und Zorn. Ein Leben für den Widerstand* (Berlin: Aufbau Verlag, 2004).

52　Woda, *Mille jours de la vie d'un déporté*, p. 41. Samuel Reifer was one of many prisoners who commented adversely on camp soup. Variously called spinach or green soup, this was greatly hated by prisoners. It is likely that this unwashed product contained siliceous deposit which had negative side-effects, AŻIH sygn. 301/231.

face this system was a boon to many locally sourced prisoners, who were able to use choice bits of plunder for barter, thereby creating a lifeline for themselves. The role of Annaberg as a reception centre and warehouse for plundered goods must have constituted a significant point of advantage when in August 1943 this camp was designated as the organisational hub for the entire Schmelt administration.[53]

The arrivals from Drancy met up with others from Belgium and the Netherlands. The Dutchman, Eugen Stoppelman, arrived with his younger brother Emil in early October 1942. Eugen soon discovered that the incumbent Polish prisoners, from whom were recruited the 'capos', were often even more brutal than their Nazi masters. After being stripped of their possessions, the western incomers suffered the indignity of having their heads shaved which, to Eugen, symbolised their expulsion from civilised society. Like other witnesses, Eugen was allergic to the so-called 'Spinach' or 'Green' soup, which was a staple of the camp diet, but he soon recovered in the camp infirmary owing to access to more balanced diet. He and his brother soon enjoyed a second stroke of good fortune when they were included in a group recruited for one of the more lenient camps in the Blechhammer group.[54]

---

53   For insight into Schmelt's brief display of princely living at his Parzymiechy estate, see Hermann F. Weiss, 'ZALfJ Parzymiechy', I am grateful to Professor Weiss for allowing me access to this as yet unpublished entry prepared for the prospective *USHMM Encyclopedia of Camps and Ghettos*, vol. 6.

54   Eugen Stoppelman, 'Memoirs', Vad Vashem Archive, Holocaust Memoir 4272, 8–12, inadvertently attributed to 'R. Stoppelman'. Maurits Schenkkan, who left Westerbork on 4 September 1942, likewise reported with particular indignation the way in which new prisoners at Annaberg were stripped of their possessions, NIOD.250d.824. For the continuing thieving and brutality of the capos, Sam Silberberg, *From Hell to the Promised Land* (privately printed Oregon 2011), pp. 58–60.

From *Zwangsarbeitslager* to *Erholungslager*

As just illustrated with respect to Eugen Stoppelman, the regime at Annaberg during its early existence and around the date of the arrival of the Pratzer brothers in the autumn of 1942 was a bitter shock to the new arrivals.[55] Théodore Woda, a fellow prisoner of the Pratzers from Transport 33, pithily summarised the realities of ZALfJ existence: 'il connaîtra la faim, les coups, l'absence d'hygiène et les humiliations'. The worst experiences were reserved for the many prisoners assigned to work on the Autobahn, which was punishingly severe, especially in winter conditions. The workers wore the clothing in which they had arrived, in this case suited to the late summer climate of Western Europe. The first casualty tended to be their footwear, which soon fell to pieces in the autumn mud of their sites of work. In the Schmelt camps the prisoners' battered civilian clothing was not replaced by the standard striped uniform and wooden footwear until their transfer to the KZ administration in 1943.[56] When winter arrived prisoners were inevitably exposed to frost bite and might even be frozen to death. For those working on the Autobahn, where all the work was done manually and with the crudest of implements, the Annaberg transit camp became the seat of their death.

The one available blessing, as already mentioned, only offered to a few, was access to the huge store of clothing and footwear that was accumulated at Annaberg, having been stolen from local Jewish communities. All the purloined Jewish valuables, including those derived from Western newcomers, were of course creamed off by the SS and their acolytes, then spirited away to private addresses in Germany.[57]

55　For these phases of Annaberg, see Grużlewska, *Annaberg*, pp. 76–87.

56　Théodore Woda, *Mille jours de la vie d'un déporté*. For conditions among RAB workers, Weiss, 'Reichsautobahnlager Geppersdorf'; Kirschner, *Sala's Gift* (fn. 43), pp. 45–6; Matzner, Voices of the Holocaust Interview; David Schnitzer (b. 1924) interview (USHMM).

57　AŻIH sygn. 301/2630 Lejzor Kac 1947 where Kac places the blame for this corruption on *Oberassessor* Fridrich Kuczyński and his underlings. See Grużlewska, *Annaberg*, p. 82.

After their arrival on Transport No. 33, the two Pratzer brothers were taken to Annaberg, where they remained from 18 September 1942 until late January 1945, which was an unusually long tenure. At that time, Salo and Robert were still in their twenties and obviously must both have been favoured by robust physical fitness and mental fortitude. Salo's notes record that the camp was in some respects defective and in other respects disgusting. He supplied the briefest notes about his work commitments, indicating that he was at first engaged in manual labour, specifically on the Autobahn. There is some suggestion that he was for some time away from Annaberg, but was later redeployed back to this camp. He also hints about working as a labourer at the synthetic oil plant, the *Schaffgotsch Benzin GmbH, Odertal* located at nearby Deschowitz (*Zdzieszowice*). The work there was enough to merit separate barracks being constructed there for the Annaberg contingent. Salo also mentioned other construction work, and the massive task of clearing up local industrial sites after intensive allied bombing. This dangerous and impossible assignment became uppermost across the whole Silesian forced labour camp system as the Nazi imperium collapsed.

Reports from other witnesses, such as those cited above, usefully amplify Salo's notes. After careful reflection, I conclude that Salo's own testimony was drawn up for the satisfaction of the war pensions authority in Brussels. For their benefit he no doubt calculated that a profile as a slave labourer would generate the most favourable outcome. The direct evidence concerning Salo's career gives no support for his involvement in manual work, although this might just have happened at the very beginning of his stay at Annaberg. Rather, the evidence suggests that he teamed up with his brother Robert in the service of rehabilitation and medical care.

At the outset Annaberg, like most of the other RAB camps, paid little regard to health care. Because at this stage the ghettoes possessed fully functioning dispensaries and hospitals, sick prisoners were regularly repatriated back to their homes and healthy workers were recruited in their place.[58]

Despite its dismal record in the field of health, whether by policy or accident, Annaberg was awarded yet a further role, this time as a medical rehabilitation centre.[59] It assumed this characteristic in March/April 1942 when, without prior warning, it assumed responsibility for the care of remnants of a high-profile Jewish prisoner detachment formed under the auspices of Organisation Todt to work on railway track upgrading on the eastern front. With some awareness of the dangers of this mission, the capable Dr Wolf Lajtner (1914–1989) was appointed as prisoner medical officer. It seems that Annaberg was partly emptied to make way for this medical emergency. The *Osteinsatz* commando had been quickly decimated by winter conditions, typhus and the general hardship of its work. The failure of this much-vaunted mission was an embarrassment to the German authorities. No doubt to avoid adverse publicity, the survivors, less than half of the original contingent, were smuggled back to Silesia and granted access to emergency health care facilities. At Annaberg, Samuel Mittelman, a local doctor was imported to assist with this medical effort. Mittelman was out of his depth in dealing with an *Osteinsatz* commando remnant that was 'in a terrible state, dirty, lice-ridden, ragged, hungry and diseased'.[60] The rehabilitation process was taken over by Lajtner himself, under whose regime the survivors were allowed to recuperate until the end of July 1942, when

---

58　Maks Borger is unusual in mentioning that Annaberg possessed at this early date a 'rewirem' (*Revier*, sickbay) served by a nurse from Sosnowiec. AŻIH sygn. 301/914.

59　For a full account of the Russian expedition and its aftermath, and brief comments on the *Erholungslager*, Grużlewska, *Annaberg*, pp. 84–5, Marian Auerhahn AŻIH sygn. 301/3321 (1948). For a biographical summary and Auerhahn's harrowing account of the liquidation at Olkusz, see the article by Adam Cyra in *Mysl Polska* nr. 9–10, 25 February and 4 March 2007. Auerhahn was at that stage in charge of an improvised hospital established in the local girls' high school.

60　'Przyjechali oni w strasznym stanie, brudni, zawszeni, obdarci, wyglodzeni i chory', Samuel Mittelman, testimony, 4 May 1947, AŻIH, sygn. 301/2631.

they returned to their original camps and resumed their forced labour.[61] Annaberg is rightly identified as the main centre for this rehabilitation operation, but other camps, for instance Grünheide, were also turned into temporary convalescence centres for contingents returning from the East.[62]

The *Osteinsatz* episode exposed the primitive level of health care on offer at Annaberg where, in common with other RAB camps, there was virtually no regard for the treatment of industrial injuries of the type that were inevitable given the primitive work conditions, especially on the motorway. It was perhaps to strengthen these arrangements that Lajtner and others remained at Annaberg beyond the departure of the *Osteinsatz* survivors. It is likely that the highly capable Lajtner also assumed supervisory responsibility for health care at other camps in that area.[63]

It seems that the only doctor who stayed on at Annaberg after the departure of Laitner was Marian Auerhahn (1900–1981), an experienced and successful medical practitioner from Olkusz who, after the

61 Bella Guttermann, 'Jews in the Service of Organisation Todt in the Occupied Soviet Territories, October 1941–March 1942', *Yad Vashem Studies*, 29 (2001) 53–83. Grużlewska, *Annaberg*, p. 85, also mentions the presence at Annaberg of a Polish doctor named Sarzycki or Zarzycki, whose function is unknown, but he was much associated with SS officers. The testimony of Auerhahn, Mittelman and various others from the local Jewish community make it clear that Sarzycki was employed for the purpose of medical examinations and 'selections' for Auschwitz. Mittelman called him 'Mr', but a few others thought that he was a doctor. For Mittelman's testimony Polish Jews.org. Holocaust Testimonies, AŻIH sygn. 301/2630.

62 On Grünheide as an *Erholungslager*, Bornstein, *The Long Night*, pp. 37–9. News about the Russian expedition, its disastrous outcome, and the terrible impact on the health of survivors seems to have spread within the camp system, see Hans-Werner Wollenberg, *...und der Alptraum wurde zum Alltag* (Pfaffenweiler: Centaurus-Verlagsgesellschaft, 1992), pp. 66–7. This breakdown of secrecy was no doubt irritating to the Germans since it undermined the possibility for similar missions in the future.

63 As suggested by Sala Garncarz, Ann Kirschner, *Sala's Gift* (fn. 43), p. 181. For Lajtner, Guttermann, 'Jews in the Service Todt' (fn. 61); Rudorff, 'Arbeit' (fn. 43), pp. 27–8; and Weiss, 'Reichsautobahnlager Geppersdorf' (fn. 41).

war became a leading gynaecologist in Kracow. Auerhahn's powerful testimony about his wartime experiences only briefly mentioned his time at Annaberg, where he arrived in September 1942. He complained bitterly about interference in his work by the notorious *Oberinspektor* Hausschild.[64] The unhappy Auerhahn was quickly moved on to other camps, first Breslau-Neukirch, and eventually to Blechhammer, both of which were also unattractive assignments, which could be seen as a reprisal by Hausschild for Auerhahn's recalcitrance.

Despite the limited availability of medical staff, the success of the Lajtner reforms is confirmed by the decision in November 1942 to formally designate Annaberg as a rehabilitation centre (*Juden-Krankenlager,* or *Erholungslager*) to serve all the camps in that area. It is clear that this scheme became a reality, and indeed for this purpose the whole camp was spruced up. Despite its terrible record in treating the sick, Sakrau also gained the rehabilitation status, but only from January 1943 until its closure in May 1943. The camp at Brande was also designated as a rehabilitation centre from January until its closure in August 1943. There is some suggestion that that some sick patients from Annaberg were transferred to Brande in June 1943 for the short period before its closure.[65] Finally, the Annaberg scheme itself lasted only until June 1943. This chronology suggests that the rehabilitation idea never possessed more than a fragile existence. It is also

---

64 Grużlewska, *Annaberg*, p. 101 and passim, citing AŻIH sygn. 301/3321. The prisoners had their own labels for Hausschild; Louis Foegil noted 'Hinkelfusss' and 'dumno Monkej', AŻIH sygn. 301/76 9 (1947).

65 See also Rens / Wilms, *Tussenstation Cosel*, pp. 252–8. The rehabilitation task was transferred to the nearby notoriously harsh camp at Brande (Prądy), which was soon closed down, with remaining sick Jews being dispatched to Auschwitz. Weiss, 'From Reichsautobahnlager' (fn. 41) 98–114; Wollenberg, *Alptraum* (fn. 62), pp. 75–114. It seems that in December 1942 Niederkirch was evacuated in order to become an *Erholungslager*, Hermann F. Weiss 'ZALfJ-RAB Niederkirch', I am grateful to Professor Weiss for allowing me access to this as yet unpublished entry prepared for the *USHMM Encyclopedia of Camps and Ghettos*, vol. 6. Finally, for a short period before its closure in May 1943, Sakrau also acted as an *Erholungslager*, Anonymous, 'Sakrau', translated by Raymund Schütz (The Netherlands Red Cross, 2013), pp. 7–8.

doubtful whether there was much real commitment to rehabilitation at any of the so-called *Erholungslager* other than Annaberg.

Recognition that sick prisoners might be rehabilitated and returned to full working capacity at little cost represented a sudden lurch away from the increasingly entrenched practice of dispensing with the lives of those who were judged to be *untauglich* (useless). The success of Lajtner's rehabilitation of intractable typhus cases seemed like a textbook proof of the good sense and superiority of the more humane procedure. However, as seen below, rehabilitation without resources on the ground constituted a hazardous undertaking although, in Annaberg at least, there is evidence of active commitment to this rehabilitative ideal, including alertness to actively confront the typhus problem.[66]

In general, the Schmelt system was never fertile ground for the practice of rehabilitation. Every camp possessed its own peculiarities, but all of them were incubators of excesses in morbidity and mortality. These problems arose from multiple facts, for example: starvation, infestation, harsh working and living conditions, primitive washing and sanitary provisions, and the brutality of guards and their dogs. Defying all the basic tenets of military hygiene to which the Germans themselves had contributed so conspicuously, the camps rapidly became traps for infectious disease, especially typhus, thereby threatening to inflict wider harm, including undermining the general war effort and even frontline efficiency.[67] The incompetent handling of these public health problems seems deeply incongruous, but

---

66 In the summer of 1943, Silberberg reports that the fresh arrivals were sprayed with Lysol to cleanse their lice-ridden bodies. I find no evidence that the barracks or their lice-infested straw bedding were similarly cleansed. The Lysol treatment was therefore likely to have been completely ineffective, Silberberg, *From Hell to the Promised Land* (fn. 54), p. 59. Heat treatment of barracks for removing lice seems not to have been considered.

67 Guttermann, 'Jews in the Service Todt' (fn. 61) 81–119, describes the destructive effects of a typhus epidemic among an elite corps of Jewish prisoners working at the railway on the Russian front. For Lajtner, Grużlewska, *Annaberg*, pp. 44, 70–74, 84, 109. For a definitive account of German initiatives to control typhus,

it was entirely consistent with the Nazi mentality, which might even applaud such degradation of the workforce on account of the higher priority of inflicting maximum suffering on their captive racial adversaries.

There was no uniformity in medical provision among the camps. The German SS medical hierarchy exercised iron control over all medical related activity, but at the local level practice was by no means uniform, except for the inclination to devolve the real work to prisoner medical and care workers, but without granting them the resources or powers requisite for even the minimal performance of their assignments. At first there were sporadic efforts at exercising or permitting good practice, as for instance at Geppersdorf, originally a RAB camp, quite near to Annaberg, which was closed in June 1942. Here Lajtner himself proved exemplary in his conduct. With few facilities at his disposal, at Geppersdorf, as on his later assignments, often working under terrible conditions, he displayed admirable initiative in assisting the sick.[68] Later at Ottmuth, Erna Elerat reported favourably on Lajtner as a doctor and teacher of nursing. She noted that he had even gained the respect of the Germans and was trusted to deal with health emergencies at other camps, no doubt a reference to Annaberg among others.[69] By contrast the huge Blechhammer camp was harsh in its treatment of the sick. This tone was set by the SS supervisory staff. From the camp commandant, the notorious Erich Hofmann, down to lower-ranking functionaries, the sick were treated with abuse and subject to frequent selections for Auschwitz. Prisoners were also dispatched by lethal injections. Prisoner medical staff were also harassed, and among these both Drs. Ritter and Lajtner

---

Paul J. Weindling, *Epidemics and Genocide in Eastern Europe, 1890–1945* (Oxford: Oxford University Press, 2000), pp. 322–72. See also, Arthur Allen, *The Fantastic Laboratory of Dr. Weigl* (New York: W.W. Norton, 2014). For typhus at Annaberg, see Grużlewska, *Annaberg*, pp. 62, 70–1, 73–5, 99, 117–8.

68 For Lajtner, Guttermann, 'Jews in the Service Todt' (fn. 61); Rudorff, 'Arbeit und Vernichtung reconsidered', pp. 27–8; Weiss, 'Reichsautobahnlager Geppersdorf'; Kirschner, *Sala's Gift* (fn. 43), pp. 46–7 et passim.

69 Erna Elerat (Markowitch), USHMM, oral interview, 28 March 1993, RG-50.120.0035N.

were punished by being dispatched to Auschwitz. On the other hand, even at Blechhammer there were gleams of light. Wolf Nehrich (b. 1925) experienced the appropriate treatment of his broken arm and afterwards convalescence under the care of a Polish Jewish doctor. Previously, at Landshut, Nehrich reported that the workers were terrified of sickness on account of the likelihood of lethal injections from SS doctors or their minions.[70] It is clear that the whole Jewish prisoner-doctor assignment was harrowing and hazardous. Their Nazi masters suspected that these doctors were over-lenient, while the prisoners feared that they were adjuncts of the death machine.[71]

There is remarkably little evidence about the personnel involved in medical care at the Annaberg camp after the end of the Lajtner experiment, even though the camp was assigned greater medical responsibilities on account of its new status as a rehabilitation centre. Perhaps it was assumed that the new influx of western Jews would supply personnel capable of filling this vacuum. In this respect the

---

70 Wolf Nehrich, (Voices of the Holocaust Interview, 1946). Henri Kichka, *Une adolescence perdue dans la nuit des camps* (Brussels, Éditions Luc Pire, 2005), p. 121, where Kichka records the fear among Blechhammer prisoners that hospital entrants rarely came out alive. Andrea Rudorff, 'Blechhammer', in Benz et al, *Ort des Terrors*, vol. 5, pp. 186–91, and idem, USHMM *Encyclopedia of Camps and ghettoes*, vol. 1B, pp. 227–8.

71 Coen Rood, *'Wenn ich es nicht erzählen kann, muss ich weinen'. Als Zwangsarbeiter in der Rüstungsindustrie* (Frankfurt a. M.: Fischer Taschenbuch Verlag, 2002), pp. 78–9. Rood comments that Simons 'wird ebenso strafversetzt. Wohin er kommt, wissen wir nicht' and comments that they will never forget what Dr Simons did for them. For a summary of the life of Dr Erich Simons (1892–1944) and his family, see the 13–minute photo-documentary by Eitan Simanor, 'One Shoah: Two Destinies', Israel, 2018. For the brutal killing of Dr Karl Waldeck (1890–1943) at the Brande ZAL, Wollenberg, *Alptraum* (fn. 62), pp. 108–110. For similar brutality with respect to the sick medical orderly Alex Weinrich / Wajnreich at the Gräditz ZAL, about March 1944, Nathan Klajman, AŻIH sygn. 301//2765 (c. 1947). For the heavy burden placed on Weinrich as the only medical worker at Gräditz during a typhus epidemic, and the great respect in which he was held, see Wollenberg, *Alptraum* (fn. 62), p. 134.

arrival of Robert Pratzer in mid-September 1942 was a fortunate co-incidence for both him and the camp administration.

Robert was in all probability identified as precisely the kind of keen young recruit that was needed, in conjunction with orderlies and nurses, to operate the freshly instituted rehabilitation scheme. More surprising is the incontestable evidence that Robert took on Salo as his medical partner. This would explain why many of the references to the medical personnel of Annaberg refer to there being a pair of doctors, who were usually also labelled as Jewish and as brothers. Their place of origin was not always stated. They were sometimes called 'Czech', but the most reliable witnesses identified them as originating from Vienna. Hence, Lejzor Kac, who served as a medical orderly, named the principal doctor as 'Dr. Pracer' from Vienna. Katarzyna Mincer, from the Schmelt administration at Annaberg, said there were two doctors who were Jews from Vienna. Chil Elbert also identified the medical team as the 'two Viennese doctors'.[72] It is therefore certain that the pair of doctors who constituted the medical team in Annaberg from late 1942 until January 1945 were Robert and Salo Pratzer. For Robert, especially because he was only in his mid-twenties, this outcome was fortunate, but not exceptional. For Salo, it was an amazing piece of good fortune. It seems that in his newfound role, Salo gave just as much satisfaction to the prisoners as his brother, something perhaps not too difficult considering the primitive state of the medical facilities at their disposal. For the most part their practice of medicine was limited to compassion, shelter from the multiple hazards afflicting prisoners, and some decent food. In these spheres Salo might have been almost as serviceable as Robert.[73]

---

72 Lejzor Kac, AŻIH sygn. 301/2630 (1947); Katarzyna Mincer AŻIH sygn. 301/3486 (1947); Chil Elberg in Ivo van Hassel, *Brood in mijn hoofd: het levens-verhaal van Chil Elberg (B-10785), overlevende van 12 concentratie- en vernietigings-kampen* (Brussels: ASP, 2011), pp. 64–5.

73 It seems odd that after the war in his many declarations made for pensions purposes Salo Pratzer never admitted that he had been engaged in medical work. Perhaps he believed that this would have prejudiced his pension claims. With

Under the paternalistic regime operated by Fritz Lehmann the two-brother medical partnership was likely to have been leniently regarded. That the two brothers survived in their medical roles until the dissolution of Annaberg was a highly unusual circumstance in the forced labour camp system. This aptitude for survival was in all likelihood a reflection of Robert's abilities both as a career doctor and as a diplomat.

The main armament available to the brothers was access to decent food for their patients. Hence, as noted above, Chaim Wajnroth comments that his access at Annaberg to three real meals a day was an immense improvement on his previous extensive experience in Russia and other Schmelt camps.[74] For another prisoner at this date, the care seemed excellent, but the food insufficient. Relevant evidence derives from the celebrated Henri Kichka who, at the beginning of April 1943, was one of a dozen prisoners from Tarnowitz sent to Annaberg for medical treatment and rehabilitation. Kichka was surprised by the kindness of the staff and their genuine commitment to medical care. He found the whole three-week experience a 'un court répit' and called Annaberg 'ce petit paradis'. The medical

regard to qualifications, the medical personnel appointed by the SS to take care of Jewish prisoners were of all ages and possessed all manner of health care credentials, or indeed, none. Health care professionals and students were particularly commonly recruited. At the other end of the spectrum, artisans tried to secure medical work in order to escape more dangerous assignments or to reduce the risk of being dispatched to death camps. At the Porta Westfalica camp, Jørgen Kieler, a Danish medical student, who was at the same age and stage as Robert, joined the little medical team as a replacement for a Czech impostor who, it was discovered, was a dental technician in civilian life (Kieler, *Resistance Fighter* (Jerusalem: Geffen Publishing, 2007), pp. 278–85. Robert Pratzer, with his experience at the Vienna medical school and a further two years of study in Brussels, may seem underqualified for this post. But in fact he was only two years younger than the respected Wolf Lajtner, whose medical studies lasted about the same length of time before he was interned. Lajtner served in various Silesian camps. Hans-Werner Wollenberg, himself a Berlin medical graduate, was distrustful of eastern Jewish medical personnel, who seemed to be recruited to medical positions regardless of their qualifications. He pointedly called Lajtner 'ein Medizin-Student', *Alptraum* (fn. 62), pp. 75–6.

74   Chaim Wajnroth, USC Testimony No. 23585 (1996), segment 14.

treatment was basic, mainly application of 'la pommade noire', with toilet paper for all cleaning purposes. To his evident astonishment his leg weakness and oedema retreated.[75]

The greatest defect of Annaberg for the general run of its prisoners was the standard ration, which comprised 200 grams of bread and two litres of watery soup per day. During their convalescence, the recuperating prisoners were therefore ravenously hungry and Kichka speculates that they would even have eaten a rat. Despite their hunger, the whole Tarnowitz contingent recovered and were dispatched in a regular passenger train for return to work at the Schoppinitz camp.[76] Kichka's evidence suggests that even in its last days as a rehabilitation centre the Annaberg health staff were conscientiously attempting to implement the improvements introduced a year earlier by Wolf Lajtner.[77] Kichka's response is echoed by Siegbert Weisz, who belonged to a large group of patients transferred from Sakrau to Annaberg in March 1943 when Sakrau lost its role as a rehabilitation centre. According to Weisz, the positive treatment in Annaberg as delivered by the Jewish camp doctors enabled the prisoners to recover sufficiently to be transferred to other camps to resume their working lives. The evidence from Louis Fogiel, although difficult to decipher, also supports this conclusion.[78]

---

75 This black ointment (*schwarze Salbe*), is frequently mentioned in accounts of medical treatment in the camps. Rood reports that his sprained ankle was at first treated in this way, which earned his camp doctor a rebuke from an SS superior who thought that this treatment should be reserved for skin conditions, Rood, *'Wenn ich es nicht erzählen kann'* (fn. 71), p. 109. Ammonium bituminosulphate, the basic ingredient of this ointment, was and remains quite effective as a treatment of skin conditions and abscesses. The camp doctor reverted to bathing Rood's injured foot in hot water.

76 Henri Kichka, *Une adolescence perdue*, pp. 95–7. For further consideration of diet at Annaberg and within the camp system in general, see Grużlewska, *Annaberg*, pp. 37, 63–4, 85–6, 96, 109 and 116.

77 For further positive evidence regarding Annaberg as a rehabilitation centre, see Rens / Wilms, *Tussenstation Cosel*, pp. 253–7.

78 For Siegert Weisz's evidence, see Rens / Wilms, *Tussenstation Cosel*, p. 116 describing an environment in which prisoners could recover over a period of three

Dating from August 1943, Sam Seltzer arrived in Annaberg in a contingent in a poor state of health owing to barbaric treatment and refusal to treat illnesses, one element in which was typhus. On arrival at Annaberg his group was inspected by Lagerälteste Schaja Gleitman, who enquired about those suffering from typhus. Six prisoners, including Seltzer, owned up to this condition, no doubt fearing the consequences. To their astonishment, instead of being selected for transfer to Auschwitz, they were given a thorough wash, then examined by the two doctors at their 'clandestine clinic' and then sent to a small building for treatment and recuperation. They noticed that ample supplies of food were available for this purpose. Complete rest, together with a decent diet for two weeks, brought about complete recovery. Seltzer concluded that 'the two doctors who operated the clandestine clinic literally put their lives on the line to save others'. He also correctly concluded that the doctors' strategy would not have been possible without the complicity of Gleitman who, among other things, needed to trick the Germans into believing that that sick prisoners were never absent from their normal work routines.[79]

A similar case of audacity beyond the line of duty occurred with respect to Yisra'el Lerner who arrived at Annaberg in the summer of 1943 following the closure of the East Upper Silesian ghettoes. Lerner and his group were unfortunately exposed to a notorious Dutch Kapo named Hartog Blitz. Lerner became so weak that he was incapable of functioning at the clothing workshop to which he was assigned. Unsurprisingly he was threatened with dispatch to Auschwitz. Before this could happen he was rescued by the two doctors

---

weeks. Like Kichka he lamented the inadequacy of the food, something that the doctors themselves apologised about. AŻIH sygn. 301/76 (1947).

79   Richard E. Traitel and Martha Seltzer, *Fences that Kill* (Bloomington Hills, MI: Samaric Publishing Co., 1994), pp. 83–4; also his interview, 19 November 1982, Voice/Vision Holocaust Survivor Oral History Archive, segments 21 and 23. Gleitman's record among prisoners was generally, but not entirely favourable, see Grużlewska, *Annaberg*, pp. 84, 92–3, 110, 112.

and brought back to full health by them, for which service he labelled them as 'angels'.[80]

The Final Stage

Any humanitarian operations at Annaberg were overtaken by events. Racial ideology was about to take control.[81] In the summer of 1943, the ghettoes were eliminated and the Schmelt camps were lined up for SS takeover. There was no longer any point in locating the administrative apparatus of Organisation Schmelt in Sosnowice. As a protective measure, in August 1943 Schmelt shifted his administration to Annaberg, where he presided over his crumbling empire of camps as they were absorbed over the following months into administration by Auschwitz or Gross-Rosen. Soon Schmelt himself fell out of favour with his former Nazi sponsors. He was stripped of his various offices, sank into disgrace, was imprisoned and eventually committed suicide in May 1945. A further decisive change in the autumn of 1943 was the replacement of the lenient Fritz Lehman by the brutal Heinrich Lindner as commandant of Annaberg.[82] This change exacerbated the punitive SS atmosphere of the camp. This downturn must also have been unwelcome to those delivering services within the camp, including of course the medical specialists. It must have been a cause of wonder to the Pratzer brothers that they escaped with their lives.

Most camps in the Annaberg area were either closed or transferred to Auschwitz or Gross-Rosen management by the spring of 1944. However, as noted by Grużlewska, there is little evidence to support the idea that Annaberg ever passed under formal Auschwitz or

---

80 Yisra'el Lerner testimony, USC No. 44917 (1997), segments 120–22. I am grateful to Marlene Gitelman for undertaking work on this Hebrew text and making her synopsis available to me and colleagues. For completeness, about this date Maria Stark reports on her experience in Annaberg, commenting in passing that two Jewish doctors were serving the sick wards, USC No. 14575 (1996).

81 For this often misunderstood final stage of Annaberg, see Grużlewska, *Annaberg*, pp. 104–20.

82 Grużlewska, *Annaberg*, p. 80.

Gross-Rosen management.[83] At first Annaberg prospered within the Schmelt Organisation. Then, in the second half of 1943 it benefited from new injections of labour brought about by closures of ghettoes and other camps. Hence Kac's first spell at Annaberg was occasioned when, in August 1943, a group of 200 prisoners arrived owing to the ongoing elimination of the Sosnowiec ghetto. At this stage Silberberg and his father were involved in construction of new barracks at Annaberg, which he describes as a work of 'meticulous organisation and execution'. If these barracks were representative, apart from the under-scale and primitive washing and sanitary provision, by comparison with other work camps they were of reasonable specification.[84]

Early evidence suggesting the inception of the rundown of Annaberg dates from the end of 1943. In December of that year a large consignment of male prisoners was dispatched to Blechhammer from Annaberg. In January 1944 a further large contingent of prisoners was transferred to Gleiwitz. Coen Rood noted that, on their arrival at Gleiwitz, his old friends in this group looked pale, weak and badly clothed.[85] Such transfers were not, however, indicative of the imminent closure of Annaberg.

Kac's second visit to Annaberg arose in April 1944 with the closure of the Landeshut camp, which added a further 200 to Annaberg, at which point Kac estimated that the male camp strength was 1,000.

---

83 Grużlewska, *Annaberg*, p. 120. This conclusion about the independence of the Annaberg camp may be correct, but a counter argument is suggested by the award of the numbers 178, 508 and 178, 509 to Samuel Silberberg and his father in the summer of 1943, which is likely an error and probably relates to Auschwitz registration numbers awarded at Blechhammer, the Silberbergs' next stop, Silberberg, *From Hell to the Promised Land* (fn. 54), p. 60.

84 Silberberg, *From Hell to the Promised Land* (fn. 54), pp. 60–3, precisely delineates the barracks, indicating advantages, such as there were two levels of bunks rather than the more usual three, at the best only one person per level, lockers for personal belongings, division into rooms each with fourteen bunks and, although the washing and toilet facilities were inadequate, they were internal to the barracks.

85 Rood, *'Wenn ich es nicht erzählen kann'* (fn. 71), pp. 85–6.

Chaim Ferster belonged to a contingent of 100 prisoners who were transferred from Gräditz to Annaberg, also in April 1944. Then, Icek Kuperberg was a part of an even larger contingent transported to Annaberg from Faulbrück. This additional labour was required for munitions work, for the repair of bomb damage to local factories, where the prisoners worked in shifts of ten hours a day for six days a week. The daily ration for this heavy work was still the meagre bowl of soup and a single piece of bread, except for Sundays if this was spent working, when the ration was doubled. Despite this tough regime, Ferster remembers his stay at Annaberg in a positive light.[86] The next move for Ferster occurred in September 1944, when he joined a transport of up to 200 Annaberg prisoners who were dispatched to Auschwitz, after which a reduced number of survivors went on to various other camps. Annaberg was also used as a transit camp when, at this date, some 170 prisoners from Parzymiechy were transferred to Gross-Rosen.[87] It seems that these latter transfers were part of a general evacuation that was largely completed by the end of September 1944.

Perhaps the greatest part of the transfers headed for Auschwitz, which opened up the prospect of death. Conditions in other camps, including Annaberg, also deteriorated. Lejzor Kac had already reported on the savagery of the regime and deteriorating health conditions at Annaberg during his first tour of duty there between August and November 1943, in which period he reported that 96 prisoners died of starvation and were buried by their friends at their makeshift cemetery outside the camp.[88]

---

86 Icek Kuperberg, *Memoirs of a Holocaust Survivor* (Parkland, FL: Universal Publishers, 2000), pp. 45–52. Chaim Ferster, *British Library, Living Memory of the Jewish Community interview 1990*, part 7, ref. C410/080.

87 Weiss, 'ZALfJ Parzymiechy' (fn. 53). For further evidence concerning Annaberg as a *Sammellager*, see Rens / Wilms, *Tussenstation Cosel*, pp. 104–110.

88 Lejzor Kac AŻIH sygn.301/2630 (1947). The source for Kac's information was Lagerälteste Gleitman, who maintained the relevant records. Mincer reports that Lindner found out about the cemetery he ordered its destruction. See also Katarzyna Mincer AŻIH sygn. 301/3481 (1947).

Yaakov Zimberknopf Zim (1920–2015) was one of the incidental victims of the endemic brutality at Annaberg under Heinrich Lindner. At the liquidation of Sosnowiec in August 1943, the young Zim, a talented artist, was sent to Annaberg. An inveterate cartoonist, Zim succumbed to temptation and produced a satirical cartoon based on a well-known sketch of a crying infant by the famous Jósef Budko. This little display of insolence earned Zim twenty-five lashes and expulsion to heavy industrial work at the Blechhammer camp.[89]

A short report on the work of Robert and Salo by Kataryna Mincer indicates that they were assisted by a female nurse from the area, who must have been in addition to Lejzor Kac, who worked as a male orderly. She also stated that 'these doctors also performed operations', which was a brave undertaking, given the primitive state of hygiene and available facilities.[90]

A more positive view of Annaberg than is usual at this date emanates from Chil Elberg, who was Polish by birth but had led a cosmopolitan existence, ending up in Belgium at the outbreak of war. On 10 September 1942 he joined the Auschwitz transport, was deposited at Cosel, and then Sakrau became his first camp. He worked his way through half a dozen camps before reaching Annaberg in February 1944.

The essence of his description of Annaberg is worth citing:

> In the end it became one of the best camps I have ever known. There were only about 300 prisoners. The food was quite decent. There was a woman who cooked for us. There were also two very friendly doctors, Jews from Vienna …. Once I told the doctors as soon as I got there that I had contracted typhus they immediately set about pampering me. Everything went well, but after a week I contracted

---

89   Yad Vashem Documents Archive sygn.0.3/8969. After the war Zim settled in Palestine and became a pupil of Jakob Steinhardt. Afterwards he was a successful graphic artist, and in his later years an abstract artist. His most ambitious illustrated book is the rare *Haggadah shel Pesach* (Tel-Aviv: M. Newman, 1952).

90   'Lekarze ci przeprowadzali równieżz operacje', Katarzyna Mincer AŻIH sygn. 301/3481 (1947), See also Grużlewska, *Annaberg*, p. 117.

pneumonia. I was allowed to stay in the barracks, where I was taken care of. These two Viennese doctors played a decisive role in this because they managed to convince the camp officials that I was essential for the work of the mine. Then I became particularly friendly with the younger one and we spoke German together. But there was a problem with the management in the form of two older men who noticed that I looked unwell. The doctors quickly put a brush in my hands and declared that despite my pneumonia I was basically fine. I cleaned up the laundry room. That day, about twenty who were sick or weak were taken to Auschwitz–Birkenau. For them that was the end, but once again I managed to dodge the bullet.[91]

Shortly after Elberg arrived a further important witness of health conditions and medical care at Annaberg, namely Lejzor Kac (Katz) (b. 1893).[92] For a short time Kac had been transferred to the Landeshut camp. When this camp was liquidated in April 1944 owing to the crisis in its health conditions, Kac belonged to a small contingent that returned to Annaberg, where he remained until September 1944. At that date the main camp numbered about 1,000 men and 100 women. The men were at that point detailed to repair damage from bombing at the strategically important *Schaffgotsch Benzin* plant. This work was dangerous and occasioned much injury.

As a middle-aged prisoner, Lejzor Kac was fortunate to be selected for work as an infirmary orderly, where he assisted 'the doctor (Dr. Prace),... a Jew from Vienna', who was certainly Robert Pratzer, the 'c' in Polish being pronounced 'tz', as in Kac's own surname. Also, a search of the Vienna medical school and Holocaust records suggest that Robert Pratzer was the only candidate qualified to be Kac's 'Dr. Prace'.

---

91 See also USC No. 27654 (1997). Elberg's career in the camp system is extensively covered in Rens / Wilms, *Tussenstation Cosel*, pp. 89, 91 et passim.

92 Lejzor Kac, AŻIH sygn. 301/2630 (1947). Kac (Katz) was a book-keeper by profession. His family was from *Działoszyce*, but Kac settled in Sosnowiec. His parents were Josek and Perla Katz. The wife of Lejzor was Blima Gendzelow and his daughter was Fela Katz, the well-known resistance fighter. His address in 1947 was Ul. Bieruta 23/18. At that time he was active in public life, especially with respect to testifying against local war criminals.

Lejzor's notes about sickness at Annaberg end with a reminder about the institutionalised brutality of the place. He noted that the notorious SS-Obersturmbannführer Heinrich Lindner was in the habit of prowling round the camp with the idea of rooting out unhealthy prisoners. These benighted targets were set upon by Lindner's dog, then beaten with his riding whip. Lindner's assistant or his chauffeur were ordered to administer the same treatment. There is much evidence of Lindner's obsession with the 'problem' of malingering, which he suspected particularly among those reported as sick. Owing to sensitivity to Red Cross observers, he was for a time forced to accept the continuing transfer of sick workers to Annaberg, but this he resented and he bitterly criticised medical staff for what he regarded as lax over-reporting of sickness. It was rumoured that, as a reprisal, Lindner was in the habit of ridding himself of such delinquent medical staff by dispatching them to Auschwitz. Although they managed somehow to negotiate the situation successfully, Robert and Salo Pratzer must have feared the same fate, especially with the decline of Red Cross vigilance and general dislocation accompanying the later stages of the war.[93]

Strangely, interventions by the Nazi hierarchy were on occasions more humane. Icek Kuperberg, who was in Annaberg from May until September 1944, was affected by concrete dust in one eye while clearing a bomb site. He was attended by the camp doctor, perhaps Robert himself, who was unable to assist owing to lack of proper equipment. Instead of reacting with the customary fury, a senior official, Hauptsturmführer Ludwig Knoll, escorted the sick man to the

---

93   Silberberg believed that prisoners at Annaberg were executed by a lethal injection if they spent more than two days in the camp infirmary, Silberberg, *From Hell to the Promised Land* (fn. 54), p. 62. For Lindner's record, including over the sickness issue in the Silesian camps, see also James Bachner, *My Darkest Hour: Memoirs of a Survivor of Auschwitz, Warsaw and Dachau* (Jefferson, NC: McFarland Co, 2007), pp. 95, 100–101, 114, 116–7, 141–2; Guttermann, *A Narrow Bridge* (fn. 43), 59. After the war, at various dates, Lindner et.al. faced punishment for their crimes. For SS-Obersturmbannführer Heinrich Lindner, commandant of Annaberg from the autumn of 1943 to the evacuation of January 1945, see Grużlewska, *Annaberg*, pp. 20, 28, 35, 48, 50, 70–2, 80–1, 90–1, 109–111, 118–9.

nearest town, arranged for treatment, and afterwards stepped in again to protect the sick man when a Nazi Commission was on the horizon to select for Auschwitz all sick prisoners who had spent more than eight days in the infirmary.[94]

By this point, health conditions at Annaberg had drifted into a state of crisis, undoubtedly exacerbated by prisoners carrying typhus who were imported from Gräditz and other camps. Lejzor Kac described the insuperable medical task facing Robert and his associates: 'Because of the starvation and lack of hygiene, there began again an epidemic of typhus in the camp. A special *Krankenstube* was constructed in the camp. It was always filled with people sick with typhus, dysentery, phlegm etc. In the camp's drug store there were no drugs except for aspirin and charcoal. Every day, dead bodies were removed from the *Krankenstube*'.[95]

With the escalating Russian advance, the whole Upper Silesian camp system plunged into a precipitous evacuation. Lejzor Kac reports in some detail that the Annaberg camp was largely emptied in early September 1944, when about 600 prisoners were taken by rail to the Auschwitz-Birkenau complex, then on to other camps further west. Chil Elberg, Chaim Ferster and Icek Kuperberg seem to have been part of that exodus. Other evidence suggests that on 30 September 1,437 prisoners were transferred from Annaberg to Birkenau, where three-quarters of them went immediately to the gas chambers.[96] Yet other accounts suggest that some Annaberg prisoners were transferred to Blechhammer.

---

94 Icek Kuperberg, *Memoirs of a Holocaust Survivor*, pp. 49–50; Kuperberg's positive reflections about Annaberg may reflect the influence of his uncle, a skilled watchmaker, whose services were prized by the local German military staff.

95 This situation confirms a sharp deterioration in the supply of drugs and medical equipment compared with the early days of the work camps. For the deteriorating drug supply problem in Upper Silesia, see James Bachner, *My Darkest Years*, pp. 109, 130–3, 136, 150.

96 Danuta Czech, *The Auschwitz Chronicle 1939–1945* (New York: Henry Holt, 1990)), p. 719.

Evidently Salo and Robert were left behind for a final exodus, which Salo suggests took place on 20 January 1945. I speculate that by this date Robert had himself contracted typhus. It is likely that this particular Death March lasted for about ten days. Salo's notes suggest that the Annaberg contingent was taken partly by foot, but also in cattle wagons, a distance which I estimate to be about 150 kilometres, north to Gross-Rosen (Rogoźnica), the large and notorious camp and major administrative centre, which was located between Jauer and Striegau.[97] The most likely route by foot from Annaberg to Gross-Rosen would have passed through Nysa, Siębica, Dzierzoniów, Swidnica, and Strzegom. Salo is unspecific about this evacuation, but he is definite in his records that this midwinter ordeal constituted a particularly severe example among the Death Marches of that period. Evidence is lacking about this important episode, but from the Gross-Rosen registration numbers it seems that 100 Annaberg prisoners survived the journey.[98]

The Annaberg march must have had much in common with the much better-known march of a large contingent from Blechhammer to Gross-Rosen, which must have taken a similar route. The dates of the Blechhammer march coincided with the one from Annaberg, but it lasted longer, about fifteen days, on account of its greater distance, which was about 260 kilometres. This march was entirely on foot. Before their journey the Blechhammer prisoners received a ration of 800 grams of bread; they were in the main allowed no further opportunity to eat or drink. It can be assumed that the Annaberg prisoners received even smaller rations. What is not known is whether the barbarity experienced on the Blechhammer march was matched by the Annaberg equivalent. Certainly it is likely that deaths from exposure to extreme cold (-20°C and below) and deep snow would have been similar in the two cases. Among the survivors of the Blechhammer march was Arno Lustiger who, as noted above began

---

97   Isabell Sprenger, *Groß-Rosen. Ein Konzentrationslager in Schlesien* (Cologne: Böhlau, 1997).

98   Rens / Wilms, *Tussenstation Cosel*, p. 117. For their account of the general exodus and Death Marches to Gross-Rosen, pp. 269–96.

his camp career at Annaberg and later became the celebrated historian of the Holocaust and resistance movement (see Illustration 8).

Gross-Rosen and Buchenwald

It is likely that the Annaberg march, even if optimistically construed, would have further eroded the health of the two brothers, whose constitutions must already have been damaged by the adversity of their conditions during their final months at the Annaberg camp. Upon their arrival at Gross-Rosen, perhaps at the very end of January 1945, Salo was registered as inmate number 95,773 and Robert as number 95,755. It is quite likely that the Gross-Rosen registration numbers allocated to the Pratzer brothers and the hundred other member of the Annaberg detachment were the very last attempt at this kind of record-keeping before it fell into abeyance in the final few weeks in the life of the Gross-Rosen camp.[99]

Reminding them of their proximity to the allied advance, on the night of 5 February Gross-Rosen was heavily bombed by Russian planes. Owing to the state of chaos into which this camp was descending, the few days spent there must have been horrific. The downward spiral in their existence was further reinforced by the next stage of their evacuation, transportation to the huge Buchenwald concentration camp near Weimar. Along with many of the Blechhammer prisoners, it is likely that they boarded a train to Buchenwald on 10 February. On the way to Weimar this train was attacked several times by allied fighter planes, which caused many deaths. This arduous journey in open wagons or cattle trucks, in continuing arctic conditions, with only a small bread ration, resulted in further deaths.[100] The survivors arrived at Buchenwald on 12 February 1945. By this date Weimar itself had also been heavily bombed,

---

99　This important information about the numbers allocated to the Annaberg group is generously provided by Dr van Rens, who also informs me that 95, 850 was the last number awarded.

100　It was estimated that three-quarters of the prisoners survived this journey. Of these, a further substantial number died during the march from Weimar to

which severely affected the railway system and impeded links with Buchenwald, all of which added to the misery of the evacuated prisoners who continued to flood in from the east.[101]

Salo was registered at Buchenwald as Jewish Political Prisoner No. 128,179 and Robert as Jewish Political Prisoner No. 128,351. The prisoners at Buchenwald, although inured to hardship themselves, were shocked by the state of the newcomers, for whom, even more than previously in their experience, the term *Muselmänner* seemed unavoidable. By this stage, of the two brothers, Robert's health had suffered the more serious decline, reminding us that appointees as camp doctors were exposed to conditions subversive to their own health. To make the situation worse, seriously weakened newcomers, including the two brothers, were consigned to the 'Little Camp', never a pleasant place, but in the last months of the war notorious as a locus of death.[102]

Robert Pratzer was in a poor condition when he arrived in Buchenwald. He was 1.76 m (5ft 9ins) in height, but weighed only 56 kg (8 stone 8lbs). Moreover, he suffered from heart problems and dysentery. Regardless of that, the SS transferred him to the little town of Berga, where one of Buchenwald's numerous sub-camps was located. Apparently too weak for the heavy labour imposed at Berga, Robert was sent back to Buchenwald on March 14, 1945. He was now placed in block 59, again in the Little Camp. For three days he had to work in a labour detachment of sick and invalid prisoners. Being completely exhausted, on 17 March 1945 he was transferred to block 61. A section of this block served as part of the Little Camp's infirmary. Many men in a similar physical condition to Robert were brought there. A good number of them did not survive. Robert

Buchenwald (Leon Frim, Ludwig Hamburger and Wolf Nehrich, *Voices of the Holocaust Interviews*, 1946).

101 David Fishel (b. Będzin, 1928–2006) (EHRI Oral History Interview 1985), later of Des Moines, and associated with the short film, 'Stolen Youth'.

102 Gedenkstätte Buchenwald, *Buchenwald Concentration Camp 1937–1945. A Guide to the Permanent Historical Exhibition*, 2nd edn (Frankfurt a. M.: Wallstein Verlag, 2004), pp. 149–51. See also Rens / Wilms, *Tussenstation Cosel*, pp. 296–300.

Pratzer was among them. His death is recorded as taking place at 11.45am on April 11, 1945, the very day that the camp was liberated by American troops, in fact, just four hours after Robert's death. Pneumonia was given as cause of death. His name can be found in the official Memorial Book of Buchenwald. The Buchenwald archivists believe that his remains were buried in one of the mass graves on the south slope of the Ettersberg.[103]

In view of its role in the final days and death of Robert, it is worth including a few extra words about Block 61, about which the following note was prepared by Alan Chanter:

> Block 61, a hut 80 feet long by 24 feet wide, was used as a rough overcrowded hospital, chiefly for those suffering from tuberculosis or dysentery. Estimates of its normal sick population varied from 700 to 1,300. Four, five or six men, including those who had undergone surgery performed without anaesthetics by prisoner doctors on a crude operating table located at one end of the hut, in full view of

---

103 Torsten Jugl, unpublished 'Report on Robert and Salo Pratzer in Buchenwald', Archiv Stiftung Gedenkstätten Buchenwald, November 2016. The ITS Notification of Death, dated 19 January 1950, based on the entry in the Buchenwald Totenmeldung, records the cause of death as 'Pneumonia l.' Although a resident in Block 61 from 17 March, in some sources he remained categorised as belonging to Block 59 (ITS Ref. No. 0744/CD15. T.37703). It is quite likely that typhus was implicated in Robert's causes of death. At the Vaihingen camp, also a sickness and rehabilitation centre, early in 1945 the three leading doctors appointed there to address the health crisis were themselves caught up in the typhus epidemic. It is worth noting that transferring Robert to the Berga-Elster camp was no mean assignment. This project was yet a further futile attempt to turn unforgiving shale deposits into fuel oil. It involved digging a complex system of tunnels, a dangerous operation that was harsh on life and limb. Unusually, among the 3, 000 prisoners employed on this work, there featured a detachment of American POWs. For a colourful account of this 'colline de la mort', Berga-Elster, Henri Graf, *Ne pas mourir. Auschwitz, A5184* (Rouen: Christoph Chomant Éditeur, 2007), pp. 143–59. See also Christine Schmidt on Berga-Elster, in W. Benz and B. Distel (eds), *Der Ort des Terrors* (Munich: C.H.Beck, 2006), vol 3, pp. 386–90. At odds with the above account is evidence from the archives that Robert was transferred to Blankenburg near Weimar on 23 September 1944, and then participated on the Death March from Blankenburg to Sarau, finally disappearing along this route.

the other patients, had regularly to lie in each of the small shelf cubicles with no mattresses. The excreta from the dysentery patients dripped down from tier to tier. If the living were strong enough, they pushed the dead out into the gangway, and each night the dead were thrown into a small annexe at one end of the hut, where each morning the corpses were collected and taken in carts to the crematorium or, if required as specimens, to the pathological laboratory of the Nazi doctors.[104]

Robert was just one of the 913 Buchenwald deaths that were recorded between 1 and 11 April 1945. Thereby, he joined his parents and numerous other members of his Galician family in what Ernst Wiechert, an earlier Buchenwald inmate, aptly called the *Totenwald:* the Forest of the Dead.

Salo Pratzer

The final fate of Salo is sometimes misunderstood. He is often listed as one of the murder victims of the Holocaust. In fact he survived Buchenwald and then two further notorious camps, and finally a second Death March before his final rescue into allied hands.

Bisingen, Spaichingen and Freedom

At Buchenwald Salo was consigned to Block 63 of the Little Camp and was judged fit enough to be selected for heavy work in the forced labour camp at Bisingen in Baden-Württemberg, where he was dispatched on 5 March.[105] This was one of several projected camps launched under the unintendedly apposite code-name '*Projekt Wüste*'. This project was administratively part of the vast Natzweiler-Struthof camp system. This project was an eleventh-hour, entirely futile, endeavour to squeeze fuel oil from fossil-rich bituminous/Posidonia shale deposits located in the Schwabian Alb / Jura region south of Tübingen. Bisingen (known as '*Wüste*' Werk 2) was one of

---

104 Alan Chanter, 'Buchenwald' from World War II Database.

105 In his papers Salo usually called this camp Balingen, which is the district in which the camp was situated. See also Rens / Wilms, *Tussenstation Cosel*, pp. 300–301.

the four '*Wüste*' camps that reached any degree of completion. Even then, handicapped by bad organisation and almost Stone Age technology, virtually nothing was achieved. Such a lunatic enterprise was only feasible because it was possible to draw upon almost unlimited supplies of deeply-traumatised slave labour, derived from distant camps that were being evacuated in the face of allied advance, mainly on the Russian front.

Nearly 3,000 inmates of Buchenwald were swallowed up by the '*Wüste*' system in the early part of March 1945. Typical of the '*Wüste*' camps, Bisingen was hastily assembled and badly organised. It stood out as such a disaster that it was subject to a SS inspection in January 1945. This was totally damning in its verdict but, in the gathering chaos of the situation, it is unlikely that conditions were improved. Thereby, Bisingen reinforced its reputation of being a death trap.[106]

Salo was part of the last rail transport from Buchenwald to Bisingen, which arrived on 7 March 1945. This carried about 1,000 prisoners, most of whom were Jews, originating from many parts of Europe. In the few weeks that Salo spent in Bisingen, eyewitness accounts suggest that there was no relaxation in the relentless regime of exploitation and brutality to which most of the prisoners were by then accustomed. If anything the prisoners were exposed to even worse excesses of barbarism than they had ever experienced previously. On the basis of the excruciating manual work and manifold deprivations, Alfred Korn, who had already experienced great hardships in previous camps, declared that 'Hell is a Paradise in comparison with what

---

106 Christine Glauning, *Entgrenzung und KZ-System Das Unternehmen "Wüste" und das Konzentrationslager in Bisingen 1944/45* (Berlin: Metropol Verlag, 2006); Arno Huth, *Das doppelte Ende des 'K. L. Natzweiler' auf beiden Seiten des Rheins* (Stuttgart: Landeszentrale für politische Bildung Baden-Württemberg, 2013). For personal testimonies, see Hanne Grunert (ed.), *Materialien "Es war ein Bahnhof ohne Rampe". Ein Konzentrationslager am Fuße der Schwäbischen Alb. Einführung Didaktische Impulse* (Stuttgart: Landeszentrale für politische Bildung Baden-Württemberg, 2006); Hanne Grunert et al. (eds): *Materialien „Wir sind gezeichnet fürs Leben, an Leib und Seele." Unternehmen „Wüste" – das südwürttembergische Ölschieferprojekt und seine sieben Konzentrationslager* (Stuttgart: Landeszentrale für politische Bildung Baden-Württemberg, 2012).

we have gone through' in Bisingen. It is estimated that as many as 1,200 out of a total prisoner workforce of about 3,000 died over the six month life of this camp.[107]

Salo's five week long senseless Bisingen ordeal ended with a hastily-arranged evacuation, starting in early April 1945. The largest group of evacuees faced terrible conditions in two transports of goods wagons that ended up at Allach, a sub-camp of Dachau. Another large group of the Bisingen prisoners was condemned to a notorious Death March, in this case constituted of detachments from various of the other *Projekt Wüste* camps, vaguely heading south in the direction of Austria. In early April a third and smaller group of about sixty prisoners, in all likelihood including Salo, was dispatched, some of them by truck, the short distance south to Spaichingen, with the idea of putting them to further war work. This smaller concentration camp possessed most of the usual disadvantages, but the food was better, the work lighter on account of the folding up of production at the nearby aircraft production plant. Also the treatment was marginally more humane.[108] This limited respite was invaluable since it fortified the prisoners for another forced evacuation. Salo would have been in the company of prisoners who had shared many of the same camp experiences, as for instance, David Fischel from Sosnowiec, who was a veteran of Annaberg, Gross-Rosen, Buchenwald, Bisingen and finally Spaichingen.[109]

---

107 Grunert, *Materialien*, pp. 17–29, which records testimonies by Isaac Arbeid, Alfred Korn, Henry Müller and Hermann Noell, as well as the following two authors, who have also produced longer accounts: Wasserstein (1920–2012), *Ich stand an der Rampe* (fn. 1), pp. 69–78; Otto Gunsberger (1926–2013), *Berufswahl. Botschaft eines Überlebenden an die nachfolgenden Generationen*, 3rd edn (Bisingen: Gedenkstätten KZ Bisingen, 2012), pp. 87–102.

108 Wasserstein, *Ich stand an der Rampe* (fn. 1), pp. 78–9. For a reconstruction of the Spaichingen to Schongau Death March, see Huth, *Das doppelte Ende des 'K.L.Natzweiler'*, pp. 318–25.

109 For David Fischel's testimony, USC No. 12911 (1996), segments 62–81. Fischel had recuperated at Annaberg on his return from the Russian front. Fischel's path through the camps, including the Russian expedition, closely followed that of

On 16 April, about 400 of the Spaichingen prisoners were suddenly issued with a ration of bread, margarine and sausage and directed south on a further Death March, on this occasion particularly deadly and lasting almost a fortnight, on which there were only a couple more issues of bread, with soup available on a more or less daily basis. The more vulnerable prisoners left behind at Spaichingen were murdered by their guards.

Reflecting the increasingly desperate situation of the master race, these final marches were chaotic affairs, apparently with no written instructions. It is therefore difficult to detect any logic behind them. In a vague sense the various splinter groups seemed to be heading towards Füssen and the border with Austria. Perhaps the Nazis believed that they were heading towards some kind of dream fortress in the Alps. Inevitably this arduous journey of more than 200 kilometres, in icy conditions, much of the route through snow, took a dreadful toll of the prisoners. In addition to deaths through deprivation, the SS guards used every opportunity to exercise their deadly barbarism. The section of the march that ended at Ostrach in Oberallgäu experienced particularly horrific treatment at the hands of their guards, even up to the point of their final desertion and the liberation of the prisoners by the French army (see Illustration 8).

Salo belonged to the group of about 200 that reached Füssen on the Austrian border and then reversed its direction towards Trauchgau, now ominously heading in the direction of Dachau. By this stage they had marched for twelve days, covering a distance of nearly 300 kilometres from Spaichingen. The companions of Salo for this last scene of the drama included his old associate David Fischel who, along with Meir Eldar and Isak Wasserstein, became the chroniclers of this episode. This group feared that it was facing massacre in the local forests, but in the event they were fortunate to be treated leniently, partly because their particular guards were by now totally dispirited and also as a consequence of increasing expressions of sympathy for the victims among local populations. Finally, the prisoners

---

his lifelong friend Chaim Wajnroth (Harry Weinrot) USC No. 23485 (1996), but they separated after Bisingen. Wajnroth was liberated at Staltach.

were abandoned by their guards in a barn at Trautgau during the night of 27/ 28 April. They were surprised and relieved to receive positive help from villagers and the local militia. On their advice, the prisoner column pressed on towards Steingaden. To their astonishment they were not hindered by the fleeing Germans and indeed were freely granted access to abandoned food supplies.[110] Later on 28 April they encountered the advancing American army and were transferred to the holding camp at Schongau, where they remained until 3 May, when they were transferred to the more comprehensive rehabilitation facilities at Garmisch-Partenkirchen. At that point, Salo was almost within sight of his native Austria. However, when he was repatriated on 9 May, he selected Brussels rather than Vienna as his preference.

Salo's address upon his return was Paul Deschanel 254, Schaerbeek-Thiefry. Quite soon afterwards, in September 1946, in he married Gabrielle Foquet (b. 8 January 1904), who originated from the small town of Nismes in the province of Namur.[111] Around this date, especially in his correspondence, as already noted, Salo adopted Frédérick as his main first name. In 1978, he officially replaced Salo by Frédérick. In 1950 the address of Salo and his wife was rue A. Madoux 50, Woluwe-Saint-Pierre. They recorded two further addresses in Brussels before the end of 1954. At this time Salo at first registered his profession as '*fabricant*'; later this evolved into '*directeur commercial*' and then '*fabricant d'articles de la communion*'. Thereby Salo integrated himself into the established business belonging to his wife which manufactured and retailed the many articles associated with the ceremonials of the Catholic Church.

---

110 Meir Eldar (b. Bielsko Biała, Poland, 1928), *KZ Spaichingen and the March of Liberty* (Jerusalem: privately printed, 2007), based on a memoir written in 1945 and presented to the USHMM); Wasserstein, *Ich stand an der Rampe* (fn. 1), pp. 119–122.

111 Full name, Gabrielle Ernestine Julienne Foquet, who described herself as a 'commerçante'. Her parents were Edmond Georges Albin Foquet and Marie Collet. Gabrielle was a divorcee, previously married to Maurice Alexandre Brasseur.

From his papers, it is evident that Salo was dissatisfied with his reception by the authorities. He failed in his attempt to acquire political prisoner status and was deeply disappointed that there was no attempt to secure the repatriation of the remains of his brother, who had of course died at Buchenwald only a few months previously. Looking through the documentation, it is surprising that he was reluctant to argue his case on the various fronts in any detail. Indeed, his form-filling seems casual or even slipshod and the quality was not improved over time as he recovered from his war-time traumas. Salo died on 25 August 1987 at the village of Wellin in the south of the Luxembourg province. Gabrielle died on 10 June 1995, in the same place, which lies in the district from which her parents originated. By an interesting coincidence, Gabrielle's distant cousin, Georges Bogaerts (1910–2008) had been incarcerated in the notorious Natzweiler-Struthof Camp in Alsace where, like Robert and Salo, he acted as a camp doctor. In Georges' case he was part of a substantial medical workforce, equipped with decent facilities.

From September 1944 to April 1945, when Georges was evacuated first to Neckarelz and then to Vaihingen, his experiences closely paralleled those of Salo. Indeed Vaihingen was only 100 kilometres distant from Bisingen. A French-Canadian film based on Georges' Natzweiler-Struthof experiences, entitled '*Prisonnier 9157*', was in January 2017 awarded the prize for Best Documentary Short at the Bayou Film Festival. The film was then formally released on 4 March 2017. Since then this film has won further awards. The key role in this initiative and Director of the film was Emmanuelle Vandycke, the grand-daughter of Georges Bogaerts. More recently the film was the inspiration and was central to an exhibition commemorating the services of doctors who served at Natzweiler-Struthof. This exhibition was itself a pioneering initiative and might also be regarded as fitting memorial to the sacrifices made by the many other prisoner doctors who tried to uphold humane values in the barbaric camp system devised for the multitudes of innocent victims of Hitler's Germany.[112]

---

112 *Au nom d'Hippocrate. Médecins déportés au camp de concentration de Natzweiler. Les médecins déportés* (Exhibition, Natzweiler Struthof Museum, 2018–9). Among his accomplishments Georges Bogaerts, played an important part in unmasking the culprits responsible for war crimes at Natzweiler-Struthof, including the murder of the four British women SOE agents (Andrée Borrel, Vera Leigh, Sonia Olschanezky and Diana Rowden), who were murdered and cremated on 6 July 1944. As with numerous counterpart war criminals in other camps, most of the dozen accused here were largely exonerated, and virtually none received proportionate sentences.

Text Illustrations and Maps

Abbreviations

Briefe I: Friedrich Dross (ed.), Ernst Barlach, *Die Briefe*, vol. 1 (Munich: R. Piper, 1968).

Behrens: Stefan Behrens, *Jakob Steinhardt. Das graphische Werk* (Berlin: Kunstamt Wedding, 1987).

BL: British Library.

Blekastad: Milada Blekastad, *Comenius. Versuch eines Umrisses von Leben, Werk and Schicksal des Jan Amos Komenský* (Oslo: Universitetsforlaget / Prague: Akademia, 1969).

Boyle *Correspondence:* M. Hunter, A. Clericuzio and L. M. Principe (eds), *The Correspondence of Robert Boyle 1636–1661* (London: Routledge, 2001).

Culpeper *Letters*: M. J. Braddick and M. Greengrass (eds), *The Letters of Sir Cheney Culpeper (1641–1657)* Camden Miscellany XXXIII, Camden Fifth Series Vol. 7 (Cambridge: CUP, 1996).

ed. / eds: editor / editors.

fn.: footnote.

Grużlewska *Annaberg*: Anna Grużlewska, *Obóz pracy na górze świętej Anny* (Opole: Muzeum Śląska Opolskiego, 2017).

HP: *The Hartlib Papers.* Published by The Digital Humanities Institute, University of Sheffield: *https://www.dhi.ac.uk/hartlib* Version 3.0 Copyright 2013 The University of Sheffield.

ibid.: ibidem.

Israels Call: ISRAELS CALL TO MARCH OVT OF BABYLON UNTO *JERUSALEM:* OPENED IN A SERMON BEFORE The Honourable House of Commons assembled in PARLIAMENT, *Novemb.* 26. 1645. being the day of Publique Humiliation. By *John Durye,* a Member of the Assembly of Divines. Published by Order of the House of COMMONS. *LONDON,* Printed by *G. M.* for *Tho. Vnderhill,* at the signe of the Bible in *Wood-street.* 1646.

KK: Ján Kvačala, *Korrespondence Jana Amosa Komenského. Listy Komenského a vrstevníků jeho*, 2 vols (Prague, České akademie císaře Františka Josefa, 1898–1902).

Laur *Werkverzeichnis I/II*: Elisabeth Laur, *Ernst Barlach, Die Druckgraphik. Werkverzeichnis* (Leipzig: E. A. Seemann, 2001); *Ernst Barlach. Das Plastische Werk. Werkverzeichnis II* (Güstrow: Ernst Barlach Stiftung, 2006).

Léchot *Dury*: Pierre-Olivier Léchot, *Un christianisme "sans partialitié" Irénisme et méthod chez John Dury (v. 1600–1680)* (Paris: Honoré Champion, 2011).

Maisels: Ziva Amishai-Maisels, *Jakob Steinhardt, Etchings and Lithographs* (Jerusalem / Tel Aviv: DVIR, 1981).

MGP: Ján Kvačala (ed.), *Die pädagogische Reform des Comenius in Deutschland bis zum Ausgange des XVII Jahrhunderts*, Part 1 (Berlin: A. Hofmann 1903) (Monumenta Germaniae Paedagogica vol. 26).

n. d.: no date.

NIOD: *Nederlands Instituut voor Oorlogs-, Holocaust- en Genocidestudies.*

ODNB: *Oxford Dictionary of National Biography.*

p. /pp.: page / pages.

Patera *Korrespondence*: Adolf Patera, *Komenského korrespondence* (Prague: České akademie císaře Františka Josefa, 1892).

Rens / Wilms, *Tussenstation Cosel*: Herman van Rens and Annelies Wilms, *Tussenstation Cosel. Joodse mannen uit West-Europa naar dwangarbeiderskampen in Silezië, 1942-1945* (Maaslandse monografieën, 85) (Hilversum: Uitgeverij Verloren, 2020)

ser.: series.

s. n.: sine nomine (publisher not named).

Turnbull *HDC:* G. H. Turnbull, *Hartlib, Dury and Comenius: Gleanings from Hartlib's Papers* (Liverpool: Liverpool University Press, 1947).

USC: *University of South Carolina, Shoah Foundation Visual Archives Testimonies.*

USHMM: *United States Holocaust Memorial Museum.*

vol. /vols: volume / volumes.

Webster *Great Instauration*: Charles Webster, *The Great Instauration: Science, Medicine and Reform 1626–1660* (London: Duckworth, 1975).

Worthington *Diary:* James Crossley (ed.), *The Diary and Correspondence of John Worthington* (Manchester: Chetham Society Remains, XIII, XXXVI and CXIV, 1847–1886), 2 vols, 3 parts.

Illustration 12
Käthe Kollwitz, *Das Bangen*, 1914

Exhibition Catalogue

The exhibition to mark the launch of this volume brings together holdings of the Taylor Institution Library and of Charles Webster's personal collection which reflect the development of his interest in German Expressionism as a form of artistic answer to the social questions of the 20th century.

Display Case 1: The Genesis of the Book

The introductory case shows how Charles Webster's interest in the Hartlib papers developed during his time as a science school teacher in Sheffield when he was encouraged by George Henry Turnbull (1889–1961), then Professor of Education at Sheffield University, retiring to Prestatyn in 1954. He produced the first scholarly work on Samuel Hartlib, a short monograph dating from 1920. This is well-documented, but inaccessible to the general reader [1]. His great work is *Hartlib, Dury and Comenius, Gleanings from Hartlib's Papers* [2] which is a highly reliable digest of the Hartlib Papers as they relate to John Dury and Jan Amos Comenius. Turnbull's commentary displays remarkable acumen. Turnbull's other writings in this field also retain their importance.

Charles Webster assisted Professor Armytage (Turnbull's successor in Sheffield) with the return of the Hartlib Papers to Sheffield. As time permitted, he studied these in the rooms of Professor Armytage, and then in the new University Library. His first two books reliant on the Hartlib Papers were completed in Oxford, *Samuel Hartlib and the Advancement of Learning* (1970) [3] and *The Great Instauration* (1975) [4]. The vignette on the dust cover shows Comenius' motto OMNIA SPONTE FLUANT ABSIT VIOLENTIA REBUS ("Everything may flow spontaneously, violence be absent from the matter"). The first two chapters of *In Times of Strife* aim to further advance our understanding in the field of Hartlib studies.

1. G. H. Turnbull, *Samuel Hartlib: a sketch of his life and his relations to J. A. Comenius* (London: Oxford University Press, 1920).
2. G. H. Turnbull, *Hartlib, Dury and Comenius, Gleanings from Hartlib's Papers* (Liverpool University Press, 1947), personal, annotated copy of the author.
3. Charles Webster, *Samuel Hartlib and the Advancement of Learning* (Cambridge: Cambridge University Press, 1970).
4. Charles Webster, *The Great Instauration. Science, Medicine and Reform 1626–1660* (London: Duckworth, 1975).

Vignette on the dust cover of *The Great Instauration* [4] with Comenius' motto

The case also contains documentation associated with the exile of Salo Pratzer (1913-1983) and Robert Pratzer (1916-1945) [5/6] respectively the uncle and father of the author of *In Times of Strife*, specifically relating to their time in Belgium 1938-1940, plus artwork [7] featured as title-image by Charlotte (Lotka) Burešová (1904–1983) who in 1942 was deported to Theresienstadt, worked in the *Sonderwerkstätte* there and escaped three days before the liberation.

5. Salo Pratzer's grant of an entrance permit 1938, Archives générales du Royaume–Section 5 'Archives contemporaines', A309586. 025.
6. Robert Pratzer's grant of an entrance permit. 026.
7. Charlotte Burešová: *Deportation*. Marker and charcoal (after World War II), Ghetto Fighter Museum No. 1006.

Display Case 2: Comenius and European Learning

The second case focuses on works by Jan Amos Comenius. The Taylorian owns three copies of the *Janua linguarum reserata* ("the door of languages unlocked"), one of them [1], an interleafed, Latin-only edition being a unicum (https://editions.mml.ox.ac.uk/editions/comenius/). The others are multilingual: [2] Latin, French, Spanish, Italian, German, and [3] English and Latin.

1. Jan Amos Comenius, *Janua linguarum reserata autrea: sive seminarium linguarum et scientiarum omnium* (Hanau: Jacob Lasché, before 1662).
   Taylor Institution Library VET. MISC. I. A.1
2. Jan Amos Comenius, *Janua linguarum reserata quinque-linguis, sive, Compendiosa methodus Latinam, Gallicam, Italicam, Hispanicam, & Germanicam linguam perdiscendi* (Amsterdam: Ludwig Elsevier 1661).
   Taylor Institution Library Fiedler.H.70.
3. Jan Amos Comenius, *Janua linguarum reserata: sive, Omnium scientiarum & linguarum seminarium…. The gate of languages unlocked: or, seed-plot of all Arts and Tongues; containing a ready way to learn the Latine and English Tongue. Translated by Tho. Horn, corrected by Joh. Robotham, carefully reviewed by G.P.* (London: Printed by James Young, for Thomas Slater, sold at the sign of the Angel in Duck-lane, 1647).
   Taylor Institution Library 2.E.36

Comenius' *Didactica Magna* was sent by him from Leszno, Poland to Hartlib in London in late 1634 or early 1635. The draft in the Hartlib papers [4] is the earliest known version. A revised version of this text was published by Comenius in 1657. To aid understanding, printed Latin and English language texts are given also provided. *Didactica Magna* lay dormant after its initial Latin publication in 1657 (see Chapter 1). The first German edition dates from 1872. This was followed by a more authoritative edition in 1876 [5], undertaken by Gustav Adolf Lindner (1828–1887), an interesting figure with strong democratic, anticlerical and egalitarian views. In 1879 he founded the first Czech pedagogical journal *Paedagogium*. This effort to generate interest in Comenius is an important milestone in his career. The first Czech translation dates from 1883, and the English from 1898.

4. Title page from manuscript copy of *Didactica Magna*, Sheffield University Library, Hartlib Papers 35/6/1A

5. *Große Unterrichtslehre mit einer Einleitung: J. Comenius, sein Leben und Wirken. Einleitung, Übersetzung und Commentar von Dr. Gustav Adolf Lindner* (Vienna and Leipzig: Verlag von A. Pichler's Witwe, 1876).

6. Comenius Medal, awarded for services to Comenius scholarship, Czechoslovakia Republic, 1976. Reverse: displays the motto and image of universal harmony that was associated with the publications of Comenius during the 1650s.

Display Case 3: German Expressionism & World War 1

Kriegszeit – Künstlerflugblätter was a German artists' magazine founded in 1914 in Berlin by the art dealer and publisher Paul Cassirer in collaboration with Alfred Gold. This series published original lithographs by German artists, some of were members of the Berlin Secession and were closely aligned with German Expressionism. The title-page for the first issue of *Kriegszeit* on 31 August 1914 was contributed by Max Liebermann, showing a demonstration of popular support for the Kaiser's war. Liebermann was the most influential artist in Berlin and patron of Käthe Kollwitz and Jakob Steinhardt. By the date of his death in 1935, he had been ousted from all of his offices of authority. Käthe Kollwitz never supported the 1914–1918 war and contributed only once to *Kriegszeit*, a large lithograph showing a woman, only her head, neck and hands clearly visible. Ernst Barlach contributed two lithographs.

1. Folder for the loose sheet collection of *Kriegszeit*.
2. Käthe Kollwitz, *Das Bangen*, Lithograph, *Kriegszeit* No. 10, 28 October 1914.
3. Ernst Barlach, *Und wenn die Welt voll Teufel wär!*, Lithograph, *Kriegszeit* No. 46, 1 July 1915.
4. Ernst Barlach, *Evakuierung*, Lithograph, *Kriegszeit* No. 50, 5 August 1915.

Kriegszeit was initially published weekly but, indicating falling demand, in mid-1915, Cassirer fell back to a two-week publication rhythm, and soon this failed, with the final months of its existence witnessing only irregular appearance. In the last issue – March 1916 – *Kriegszeit* reflected the growing war weariness. A month later Cassirer introduced a new magazine *Der Bildermann*, which from the outset was anti-authoritarian and pacifistic.

5. Ernst Barlach, *Anno Domini MCMXVI post Christum natum*, *Der Bildermann* No. 14, 20 October 1916.

The German Expressionist artists were influenced in their visual language by the woodcut aesthetics of the Reformation pamphlets, especially the anti-papal polemics; the Taylorian owns a good selection of these ephemeral publications which are successively edited in the Reformation Pamphlets series on editions.mml.ox.ac.uk

6. Andreas Osiander and Hans Sachs, *Eyn wunderliche Weyssagung / von dem Babstumb /* (Nuremberg: Hans Guldenmund 1527).
   Taylor Institution Library Arch. 8° G.1527(8)
7. [Johann Schwertfeger and Hans Cranach], *Passional Christi und Antichristi* ([Erfurt]: [Matthäus Maler], [1521]).
   Taylor Institution Library Arch. 8° G.1521(19)

Case 2.6: Satan talks to the pope out of the bush
(*Weyssagung vom Babstum*, fol. b1r)
https://editions.mml.ox.ac.uk/editions/weyssagung/#b1r

Case 2.3: The devil tries to frighten Martin Luther with scenes of strife
(Ernst Barlach, *Und wenn die Welt voll Teufel wär*)

Display Case 4: Jakob Steinhardt's *Radierungen*

In the early part of his career, as with some other fellow German Expressionists, Steinhardt's favourite medium was the drypoint. This technique facilitates a velvety and delicate impression suitable for both loose sketching and bold highlighting at key points of the image. Drypoint has the limitation that it is suitable to for only small editions, perhaps 20 at a limit. The set here includes prints dating from 1918-1921. The folio was issued in 1922; possibly only two of these sets have survived. The *Radierungen* provide insight into the life among the Jewish poor of the Lithuanian *shtetl* (see Chapter 3).

1. *Gasse in Zerkow* captures the spirit of the small settlement in which Steinhardt grew up.
2. *Beerdigung / Begräbnis* shows a small group of bedraggled villagers following a burial cart drawn by a mangy horse.
3. *Die Seuche* is exceptional in relating to a more urban and Christian settlement gripped by an epidemic. In this horrifying scene Steinhardt leaves nothing to the imagination.
4. *Familie am Tisch / Judenfamilie* is a discomforting glance at a poor family seated at their miserable table. The figures are lightly sketched in but the facial expressions are detailed and poignant.
5. *Unterhaltung / Häusliche Szene* is a night scene, where two old men are arguing while a third, younger man, is trying, with difficulty, to conduct his studies.

Display Case 5: Expressionist Illustration

Some of the most powerful statements on social engagement by Expressionist artists were commissions for book illustration. Ernst Barlach produced his first woodcuts as illustrations to a poem in free verse by Reinhold von Walter *Der Kopf*, with the very first *Lahmer, Blinder und bettelnde Alte* for p. 9 [1]. Barlach himself was as prolific an author as he was a visual artist, and his autobiography features a front-cover lithograph [2] derived from his image of Martin Luther in *Kriegszeit* displayed in case 3. The 73 pages of text are characteristically idiosyncratic and to some extent are a vehicle for some hundred illustrations, including four self-portraits, reproduction of drawings and lithographs, many of these deriving from his Ukrainian sketchbooks. Included is also Barlach's last Ukraine-inspired sculpture, and the final work that, in March 1937, he ever exhibited. After a few days *Frierende Alte* [3] was confiscated and added to the long list of Barlach's degenerate art.

1. Reinhold von Walther, *Der Kopf. Ein Gedicht* (Berlin: Paul Cassirer Verlag, 1919) (Illustration 3).
2. Ernst Barlach, *Ein selbsterzähltes Leben* (Berlin: Paul Cassirer Verlag, 1928).
3. Ernst Barlach, *Frierende Alte*, brown-tinted gypsum, 1937, Laur *Werkverzeichnis* II, 607. This is two-third-sized copy of Ernst Barlach gypsum figure, the original of which survives at the Barlach Museum, Güstrow.

As seen in Case 4, Jakob Steinhardt drew on his impressions from Eastern Europe. By contrast the illustration exhibited here, *Gasse in der Altstadt*, features a quiet lane in the Old City. It was the largest and most impressive of a series of woodcuts produced by Steinhardt in 1934/5, shortly after his arrival in Palestine, to illustrate eleven poems by Shin Shalom's *Jerusalem Slumbering Town* which was published in Hebrew, with translations into other languages as separate booklet. In the course of time this first of eleven images became

Steinhardt's best-known work [4], eventually, in 1971, being selected for a postage stamp [5].

4. Shin Shalom, *Jerusalem Slumbering Town* (Tel Aviv: Loewenstein, 1937).
5. First-day cover of a postage stamp issued in 1971, featuring Jakob Steinhardt's *Gasse in der Altstadt*.

Of Käthe Kollwitz' many statements of anti-war feeling, the most famous is her lithograph, the largest she ever produced, known as *Nie wieder Krieg* which started life as an untitled image in early August 1924 which survives as a single copy, originally in the possession Salman Schocken, the Jewish Berlin publisher and art patron [6], now in Oxford. The best-known version of this print was prepared for a youth gathering held in Leipzig in August 1924 [7]. This poster was widely adopted by the peace movement and is still commonly available in many sizes, ranging from the massive original down to lapel pins. The final item of the exhibition [8] is the little catalogue of the first exhibition mounted after her death as collaboration between the Tel Aviv Museum and the National Bezalel Museum of Jerusalem. The short introduction by Karl Schwarz highlighted the artist's despair over war, and her dedication to mutual understanding. Item 111 in the catalogue was *Nie wieder Krieg* in the impression belonging to Salman Schocken, from whose collection much of the exhibition was derived.

6. Photograph of the lithograph in Salman Schocken's living room.
7. Poster *Nie wieder Krieg* published by the Rote Turm Verlag, Leipzig (Illustration p. viii).
8. Käthe Kollwitz (1867–1944 [!]), Memorial Exhibition 1945.